建设工程投资分析数智算法

(附 EXCEL 办公软件模板)

吴阳 杨晓敏 苏兴杰 著

中国建筑工业出版社

图书在版编目（CIP）数据

建设工程投资分析数智算法：附EXCEL办公软件模板/吴阳，杨晓敏，苏兴杰著. — 北京：中国建筑工业出版社，2023.12
ISBN 978-7-112-29277-6

Ⅰ.①建… Ⅱ.①吴… ②杨… ③苏… Ⅲ.①建筑工程－基本建设投资－算法理论 Ⅳ.①F283

中国国家版本馆CIP数据核字（2023）第190059号

责任编辑：毕凤鸣
文字编辑：李闻智
责任校对：张　颖
校对整理：董　楠

建设工程投资分析数智算法
（附EXCEL办公软件模板）

吴阳　杨晓敏　苏兴杰　著

*

中国建筑工业出版社出版、发行（北京海淀三里河路9号）
各地新华书店、建筑书店经销
北京红光制版公司制版
北京圣夫亚美印刷有限公司印刷

*

开本：787毫米×1092毫米　1/16　印张：22　字数：558千字
2024年3月第一版　2024年3月第一次印刷
定价：90.00元
ISBN 978-7-112-29277-6
（41988）

版权所有　翻印必究
如有内容及印装质量问题，请联系本社读者服务中心退换
电话：（010）58337283　QQ：2885381756
（地址：北京海淀三里河路9号中国建筑工业出版社604室　邮政编码：100037）

序　言

　　建设工程具有投资巨大、建设周期长、项目特征个性化等特点，匹此，在建设工程投资决策阶段对项目进行决策分析是不可缺少的基本内容。投资决策分析是指基于投资前的基准期间，对建设项目的立项、土地取得、规划设计、建设成本测算、费用的支付、经营产品的市场定价、盈利能力、偿债能力、资金需求等因素进行数据分析，但面对未来众多不确定的因素，尤其是建设项目经营模式的多样性对建设工程投资决策分析的高度敏感性，建立基于不同经营模式下的决策数据模型是必要手段。针对不同的变化因素对投资决策分析标志数据进行动态更新是快速决策的技术手段。

　　数据处理的技术方法从古代时五个手指的比画、算盘、计算器、电脑，发展至现在的各类专业的算量套价软件、时间管理软件、办公软件等，大大提升了数据处理的速度。各类专业软件涉及"加密锁"，其专属性导致了投资决策各业务模块的"技术壁垒"，至少根据当下对各类专业软件的研究，还没有将建设项目投资决策所需要的数据按标准的模板进行数据逻辑的"大串连"，以形成"建设项目投资决策的数智编程算法"，这种局面导致数据处理的算法的工作任务繁重、效率低下，且不能满足"快出数据、高效决策"的需求。另外，各类专业软件的操作复杂性对数据处理人员的专业技术要求高，需要对其进行专业的培训或长期的训练才能使其应用自如。这也增加了投资决策分析的技术难度。

　　具有计算机专业背景的人员从事建设项目的相关行业，所具有的优势是能利用计算机逻辑语言提高数据运算自动化水平（如由人工智能技术驱动的 ChatGFT），提高数据在线更新的速度。应用更为开放的 EXCEL 逻辑函数来实现数据的快速自动处理，尽量利用相对通用的办公软件（如 EXCEL 表格和菜单式集合命令）来编辑构建模型，尽量避免利用通常只有程序员才能掌握的专业计算机语言来编辑构建模型（如开发工具中的宏工具），这是因为非计算机专业的投资分析人员难以在短时间内掌握，普及成本过高，不利用于建设项目投资决策分析数智编程算法技术的推广。

　　本书所构建的算法基于相对通用的办公软件 EXCEL，通过对大量繁杂的数据进行"智能化"处理（故本书中形成的数据库，定义为"数智库"），以实现基于较少的人工输入量形成大批量联动算法的功能；让更多的"非计算机专业背景"的投资决策分析人员快速掌握，不再依赖过于专业晦涩的计算机程序语言，进而实现"普天下而乐"的专业知识的传播。

　　经过市场调研发现，目前国内大型房地产开发企业或建设单位的投资部门所使用的建设工程投资分析的工具仅停留于设计部门、营销部门、成本造价部门、工程管理部门等提供的"各自为政"的数据现状，以及业务小模块之间的数据链接，没有形成自动算量、自动算价的功能。为此，作者根据多年的工作经验对建设工程投资决策过程中的各业务模块应用 EXCEL 软件进行了编程，形成了相互内嵌的系列套表算法大模型。与传统的建设工程投资分析工具比较，本书所提供的工具具备的独特优势有：第一，将设计、营销、成本、工程管理、财务、企业管理等职能部门的数据通过逻辑编辑技术，实现了仅以少量的数据源（通过 Ctrl＋G 实现快捷定位功能）的录入就能快速自动生成各类应用场景下的经济指标的功能，其特点是效率高、多部门协调工作量大幅减少；第二，利用 EXCEL 逻辑语言实现了基于土地使用年限、立项基准期、土地取得期、开发建设期、经营交易期、租售运营期等全生命周期的可调整时间坐标系统，实现了对建设工程进行全程动态管理的功能；第三，通过 EXCEL 的现成算法，实现了基于满足不同职能部门业务需求下的九大场景应用，实现了职能部门之间、大数据之间的联动功能，实现了房地产开发企业或建设单位各部门职能工作任务"临界管理"的智能化技术的全覆盖。

为了方便广大读者快速掌握本书独特的数智编程算法，作者将已编程完成的成果作为本书赠送的附件，读者扫码下载后，可根据建设工程投资决策的业务需求进行"菜单式"选择。本书所提供的模板，可以应用于以下场景：建筑方案选型、房地产市场定价、成本控制目标值测算、土地竞拍市场应用、资金需求融资方案测算、建设工程的进度时间计算、项目盈利能力评价、项目偿债能力评价。读者只需根据建设工程采集的原始数据并将其录入模板中的数据源单元格，就能"一键生成"想要的各项经济指标，不需要重新编辑庞大繁杂数据链之间的逻辑关系。这就是本书提供的核心价值：标准数智库，拿来就能用！

吴阳　杨晓敏　苏兴杰

联系人邮箱地址：254152750@qq.com

2023 年 6 月 1 日

扫码下载附赠EXCEL模板

目 录

第1篇 当前建设项目投资分析的行业困境与对策

第1章 建设项目投资分析的原则与行业困境 ·········· 2
第1节 建设项目投资分析应遵守的原则 ·········· 2
1.1 建设项目投资分析的技术可行 ·········· 2
1.2 建设项目投资分析的经济合理 ·········· 2
1.3 建设项目投资分析的指标可控 ·········· 2
第2节 当前建设项目投资分析的行业困境 ·········· 3
2.1 困境之一：多专业跨界的属性导致成本高、工效低 ·········· 3
2.2 困境之二：零散的数据难以实现快速更新的功能 ·········· 3
2.3 困境之三：专业软件无接口导致决策需求的空白 ·········· 3

第2章 建设项目投资分析的解困对策 ·········· 4
第1节 建设项目投资分析的工具 ·········· 4
1.1 传统的建设项目投资分析工具 ·········· 4
1.2 基于计算机软件的投资分析工具 ·········· 4
第2节 建设项目投资分析数据大模型的算法原则 ·········· 4
2.1 实现宏量工作簿之间的互交式联动功能 ·········· 4
2.2 应减少模型使用人员的操作疲劳 ·········· 5
第3节 给单元数据起个"听话好用"的名字 ·········· 5
3.1 统筹三级架构命名的体系 ·········· 5
3.2 基准单元格的中文定义技巧 ·········· 6
第4节 给表格标记快速定位路标 ·········· 6
4.1 编制全路径周期时间刻度轴线坐标 ·········· 6
4.2 分享快速定位的路标系统编程技巧 ·········· 6
第5节 建立联动的全路径时间坐标轴体系 ·········· 7
5.1 投资决策模型的横纵时间坐标轴 ·········· 7
5.2 开始时间与完成时间的自动转换 ·········· 8

第3章 建设项目投资分析数智系统的构建 ·········· 9
第1节 投资分析数智系统构建导图 ·········· 9
1.1 投资分析数智系统的构建内容 ·········· 9
1.2 投资分析数智系统的逻辑导图 ·········· 9
第2节 设计数智库构建导图 ·········· 9

2.1　设计数智库的构建内容 ·· 9
　　　2.2　设计数智库的逻辑导图 ·· 10
　第3节　经营产品数智库构建导图 ·· 11
　　　3.1　经营产品数智库的构建内容 ·· 11
　　　3.2　经营产品数智库的逻辑导图 ·· 11
　第4节　投资费用数智库构建导图 ·· 12
　　　4.1　投资费用数智库的构建内容 ·· 12
　　　4.2　投资费用数智库的逻辑导图 ·· 12
　第5节　时间数智库构建导图 ·· 13
　　　5.1　时间数智库的构建内容 ··· 13
　　　5.2　时间数智库的逻辑导图 ··· 13
　第6节　进度数智库构建导图 ·· 14
　　　6.1　进度数智库的构建内容 ··· 14
　　　6.2　进度数智库的逻辑导图 ··· 14
　第7节　产品价格数智库构建导图 ·· 15
　　　7.1　产品价格数智库的构建内容 ·· 15
　　　7.2　产品价格数智库的逻辑导图 ·· 16
　第8节　收入数智库构建导图 ·· 16
　　　8.1　收入数智库构建内容 ·· 16
　　　8.2　收入数智库的逻辑导图 ··· 17
　第9节　支出数智库构建导图 ·· 18
　　　9.1　支出数智库的构建内容 ··· 18
　　　9.2　支出数智库的逻辑导图 ··· 18
　第10节　融资数智库构建导图 ··· 19
　　　10.1　融资数智库的构建内容 ··· 19
　　　10.2　融资数智库的逻辑导图 ··· 19
　第11节　流量数智库构建导图 ··· 20
　　　11.1　流量数智库的构建内容 ··· 20
　　　11.2　流量数智库的逻辑导图 ··· 20
　第12节　利润数智库构建导图 ··· 21
　　　12.1　利润数智库的构建内容 ··· 21
　　　12.2　利润数智库的逻辑导图 ··· 21
　第13节　敏感数智库构建导图 ··· 22
　　　13.1　敏感数智库的构建内容 ··· 22
　　　13.2　敏感数智库的逻辑导图 ··· 22

第2篇　建设项目投资分析的场景应用

第4章　建设项目设计业务数智编程算法 ·· 24
　第1节　规划技术指标的数据采集 ·· 24

	1.1	建设用地指标的计量数据	24
	1.2	规划设计指标的数据采集	25
第2节	采集选型建筑方案设计数据源		27
	2.1	地下工程空间数据的采集	27
	2.2	地上工程空间数据的采集	33
	2.3	建筑体型数据的归集合并	74
	2.4	面积指标数据的汇总统计	76
	2.5	产权面积的分摊值与归集	81

第5章　建设项目经营供货量数智编程算法　88

第1节	车位的供货量分类与数据采集		88
	1.1 车位供货量的使用功能分类	88
	1.2 车位供货量数据源的采集	88
第2节	办公楼的经营供货量数据采集		92
	2.1 一号楼的经营供货量的归集	92
	2.2 二号楼的经营供货量的归集	96
第3节	居住楼的经营供货量编程算法		100
	3.1 住宅楼的经营供货量的归集	100
	3.2 公寓楼的经营供货量的归集	103
第4节	经营供货量分布的自动算法		106
	4.1 经营供货量分布路径的建模	106
	4.2 基于经营供货量不同口径的自动算量	107

第6章　建设工程投资费用数智编程算法　113

第1节	基准期投资费用数智编程算法		113
	1.1	土地开发费数智编程算法	113
	1.2	前期工程费数智编程算法	117
	1.3	土建工程费数智编程算法	119
	1.4	外装饰工程费数智编程算法	122
	1.5	内装饰工程费数智编程算法	124
	1.6	安装工程费数智编程算法	127
	1.7	室外工程费数智编程算法	132
	1.8	经营设施费数智编程算法	134
	1.9	样板房设施费数智编程算法	135
	1.10	材料设备分离数智编程算法	136
	1.11	建设单位直采购置费数智编程算法	146
第2节	交易期投资费用数智编程算法		150
	2.1	土地费用支出数智编程算法	150
	2.2	前期工程费支出数智编程算法	152
	2.3	建安工程费支出数智编程算法	155

		2.4	直采式购置费支出数智编程算法	159

	2.5	其他费用支出数智编程算法	161
2.6	开发销售期总支出数智编程算法	163
2.7	开发销售期经营费用数智编程算法	165
2.8	增值税及附加税总支出数智编程算法	167

第7章 建设工程进度计划编码数智编程算法 170

第1节 基于全程路径时间坐标轴的建模 170
    1.1 建设项目全路径 Y 轴时间坐标数智编程算法 170
    1.2 建设项目全路径 X 轴时间坐标数智编程算法 173

第2节 编制建设项目的开发计划 175
    2.1 建设项目设计时间编码数智编程算法 175
    2.2 土建工程编码数智编程算法 179
    2.3 外立面装饰工程施工工期编码数智编程算法 182
    2.4 内装饰工程施工工期 184
    2.5 项目开发计划数智编程算法 187
    2.6 开发里程碑节点数智编程算法 192

第3节 房地产建设项目的营销计划 196
    3.1 销售交易时间数智编程算法 196
    3.2 营销设施计划数智编程算法 198

第4节 建设项目的支付计划 201
    4.1 基于不同情形的支付计划 202
    4.2 支付进度比例的联动算法 206

第5节 编制建设工程开发的形象进度 208
    5.1 车位的售租的形象进度 208
    5.2 一号楼售租产品的形象进度 209

第6节 租售产品的经营面积的自动算量 210
    6.1 车位的销售面积进度的自动算法 210
    6.2 车位的租赁面积进度的自动算法 211
    6.3 一号楼销售面积进度的自动算法 212
    6.4 一号楼租赁面积进度的自动算法 214

第8章 经营产品市场价格数智编程算法 217

第1节 建设工程产品的基准期价格的采集 217
    1.1 车位收益法数智编程算法 217
    1.2 车位基准期价格数智编程算法 218
    1.3 一号楼的基准期价格的市场采集 220

第2节 建设工程的交易期价格的套价算法 225
    2.1 车位的交易期价格的自动套价 225
    2.2 一号楼的交易期价格的自动套价 225

第9章 经营产品的营业收入数智编程算法 ... 228
第1节 基准期营业收入的自动算价 ... 228
1.1 车位的基准期收入数智编程算法 ... 228
1.2 一号楼的基准期收入算法 ... 229
第2节 交易期销售收入的自动算价 ... 232
2.1 车位在交易期的销售收入的数智编程算法 ... 232
2.2 一号楼的交易期销售收入算法 ... 235
第3节 交易期租金收入自动算价 ... 237
3.1 车位在交易期的租金收入的数智编程算法 ... 237
3.2 一号楼的交易期租金收入算法 ... 239

第10章 建设项目融资方案数智编程算法 ... 242
第1节 融资方案要素信息的采集 ... 242
1.1 融资关键业务的数据采集 ... 242
1.2 资金来源与需求业务的数据采集 ... 243
1.3 融资时间的月度坐标数智编程算法 ... 248
第2节 基于不同还款方式的利息自动算法 ... 249
2.1 等额本金还款的竖向算法 ... 249
2.2 等额本金还款的资金平衡分析 ... 253
2.3 等额本息还款的竖向算法 ... 255
2.4 等额本息还款的资金平衡分析 ... 259
2.5 融资指标的归集显示的数智编程算法 ... 260

第11章 建设项目的现金流量数智编程算法 ... 263
第1节 融资前的现金流量表 ... 263
1.1 融资前土地增值税清算数智编程算法 ... 263
1.2 融资前现金流量月度报表数智编程算法 ... 266
1.3 融资前现金流量年度报表数智编程算法 ... 269
1.4 现金流量指标数智编程算法 ... 271
第2节 融资后的现金流量表 ... 272
2.1 融资后土地增值税清算数智编程算法 ... 272
2.2 融资后现金流量月度报表数智编程算法 ... 275
2.3 融资前现金流量年度报表数智编程算法 ... 278
2.4 现金流量指标数智编程算法 ... 281

第12章 建设项目盈利能力数智敏感编程算法 ... 284
第1节 融资前项目的盈利能力分析 ... 284
1.1 融资前土地增值税清算 ... 284
1.2 融资前盈利能力月度报表 ... 287
1.3 融资前盈利能力年度报表 ... 290

    第 2 节 融资后项目的盈利能力分析 ·· 293
        2.1 融资后土地增值税清算 ··· 293
        2.2 融资前盈利能力月度报表 ·· 296
        2.3 融资后盈利能力年度报表 ·· 299

第 13 章 基于建设项目投资分析的场景应用 ··· 303
    第 1 节 基于土地竞拍或拿地市场的应用 ·· 303
        1.1 土地费用与盈利能力的试算 ··· 303
        1.2 土地费用与回收期关联试算 ··· 304
        1.3 土地费用与偿债能力的试算 ··· 305
    第 2 节 工程成本临界值场景应用 ·· 306
        2.1 工程造价与盈利能力的联动试算 ··· 306
        2.2 工程造价与回收期的联动试算 ·· 308
        2.3 工程造价与偿债能力的联动试算 ··· 308
    第 3 节 项目全程经营费用的临界值场景的应用 ··· 309
        3.1 经营费用与盈利能力的联动试算 ··· 309
        3.2 经营费用与回收期的联动试算 ·· 311
        3.3 经营费用与偿债能力的联动试算 ··· 312
    第 4 节 基于销售价格市场行情场景的应用 ·· 313
        4.1 销售价格与盈利能力的联动试算 ··· 313
        4.2 销售价格回收期的联动试算 ··· 314
        4.3 销售价格与偿债能力的联动试算 ··· 315
    第 5 节 出租价格的市场行情的场景应用 ·· 316
        5.1 出租价格与盈利能力的联动试算 ··· 316
        5.2 出租与投资回收期的联动试算 ·· 318
        5.3 出租价格与偿债能力之间的联动试算 ··································· 319
    第 6 节 销售量的临界值场景的应用 ·· 321
        6.1 销售量与盈利能力的联动试算 ·· 321
        6.2 销售量与回收期的联动试算 ··· 322
        6.3 销售量与偿债能力的联动试算 ·· 324
    第 7 节 出租量临界值的场景应用 ·· 325
        7.1 出租量与盈利能力的联动试算 ·· 325
        7.2 出租量与回收期的联动试算 ··· 327
        7.3 出租量与偿债能力的联动试算 ·· 328
    第 8 节 成交时间的临界值的场景应用 ·· 329
        8.1 成交时间与盈利能力的联动试算 ··· 329
        8.2 成交时间与投资回收期之间的联动试算 ································ 331
        8.3 成交时间与偿债能力之间的联动试算 ··································· 332

第 9 节　建设单位直采比例管理模式场景应用……………………………… 334
　　9.1　直采比例与盈利指标的联动试算 ………………………………… 334
　　9.2　直采比例与投资回收期的联动试算 ………………………………… 335
　　9.3　直采比例与偿债能力的联动试算 ………………………………… 337

第1篇　当前建设项目投资分析的行业困境与对策

第1章 建设项目投资分析的原则与行业困境

无论是基于国有资金来源的建设项目的投资还是基于民间资金来源的建设项目的投资，在建设项目的立项阶段都要进行项目的投资分析，建设项目的投资分析是确保项目投资能形成良好的经济效益或社会效益的基本前置工作。

建设项目在投资分析时，应遵守"技术可行、经济合理、指标可控"的三维度12字原则，下面将进行详细介绍。

第1节 建设项目投资分析应遵守的原则

1.1 建设项目投资分析的技术可行

建设项目投资分析的"技术可行"的判断逻辑是：根据建设项目的建设属性（商业项目、住宅项目、办公项目、工业项目等）、建设项目特征的复杂程度，通过建设项目的建设用地技术经济指标的规划、建筑方案设计、初步设计、施工图纸设计等基本建设程序进行技术可行的逐步认证，直至"施工图审查"通过。这是技术可行、安全可靠的标志性节点。而这样的过程需要投资分析人员根据不同的阶段进行大量相关联数据的转换，因为不同的方案是最根本的投资分析的"变量元"，多方案的选型论证过程，必然需要多次从不同阶段、不同深度的设计图纸中提取数据进行"建模分析、数据算法构建"。

1.2 建设项目投资分析的经济合理

建设项目投资分析的"经济合理"的判断逻辑是：基于建设项目各阶段的设计数据，将其提取归集后，进行工程造价测算、建设项目各类费用测算，对建设期间经营产品的供货量、市场定价、营销市场的供求关系等内容进行分析，以及对建设项目的盈利能力、融资能力、偿债能力、资金流量等经济评价指标进行"四维度论证"，进而判断建设项目的经济合理性。在进行建设项目投资分析时，经济合理的本意是"性价比"最优，而不是成本最低。因为成本与时间进度、成本与建设工程的质量、成本与安全施工、成本与建造施工对环境的影响等因素之间存在着逻辑关联性。因此，在技术可行的前提下，对建设项目投资的经济评价，以及判断建设项目是否经济合理是不可缺少的关键环节。

1.3 建设项目投资分析的指标可控

建设项目投资分析的评价指标是"技术可行、经济合理"两个维度的逻辑判断的数据标志点。首先建设项目投资分析时应遵守"指标合规"的原则。例如：技术指标包括地块容积率、建筑密度、绿地率、建筑限高等规划条件；设计指标包括建筑面积、建筑层高、基础造型、结构造型、消防规范指标等，且它们必须符合建设项目的用地规范、规划设计方案等。

"指标可控"是体现建设项目投资经济价值或社会价值的量化指标。经济指标中的盈利能力评价指标有税前内部收益率、税后内部收益率、财务净现值、税前静态回收期、税后静态回收期、税前动态回收期、税后动态回收期、净利润总额、息税前利润总额、年均息税前利润额、融资前总投资、年平均净利润额、净利润率、总投资收益率、资本金净利润率等。偿债能力的评价指标有借款年利率、放款周期、还款周期、借款金额、资金总需求、借款占融资前投资之比、借款占资金总需求之比、借款金额/总建筑面积、利息支出、利息支出/总建筑面积、利息备付率、偿债备付率等。

无论是技术指标还是经济指标，都贯穿于建设项目的全生命周期，必须做到"指标可控"，要做到"指标可控"就必须依靠大量数据的动态调整测试。

第2节　当前建设项目投资分析的行业困境

2.1　困境之一：多专业跨界的属性导致成本高、工效低

由建设项目投资分析、决策分析的全过程内容可知，建设项目的投资分析涉及建筑设计专业、房地产市场营销专业、土建造价专业、安装造价专业、施工建造专业、会计专业、金融专业等，各专业之间存在着界面的协调、作业的流水逻辑等关系，专业多，要求参与的团队人数就多，各专业之间的跨界管理协调难度就会增加，各专业之间的工作效率及专业水平的差异导致建设项目投资分析的完成周期较长，往往不能满足快速决策的需要；另外，参加的人员越多，单次决策的成本就越高。

2.2　困境之二：零散的数据难以实现快速更新的功能

正因为建设项目投资分析的工作涉及的专业众多、人员众多，所以各专业人员所提交的数据业务之间是零散的状态。数据之间没有贯通、没有形成内在的逻辑关系，导致数据之间是独立静态的。进行敏感性分析时，需要多次更新不同的前端数据，但后端数据不能自动更新，仍然需要大量的人工计算。工作强度增加、工作时间增加导致投资分析难以满足快速更新数据的需求。

2.3　困境之三：专业软件无接口导致决策需求的空白

工程建设领域的专业软件开发市场现状是：各专业的、细化的软件开发得比较成熟，例如设计阶段的CAD设计画图软件、BIM设计专业软件；造价阶段的概算编制、预算编制、结算审核业务软件，以及项目进度管理软件等。这些软件在市场上有众多的品牌，各自有不同的市场占有率，但其共同的特点是：①需要专业资金购买使用，都有"加密锁"的保护；②专业软件之间"各自为王"，专业软件之间没有接口，不能满足基于建设项目投资分析的大数据、大模型业务之间的融合；③各专业软件的操作需要专业人员的专门培训与长时间的熟能生巧。

基于以上工程建设领域的专业软件开发市场的现状，目前还没有发现基于建设项目投资分析角度的成熟的专业软件产品投入市场。因此，本书构建的基于相对通用的办公软件EXCEL的数智编程算法在一定程度上填补了行业的空白。

第 2 章　建设项目投资分析的解困对策

建设项目投资决策阶段需要根据多个建设方案、运营方案的数据进行反复的调试，以测定技术分析指标与经济评价指标的风险控制预警线。基于建设项目投资决策的不同阶段，需要建设项目投资分析人员进行大量的数据采集、录入、算量、套价等工作。在数据处理时若采用"大量人工、少量自动算法"的方式，则不能满足"快出数据、高效决策"的需求。因此，利用相对通用的办公软件 EXCEL 来构建项目投资的决策数智编程算法大模型库成为提高工作效率的捷径之一。为了解决建设项目投资分析当前面临的困境，本章将围绕建设项目投资分析的工具、数据大模型的算法原则、中文定义名称的技巧、定位路标的方法、建立全路径时间坐标轴体系五个维度来阐述建设项目投资决策算法总的方法论。

第 1 节　建设项目投资分析的工具

1.1　传统的建设项目投资分析工具

根据建设项目投资决策评价指标与评价办法，判断一个建设项目是否可行，需要综合考虑建设项目设计方案、建设项目成本、建设项目全路径工期等，同时根据经济评价理论计算出内部收益率、投资回报期、财务净现值等盈利指标；当需要融资时，还需要考虑建设资金的来源、计算项目的偿债能力等，并根据众多因素对评价指标的敏感程度进行分析。由于传统的建设项目投资分析方法没有将各业务模块之间的数据进行全路径链接，所以人工重复计算工作量巨大，不能满足"快出数据、高效决策"的需求。

1.2　基于计算机软件的投资分析工具

基于计算机软件的投资分析工具的精髓是利用计算机逻辑语言，对大量繁杂的数据进行"智能化"处理（故本书中形成的数据库，定义为"数智库"），形成了可基于较少的人工输入量实现大批量数据联动的算法，而且可以让更多"非计算机专业背景"的相关从业人员快速掌握，实现"普天下而乐"的效果。

第 2 节　建设项目投资分析数据大模型的算法原则

2.1　实现宏量工作簿之间的互交式联动功能

建设项目投资决策大模型数智库建模的第一个原则：人工录入数据量越少越好。利用大量的逻辑函数实现对前端数据与中端数据、后端数据的"大串联、贯穿式大并联"，以提高数据处理的自动化率（自动生成数据量单元格/全部数据单元格），进而实现百张表格的互交式联动功能。

建设项目投资决策大模型数智库建模的第二个原则：应用计算机软件使静态的数据很容易变成动态可调的数据，实现更多单元格内"数据自动更新"的链式功能。由于建设项目的投资因素具有复杂性与长周期性，所以只有建立"在线更新数据"的指标联动体系才能做到及时满足投资决策判断的需求。

建设项目投资决策大模型数智库建模的第三个原则：在建模时应考虑计算机的配置水平，也就是考虑电脑运算能力与决策模型数据运算能力的匹配程度，避免出现为了片面提高数据处理的自动化率而降低运算速度的降效现象。

2.2 应减少模型使用人员的操作疲劳

建设项目投资决策大模型数智库建模的第四个原则：在数字化建模过程中应考虑减少模型使用人员的操作疲劳。例如住宅用途的建设项目的土地使用年限长达 70 年，在测算资金流量时，如果精确到月份，则需要建模的时间坐标轴线多达 $70 \times 12 = 840$ 个单元格，如果用人工方式翻阅计算机软件窗口的工具条，很容易造成"眼花缭乱"的视觉疲劳现象，容易造成数据处理的误操作。因此，应用逻辑函数以实现特定功能的"自动判断、自动更新"，可以提高数据处理的智能化水平。

建设项目投资决策大模型数智库建模的第五个原则：尽量使用相对通用的办公软件，例如使用 EXCEL 中的表格和菜单式集合命令来编辑构建模型；尽量避免使用通常只有程序员才能掌握的专业计算机语言，例如开发工具中的宏工具，非计算机专业的投资分析人员难以在短时间内掌握，普及成本过高，不利用于建设项目投资分析数智编程算法技术的推广。

基于以上建设项目投资分析大模型数智库建模的五大原则，本书以常见的办公软件 EXCEL 为基础，利用 200 多个有内在逻辑关系的电子表格进行数据大串联，以实现可以满足建设项目投资分析的各类数据的动态测试，进而实现建设项目投资决策的"技术可行、经济合理、指标可控"的方针原则。

第3节 给单元数据起个"听话好用"的名字

3.1 统筹三级架构命名的体系

根据 EXCEL 的特性，在处理编辑大量数据时，相对引用与绝对引用是基本的数据链接功能。在处理大量数据时，给单元格起个好用的中文名字对建设项目投资分析人员提高工作效率来说是非常重要的。

工作簿、工作表、单元格是 EXCEL 中最基本的三级架构。根据大批量数据算法的经验总结，上述三级架构的"表名"定义方式如表 2-1 所示。

"表名"定义方式 表 2-1

工作表名称实例	工作表名称定义方法
土地增值税.融资前流量.投资.项目tdzzs	由中文关键词形成字节+关键词拼音首字母构成

续表

工作表名称实例	工作表名称定义方法
现金流量．融资前流量．投资．项目 xjll．yb．x	．yb 表示时间坐标轴的计时单位为"月" ．x 表示横向超长的表格属性
现金流量．融资前流量．投资．项目 xjll．nb．x	．nb 表示时间坐标轴的计时单位为"年" ．x 表示纵向超长的表格属性

3.2 基准单元格的中文定义技巧

如表 2-2 所示。

基准单元格的中文定义技巧 表 2-2

净利润．融资后损益．项目 lrzh．yb．x	(1) 提取出工作表名称的关键词＋关键词的拼音首字母； (2) 从单元格的符号逻辑判断出单元格的属性，可以防止单元格名称定义"重名"的现象； (3) 一个单元格只要不完全重名，就可以定义多个中文名称，在不同的场景下调用

第4节 给表格标记快速定位路标

4.1 编制全路径周期时间刻度轴线坐标

由于建设工程所需要土地要素资源的使用年限长达 40 年、50 年、70 年，所以在建设工程投资分析时，尤其是全生命周期的经营租赁时，都需要超长的时间轴。当精度达到"月报"时，工作表长度最长超过 840 个，如果没有表格的快捷定位技术所形成的"路标"，采用传统的操作方法，很容易导致数据的出错与操作人员的视觉疲劳。

4.2 分享快速定位的路标系统编程技巧

针对超大型工作表，对其标记快速定位路标的经验分享如表 2-3 所示。

经验分享 表 2-3

38			
WK	H11:H38	I11:I38	J11:J38
10	J17:WK38	I	J
11	J11:WK11	月序号	总第 1 个月
12	J12:WK12	土地月序	土地第 0 个月
13	J13:WK13	年份号	2024 年
14	J14:WK14	年序号	总第 1 年度
15	J15:WK15	开始日期	2024 年 6 月 1 日
16	J16:WK16	完成日期	2024 年 6 月 30 日

(1) G10=ROW(),编辑此公式的作用:将表格的行数动态显示出来,作为编辑公式或超大表格时行的参照坐标的标识。

(2) J10=SUBSTITUTE(ADDRESS(1,COLUMN(),4),1,),编辑此公式的作用:将表格的列数动态显示出来,作为编辑公式或超大表格时列的参照坐标的标识。

(3) J9=CONCATENATE(J10,\$G\$11,":",J10,\$G\$8),编辑此公式的作用:用于超大表格的区域的快速定位,例如对"J11:J38"区域进行选定。

(4) H16=\$J\$10&G16&":"&\$G\$9&G16,编辑此公式的作用:用于超大表格的区域的快速定位,例如对"J16:WK16"区域的快速定位。

第5节 建立联动的全路径时间坐标轴体系

建设项目工程的一般特点是建设周期较长。建设项目投资分析从时间角度分为静态与动态,并且货币具备时间的属性,因此对建设项目进行全运营周期的时间管理是十分必要的投资分析的工作内容。针对周期长的建设项目,必须特别强调的是:时间管理唯有实现了"动态分析、在线更新"的功能,投资分析才具备模拟现实环境背景下的项目运营的能力,才能体现货币的时间价值属性。利用 EXCEL 强大的逻辑函数就能实现此项功能。

5.1 投资决策模型的横纵时间坐标轴

根据 EXCEL 操作便利性的特点,投资决策模型的时间刻度主轴需要从两个方向进行构建,即横向(X 方向)与纵向(Y 方向)。通过 EXCEL 的逻辑函数可实现只需少量的人工输入,便能自动计算后端单元格的"动感时间轴"的功能(表 2-4、表 2-5)。

示例(一) 表 2-4

L	C10:C609	D10:D609	E10:E609	F10:F609	G10:G609
B	C	D	E	F	G
9	月序号	土地月序	土地年序	每年月份	年份号
15	第6个月	土地第1月	土地第1年	11月	2024年
16	第7个月	土地第2月	土地第1年	12月	2024年
17	第8个月	土地第3月	土地第1年	1月	2025年
18	第9个月	土地第4月	土地第1年	2月	2025年
19	第10个月	土地第5月	土地第1年	3月	2025年

& D15=IF(C15>=开始月序.土地使用年限.节点 jdjh,ROW(A6)-开始月序.土地使用年限.节点 jdjh+1,0)

& E15=IF(D15>0,ROUNDDOWN(D14/12+1,0),0)

& F15=MONTH(I15)

& G15=IF(F14+1<13,G14,MID(G14,1,4)+1)

注解:通过上述的逻辑函数可以实现"月序号、土地月序、土地年序、每年月份、年份号"五个时间刻度之间的逻辑联动功能。

示例（二） 表2-5

H10:H609	I10:I609	J10:J609	K10:K609	L10:L609
H	I	J	K	L
年序号	开始日期	完成日期	季度码	月季度码
土地第1年	2024年11月1日	2024年11月30日	第4季度	第1年第4季度
土地第1年	2024年12月1日	2024年12月31日	第4季度	第1年第4季度
土地第2年	2025年1月1日	2025年1月31日	第1季度	第2年第1季度
土地第2年	2025年2月1日	2025年2月28日	第1季度	第2年第1季度
土地第2年	2025年3月1日	2025年3月31日	第1季度	第2年第1季度

& G15＝IF(F14＋1＜13,G14,MID(G14,1,4)＋1)
& H15＝IF(G15＝G14,H14,H14＋1)
& I15＝J14＋1
& J15＝EDATE(I15,1)－1
& K15＝LEN(2^MONTH(I15))
& L15＝"第"&H15&"年"&"第"&K15&"季度"

注解：通过上述的逻辑函数可以实现"年序号、开始日期、完成日期、季度码、月季度码"五个时间刻度之间的逻辑联动功能。

5.2 开始时间与完成时间的自动转换

由于资金流量的管理与建设项目的时间管理一般是以"月度"为基本计量单位的，因此，通过EXCEL的逻辑函数，就能实现"年、月、日"计时刻度的自动转换，实现其对应的"开始月份"与"完成月份"的自动换算。下面以实例的方式来演示时间坐标的自动转换功能（表2-6）。

实例演示 表2-6

G9:G50	H9:H50	I9:I50	J9:J50	K9:K50
G	H	I	J	K
开始日期	完成日期	开始月份	完成月份	整月数
2024年6月1日	2024年7月22日	2024年6月1日	2024年7月31日	2个月
2024年7月23日	2024年9月25日	2024年7月1日	2024年9月30日	3个月
2024年9月26日	2024年10月15日	2024年9月1日	2024年10月31日	2个月
2024年10月16日	2024年11月4日	2024年10月1日	2024年11月30日	2个月

& ＝DATE(YEAR(H9),MONTH(H9)＋1,1)－1,通过此公式来构建开始日期与开始月份之间的自动转换的逻辑关系。
& ＝EOMONTH(G9,－1)＋1,通过此公式来构建开始日期与完成月份之间的自动转换的逻辑关系。

第3章 建设项目投资分析数智系统的构建

第1节 投资分析数智系统构建导图

1.1 投资分析数智系统的构建内容

建设项目投资分析数智系统由设计、产品、成本、时间、进度、定价、收入、支出、流量、融资、利润、敏感共12个"子系统数智库"构成。通过EXCEL软件，利用逻辑公式实现了大量数据的全路径联动。

1.2 投资分析数智系统的逻辑导图

针对建设项目投资的内在需求，基于设计、产品、成本三大核心数据内容，以可动态调节的节间坐标为轴线，将基准期的数据转换为收入、支出两个数智库，基于此内容，实现现金流量、利润计算、融资分析三大决策内容的算法编码程序构建，最后演算出指标归集、敏感分析的多项算法内容。各"子系统数智库"之间的逻辑关系如图3-1所示。

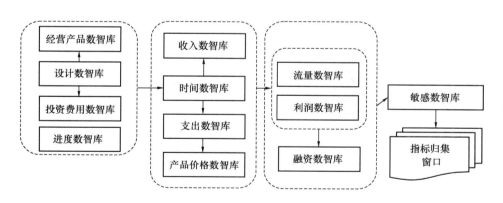

图3-1 各"子系统数智库"之间的逻辑关系

第2节 设计数智库构建导图

2.1 设计数智库的构建内容

基于建设用地的属性（住宅、办公、商业、工业或其他用途），对地块进行建筑功能设计方案的构思,是建设项目投资分析的首要任务。

设计数智库的构建内容如表 3-1 所示。

设计数智库的构建内容　　　　　　　表 3-1

序号	数智库中文名称	数智库代码
1	建筑体型数据智库	.jtsjk
2	地下空间数据智库	.xksmk
3	地上空间数据智库.一号楼	.sksjk
4	地上空间数据智库.二号楼	.sksjk
5	地上空间数据智库.三号楼	.sksjk
6	地上空间数据智库.四号楼	.sksjk
7	设计面积数据智库	.smsjk
8	规划设计数据智库	.gssjk
9	产权面积分摊智库	.cmfmk

2.2 设计数智库的逻辑导图

根据建设项目设计业务的数据处理特点、与其他业务模块之间的内在逻辑关系,整理出设计数智库的逻辑导图,如图 3-2、图 3-3 所示。

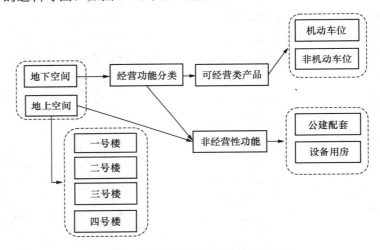

图 3-2　设计数智库的逻辑导图(一)

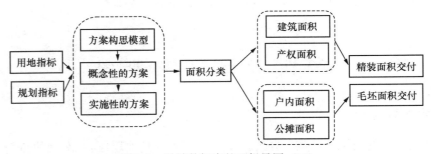

图 3-3　设计数智库的逻辑导图(二)

第 3 节 经营产品数智库构建导图

3.1 经营产品数智库的构建内容

经营产品数智库的构建内容如表 3-2 所示。

经营产品数智库的构建内容　　　　　　　　　表 3-2

序号	数智库中文名称	数智库代码
1	经营产品供货量智库. 车位	.jcgmk
2	经营产品供货量智库. 一号楼	.jcgmk
3	经营产品供货量智库. 二号楼	.jcgmk
4	经营产品供货量智库. 三号楼	.jcgmk
5	经营产品供货量智库. 四号楼	.jcgmk
6	经营产品供货量智库. 汇总	.jcgmk

3.2 经营产品数智库的逻辑导图

建设项目根据使用功能的不同，可划分为住宅、办公、工业厂房、公寓、酒店等；根据经营活动类别的不同，可划分为纯销售型、纯出租型、售租混合型、持有自用等。根据建设项目经营产品数据处理的特点与经营活动的规律，经营产品数智库的逻辑导图如图 3-4、图 3-5 所示。

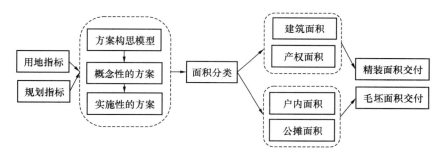

图 3-4　经营产品数智库的逻辑导图（一）

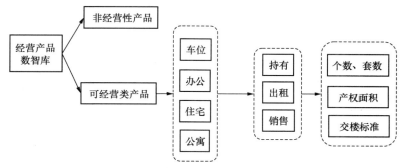

图 3-5　经营产品数智库的逻辑导图（二）

第4节 投资费用数智库构建导图

4.1 投资费用数智库的构建内容

建设项目投资金额巨大、建设期长是其区别于其他投资项目的主要特点,因此,基于建设项目的基准期与交易期两个维度,构建建设项目投资的成本与支出数智库是必要的关键环节,同时也是数据处理量比较大的业务模块。根据建设项目成本与支出的内在规律,构建的投资费用数智库内容如表3-3所示。

投资费用数智库的构建内容　　表3-3

序号	数智库中文名称	数智库代码
1	土地开发费数据智库	.tkfsk
2	前期工程费数据智库	.rjfsk
3	土建工程费数据智库	.tjgsk
4	外立面装饰工程费数据智库	.wzgsk
5	室内装饰工程费数据智库	.szgsk
6	安装工程指标数据智库	.agzsk
7	安装工程费数据智库	.agfsk
8	室外工程费数据智库	.sgfsk
9	营销设施工程费数据智库	.ysgsk
10	样板展示区数据智库	.yzsmk
11	材料设备分解数据智库	.csfsk
12	建设单位购置费数据智库	.jdgsk
13	项目基准期总支出算法智库	.qjzck
14	项目基准期成本分摊算法智库	.qjcbk
15	项目基准期税费算法智库	.qjsfk
16	项目基准期土地增值税算法智库	.qjzzk

4.2 投资费用数智库的逻辑导图

建设项目的投资费用科目来源于建设项目的概算科目划分,但同时也区别于概算科目,其融合了材料设备的购置方式、成本科目与开发计划关键线路之间的关系等。根据建设项目成本支出的特性与时间坐标内在的逻辑关系,构建的投资费用数智库的逻辑导图如图3-6所示。

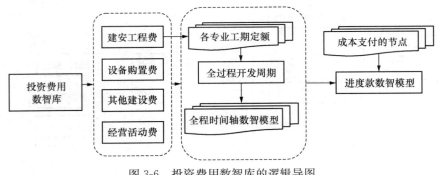

图3-6 投资费用数智库的逻辑导图

第 5 节 时间数智库构建导图

5.1 时间数智库的构建内容

时间因素是建设项目投资分析过程中的重要内容之一,静态的日期形成基准日期,动态的时间形成交易期,考虑资金的时间价值是投资分析的关键方法。基于 EXCEL 的逻辑函数实现"会跳动的时间坐标"是本书算法的核心。时间数智库的构建内容如表 3-4 所示。

时间数智库的构建内容　　　　　　　　表 3-4

序号	数智库中文名称	数智库代码
1	工程设计周期算法智库	.gszsk
2	结构工程施工工期算法智库	.jgsgk
3	外立面装饰施工工期算法智库	.wzgsk
4	室内装饰施工工期算法智库	.szgsk
5	成交进度时间算法智库	.cjssk
6	时间纵坐标算法智库	.sszsk
7	项目建设计划算法智库	.xjjsk
8	关键节点计划算法智库	.gjjsk
9	经营设施时间算法智库	.jsjsk
10	成本支出计划算法智库	.czjsk
11	月度时间横坐标算法智库	.yshzk
12	年度时间横坐标算法智库	.nshzk
13	出租比率时间坐标算法智库	.cbzsk

5.2 时间数智库的逻辑导图

根据建设项目开发全路径的步骤,首先对建设项目从立项、取得土地到后期经营等构建时间坐标自动算法轴线,其中主要对设计、施工、经营三大核心业务进行数智化编程,以实现时间的自动换算功能。时间数智库的逻辑导图如图 3-7 所示。

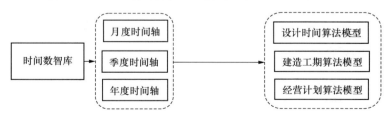

图 3-7　时间数智库的逻辑导图

第 6 节　进度数智库构建导图

6.1　进度数智库的构建内容

建设项目的投资过程是依次完成的,长周期的特性注定要求投资过程是以项目的完成形象进度、面积进度两个维度为基本数据线,扩展成经营收入的进度、现金流量的进度等的业务模块。进度数智库的构建内容如表 3-5 所示。

进度数智库的构建内容　　　　表 3-5

序号	数智库中文名称	数智库代码
1	总成本流出形象进度算法智库	.zczjk
2	销售形象进度算法智库.车位	.xxjsk
3	销售形象进度算法智库.一号楼.办公.42层	.xxjsk
4	销售形象进度算法智库.二号楼.办公.38层	.xxjsk
5	销售形象进度算法智库.三号楼.住宅.23层	.xxjsk
6	销售形象进度算法智库.四号楼.公寓.21层	.xxjsk
7	销售面积进度算法智库.车位	.xmjsk
8	销售面积进度算法智库.一号楼.办公.42层	.xmjsk
9	销售面积进度算法智库.二号楼.办公.38层	.xmjsk
10	销售面积进度算法智库.三号楼.住宅.23层	.xmjsk
11	销售面积进度算法智库.四号楼.公寓.21层	.xmjsk
12	销售面积进度算法智库.汇总	.xmjsk
13	出租面积进度算法智库.车位	.cmjsk
14	出租面积进度算法智库.一号楼.办公.42层	.cmjsk
15	出租面积进度算法智库.二号楼.办公.38层	.cmjsk
16	出租面积进度算法智库.三号楼.住宅.23层	.cmjsk
17	出租面积进度算法智库.四号楼.公寓.21层	.cmjsk
18	出租面积进度算法智库.汇总	.cmjsk

6.2　进度数智库的逻辑导图

根据建设项目开发进度数据的采集需求,以及建设项目的使用功能,编程形成形象、面积、支付三个维度的进度子模块。进度数智库的逻辑导图如图 3-8 所示。

第3章 建设项目投资分析数智系统的构建

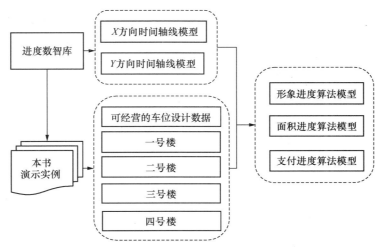

图 3-8 进度数智库的逻辑导图

第 7 节 产品价格数智库构建导图

7.1 产品价格数智库的构建内容

建设项目投资的目标有两种：第一种是通过售租经营活动进行盈利；第二种是持有自用，实现不动产的保值增值。其中，针对经营性的售租方式，就涉及建设项目经营产品的价格的确定问题，基于建设项目经营产品的内在属性，产品价格数智库的构建内容如表 3-6 所示。

产品价格数智库的构建内容　　　　表 3-6

序号	数智库中文名称	数智库代码
1	基准期销售价格算法智库．车位	．jxjsk
2	基准期销售价格算法智库．一号楼．办公．42层	．jxjsk
3	基准期销售价格算法智库．二号楼．办公．38层	．jxjsk
4	基准期销售价格算法智库．三号楼．住宅．23层	．jxjsk
5	基准期销售价格算法智库．四号楼．公寓．21层	．jxjsk
6	基准期出租价格算法智库．车位	．jcjsk
7	基准期出租价格算法智库．一号楼．办公．42层	．jcjsk
8	基准期出租价格算法智库．二号楼．办公．38层	．jcjsk
9	基准期出租价格算法智库．三号楼．住宅．23层	．jcjsk
10	基准期出租价格算法智库．四号楼．公寓．21层	．jcjsk
11	交易期销售价格算法智库．车位	．jysjk
12	交易期销售价格算法智库．一号楼．办公．42层	．jysjk

15

续表

序号	数智库中文名称	数智库代码
13	交易期销售价格算法智库.二号楼.办公.38层	.jysjk
14	交易期销售价格算法智库.三号楼.住宅.23层	.jysjk
15	交易期销售价格算法智库.四号楼.公寓.21层	.jysjk
16	交易期出租价格算法智库.一号楼.办公.42层	.jyzjk
17	交易期出租价格算法智库.二号楼.办公.38层	.jyzjk
18	交易期出租价格算法智库.三号楼.住宅.23层	.jyzjk
19	交易期出租价格算法智库.四号楼.公寓.21层	.jyzjk

7.2 产品价格数智库的逻辑导图

由于建设项目的建设周期比较长，在对经营产品进行定价时，应综合考虑基准期价格与交易期价格两个维度，实现建筑功能、经营模式与产品价格之间的联动计算的功能。产品价格数智库的逻辑导图如图 3-9 所示。

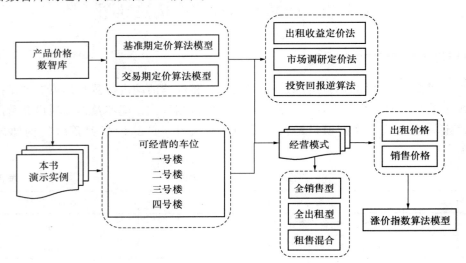

图 3-9　产品价格数智库的逻辑导图

第 8 节　收入数智库构建导图

8.1　收入数智库构建内容

针对用于经营活动的建设项目的投资分析，对经营收入进行测算是不可缺少的业务模块，基于建设项目投资周期长的特点，构建基准期与交易期两个阶段的经营收入是多维投资分析的必要环节。收入数智库的构建内容如表 3-7 所示。

收入数智库的构建内容 表3-7

序号	数智库中文名称	数智库代码
1	基准期经营收入算法智库．车位	.jqysk
2	基准期经营收入算法智库．一号楼．办公	.jqysk
3	基准期经营收入算法智库．二号楼．办公	.jqysk
4	基准期经营收入算法智库．三号楼．住宅	.jqysk
5	基准期经营收入算法智库．四号楼．公寓	.jqysk
6	基准期经营收入算法智库．汇总	.jqysk
7	交易期销售收入算法智库．车位	.jysrk
8	交易期销售收入算法智库．一号楼．办公	.jysrk
9	交易期销售收入算法智库．二号楼．办公	.jysrk
10	交易期销售收入算法智库．三号楼．住宅	.jysrk
11	交易期销售收入算法智库．四号楼．公寓	.jysrk
12	交易期销售收入算法智库．汇总	.jysrk
13	交易期租金收入算法智库．车位	.jyzrk
14	交易期租金收入算法智库．一号楼．办公	.jyzrk
15	交易期租金收入算法智库．二号楼．办公	.jyzrk
16	交易期租金收入算法智库．三号楼．住宅	.jyzrk
17	交易期租金收入算法智库．四号楼．公寓	.jyzrk
18	交易期租金收入算法智库．汇总	.jyzrk
19	基期易期收入对比算法智库	.jyrbk

8.2 收入数智库的逻辑导图

以建设项目全路径时间节点为坐标，形成基准期收入与交易期收入两个线程算法逻辑，再演算出市场行情、交易速度的算法模型。收入数智库的逻辑导图如图3-10所示。

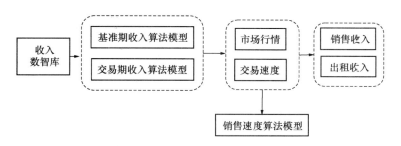

图3-10 收入数智库的逻辑导图

第 9 节　支出数智库构建导图

9.1　支出数智库的构建内容

建设项目投资支出数智库的构建内容需要与项目的经营模式相结合，将项目投资全路径周期划分为开发销售期、出租经营期，支出数智库的构建内容如表 3-8 所示。

支出数智库的构建内容　　　　表 3-8

序号	数智库中文名称	数智库代码
1	土地开发成本算法智库	.cdcbk
2	技术服务费算法智库	.jsfwk
3	建安工程费算法智库	.jagfk
4	建设单位购置费算法智库	.jsgzk
5	其他建设费用算法智库	.qtfrk
6	开发销售期总成本算法智库	.kfqck
7	开发销售期成本分摊算法智库	.kfcfk
8	开发销售期税费算法智库	.kfsfk
9	出租经营期总成本算法智库	.cjcbk
10	出租经营期成本分摊算法智库	.cjcfk
11	出租经营期税费算法智库	.cjsfk

9.2　支出数智库的逻辑导图

支出数智库的逻辑导图如图 3-11 所示。

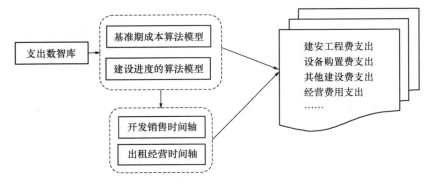

图 3-11　支出数智库的逻辑导图

第 10 节　融资数智库构建导图

10.1　融资数智库的构建内容

建设项目投资所动用的资金额度巨大,因此,对项目投资全路径周期进行资金的运用与需求平衡的测算是必要的,基于融资渠道与资金的使用成本,构建的融资数智库的内容如表 3-9 所示。

融资数智库的构建内容　　　　　　　　　　　　　　表 3-9

序号	数智库中文名称	数智库代码
1	资金渠道数智库	.zxdsk
2	项目融资方案基数智库	.rfajk
3	等额本金利息算法智库	.dbjlk
4	等额本金资金平衡算法智库	.dbjpk
5	等额本息利息算法智库	.dbxlk
6	等额本息资金平衡算法智库	.dbxpk
7	融资时间数码算法智库	.rzsjk
8	融资指标归集智库	.rzzbk

10.2　融资数智库的逻辑导图

根据建设项目的收入与支出、自有资金,进行资金的需求与平衡分析、融资渠道与融资成本分析,是投资分析过程中非常重要的业务内容,融资数智库的逻辑导图如图 3-12 所示。

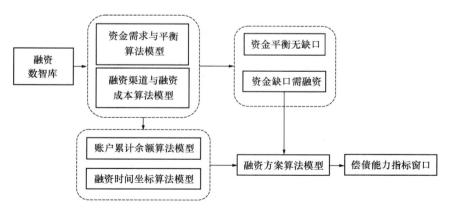

图 3-12　融资数智库的逻辑导图

第 11 节　流量数智库构建导图

11.1　流量数智库的构建内容

现金流量的分析是计算内部收益率、投资回报期、财务净现值的基本工具，因此，基于不同的经营模式，构建可以实现各业务数据组合的联动功能是提高算法效率的基本方法。流量数智库的构建内容如表 3-10 所示。

流量数智库的构建内容　　　　　　　　　　表 3-10

序号	数智库中文名称	数智库代码
1	融资前土地增值税清算投资算法智库	.qtztk
2	融资前月度现金流量投资算法智库	.qsjtk
3	融资前年度现金流量投资算法智库	.qyxtk
4	融资前所得税结转投资算法智库	.qtzbk
5	融资后土地增值税清算项目算法智库	.hsjbk
6	融资后土地增值税清算资本算法智库	.htzzk
7	融资后月度现金流量资本算法智库	.hyxbk
8	融资后年度现金流量资本算法智库	.hnxbk
9	融资后所得税结转资本算法智库	.htzbk
10	融资后土地增值税清算投资算法智库	.htztk

11.2　流量数智库的逻辑导图

编制现金流量表是建设项目投资分析的关键环节，可从融资前、融资后两个维度进行分析。根据算法的精度需求可将其分为月报体系与年报体系，基于满足国家税法要求下的税前与税后分析、动态与静态分析。流量数智库的逻辑导图如图 3-13 所示。

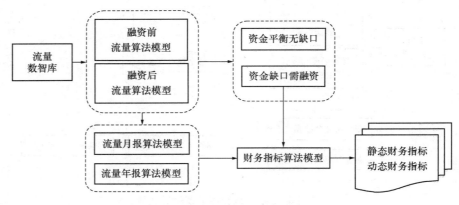

图 3-13　流量数智库的逻辑导图

第 12 节　利润数智库构建导图

12.1　利润数智库的构建内容

对于经营性建设项目，其投资的最终目标是盈利，因此，对建设项目投资的损益盈亏进行分析是基本的方法，在符合国家对房地产开发过程各类税费规定的前提下，测算编制利润表才能真实反映项目的盈利能力。利润数智库的构建内容如表 3-11 所示。

利润数智库的构建内容　　　　　　　　　　表 3-11

序号	数智库中文名称	数智库代码
1	实施期融资前土地增值利润税清算智库	.qtzlk
2	实施期融资前项目月度利润算法智库	.qyjlk
3	实施期融资前项目年度利润算法智库	.qnlrk
4	实施期融资前所得税结转利润算法智库	.qdlrk
5	实施期融资后土地增值税利润清算智库	.hzjlk
6	实施期融资后项目月度利润算法智库	.hylrk
7	实施期融资后项目年度利润算法智库	.hnlrk
8	实施期融资后所得税结转利润算法智库	.hdlrk
9	基准期融资前总利润算法智库	.jqlfk
10	基准期融资前土地增值税利润清算智库	.jtzlk
11	基准期融资后土地增值税利润清算智库	.jhtlk
12	基准期融资后总利润算法智库	.jhlfk

12.2　利润数智库的逻辑导图

建设项目投资根据不同的目的，可分为经营型与持有自用型。针对经营型的建设项目，进行项目的盈亏分析是必要的，应在符合国家税法的前提下，进行融资前与融资后的盈亏分析。利润数智库的逻辑导图如图 3-14 所示。

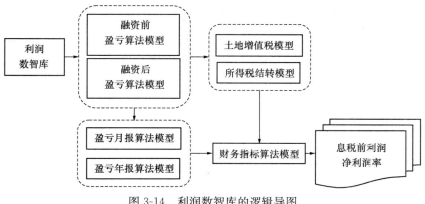

图 3-14　利润数智库的逻辑导图

第13节 敏感数智库构建导图

13.1 敏感数智库的构建内容

影响建设项目投资经济评价指标的因素众多,敏感性分析是项目投资分析的基本方法,基于敏感程度和项目投资因子进行筛选,敏感数智库的构建内容如表3-12所示。

敏感数智库的构建内容 表3-12

序号	数智库中文名称	数智库代码
1	土地费用敏感分析智库	.cdfmk
2	建造费用敏感分析智库	.jzfmk
3	经营费用敏感分析智库	.jyfmk
4	销售价格敏感分析智库	.xsjmk
5	出租价格敏感分析智库	.czjmk
6	销售率敏感分析智库	.xslmk
7	出租率敏感分析智库	.czlmk
8	售价年波动率敏感分析智库	.cjbmk
9	租金年波动率敏感分析智库	.zjbmk
10	建设单位购置敏感分析智库	.jsgmk
11	成交速度敏感分析智库	.cjsmk

13.2 敏感数智库的逻辑导图

建设项目投资活动所涉及的变量众多,根据其影响力,将成本决策、价格决策、市场行情、经营方式、采购方式作为敏感分析的五大变量因子。敏感数智库的逻辑导图如图3-15所示。

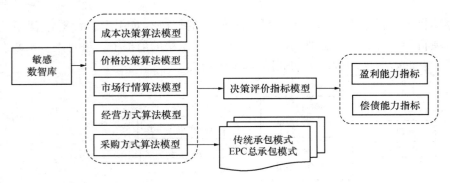

图3-15 敏感数智库的逻辑导图

第 2 篇　建设项目投资分析的场景应用

- **场景应用的案例说明**

  书中选用的案例：项目占地 70.73 亩，地下部分为地下室，功能为地下停车、人防、机房等；地上部分为四栋建筑，即一号楼（42 层）为办公楼、二号楼（38 层）为办公楼，三号楼（23 层）为住宅楼、四号楼（21 层）为公寓楼。为了节约篇幅，纸质图书仅以其中的一栋（一号楼）展开演示其数智编程算法（数智编程算法中部分区间内的逻辑关系公式是类似的，故仅对部分进行演示），但随本书所赠送的数字资源内将提供全套的案例数据。读者可结合纸质版本与电子版本的内容阅读，理解更快、效率更高。

- **基于土地竞拍或拿地市场的应用**

  建设项目离不开土地，无论是通过竞拍方式还是收购方式取得，都需要及时取得土地成本的临界值，尤其是面对竞况多变的土地竞拍市场，更需要在线掌控竞拍的节奏。

- **多个建筑方案选型的场景应用**

  在满足地块规划设计条件的前提下，建设单位领导层面对多个选型的设计方案决策纠结的困境时；当建设单位向设计院或 EPC 施工总承包单位布置设计任务书，所遇到的多个方案"优劣难定"的困境时，一切都以数据说话，只要录入多个选型各异的设计方案的数据源，便可快速取得所需要的决策评价指标和变化趋势曲线图。

- **全程成本临界控制线的场景应用**

  在项目开发建设期，面对巨大的工程投资、建设单位众多的参建单位费用索赔，或面对设计变更、现场条件变化及外部环境的变化导致的工程成本异动，以及竣工交付后的全生命周期的运营费用，都需要事先测算工程成本的临界控制线。

- **基于预测房地产市场行情的场景应用**

  针对经营性的建设工程，当建设单位或开发企业对房屋交易期的市场行情的销售价格、出租价格、销售量、出租量、交易时间进行"旺市或熊市"极值分析时，只要将市场行情相关数据源录入，便可快速预测市场波动对建设项目的影响。

第4章 建设项目设计业务数智编程算法

根据建设项目开发的全过程分析，设计阶段是必不可少的关键业务内容。设计阶段可划分为方案设计、初步设计、施工图设计、专项深化设计等。在构建建设项目设计业务数智编程算法时，采集建设项目的建筑面积、套内建筑面积、净使用面积、产权建筑面积、销售面积、出租面积、经营面积等面积指标数据信息都是必不可少的环节，也需要掌握各面积之间的逻辑关系与相关比例关系，以方便在不同的设计阶段采用不同系数快速采集所需要的基本面积数据。本章将重点应用EXCEL通用办公软件，来构建建设项目设计业务数智编程算法，以实现"少人工，多自动"的算量功能。

第1节 规划技术指标的数据采集

1.1 建设用地指标的计量数据

建设用地指标的计量单位有平方米、亩、公顷三种，在不同的计算场景可选择不同的计量单位，各有其优势。根据三种计量单位的换算关系，以下面的实例来演示构建"建设用地指标数智编程算法"的全过程（表4-1）。

实例演示 表4-1

K	D9:D13	E9:E13	F9:F13	G9:G13
C	D	E	F	G
13	科目	平方米	公顷	亩
9	净用地	47155.90	4.72	70.73
10	建设用地	47155.90	4.72	70.73
11	道路用地	0	0	0
12	公共绿地	0	0	0
13	其他建设用地	0	0	0

D6:D13 列区间

    & ＝CONCATENATE(D7,＄C＄9,":",D7,＄C＄8)

    & ＝SUBSTITUTE(ADDRESS(1,COLUMN(),4),1,)

    & 科目

    注解：沿着列序单元格依次填入"净用地、建设用地、道路用地、公共绿地、其他建设用地"科目内容（可根据建设项目的实际科目分类调整录入）。

E6:E13 列区间

    & ＝CONCATENATE(E7,＄C＄9,":",E7,＄C＄8)

&. =SUBSTITUTE(ADDRESS(1,COLUMN(),4),1,)

&. 平方米

&. =SUM(E10:E13)

&. =47155.90(数值型变量,可按需录入)

&. =0(数值型变量,可按需录入)

&. =0(数值型变量,可按需录入)

&. =0(数值型变量,可按需录入)

F6:F13 列区间

&. =CONCATENATE(F7,$C$9,":",F7,$C$8)

&. =SUBSTITUTE(ADDRESS(1,COLUMN(),4),1,)

&. 公顷

&. =E9/10000

&. =E10/10000

&. =E11/10000

&. =E12/10000

&. =E13/10000

G6:G13 列区间

&. =CONCATENATE(G7,$C$9,":",G7,$C$8)

&. =SUBSTITUTE(ADDRESS(1,COLUMN(),4),1,)

&. 亩

&. =SUM(G10:G13)

&. =F10*15

&. =F11*15

&. =F12*15

&. =F13*15

1.2 规划设计指标的数据采集

规划技术指标是建设项目设计最基本的数据源,根据相关设计规范规定的指标内涵,应用 EXCEL 通用办公软件,以下面的实例来演示构建"规划设计指标数智编制算法"的全过程(表 4-2)。

		实例演示	表 4-2
K	I9:I38	J9:J38	K9:K38
H	I	J	K
8	科目	单位	数据
9	合计总建筑面积	平方米	295398.90
10	地上建筑面积	平方米	212006.70
11	地下建筑面积	平方米	83392.20
12	地上计容建筑面积	平方米	203056.20

续表

13	商业建筑面积	平方米	0
14	办公建筑面积	平方米	128887.20
15	酒店建筑面积	平方米	0
16	公寓/住宅建筑面积	平方米	65649.60
17	其他建筑面积	平方米	8519.40
18	地上不计容建筑面积	平方米	8950.50
19	避难层建筑面积	平方米	8950.50
20	架空层建筑面积	平方米	0
21	其他建筑面积	平方米	0
22	地下计容建筑面积	平方米	0
23	商业建筑面积	平方米	0
24	其他建筑面积	平方米	0
25	地下不计容建筑面积	平方米	83392.20
26	机动车库建筑面积	平方米	61297.20
27	非机动车库建筑面积	平方米	1440.00
28	其他建筑面积	平方米	20655.00
29	容积率		4.31
30	建筑基底面积	平方米	6729.30
31	建筑密度	%	14.27%
32	绿地率	%	30.00%
33	机动车车位	个	1816
34	地上机动车位	个	34
35	地下机动车位	个	1782
36	机动车位产权建筑面积指标	平方米/个	34.40
37	机动车位使面指标	平方米/个	15.00
38	室外工程面积	平方米	40426.60

I9:I38 列区间

　　注解：规划设计技术指标的构成科目内容。根据设计文件中相关的科目构成内容与数据分别填入相应的单元格。

J9:J38 列区间

　　注解：设计数据的计量单位。根据设计文件中相关的内容与计量单位分别填入相应的单元格。

K6:K38 列区间

&. =CONCATENATE(K7,$C$9,":",K7,$C$8)

&. =SUBSTITUTE(ADDRESS(1,COLUMN(),4),1,)

&. 数据

&. =SUM(K10:K11)

- &. =SUM(K12:K18)
- &. =SUM(K22:K25)
- &. =SUM(K13:K17)
- &. =0(数值型变量,可按需录入)
- &. =SUM(建筑面积_办公.设计数据智库.xksmk)
- &. =0(数值型变量,可按需录入)
- &. =SUM(建筑面积_公寓.合计.设计数据智库.xksmk)
- &. =SUM(建筑面积_物业.设计数据智库.xksmk,建筑面积_大堂.设计数据智库.xksmk)
- &. =SUM(K19:K21)
- &. =SUM(建筑面积_避难层.设计数据智库.xksmk)
- &. =0(数值型变量,可按需录入)
- &. =0(数值型变量,可按需录入)
- &. =SUM(K23:K24)
- &. =0(数值型变量,可按需录入)
- &. =0(数值型变量,可按需录入)
- &. =SUM(K26:K28)
- &. =SUM(有产权机动车停车位的套内建筑面积.设计数据智库.xksmk,无产权停车位的套内建筑面积.设计数据智库.xksmk)
- &. K27=SUM(地下非机动车停车位的套内建筑面积.设计数据智库.xksmk)
- &. K28=SUM(本层的公摊面积.设计数据智库.xksmk,栋内的公摊面积.设计数据智库.xksmk,分配于栋外的公摊面积.设计数据智库.xksmk,栋内不参与分摊的面积.设计数据智库.xksmk)
- &. =K12/E9
- &. =SUM(首层的建筑面积.设计数据智库.xksmk)
- &. =K30/E9
- &. =0.30(数值型变量,可按需录入)
- &. =SUM(K34:K35)
- &. =34(数值型变量,可按需录入)
- &. =1782(数值型变量,可按需录入)
- &. =地下机动车库不计容的建筑面积.规划设计数据智库.gssjk/地下机动车位.个.规划设计数据智库.gssjk
- &. =15.00(数值型变量,可按需录入)
- &. =E9−K30

第2节 采集选型建筑方案设计数据源

2.1 地下工程空间数据的采集

建设项目从空间维度划分,一般可分为地下工程、地上工程。地下工程的使用功能一般为停车、设备房、商业、人防等。本节将应用EXCEL通用办公软件,来实现地下工程数智算法的自动算量功能。下面以实例的方式来演示构建"建设项目地下工程数智编程算法"的全过程（表4-3～表4-6）。

实例演示（一）　　　　　　　表4-3

C	D	E	F	G	H	I	J
7					83392.20		2880.00
Y	D11:D13	E11:E13	F11:F13	G11:G13	H11:H13	I11:I13	J11:J13
13	楼层编号	楼层编码	楼层高度	楼层标高	建筑面积	功能	套内建筑面积.无产权机动车库
11	−3	负3层	4.00	−12.00	27797.40	车位	2880.00
12	−2	负2层	4.00	−8.00	27797.40	车位	0
13	−1	负1层	4.00	−4.00	27797.40	车位	0

D8:D13列区间

&.=CONCATENATE(D9,＄C＄11,":",D9,＄C＄10)

&.=SUBSTITUTE(ADDRESS(1,COLUMN(),4),1,)

&.楼层编号

&.−3(数值型变量,可按需录入)

&.−2(数值型变量,可按需录入)

&.−1(数值型变量,可按需录入)

E8:E13列区间

&.=CONCATENATE(D9,C11,":",C8,C10)

&.=CONCATENATE(E9,＄C＄11,":",E9,＄C＄10)

&.=SUBSTITUTE(ADDRESS(1,COLUMN(),4),1,)

&.楼层编码

&.=负3层(数值型变量,可按需录入)

&.=负2层(数值型变量,可按需录入)

&.=负1层(数值型变量,可按需录入)

F8:F13列区间

&.=CONCATENATE(F9,＄C＄11,":",F9,＄C＄10)

&.=SUBSTITUTE(ADDRESS(1,COLUMN(),4),1,)

&.楼层高度

&.4.00(数值型变量,可按需录入)

&.4.00(数值型变量,可按需录入)

&.4.00(数值型变量,可按需录入)

G8:G13列区间

&.=CONCATENATE(G9,＄C＄11,":",G9,＄C＄10)

&.=SUBSTITUTE(ADDRESS(1,COLUMN(),4),1,)

&.楼层标高

&.=G12−F11

&.=G13−F12

&.=−F13

H7:H13 列区间

&. =SUM(H11:H13)
&. =CONCATENATE(H9,$C$11,":",H9,$C$10)
&. =SUBSTITUTE(ADDRESS(1,COLUMN(),4),1,)
&. 建筑面积
&. =SUM(J11:P11)
&. =SUM(J12:P12)
&. =SUM(J13:P13)

I8:I13 列区间

&. =CONCATENATE(I9,$C$11,":",I9,$C$10)
&. =SUBSTITUTE(ADDRESS(1,COLUMN(),4),1,)
&. 功能
&. 车位(文本型,可根据建设项目的功能调整录入)
&. 车位(文本型,可根据建设项目的功能调整录入)
&. 车位(文本型,可根据建设项目的功能调整录入)

J7:J13 列区间

&. =SUM(J11:J13)
&. =CONCATENATE(J9,$C$11,":",J9,$C$10)
&. =SUBSTITUTE(ADDRESS(1,COLUMN(),4),1,)
&. 套内建筑面积.无产权机动车库
&. =2880.00(数值型变量,可按需录入)
&. =0(数值型变量,可按需录入)
&. =0(数值型变量,可按需录入)

实例演示(二) 表 4-4

7	D11:Y13	58417.20	1440.00	16958.70	0	2880.00
Y	E11:E13	K11:K13	L11:L13	M11:M13	N11:N13	O11:O13
C	E	K	L	M	N	O
13	楼层编码	套内建筑面积.有产权机动车库	套内建筑面积.地下非机动车库	本层公摊面积	栋内公摊面积	栋内不参与公摊的面积
11	负3层	16187.40	0	5539.50	0	2880.00
12	负2层	21929.40	0	5641.20	0	0
13	负1层	20300.40	1440.00	5778.00	0	0

K7:K13 列区间

&. =SUM(K11:K13)
&. =CONCATENATE(K9,$C$11,":",K9,$C$10)
&. =SUBSTITUTE(ADDRESS(1,COLUMN(),4),1,)
&. 套内建筑面积.有产权机动车库
&. =16187.40(数值型变量,可按需录入)
&. =21929.40(数值型变量,可按需录入)
&. =20300.40(数值型变量,可按需录入)

L7:L13 列区间

&.　＝SUM(L11:L13)

&.　＝CONCATENATE(L9,＄C＄11,":",L9,＄C＄10)

&.　＝SUBSTITUTE(ADDRESS(1,COLUMN(),4),1,)

&.　套内建筑面积.地下非机动车库

&.　＝0(数值型变量,可按需录入)

&.　＝0(数值型变量,可按需录入)

&.　＝1440.00(数值型变量,可按需录入)

M7:M13 列区间

&.　＝SUM(M11:M13)

&.　＝CONCATENATE(M9,＄C＄11,":",M9,＄C＄10)

&.　＝SUBSTITUTE(ADDRESS(1,COLUMN(),4),1,)

&.　本层公摊面积

&.　＝5539.50(数值型变量,可按需录入)

&.　＝5641.20(数值型变量,可按需录入)

&.　＝5778.00(数值型变量,可按需录入)

N7:N13 列区间

&.　＝SUM(N11:N13)

&.　＝CONCATENATE(N9,＄C＄11,":",N9,＄C＄10)

&.　＝SUBSTITUTE(ADDRESS(1,COLUMN(),4),1,)

&.　栋内公摊面积

&.　＝0(数值型变量,可按需录入)

&.　＝0(数值型变量,可按需录入)

&.　＝0(数值型变量,可按需录入)

O7:O13 列区间

&.　＝SUM(O11:O13)

&.　＝CONCATENATE(O9,＄C＄11,":",O9,＄C＄10)

&.　＝SUBSTITUTE(ADDRESS(1,COLUMN(),4),1,)

&.　栋内不参与公摊的面积

&.　＝2880.00(数值型变量,可按需录入)

&.　＝0(数值型变量,可按需录入)

&.　＝0(数值型变量,可按需录入)

实例演示（三） 表 4-5

7	D11:Y13	816.30		1.00		749.23	2080.73	
Y		E11:E13	P11:P13	Q11:Q13		R11:R13	S11:S13	T11:T13
C		E	P	Q		R	S	T
13		楼层编码	分配至栋外的公摊面积	有产权的楼层套内建筑面积比例		分配至栋内的公摊面积	建筑周长	装修标准
11		负3层	310.50	27.71％		207.61	693.58	中级装饰标准
12		负2层	226.80	37.54％		281.26	693.58	中级装饰标准
13		负1层	279.00	34.75％		260.36	693.58	中级装饰标准

P7:P13 列区间

&. =SUM(P11:P13)
&. =CONCATENATE(P9,$C$11,":",P9,$C$10)
&. =SUBSTITUTE(ADDRESS(1,COLUMN(),4),1,)
&. 分配至栋外的公摊面积
&. =310.50(数值型变量,可按需录入)
&. =226.80(数值型变量,可按需录入)
&. =279.00(数值型变量,可按需录入)

Q7:Q13 列区间

&. =SUM(Q11:Q13)
&. =CONCATENATE(Q9,$C$11,":",Q9,$C$10)
&. =SUBSTITUTE(ADDRESS(1,COLUMN(),4),1,)
&. 有产权的楼层套内建筑面积比例
&. =K11/SUM(有产权机动车停车位的套内建筑面积.设计数据智库.xksmk)
&. =K12/SUM(有产权机动车停车位的套内建筑面积.设计数据智库.xksmk)
&. =K13/SUM(有产权机动车停车位的套内建筑面积.设计数据智库.xksmk)

R7:R13 列区间

&. =SUM(R11:R13)
&. =CONCATENATE(R9,$C$11,":",R9,$C$10)
&. =SUBSTITUTE(ADDRESS(1,COLUMN(),4),1,)
&. 分配至栋内的公摊面积
&. =分配至栋内的公摊面积.共有地下室.产权面积分摊智库.cmfmk*Q11
&. =分配至栋内的公摊面积.共有地下室.产权面积分摊智库.cmfmk*Q12
&. =分配至栋内的公摊面积.共有地下室.产权面积分摊智库.cmfmk*Q13

S7:S13 列区间

&. =SUM(S11:S13)
&. =CONCATENATE(S9,$C$11,":",S9,$C$10)
&. =SUBSTITUTE(ADDRESS(1,COLUMN(),4),1,)
&. 建筑周长
&. =H11^0.5*4*1.04(数值型变量,可按需录入)
&. =H12^0.5*4*1.04(数值型变量,可按需录入)
&. =H13^0.5*4*1.04(数值型变量,可按需录入)

T8:T13 列区间

&. =CONCATENATE(T9,$C$11,":",T9,$C$10)
&. =SUBSTITUTE(ADDRESS(1,COLUMN(),4),1,)
&. 装修标准
&. 中级装饰标准(可根据建设项目的内容按实调整)
&. 中级装饰标准(可根据建设项目的内容按实调整)
&. 中级装饰标准(可根据建设项目的内容按实调整)

实例演示(四) 表 4-6

7	D11:Y13			13296.56		5559.48
Y	E11:E13	U11:U13	V11:V13	W11:W13	X11:X13	Y11:Y13
C	E	U	V	W	X	Y
13	楼层编码	交付使用标准	室内单独精装设计面积所占比例	机动车位的产权建筑面积	产权面积所占比例	室内精装饰面积
11	负3层	公区及户内全部精装饰交付	10.00%	5646.77	0.20	2779.74
12	负2层	公区及户内全部精装饰交付	10.00%	7649.79	0.28	2779.74
13	负1层	公区及户内全部精装饰交付	10.00%	7081.53	0.25	2779.74

U8:U13 列区间
 & =CONCATENATE(U9,$C$11,":",U9,$C$10)
 & =SUBSTITUTE(ADDRESS(1,COLUMN(),4),1,)
 & 交付使用标准
 & 公区及户内全部精装饰交付(可根据建设项目的内容按实调整)
 & 公区及户内全部精装饰交付(可根据建设项目的内容按实调整)
 & 公区及户内全部精装饰交付(可根据建设项目的内容按实调整)

V8:V13 列区间
 & =CONCATENATE(V9,$C$11,":",V9,$C$10)
 & =SUBSTITUTE(ADDRESS(1,COLUMN(),4),1,)
 & =室内单独精装设计面积所占比例
 & =0.10(数值型变量,可按需录入)
 & =0.10(数值型变量,可按需录入)
 & =0.10(数值型变量,可按需录入)

W7:W13 列区间
 & =SUM(W11:W12)
 & =CONCATENATE(W9,$C$11,":",W9,$C$10)
 & =SUBSTITUTE(ADDRESS(1,COLUMN(),4),1,)
 & 机动车位的产权建筑面积
 & =K11/34.4*12
 & =K12/34.4*12
 & =K13/34.4*12

X8:X13 列区间
 & =CONCATENATE(X9,$C$11,":",X9,$C$10)
 & =SUBSTITUTE(ADDRESS(1,COLUMN(),4),1,)
 & 产权面积所占比例
 & =W11/H11

- &. =W12/H12
- &. =W13/H13

Y7:Y13 列区间

- &. =SUM(Y11:Y12)
- &. =CONCATENATE(Y9,$C$11,":",Y9,$C$10)
- &. =SUBSTITUTE(ADDRESS(1,COLUMN(),4),1,)
- &. 室内精装饰面积
- &. =V11*H11
- &. =V12*H12
- &. =V13*H13

2.2 地上工程空间数据的采集

根据地上工程建筑设计形态的分布规律，应用 EXCEL 通用办公软件，来实现建筑设计基本数据之间的自动转换功能。下面以实例的方式来演示构建"建设项目地上工程数智编程算法"的全过程。

2.2.1 地上工程一号楼建筑（表 4-7～表 4-10）

实例演示（一） 表 4-7

5	42	D9:AB50			191.50	75184.20	0	32
AB	C9:C50	D9:D50	E9:E50	F9:F50	G9:G50	H9:H50	I9:I50	J9:J50
B	C	D	E	F	G	H	I	J
50	楼层编号	楼层编码	功能	楼层高度	楼层标高	建筑面积	计容类别	户内面积所占比例
9	1层	第1层	大堂	7.00	7.00	1790.10	计容	0.75
10	2层	第2层	办公	4.50	11.50	1790.10	计容	0.75
11	3层	第3层	办公	4.50	16.00	1790.10	计容	0.75
12	4层	第4层	办公	4.50	20.50	1790.10	计容	0.75
13	5层	第5层	办公	4.50	25.00	1790.10	计容	0.75
14	6层	第6层	办公	4.50	29.50	1790.10	计容	0.75
15	7层	第7层	办公	4.50	34.00	1790.10	计容	0.75
16	8层	第8层	办公	4.50	38.50	1790.10	计容	0.75
17	9层	第9层	办公	4.50	43.00	1790.10	计容	0.75
18	10层	第10层	办公	4.50	47.50	1790.10	计容	0.75
19	11层	第11层	避难层	4.50	52.00	1790.10	不计容	0.75
20	12层	第12层	办公	4.50	56.50	1790.10	计容	0.75
21	13层	第13层	办公	4.50	61.00	1790.10	计容	0.75
22	14层	第14层	办公	4.50	65.50	1790.10	计容	0.75
23	15层	第15层	办公	4.50	70.00	1790.10	计容	0.75
24	16层	第16层	办公	4.50	74.50	1790.10	计容	0.75
25	17层	第17层	办公	4.50	79.00	1790.10	计容	0.75
26	18层	第18层	办公	4.50	83.50	1790.10	计容	0.75

续表

27	19层	第19层	办公	4.50	88.00	1790.10	计容	0.75
28	20层	第20层	办公	4.50	92.50	1790.10	计容	0.75
29	21层	第21层	办公	4.50	97.00	1790.10	计容	0.75
30	22层	第22层	办公	4.50	101.50	1790.10	计容	0.75
31	23层	第23层	避难层	4.50	106.00	1790.10	不计容	0.75
32	24层	第24层	办公	4.50	110.50	1790.10	计容	0.75
33	25层	第25层	办公	4.50	115.00	1790.10	计容	0.75
34	26层	第26层	办公	4.50	119.50	1790.10	计容	0.75
35	27层	第27层	办公	4.50	124.00	1790.10	计容	0.75
36	28层	第28层	办公	4.50	128.50	1790.10	计容	0.75
37	29层	第29层	办公	4.50	133.00	1790.10	计容	0.75
38	30层	第30层	办公	4.50	137.50	1790.10	计容	0.75
39	31层	第31层	办公	4.50	142.00	1790.10	计容	0.75
40	32层	第32层	办公	4.50	146.50	1790.10	计容	0.75
41	33层	第33层	办公	4.50	151.00	1790.10	计容	0.75
42	34层	第34层	办公	4.50	155.50	1790.10	计容	0.75
43	35层	第35层	避难层	4.50	160.00	1790.10	不计容	0.75
44	36层	第36层	办公	4.50	164.50	1790.10	计容	0.75
45	37层	第37层	办公	4.50	169.00	1790.10	计容	0.75
46	38层	第38层	办公	4.50	173.50	1790.10	计容	0.75
47	39层	第39层	办公	4.50	178.00	1790.10	计容	0.75
48	40层	第40层	办公	4.50	182.50	1790.10	计容	0.75
49	41层	第41层	办公	4.50	187.00	1790.10	计容	0.75
50	42层	第42层	办公	4.50	191.50	1790.10	计容	0.75

C9:C50 列区间

  注解：根据建设项目的体型特征，沿列序依次录入楼层数，形成"楼层编号"科目。根据本实例的数据，依次填入1层、2层、3层、4层、5层、6层、7层、8层、9层、10层、11层、12层、13层、14层、15层、16层、17层、18层、19层、20层、21层、22层、23层、24层、25层、26层、27层、28层、29层、30层、31层、32层、33层、34层、35层、36层、37层、38层、39层、40层、41层、42层。

D9:D50 列区间

  注解：根据建设项目的体型特征，沿列序依次录入楼层数，形成"楼层编码"科目。根据本实例的数据，依次填入第1层、第2层、第3层、第4层、第5层、第6层、第7层、第8层、第9层、第10层、第11层、第12层、第13层、第14层、第15层、第16层、第17层、第18层、第19层、第20层、第21层、第22层、第23层、第24层、第25层、第26层、第27层、第28层、第29层、第30层、第31层、第32层、第33层、第34层、第35层、第36层、第37层、第38层、第39层、第40层、第41层、第42层。

E6:E50 列区间

  &. =CONCATENATE(E7,＄B＄9,":",E7,＄B＄8)

& =SUBSTITUTE(ADDRESS(1,COLUMN(),4),1,)

注解：E9：E50 列区间是建筑使用功能的类别，根据一号楼建筑的功能划分为大堂、办公、避难层，依次填入相应的单元格。

F6：F50 列区间

& =CONCATENATE(F7,$B$9,":",F7,$B$8)

& =SUBSTITUTE(ADDRESS(1,COLUMN(),4),1,)

& 楼层高度

注解：F9：F50 列区间根据一号楼建筑的层高数据依次填入 7.00、4.50……

G5：G50 列区间

& 根据建设项目的设计数据录入楼层高度，形成"楼层标高"科目。

& =MAX(G9:G59)

& =CONCATENATE(G7,$B$9,":",G7,$B$8)

& =SUBSTITUTE(ADDRESS(1,COLUMN(),4),1,)

& 楼层标高

& =IF(F9<>0,SUM($F$9:F9),0)

& =IF(F10<>0,SUM($F$9:F10),0)

...

& =IF(F50<>0,SUM($F$9:F50),0)

注解：G9 单元格绝对引用于"建筑体型数据编程算法！$F$9"。G9：G50 区域内其他单元格以此类推，实现了与建筑体型数据编程算法中的建筑面积数据的"全路链接动态共享"。

H5：H50 列区间

& =SUM(K9:N59)－H5。H4 是数据校对单元格，这是大型数据处理的技巧之一，不同路径的数据进行闭合校对，才能确保过程数据节点算法的正确性。

& =SUM(H9:H59)

& =CONCATENATE(H7,$B$9,":",H7,$B$8)

& =SUBSTITUTE(ADDRESS(1,COLUMN(),4),1,)

& 建筑面积

注解：H9：H50 区间单元格依次填入"=建筑体型数据智库.jtsjk!$=$9"，通过数据单元格的绝对引用实现数据共享功能。

I5：I50 列区间

& 根据建设项目设计数据，再结合建筑面积计算规则，分层填入计容与不计容，以实现建筑面积的分别统计算量。

& =SUM(I9:I59)

& =CONCATENATE(I7,$B$9,":",I7,$B$8)

& =SUBSTITUTE(ADDRESS(1,COLUMN(),4),1,)

& =计容类别

& =IF(E9="避难层","不计容",IF(E9="架空层","不计容",IF(E9="",,"计容")))

...

& =IF(E50="避难层","不计容",IF(E50="架空层","不计容",IF(E50="",,"计容")))

J5:J50 列区间

  & 将套内建筑面积占建筑面积的比例定义为户内面积所占比例(需要对大量的实例数据进行统计分析得出经验数据,尤其是在建设项目的投资立项阶段)。

  & =SUM(J9:J59)

  & =CONCATENATE(J7,$B$9,":",J7,$B$8)

  & =SUBSTITUTE(ADDRESS(1,COLUMN(),4),1,)

  & 户内面积所占比例

注解:J9:J50 列区间依次填入 0.75、0.75……(个案属性的数值型变量,依据设计数据填入)。

实例演示(二) 表 4-8

AB	C9:C50	K9:K50	L9:L50	M9:M50	N9:N50	O9:O50	P9:P50
4					1790.10		
5	42	51018	17006	5370	1790	0	
B	C	K	L	M	N	O	P
50	楼层编号	户内建筑面积	本层公摊面积	栋内不参与分配的公摊面积	栋内公摊面积	分配至栋外的公摊面积	本层户内建筑面积所占比例
9	1 层	0	0	0	0	0	0
10	2 层	1342.58	447.53	0	47.11	0	2.63%
11	3 层	1342.58	447.53	0	47.11	0	2.63%
12	4 层	1342.58	447.53	0	47.11	0	2.63%
13	5 层	1342.58	447.53	0	47.11	0	2.63%
14	6 层	1342.58	447.53	0	47.11	0	2.63%
15	7 层	1342.58	447.53	0	47.11	0	2.63%
16	8 层	1342.58	447.53	0	47.11	0	2.63%
17	9 层	1342.58	447.53	0	47.11	0	2.63%
18	10 层	1342.58	447.53	0	47.11	0	2.63%
19	11 层	0	0	1790.10	0	0	0
20	12 层	1342.58	447.53	0	47.11	0	2.63%
21	13 层	1342.58	447.53	0	47.11	0	2.63%
22	14 层	1342.58	447.53	0	47.11	0	2.63%
23	15 层	1342.58	447.53	0	47.11	0	2.63%
24	16 层	1342.58	447.53	0	47.11	0	2.63%
25	17 层	1342.58	447.53	0	47.11	0	2.63%
26	18 层	1342.58	447.53	0	47.11	0	2.63%
27	19 层	1342.58	447.53	0	47.11	0	2.63%
28	20 层	1342.58	447.53	0	47.11	0	2.63%
29	21 层	1342.58	447.53	0	47.11	0	2.63%
30	22 层	1342.58	447.53	0	47.11	0	2.63%
31	23 层	0	0	1790.10	0	0	0

						续表
32	24 层	1342.58	447.53	0	47.11	0	2.63%
33	25 层	1342.58	447.53	0	47.11	0	2.63%
34	26 层	1342.58	447.53	0	47.11	0	2.63%
35	27 层	1342.58	447.53	0	47.11	0	2.63%
36	28 层	1342.58	447.53	0	47.11	0	2.63%
37	29 层	1342.58	447.53	0	47.11	0	2.63%
38	30 层	1342.58	447.53	0	47.11	0	2.63%
39	31 层	1342.58	447.53	0	47.11	0	2.63%
40	32 层	1342.58	447.53	0	47.11	0	2.63%
41	33 层	1342.58	447.53	0	47.11	0	2.63%
42	34 层	1342.58	447.53	0	47.11	0	2.63%
43	35 层	0	0	1790.10	0	0	0
44	36 层	1342.58	447.53	0	47.11	0	2.63%
45	37 层	1342.58	447.53	0	47.11	0	2.63%
46	38 层	1342.58	447.53	0	47.11	0	2.63%
47	39 层	1342.58	447.53	0	47.11	0	2.63%
48	40 层	1342.58	447.53	0	47.11	0	2.63%
49	41 层	1342.58	447.53	0	47.11	0	2.63%
50	42 层	1342.58	447.53	0	47.11	0	2.63%

K5:K50 列区间

- &. =SUM(K9:K59)
- &. =CONCATENATE(K7,$B$9,":",K7,$B$8)
- &. =SUBSTITUTE(ADDRESS(1,COLUMN(),4),1,)
- &. 户内建筑面积
- &. =IF(E9="办公",J9*H9,0)
- &. =IF(E10="办公",J10*H10,0)
- &. ...
- &. =IF(E50="办公",J50*H50,0)

注解：K9=IF(E9="办公"，J9*H9,0)，子模块内的其他单元格可参考此公式，当鼠标变为十字形时，双击快速填充。通过此公式实现了根据建筑功能的类别自动汇总套内建筑面积的功能。

L5:L50 列区间

- &. =SUM(L9:L59)
- &. =CONCATENATE(L7,$B$10,":",L7,$B$9)
- &. =SUBSTITUTE(ADDRESS(1,COLUMN(),4),1,)
- &. 本层公摊面积
- &. =IF(E9="办公",(1−J9)*H9,0)
- &. =IF(E10="办公",(1−J10)*H10,0)
- &. ...
- &. =IF(E50="办公",(1−J50)*H50,0)

注解：L9＝IF(E9="办公",(1－J9)*H9,0),子模块内的其他单元格可参考此公式,当鼠标变为十字形时,双击快速填充。通过此公式实现了根据建筑功能自动识别算量的功能。

M5：M50 列区间

&. ＝SUM(M9：M59)
&. ＝CONCATENATE(M7,＄B＄9,":",M7,＄B＄8)
&. ＝SUBSTITUTE(ADDRESS(1,COLUMN(),4),1,)
&. 栋内不参与分配的公摊面积
&. ＝IF(E9="避难层",H9,0)
&. ＝IF(E10="避难层",H10,0)
      …
&. ＝IF(E50="避难层",H50,0)

注解：M9＝IF(E9="避难层",H9,0),根据建筑面积计算规则,"避难层"不计容,通过此公式实现了对不计容建筑面积的自动算量。

N4：N50 列区间

&. ＝COUNTIF(功能．栋01．设计数据智库．xksmk,"办公")
&. ＝SUMIFS(建筑面积．栋01．设计数据智库．xksmk,功能．栋02．设计数据智库．xksmk,"大堂")
&. ＝SUM(N9：N59)
&. ＝CONCATENATE(N7,＄B＄9,":",N7,＄B＄8)
&. ＝SUBSTITUTE(ADDRESS(1,COLUMN(),4),1,)
&. 栋内公摊面积
&. ＝IF(E9="办公",栋内公摊面积．栋01．设计数据智库．xksmk/有产权的层数．栋01．设计数据智库．xksmk,0)
&. ＝IF(E10="办公",栋内公摊面积．栋01．设计数据智库．xksmk/有产权的层数．栋01．设计数据智库．xksmk,0)
      …
&. ＝IF(E50="办公",栋内公摊面积．栋01．设计数据智库．xksmk/有产权的层数．栋01．设计数据智库．xksmk,0)

注解：N9＝IF(E9="办公",栋内公摊面积．栋01．设计数据智库．xksmk/有产权的层数．栋01．设计数据智库．xksmk,0),子模块内的其他单元格可参考此公式,当鼠标变为十字形时,双击快速填充。根据建筑面积计算规则,通过此公式实现了对栋内公摊建筑面积的自动算量。

O5：O50 列区间

&. ＝SUM(O9：O59)
&. ＝CONCATENATE(O7,＄B＄9,":",O7,＄B＄8)
&. ＝SUBSTITUTE(ADDRESS(1,COLUMN(),4),1,)
&. 分配至栋外的公摊面积

注解：子列区间为人工录入数据属性的单元格,根据建筑设计的用途功能与建筑面积计算规则来分析来自栋外的且需要分摊于本层的建筑面积。

P6:P50 列区间

- &=CONCATENATE(P7,＄B＄9,":",P7,＄B＄8)
- &=SUBSTITUTE(ADDRESS(1,COLUMN(),4),1,)
- &本层户内建筑面积所占比例
- &=K9/SUM(户内建筑面积．栋01．设计数据智库．xksmk)
- &=K10/SUM(户内建筑面积．栋01．设计数据智库．xksmk)
  ...
- &=K50/SUM(户内建筑面积．栋01．设计数据智库．xksmk)

注解：P9＝K9/SUM(户内建筑面积．栋01．设计数据智库．xksmk)，子模块内的其他单元格可参考此公式，当鼠标变为十字形时，双击快速填充。根据建筑面积计算规则，通过此公式实现了本层户内建筑面积占本层总建筑面积比例的自动算量。

实例演示（三）　　　　　　　　　　表 4-9

4							
5	42	609	24777	70424	39	39	47447
AB	C9:C50	Q9:Q50	R9:R50	S9:S50	T9:T50	U9:U50	V9:V50
B	C	Q	R	S	T	U	V
50	楼层编号	分配至栋内的公摊面积	公用面积	产权建筑面积	产权面积所占比例	使用面积所占比例	使用面积
9	1 层	0	0	0	0	0.930	0
10	2 层	16.03	510.69	1853.27	1.035	0.930	1248.59
11	3 层	16.03	510.69	1853.27	1.035	0.930	1248.59
12	4 层	16.03	510.69	1853.27	1.035	0.930	1248.59
13	5 层	16.03	510.69	1853.27	1.035	0.930	1248.59
14	6 层	16.03	510.69	1853.27	1.035	0.930	1248.59
15	7 层	16.03	510.69	1853.27	1.035	0.930	1248.59
16	8 层	16.03	510.69	1853.27	1.035	0.930	1248.59
17	9 层	16.03	510.69	1853.27	1.035	0.930	1248.59
18	10 层	16.03	510.69	1853.27	1.035	0.930	1248.59
19	11 层	0	1790.10	0	0	0.930	0
20	12 层	16.03	510.69	1853.27	1.035	0.930	1248.59
21	13 层	16.03	510.69	1853.27	1.035	0.930	1248.59
22	14 层	16.03	510.69	1853.27	1.035	0.930	1248.59
23	15 层	16.03	510.69	1853.27	1.035	0.930	1248.59
24	16 层	16.03	510.69	1853.27	1.035	0.930	1248.59
25	17 层	16.03	510.69	1853.27	1.035	0.930	1248.59
26	18 层	16.03	510.69	1853.27	1.035	0.930	1248.59
27	19 层	16.03	510.69	1853.27	1.035	0.930	1248.59
28	20 层	16.03	510.69	1853.27	1.035	0.930	1248.59
29	21 层	16.03	510.69	1853.27	1.035	0.930	1248.59
30	22 层	16.03	510.69	1853.27	1.035	0.930	1248.59
31	23 层	0	1790.10	0	0	0.930	0

						续表
32	24层	16.03	510.69	1853.27	1.035	0.930	1248.59
33	25层	16.03	510.69	1853.27	1.035	0.930	1248.59
34	26层	16.03	510.69	1853.27	1.035	0.930	1248.59
35	27层	16.03	510.69	1853.27	1.035	0.930	1248.59
36	28层	16.03	510.69	1853.27	1.035	0.930	1248.59
37	29层	16.03	510.69	1853.27	1.035	0.930	1248.59
38	30层	16.03	510.69	1853.27	1.035	0.930	1248.59
39	31层	16.03	510.69	1853.27	1.035	0.930	1248.59
40	32层	16.03	510.69	1853.27	1.035	0.930	1248.59
41	33层	16.03	510.69	1853.27	1.035	0.930	1248.59
42	34层	16.03	510.69	1853.27	1.035	0.930	1248.59
43	35层	0	1790.10	0	0	0.930	0
44	36层	16.03	510.69	1853.27	1.035	0.930	1248.59
45	37层	16.03	510.69	1853.27	1.035	0.930	1248.59
46	38层	16.03	510.69	1853.27	1.035	0.930	1248.59
47	39层	16.03	510.69	1853.27	1.035	0.930	1248.59
48	40层	16.03	510.69	1853.27	1.035	0.930	1248.59
49	41层	16.03	510.69	1853.27	1.035	0.930	1248.59
50	42层	16.03	510.69	1853.27	1.035	0.930	1248.59

Q5:Q50 列区间

&. ＝SUM(Q9:Q59)

&. ＝CONCATENATE(Q7,$B$9,":",Q7,$B$8)

&. ＝SUBSTITUTE(ADDRESS(1,COLUMN(),4),1,)

&. 分配至栋内的公摊面积

&. ＝分配至栋内的公摊面积.栋01.产权面积分摊智库.cmfmk*P9

&. ＝分配至栋内的公摊面积.栋01.产权面积分摊智库.cmfmk*P10

……

&. ＝分配至栋内的公摊面积.栋01.产权面积分摊智库.cmfmk*P50

注解：Q9＝分配至栋内的公摊面积.栋01.产权面积分摊智库.cmfmk*P9，子模块内的其他单元格可参考此公式，当鼠标变为十字形时，双击快速填充。通过此公式实现了根据建筑面积计算规则与房产面积分摊办法将栋外待分摊的面积分配至本层的自动算量功能。

R5:R50 列区间

&. ＝SUM(R9:R59)

&. ＝CONCATENATE(R7,$B$9,":",R7,$B$8)

&. ＝SUBSTITUTE(ADDRESS(1,COLUMN(),4),1,)

- 公用面积
- =SUM(L9:Q9)
- =SUM(L10:Q10)
  ......
- =SUM(L50:Q50)

注解：R9=SUM(L9:Q9)，子模块内的其他单元格可参考此公式，当鼠标变为十字形时，双击快速填充。通过此公式实现了根据建筑面积计算规则与房产面积分摊办法自动统计汇总公用面积的功能。

S5:S50 列区间
- =SUM(S9:S59)
- =CONCATENATE(S7,$B$9,":",S7,$B$8)
- =SUBSTITUTE(ADDRESS(1,COLUMN(),4),1,)
- 产权建筑面积
- =IF(E9="办公",K9+R9,0)
- =IF(E10="办公",K10+R10,0)
  ......
- =IF(E50="办公",K50+R50,0)

注解：S9=IF(E9="办公",K9+R9,0)，子模块内的其他单元格可参考此公式，当鼠标变为十字形时，双击快速填充。通过此公式实现了根据建筑用途功能自动识别办公功能的产权建筑面积的自动算量。

T5:T50 列区间
- =SUM(T9:T59)
- =CONCATENATE(T7,$B$9,":",T7,$B$8)
- =SUBSTITUTE(ADDRESS(1,COLUMN(),4),1,)
- 产权面积所占比例
- =IFERROR(S9/H9,0)
- =IFERROR(S10/H10,0)
  ......
- =IFERROR(S50/H50,0)

注解：T9=IFERROR(S9/H9,0)，子模块内的其他单元格可参考此公式，当鼠标变为十字形时，双击快速填充。通过此公式实现了产权建筑面积占本层总建筑面积的自动算量功能。

U5:U50 列区间
- =SUM(U9:U59)
- =CONCATENATE(U7,$B$9,":",U7,$B$8)
- =SUBSTITUTE(ADDRESS(1,COLUMN(),4),1,)
- 使用面积所占比例
- 0.93（根据使用面积占本层建筑面积的比例人工录入）。

V5:V50 列区间
- =SUM(V9:V59)

- &. =CONCATENATE(V7,$B$9,":",V7,$B$8)
- &. =SUBSTITUTE(ADDRESS(1,COLUMN(),4),1,)
- &. 使用面积
- &. =K9*U9
- &. =K10*U10
-     ...
- &. =K50*U50

注解：V9＝K9*U9，子模块内的其他单元格可参考此公式，当鼠标变为十字形时，双击快速填充。通过此公式实现了使用面积的自动算量功能。

实例演示（四）　　　　　　　　　　　　　　　　　　　　　　表 4-10

4								
5	42	0	0	15	27478	7108	32409	
AB	C9:C50	W9:W50	X9:X50	Y9:Y50	Z9:Z50	AA9:AA50	AB9:AB50	
	B	C	W	X	Y	Z	AA	AB
50		楼层编号	装修标准	交付使用标准	二次精装修净面积所占比例	室内精装饰面积	建筑周长	立面的表面积
9		1层	高级装修	公区及户内全部精装饰交付	100%	1790.10	169.24	1184.67
10		2层	中级装修	户内毛坯交付	35%	626.54	169.24	761.57
11		3层	中级装修	户内毛坯交付	35%	626.54	169.24	761.57
12		4层	中级装修	户内毛坯交付	35%	626.54	169.24	761.57
13		5层	中级装修	户内毛坯交付	35%	626.54	169.24	761.57
14		6层	中级装修	户内毛坯交付	35%	626.54	169.24	761.57
15		7层	中级装修	户内毛坯交付	35%	626.54	169.24	761.57
16		8层	中级装修	户内毛坯交付	35%	626.54	169.24	761.57
17		9层	中级装修	户内毛坯交付	35%	626.54	169.24	761.57
18		10层	中级装修	户内毛坯交付	35%	626.54	169.24	761.57
19		11层	中级装饰标准	户内毛坯交付	35%	626.54	169.24	761.57
20		12层	中级装修	户内毛坯交付	35%	626.54	169.24	761.57
21		13层	中级装修	户内毛坯交付	35%	626.54	169.24	761.57
22		14层	中级装修	户内毛坯交付	35%	626.54	169.24	761.57
23		15层	中级装修	户内毛坯交付	35%	626.54	169.24	761.57
24		16层	中级装修	户内毛坯交付	35%	626.54	169.24	761.57
25		17层	中级装修	户内毛坯交付	35%	626.54	169.24	761.57
26		18层	中级装修	户内毛坯交付	35%	626.54	169.24	761.57
27		19层	中级装修	户内毛坯交付	35%	626.54	169.24	761.57
28		20层	中级装修	户内毛坯交付	35%	626.54	169.24	761.57

续表

29	21层	中级装修	户内毛坯交付	35%	626.54	169.24	761.57
30	22层	中级装修	户内毛坯交付	35%	626.54	169.24	761.57
31	23层	中级装饰标准	公区及户内全部精装饰交付	35%	626.54	169.24	761.57
32	24层	中级装修	户内毛坯交付	35%	626.54	169.24	761.57
33	25层	中级装修	户内毛坯交付	35%	626.54	169.24	761.57
34	26层	中级装修	户内毛坯交付	35%	626.54	169.24	761.57
35	27层	中级装修	户内毛坯交付	35%	626.54	169.24	761.57
36	28层	中级装修	户内毛坯交付	35%	626.54	169.24	761.57
37	29层	中级装修	户内毛坯交付	35%	626.54	169.24	761.57
38	30层	中级装修	户内毛坯交付	35%	626.54	169.24	761.57
39	31层	中级装修	户内毛坯交付	35%	626.54	169.24	761.57
40	32层	中级装修	户内毛坯交付	35%	626.54	169.24	761.57
41	33层	中级装修	户内毛坯交付	35%	626.54	169.24	761.57
42	34层	中级装修	户内毛坯交付	35%	626.54	169.24	761.57
43	35层	中级装饰标准	公区及户内全部精装饰交付	35%	626.54	169.24	761.57
44	36层	中级装修	户内毛坯交付	35%	626.54	169.24	761.57
45	37层	中级装修	户内毛坯交付	35%	626.54	169.24	761.57
46	38层	中级装修	户内毛坯交付	35%	626.54	169.24	761.57
47	39层	中级装修	户内毛坯交付	35%	626.54	169.24	761.57
48	40层	中级装修	户内毛坯交付	35%	626.54	169.24	761.57
49	41层	中级装修	户内毛坯交付	35%	626.54	169.24	761.57
50	42层	中级装修	户内毛坯交付	35%	626.54	169.24	761.57

W5：W50列区间

&. =SUM(W9:W59)

&. =CONCATENATE(W7,$B$9,":",W7,$B$8)

&. =SUBSTITUTE(ADDRESS(1,COLUMN(),4),1,)

&. 装修标准

注解：单元格通过EXCEL数据验证工具栏，实现菜单式选择填充功能。验证条件为允许序列、数据来源于中级装饰标准、中级装修、高级装修。

X5：X50列区间

&. =SUM(X9:X59)

&. =CONCATENATE(X7,$B$9,":",X7,$B$8)

&. =SUBSTITUTE(ADDRESS(1,COLUMN(),4),1,)

&. 交付使用标准

注解：单元格通过EXCEL数据验证工具栏，实现菜单式选择填充功能。验证条件为允许序列、数据来源于公区及户内全部精装饰交付、户内毛坯交付。

Y5：Y50列区间

&. =SUM(Y9:Y59)

&. =CONCATENATE(Y7,$B$9,":",Y7,$B$8)

- =SUBSTITUTE(ADDRESS(1,COLUMN(),4),1,)
- 二次精装修净面积所占比例

注解：单元格人工填入二次精装修净面积占本层建筑面积的比例，目的是能根据此科目数据快速计算出精装修的面积。

Z5：Z50 列区间
- =SUM(Z9:Z59)
- =CONCATENATE(Z7,$B$9,":",Z7,$B$8)
- =SUBSTITUTE(ADDRESS(1,COLUMN(),4),1,)
- 室内精装饰面积

注解：Z9=Y9*H9，子模块内的其他单元格可参考此公式，当鼠标变为十字形时，双击快速填充。通过此公式实现了二次精装修净面积的自动算量功能。

AA5：AA50 列区间
- =SUM(AA9:AA59)
- =CONCATENATE(AA7,$B$9,":",AA7,$B$8)
- =SUBSTITUTE(ADDRESS(1,COLUMN(),4),1,)
- 建筑周长
- 169.24（数值型变量，可根据建设项目的数据按实调整）

注解：此列单元格人工填入建筑的周长，根据建筑设计的体型提取数据录入。

AB5：AB50 列区间
- =SUM(AB9:AB59)
- =CONCATENATE(AB7,$B$9,":",AB7,$B$8)
- =SUBSTITUTE(ADDRESS(1,COLUMN(),4),1,)
- 立面的表面积
- =AA9*F9

注解：AB9==AA9*F9，子模块内的其他单元格可参考此公式，当鼠标变为十字形时，双击快速填充。通过此公式实现了单体建筑物外立面的表面积的自动算量功能。

2.2.2　地上工程二号楼建筑（表 4-11～表 4-14）

实例演示（一）　　　　　　　　　　　　　表 4-11

B	C	D	E	F	G	H	I	J
46	38	D9:AB46			165.60	68023.80	0	30
AB	C9:C46	D9:D46	E9:E46	F9:F46	G9:G46	H9:H46	I9:I46	J9:J46
46	楼层编号	楼层编码	功能	楼层高度	楼层标高	建筑面积	计容类别	户内面积所占比例
9	1层	第1层	大堂	6.50	6.50	1790.10	计容	0.80
10	2层	第2层	物业	4.30	10.80	1790.10	计容	0.80
11	3层	第3层	办公	4.30	15.10	1790.10	计容	0.80
12	4层	第4层	办公	4.30	19.40	1790.10	计容	0.80
13	5层	第5层	办公	4.30	23.70	1790.10	计容	0.80
14	6层	第6层	办公	4.30	28.00	1790.10	计容	0.80

续表

15	7层	第7层	办公	4.30	32.30	1790.10	计容	0.80
16	8层	第8层	办公	4.30	36.60	1790.10	计容	0.80
17	9层	第9层	办公	4.30	40.90	1790.10	计容	0.80
18	10层	第10层	办公	4.30	45.20	1790.10	计容	0.80
19	11层	第11层	避难层	4.30	49.50	1790.10	不计容	0.80
20	12层	第12层	办公	4.30	53.80	1790.10	计容	0.80
21	13层	第13层	办公	4.30	58.10	1790.10	计容	0.80
22	14层	第14层	办公	4.30	62.40	1790.10	计容	0.80
23	15层	第15层	办公	4.30	66.70	1790.10	计容	0.80
24	16层	第16层	办公	4.30	71.00	1790.10	计容	0.80
25	17层	第17层	办公	4.30	75.30	1790.10	计容	0.80
26	18层	第18层	办公	4.30	79.60	1790.10	计容	0.80
27	19层	第19层	办公	4.30	83.90	1790.10	计容	0.80
28	20层	第20层	办公	4.30	88.20	1790.10	计容	0.80
29	21层	第21层	办公	4.30	92.50	1790.10	计容	0.80
30	22层	第22层	办公	4.30	96.80	1790.10	计容	0.80
31	23层	第23层	避难层	4.30	101.10	1790.10	不计容	0.80
32	24层	第24层	办公	4.30	105.40	1790.10	计容	0.80
33	25层	第25层	办公	4.30	109.70	1790.10	计容	0.80
34	26层	第26层	办公	4.30	114.00	1790.10	计容	0.80
35	27层	第27层	办公	4.30	118.30	1790.10	计容	0.80
36	28层	第28层	办公	4.30	122.60	1790.10	计容	0.80
37	29层	第29层	办公	4.30	126.90	1790.10	计容	0.80
38	30层	第30层	办公	4.30	131.20	1790.10	计容	0.80
39	31层	第31层	办公	4.30	135.50	1790.10	计容	0.80
40	32层	第32层	办公	4.30	139.80	1790.10	计容	0.80
41	33层	第33层	办公	4.30	144.10	1790.10	计容	0.80
42	34层	第34层	办公	4.30	148.40	1790.10	计容	0.80
43	35层	第35层	办公	4.30	152.70	1790.10	计容	0.80
44	36层	第36层	办公	4.30	157.00	1790.10	计容	0.80
45	37层	第37层	办公	4.30	161.30	1790.10	计容	0.80
46	38层	第38层	办公	4.30	165.60	1790.10	计容	0.80

C5:C46列区间

&. =MAX(C9:C59)
&. =CONCATENATE(C7,$B$9,":",C7,$B$8)
&. =SUBSTITUTE(ADDRESS(1,COLUMN(),4),1,)
&. 楼层编号

注解：根据建设项目的体型特征，沿列序依次录入楼层数，形成"楼层编号"科目。根据本实例的数据，依次填入1层、2层、3层、4层、5层、6层、7层、8层、9层、10层、11层、12层、13层、14层、15层、16层、17层、18层、19层、20层、21层、22层、23层、24层、25层、26层、27层、28层、29层、30层、31层、

32层、33层、34层、35层、36层、37层、38层。

D5:D46列区间

&. =CONCATENATE(D7,＄B＄9,":",B6,＄B＄8)

&. =CONCATENATE(D7,＄B＄9,":",D7,＄B＄8)

&. =SUBSTITUTE(ADDRESS(1,COLUMN(),4),1,)

&. 楼层编码

注解：根据建设项目的体型特征，沿列序依次录入楼层数，形成"楼层编码"科目。根据本实例的数据，依次填入第1层、第2层、第3层、第4层、第5层、第6层、第7层、第8层、第9层、第10层、第11层、第12层、第13层、第14层、第15层、第16层、第17层、第18层、第19层、第20层、第21层、第22层、第23层、第24层、第25层、第26层、第27层、第28层、第29层、第30层、第31层、第32层、第33层、第34层、第35层、第36层、第37层、第38层。

E6:E46列区间

&. =CONCATENATE(E7,＄B＄9,":",E7,＄B＄8)

&. =SUBSTITUTE(ADDRESS(1,COLUMN(),4),1,)

注解：E9:E46列区间是建筑使用功能的类别，根据二号楼建筑的功能划分为大堂、办公、避难层等，依次填入相应的单元格。

F6:F46列区间

&. =CONCATENATE(F7,＄B＄9,":",F7,＄B＄8)

&. =SUBSTITUTE(ADDRESS(1,COLUMN(),4),1,)

&. 楼层高度

注解：F9:F46列区间根据二号楼建筑的层高数据依次填入6.50、4.30……

G5:G46列区间

&. =MAX(G9:G59)

&. =CONCATENATE(G7,＄B＄9,":",G7,＄B＄8)

&. =SUBSTITUTE(ADDRESS(1,COLUMN(),4),1,)

&. 楼层标高

&. =IF(F9<>0,SUM(＄F＄9:F9),0)

&. =IF(F10<>0,SUM(＄F＄9:F10),0)

  ……

&. =IF(F46<>0,SUM(＄F＄9:F46),0)

H5:H46列区间

&. =SUM(K9:N59)＋栋外公摊面积．栋02．设计数据智库．xksmk-H5

&. =SUM(H9:H59)

&. =CONCATENATE(H7,＄B＄9,":",H7,＄B＄8)

&. =SUBSTITUTE(ADDRESS(1,COLUMN(),4),1,)

&. 建筑面积

注解：H9:H46区间单元格依次填入"=建筑体型数据智库．jtsjk!＄I＄10"，通过数据单元格的绝对引用实现数据共享功能。

I5:I46 列区间

&. =SUM(I9:I59)

&. =CONCATENATE(I7,$B$9,":",I7,$B$8)

&. =SUBSTITUTE(ADDRESS(1,COLUMN(),4),1,)

&. 计容类别

&. =IF(E9="避难层","不计容",IF(E9="架空层","不计容",IF(E9="",,"计容")))

&. =IF(E10="避难层","不计容",IF(E10="架空层","不计容",IF(E10="",,"计容")))

......

&. =IF(E46="避难层","不计容",IF(E46="架空层","不计容",IF(E46="",,"计容")))

J5:J46 列区间

&. =SUM(J9:J59)

&. =CONCATENATE(J7,$B$9,":",J7,$B$8)

&. =SUBSTITUTE(ADDRESS(1,COLUMN(),4),1,)

&. 户内面积所占比例

注解：J9:J50 列区间依次填入 0.80、0.08……

实例演示（二） 表 4-12

	38		48691	12173	3580	1790.10	1790.10
AB	C9:C46	E9:E46	K9:K46	L9:L46	M9:M46	N9:N46	O9:O46
B	C	E	K	L	M	N	O
46	楼层编号	建筑功能	户内建筑面积	本层公摊面积	栋内不公摊面积	栋内公摊面积	分配至栋外的公摊面积
9	1层	大堂	0	0	0	0	0
10	2层	物业	0	0	0	0	1790.10
11	3层	办公	1432.08	358.02	0	52.65	0
12	4层	办公	1432.08	358.02	0	52.65	0
13	5层	办公	1432.08	358.02	0	52.65	0
14	6层	办公	1432.08	358.02	0	52.65	0
15	7层	办公	1432.08	358.02	0	52.65	0
16	8层	办公	1432.08	358.02	0	52.65	0
17	9层	办公	1432.08	358.02	0	52.65	0
18	10层	办公	1432.08	358.02	0	52.65	0
19	11层	避难层	0	0	1790.10	0	0
20	12层	办公	1432.08	358.02	0	52.65	0
21	13层	办公	1432.08	358.02	0	52.65	0
22	14层	办公	1432.08	358.02	0	52.65	0
23	15层	办公	1432.08	358.02	0	52.65	0
24	16层	办公	1432.08	358.02	0	52.65	0
25	17层	办公	1432.08	358.02	0	52.65	0
26	18层	办公	1432.08	358.02	0	52.65	0
27	19层	办公	1432.08	358.02	0	52.65	0
28	20层	办公	1432.08	358.02	0	52.65	0

续表

29	21层	办公	1432.08	358.02	0	52.65	0
30	22层	办公	1432.08	358.02	0	52.65	0
31	23层	避难层	0	0	1790.10	0	0
32	24层	办公	1432.08	358.02	0	52.65	0
33	25层	办公	1432.08	358.02	0	52.65	0
34	26层	办公	1432.08	358.02	0	52.65	0
35	27层	办公	1432.08	358.02	0	52.65	0
36	28层	办公	1432.08	358.02	0	52.65	0
37	29层	办公	1432.08	358.02	0	52.65	0
38	30层	办公	1432.08	358.02	0	52.65	0
39	31层	办公	1432.08	358.02	0	52.65	0
40	32层	办公	1432.08	358.02	0	52.65	0
41	33层	办公	1432.08	358.02	0	52.65	0
42	34层	办公	1432.08	358.02	0	52.65	0
43	35层	办公	1432.08	358.02	0	52.65	0
44	36层	办公	1432.08	358.02	0	52.65	0
45	37层	办公	1432.08	358.02	0	52.65	0
46	38层	办公	1432.08	358.02	0	52.65	0

K5:K46列区间

    & =SUM(K9:K59)

    & =CONCATENATE(K7,$B$9,":",K7,$B$8)

    & =SUBSTITUTE(ADDRESS(1,COLUMN(),4),1,)

    & 户内建筑面积

    & =IF(E9="办公",J9*H9,0)

    & =IF(E10="办公",J10*H10,0)

          ...

    & =IF(E46="办公",J46*H46,0)

注解：K9=IF(E9="办公"，J9*H9,0)，子模块内的其他单元格可参考此公式，当鼠标变为十字形时，双击快速填充。通过此公式实现了根据建筑功能的类别自动汇总套内建筑面积的功能。

L5:L46列区间

    & =SUM(L9:L59)

    & =CONCATENATE(L7,$B$10,":",L7,$B$9)

    & =SUBSTITUTE(ADDRESS(1,COLUMN(),4),1,)

    & 本层公摊面积

    & =IF(E9="办公",(1-J9)*H9,0)

    & =IF(E10="办公",(1-J10)*H10,0)

          ...

    & =IF(E46="办公",(1-J46)*H46,0)

注解：L9=IF(E9="办公",(1-J9)*H9,0)，子模块内的其他单元格可参考此公式，当鼠标变为十字形时，双击快速填充。通过此公式实现了根据建筑功能自动识别算量的功能。

M5:M46 列区间
- & =SUM(M9:M59)
- & =CONCATENATE(M7,＄B＄9,":",M7,＄B＄8)
- & =SUBSTITUTE(ADDRESS(1,COLUMN(),4),1,)
- & 栋内不公摊面积
- & =IF(E9="避难层",H9,0)
- & =IF(E10="避难层",H10,0)
- ...
- & =IF(E46="避难层",H46,0)

注解：M9=IF(E9="避难层",H9,0)，根据建筑面积计算规则，"避难层"不计容，通过此公式实现了对不计容建筑面积的自动算量。

N5:N46 列区间
- & =COUNTIF(功能.栋02.设计数据智库.xksmk,"办公")
- & =SUMIFS(建筑面积.栋02.设计数据智库.xksmk,功能.栋02.设计数据智库.xksmk,"大堂")
- & =SUM(N9:N59)
- & =CONCATENATE(N7,＄B＄9,":",N7,＄B＄8)
- & =SUBSTITUTE(ADDRESS(1,COLUMN(),4),1,)
- & 栋内公摊面积
- & =IF(E9="办公",栋内公摊面积.栋02.设计数据智库.xksmk/有产权的层数.栋02.设计数据智库.xksmk,0)
- & =IF(E10="办公",栋内公摊面积.栋02.设计数据智库.xksmk/有产权的层数.栋02.设计数据智库.xksmk,0)
- ...
- & =IF(E46="办公",栋内公摊面积.栋02.设计数据智库.xksmk/有产权的层数.栋02.设计数据智库.xksmk,0)

注解：N9=IF(E9="办公",栋内公摊面积.栋02.设计数据智库.xksmk/有产权的层数.栋02.设计数据智库.xksmk,0)，子模块内的其他单元格可参考此公式，当鼠标变为十字形时，双击快速填充。根据建筑面积计算规则，通过此公式实现了对栋内公摊建筑面积的自动算量。

O5:O46 列区间
- & =SUM(O9:O59)
- & =CONCATENATE(O7,＄B＄9,":",O7,＄B＄8)
- & =SUBSTITUTE(ADDRESS(1,COLUMN(),4),1,)
- & 分配至栋外的公摊面积
- & =SUMIFS(H9,E9,"物业")
- & =SUMIFS(H10,E10,"物业")
- ...

⑧ =SUMIFS(H46,E46,"物业")

注解：子列区间为人工录入数据属性的单元格，根据建筑设计的用途功能与建筑面积计算规则来分析来自栋外的且需要分摊于本层的建筑面积。

实例演示（三）　　　　　　　　　　　　　　　表 4-13

	38	1.00	581.48	19916	63236	35	36
AB	C9:C46	E9:E46	P9:P46	Q9:Q46	R9:R46	S9:S46	T9:T46	U9:U46
B	C	E	P	Q	R	S	T	U
46	楼层编号	建筑功能	本层户内建筑面积所占比例	分配至栋内的公摊面积	公用面积	产权建筑面积	产权面积所占比例	使用面积所占比例
9	1层	大堂	0	0	0	0	0	0.960
10	2层	物业	0	0	1790.10	0	0	0.960
11	3层	办公	2.94%	17.10	427.80	1859.88	1.039	0.960
12	4层	办公	2.94%	17.10	427.80	1859.88	1.039	0.960
13	5层	办公	2.94%	17.10	427.80	1859.88	1.039	0.960
14	6层	办公	2.94%	17.10	427.80	1859.88	1.039	0.960
15	7层	办公	2.94%	17.10	427.80	1859.88	1.039	0.960
16	8层	办公	2.94%	17.10	427.80	1859.88	1.039	0.960
17	9层	办公	2.94%	17.10	427.80	1859.88	1.039	0.960
18	10层	办公	2.94%	17.10	427.80	1859.88	1.039	0.960
19	11层	避难层	0	0	1790.10	0	0	0.960
20	12层	办公	2.94%	17.10	427.80	1859.88	1.039	0.960
21	13层	办公	2.94%	17.10	427.80	1859.88	1.039	0.960
22	14层	办公	2.94%	17.10	427.80	1859.88	1.039	0.960
23	15层	办公	2.94%	17.10	427.80	1859.88	1.039	0.960
24	16层	办公	2.94%	17.10	427.80	1859.88	1.039	0.960
25	17层	办公	2.94%	17.10	427.80	1859.88	1.039	0.960
26	18层	办公	2.94%	17.10	427.80	1859.88	1.039	0.960
27	19层	办公	2.94%	17.10	427.80	1859.88	1.039	0.960
28	20层	办公	2.94%	17.10	427.80	1859.88	1.039	0.960
29	21层	办公	2.94%	17.10	427.80	1859.88	1.039	0.960
30	22层	办公	2.94%	17.10	427.80	1859.88	1.039	0.960
31	23层	避难层	0	0	1790.10	0	0	0.960
32	24层	办公	2.94%	17.10	427.80	1859.88	1.039	0.960
33	25层	办公	2.94%	17.10	427.80	1859.88	1.039	0.960
34	26层	办公	2.94%	17.10	427.80	1859.88	1.039	0.960
35	27层	办公	2.94%	17.10	427.80	1859.88	1.039	0.960
36	28层	办公	2.94%	17.10	427.80	1859.88	1.039	0.960
37	29层	办公	2.94%	17.10	427.80	1859.88	1.039	0.960

续表

38	30层	办公	2.94%	17.10	427.80	1859.88	1.039	0.960
39	31层	办公	2.94%	17.10	427.80	1859.88	1.039	0.960
40	32层	办公	2.94%	17.10	427.80	1859.88	1.039	0.960
41	33层	办公	2.94%	17.10	427.80	1859.88	1.039	0.960
42	34层	办公	2.94%	17.10	427.80	1859.88	1.039	0.960
43	35层	办公	2.94%	17.10	427.80	1859.88	1.039	0.960
44	36层	办公	2.94%	17.10	427.80	1859.88	1.039	0.960
45	37层	办公	2.94%	17.10	427.80	1859.88	1.039	0.960
46	38层	办公	2.94%	17.10	427.80	1859.88	1.039	0.960

P5:P46列区间

&.=SUM(P9:P59)

&.=CONCATENATE(P7,$B$9,":",P7,$B$8)

&.=SUBSTITUTE(ADDRESS(1,COLUMN(),4),1,)

&.本层户内建筑面积所占比例

&.=K9/SUM(户内建筑面积.栋02.设计数据智库.xksmk)

&.=K10/SUM(户内建筑面积.栋02.设计数据智库.xksmk)

……

&.=K46/SUM(户内建筑面积.栋02.设计数据智库.xksmk)

注解：P9=K9/SUM(户内建筑面积.栋02.设计数据智库.xksmk)，子模块内的其他单元格可参考此公式，当鼠标变为十字形时，双击快速填充。根据建筑面积计算规则，通过此公式实现了本层户内建筑面积占本层总建筑面积比例的自动算量。

Q5:Q46列区间

&.=SUM(Q9:Q59)

&.=CONCATENATE(Q7,$B$9,":",Q7,$B$8)

&.=SUBSTITUTE(ADDRESS(1,COLUMN(),4),1,)

&.分配至栋内的公摊面积

&.=分配至栋内的公摊面积.栋02.产权面积分摊智库.cmfmk*P9

&.=分配至栋内的公摊面积.栋02.产权面积分摊智库.cmfmk*P10

……

&.=分配至栋内的公摊面积.栋02.产权面积分摊智库.cmfmk*P46

注解：Q9=分配至栋内的公摊面积.栋02.产权面积分摊智库.cmfmk*P9，子模块内的其他单元格可参考此公式，当鼠标变为十字形时，双击快速填充。通过此公式实现了根据建筑面积计算规则与房产面积分摊办法将栋外待分摊的面积分配至本层的自动算量。

R5:R46列区间

&.=SUM(R9:R59)

&.=CONCATENATE(R7,$B$9,":",R7,$B$8)

&.=SUBSTITUTE(ADDRESS(1,COLUMN(),4),1,)

- 公用面积
- =SUM(L9:Q9)
- =SUM(L10:Q10)
    ...
- =SUM(L46:Q46)

注解：R9=SUM(L9:Q9)，子模块内的其他单元格可参考此公式，当鼠标变为十字形时，双击快速填充。通过此公式实现了根据建筑面积计算规则与房产面积分摊办法自动统计汇总公用面积的功能。

S5:S46 列区间

- =SUM(S9:S59)
- =CONCATENATE(S7,$B$9,":",S7,$B$8)
- =SUBSTITUTE(ADDRESS(1,COLUMN(),4),1,)
- 产权建筑面积
- =IF(E9="办公",K9+R9,0)
- =IF(E10="办公",K10+R10,0)
    ...
- =IF(E46="办公",K46+R46,0)

注解：S9=IF(E9="办公"，K9+R9,0)，子模块内的其他单元格可参考此公式，当鼠标变为十字形时，双击快速填充。通过此公式实现了根据建筑用途功能自动识别办公功能的产权建筑面积的自动算量。

T5:T46 列区间

- =SUM(T9:T59)
- =CONCATENATE(T7,$B$9,":",T7,$B$8)
- =SUBSTITUTE(ADDRESS(1,COLUMN(),4),1,)
- 产权面积所占比例
- =IFERROR(S9/H9,0)
- =IFERROR(S10/H10,0)
    ...
- =IFERROR(S46/H46,0)

注解：T9=IFERROR(S9/H9,0)，子模块内的其他单元格可参考此公式，当鼠标变为十字形时，双击快速填充。通过此公式实现了产权建筑面积占本层总建筑面积的自动算量功能。

U5:U46 列区间

- =SUM(U9:U59)
- =CONCATENATE(U7,$B$9,":",U7,$B$8)
- =SUBSTITUTE(ADDRESS(1,COLUMN(),4),1,)
- 使用面积所占比例

注解：U9=0.960，子模块内的其他单元格公式可参考此公式。根据使用面积占本层建筑面积的比例人工录入。

第4章 建设项目设计业务数智编程算法

实例演示（四） 表 4-14

AB	38		46743	0	38	68024	6431	28026
	C9:C46	E9:E46	V9:V46	W9:W46	Y9:Y46	Z9:Z46	AA9:AA46	AB9:AB46
B	C	E	V	W	Y	Z	AA	AB
46	楼层编号	建筑功能	使用面积	装修标准	二次精装修净面积所占比例	室内精装面积	建筑周长	立面的表面积
9	1层	大堂	0	高级装修	100%	1790.10	169.24	1100.05
10	2层	物业	0	中级装修	100%	1790.10	169.24	727.72
11	3层	办公	1374.80	中级装修	100%	1790.10	169.24	727.72
12	4层	办公	1374.80	中级装修	100%	1790.10	169.24	727.72
13	5层	办公	1374.80	中级装修	100%	1790.10	169.24	727.72
14	6层	办公	1374.80	中级装修	100%	1790.10	169.24	727.72
15	7层	办公	1374.80	中级装修	100%	1790.10	169.24	727.72
16	8层	办公	1374.80	中级装修	100%	1790.10	169.24	727.72
17	9层	办公	1374.80	中级装修	100%	1790.10	169.24	727.72
18	10层	办公	1374.80	中级装修	100%	1790.10	169.24	727.72
19	11层	避难层	0	中级装饰	100%	1790.10	169.24	727.72
20	12层	办公	1374.80	中级装修	100%	1790.10	169.24	727.72
21	13层	办公	1374.80	中级装修	100%	1790.10	169.24	727.72
22	14层	办公	1374.80	中级装修	100%	1790.10	169.24	727.72
23	15层	办公	1374.80	中级装修	100%	1790.10	169.24	727.72
24	16层	办公	1374.80	中级装修	100%	1790.10	169.24	727.72
25	17层	办公	1374.80	中级装修	100%	1790.10	169.24	727.72
26	18层	办公	1374.80	中级装修	100%	1790.10	169.24	727.72
27	19层	办公	1374.80	中级装修	100%	1790.10	169.24	727.72
28	20层	办公	1374.80	中级装修	100%	1790.10	169.24	727.72
29	21层	办公	1374.80	中级装修	100%	1790.10	169.24	727.72
30	22层	办公	1374.80	中级装修	100%	1790.10	169.24	727.72
31	23层	避难层	0	中级装饰	100%	1790.10	169.24	727.72
32	24层	办公	1374.80	中级装修	100%	1790.10	169.24	727.72
33	25层	办公	1374.80	中级装修	100%	1790.10	169.24	727.72
34	26层	办公	1374.80	中级装修	100%	1790.10	169.24	727.72
35	27层	办公	1374.80	中级装修	100%	1790.10	169.24	727.72
36	28层	办公	1374.80	中级装修	100%	1790.10	169.24	727.72
37	29层	办公	1374.80	中级装修	100%	1790.10	169.24	727.72
38	30层	办公	1374.80	中级装修	100%	1790.10	169.24	727.72
39	31层	办公	1374.80	中级装修	100%	1790.10	169.24	727.72
40	32层	办公	1374.80	中级装修	100%	1790.10	169.24	727.72
41	33层	办公	1374.80	中级装修	100%	1790.10	169.24	727.72
42	34层	办公	1374.80	中级装修	100%	1790.10	169.24	727.72
43	35层	办公	1374.80	中级装饰	100%	1790.10	169.24	727.72
44	36层	办公	1374.80	中级装修	100%	1790.10	169.24	727.72
45	37层	办公	1374.80	中级装修	100%	1790.10	169.24	727.72
46	38层	办公	1374.80	中级装修	100%	1790.10	169.24	727.72

V5:V46 列区间
- =SUM(V9:V59)
- =CONCATENATE(V7,$B$9,":",V7,$B$8)
- =SUBSTITUTE(ADDRESS(1,COLUMN(),4),1,)
- 使用面积
- =K9*U9
- =K10*U10
- ...
- =K46*U46

注解：V9=K9*U9，子模块内的其他单元格可参考此公式，当鼠标变为十字形时，双击快速填充。通过此公式实现了使用面积的自动算量功能。

W5:W46 列区间
- =SUM(W9:W59)
- =CONCATENATE(W7,$B$9,":",W7,$B$8)
- =SUBSTITUTE(ADDRESS(1,COLUMN(),4),1,)
- 装修标准

注解：W9 单元格通过 EXCEL 数据验证工具栏，实现菜单式选择填充功能。验证条件为允许序列、数据来源于中级装饰、中级装修、高级装修。

Y5:Y46 列区间
- =SUM(Y9:Y59)
- =CONCATENATE(Y7,$B$9,":",Y7,$B$8)
- =SUBSTITUTE(ADDRESS(1,COLUMN(),4),1,)
- 二次精装修净面积所占比例

注解：Y9 单元格人工填入二次精装修净面积占本层建筑面积的比例，目的是能根据此科目数据快速计算出精装修的面积。

Z5:Z46 列区间
- =SUM(Z9:Z59)
- =CONCATENATE(Z7,$B$9,":",Z7,$B$8)
- =SUBSTITUTE(ADDRESS(1,COLUMN(),4),1,)
- 室内精装面积
- =Y9*H9
- =Y10*H10
- ...
- =Y46*H46

注解：Z9=Y9*H9，子模块内的其他单元格可参考此公式，当鼠标变为十字形时，双击快速填充。通过此公式实现了二次精装修净面积的自动算量功能。

AA5:AA46 列区间
- =SUM(AA9:AA59)
- =CONCATENATE(AA7,$B$9,":",AA7,$B$8)
- =SUBSTITUTE(ADDRESS(1,COLUMN(),4),1,)

& 建筑周长

注解：此列单元格人工填入建筑的周长，根据建筑设计的体型提取数据录入。

AB5：AB46 列区间

&. =SUM(AB9:AB59)

&. =CONCATENATE(AB7,＄B＄9,"：",AB7,＄B＄8)

&. =SUBSTITUTE(ADDRESS(1,COLUMN(),4),1,)

&. 立面的表面积

&. =AA9＊F9

&. =AA10＊F10

...

&. =AA46＊F46

注解：AB9＝AA9＊F9，子模块内的其他单元格可参考此公式，当鼠标变为十字形时，双击快速填充。通过此公式实现了单体建筑物外立面的表面积的自动算量功能。

2.2.3 地上工程三号楼建筑（表 4-15～表 4-18）

实例演示（一）　　　　　　　　　　　表 4-15

					0					
	23	D9：AB31			77.60	30677	0		20	24942
AB	C9:C31	D9:D31	E9:E31	F9:F31	G9:G31	H9:H31	I9:I31	J9:J31	K9:K31
B	C	D	E	F	G	H	I	J	K
31	楼层编号	楼层编码	建筑功能	楼层高度	楼层标高	建筑面积	计容类别	户内面积所占比例	户内建筑面积
9	1层	第1层	大堂	5.00	5.00	1333.80	计容	0.85	0
10	2层	第2层	公寓	3.30	8.30	1333.80	计容	0.85	1133.73
11	3层	第3层	公寓	3.30	11.60	1333.80	计容	0.85	1133.73
12	4层	第4层	公寓	3.30	14.90	1333.80	计容	0.85	1133.73
13	5层	第5层	公寓	3.30	18.20	1333.80	计容	0.85	1133.73
14	6层	第6层	公寓	3.30	21.50	1333.80	计容	0.85	1133.73
15	7层	第7层	公寓	3.30	24.80	1333.80	计容	0.85	1133.73
16	8层	第8层	公寓	3.30	28.10	1333.80	计容	0.85	1133.73
17	9层	第9层	公寓	3.30	31.40	1333.80	计容	0.85	1133.73
18	10层	第10层	公寓	3.30	34.70	1333.80	计容	0.85	1133.73
19	11层	第11层	公寓	3.30	38.00	1333.80	计容	0.85	1133.73
20	12层	第12层	公寓	3.30	41.30	1333.80	计容	0.85	1133.73
21	13层	第13层	公寓	3.30	44.60	1333.80	计容	0.85	1133.73
22	14层	第14层	公寓	3.30	47.90	1333.80	计容	0.85	1133.73
23	15层	第15层	公寓	3.30	51.20	1333.80	计容	0.85	1133.73
24	16层	第16层	公寓	3.30	54.50	1333.80	计容	0.85	1133.73
25	17层	第17层	公寓	3.30	57.80	1333.80	计容	0.85	1133.73
26	18层	第18层	公寓	3.30	61.10	1333.80	计容	0.85	1133.73
27	19层	第19层	公寓	3.30	64.40	1333.80	计容	0.85	1133.73
28	20层	第20层	公寓	3.30	67.70	1333.80	计容	0.85	1133.73
29	21层	第21层	公寓	3.30	71.00	1333.80	计容	0.85	1133.73
30	22层	第22层	公寓	3.30	74.30	1333.80	计容	0.85	1133.73
31	23层	第23层	公寓	3.30	77.60	1333.80	计容	0.85	1133.73

C5:C31 列区间

&. ＝MAX(C9:C33)

&. ＝CONCATENATE(C7,＄B＄9,":",C7,＄B＄8)

&. ＝SUBSTITUTE(ADDRESS(1,COLUMN(),4),1,)

&. ＝楼层编号

注解：根据建设项目的体型特征，沿列序依次录入楼层数，形成"楼层编号"科目，根据本实例的数据，依次填入 1 层、2 层、3 层、4 层、5 层、6 层、7 层、8 层、9 层、10 层、11 层、12 层、13 层、14 层、15 层、16 层、17 层、18 层、19 层、20 层、21 层、22 层、23 层。

D5:D31 列区间

&. ＝CONCATENATE(D7,＄B＄9,":",B6,＄B＄8)

&. ＝CONCATENATE(D7,＄B＄9,":",D7,＄B＄8)

&. ＝SUBSTITUTE(ADDRESS(1,COLUMN(),4),1,)

&. 楼层编码

注解：根据建设项目的体型特征，沿列序依次录入楼层数，形成"楼层编码"科目，根据本实例的数据，依次填入第 1 层、第 2 层、第 3 层、第 4 层、第 5 层、第 6 层、第 7 层、第 8 层、第 9 层、第 10 层、第 11 层、第 12 层、第 13 层、第 14 层、第 15 层、第 16 层、第 17 层、第 18 层、第 19 层、第 20 层、第 21 层、第 22 层、第 23 层。

E6:E31 列区间

&. ＝CONCATENATE(E7,＄B＄9,":",E7,＄B＄8)

&. ＝SUBSTITUTE(ADDRESS(1,COLUMN(),4),1,)

注解：E9:E31 列区间是建筑使用功能的类别，根据三号楼建筑的功能划分为大堂、公寓，依次填入相应的单元格。

F9:F31 列区间

&. ＝CONCATENATE(F7,＄B＄9,":",F7,＄B＄8)

&. ＝SUBSTITUTE(ADDRESS(1,COLUMN(),4),1,)

&. 楼层高度

注解：F9:F31 列区间根据三号楼建筑的层高数据依次填入 5.00、3.30……

G5:G31 列区间

&. ＝MAX(G9:G33)

&. ＝CONCATENATE(G7,＄B＄9,":",G7,＄B＄8)

&. ＝SUBSTITUTE(ADDRESS(1,COLUMN(),4),1,)

&. 楼层标高

&. ＝IF(F9<>0,SUM(＄F＄9:F9),0)

&. ＝IF(F10<>0,SUM(＄F＄9:F10),0)

&. ……

&. ＝IF(F31<>0,SUM(＄F＄9:F31),0)

注解：G9＝IF(F9<>0,SUM(＄F＄9:F9),0)，通过逻辑公式实现了楼层高度与楼层标高数据之间的全路链接。

H4:H31 列区间

&. =SUM(K9:N59)－H5。H4 是数据校对单元格,这是大型数据处理的技巧之一,不同路径的数据进行闭合校对,才能确保过程数据节点算法的正确性。

&. =SUM(H9:H59)

&. =CONCATENATE(H7,$B$9,":",H7,$B$8)

&. =SUBSTITUTE(ADDRESS(1,COLUMN(),4),1,)

&. =SUM(K9:N33)－H5

&. =SUM(H9:H33)

&. =CONCATENATE(H7,$B$9,":",H7,$B$8)

&. =SUBSTITUTE(ADDRESS(1,COLUMN(),4),1,)

&. 建筑面积

&. =建筑体型数据智库.jtsjk!$I$11

注解:H9 单元格绝对引用于"建筑体型数据编程算法!$I$9"。H9:H31 区域内其他单元格以此类推,实现了与建筑体型数据编程算法中的建筑面积数据的"全路链接动态共享"。

I5:I31 列区间

&. =SUM(I9:I33)

&. =CONCATENATE(I7,$B$9,":",I7,$B$8)

&. =SUBSTITUTE(ADDRESS(1,COLUMN(),4),1,)

&. 计容类别

&. =IF(E9="避难层","不计容",IF(E9="架空层","不计容",IF(E9="",,"计容")))

&. =IF(E10="避难层","不计容",IF(E10="架空层","不计容",IF(E10="",,"计容")))

......

&. =IF(E31="避难层","不计容",IF(E31="架空层","不计容",IF(E31="",,"计容")))

注解:根据建设项目设计数据,再结合建筑面积计算规则,分层填入计容与不计容,以实现建筑面积的分别统计算量。

J5:J31 列区间

&. =SUM(J9:J33)

&. =CONCATENATE(J7,$B$9,":",J7,$B$8)

&. =SUBSTITUTE(ADDRESS(1,COLUMN(),4),1,)

&. 户内面积所占比例

&. 0.85(数值型变量,可建设项目的数据按实调整)

注解:将套内建筑面积占建筑面积的比例定义为户内面积所占比例。

K5:K31 列区间

&. =SUM(K9:K33)

&. =CONCATENATE(K7,$B$9,":",K7,$B$8)

&. =SUBSTITUTE(ADDRESS(1,COLUMN(),4),1,)

&. 户内建筑面积

&. =IF(E9="公寓",J9*H9,0)

&. =IF(E10="公寓",J10*H10,0)

......

& =IF(E31="公寓",J31*H31,0)

注解:K9=IF(E9="公寓",J9*H9,0),子模块内的其他单元格可参考此公式,当鼠标变为十字形时,双击快速填充。通过此公式实现了根据建筑功能的类别自动汇总套内建筑面积的功能。

实例演示(二)   表4-16

A	B	C	L	M	N	O	P	Q
					22			
					1333.80			
		23	1000.35	0	1333.80	—	1.00	297.87
	AB	C9:C31	L9:L31	M9:M31	N9:N31	O9:O31	P9:P31	Q9:Q31
	B	C	L	M	N	O	P	Q
	31	楼层编号	本层公摊面积	栋内不参与分配的公摊面积	栋内参与分配的公摊面积	分配至栋外的公摊面积	本层户内建筑面积所占比例	分配至栋内的公摊面积
	9	1层	0	0	0	0	0	0
	10	2层	200.07	0	60.63	0	4.55%	13.54
	11	3层	200.07	0	60.63	0	4.55%	13.54
	12	4层	200.07	0	60.63	0	4.55%	13.54
	13	5层	200.07	0	60.63	0	4.55%	13.54
	14	6层	200.07	0	60.63	0	4.55%	13.54
	15	7层	200.07	0	60.63	0	4.55%	13.54
	16	8层	200.07	0	60.63	0	4.55%	13.54
	17	9层	200.07	0	60.63	0	4.55%	13.54
	18	10层	200.07	0	60.63	0	4.55%	13.54
	19	11层	200.07	0	60.63	0	4.55%	13.54
	20	12层	200.07	0	60.63	0	4.55%	13.54
	21	13层	200.07	0	60.63	0	4.55%	13.54
	22	14层	200.07	0	60.63	0	4.55%	13.54
	23	15层	200.07	0	60.63	0	4.55%	13.54
	24	16层	200.07	0	60.63	0	4.55%	13.54
	25	17层	200.07	0	60.63	0	4.55%	13.54
	26	18层	200.07	0	60.63	0	4.55%	13.54
	27	19层	200.07	0	60.63	0	4.55%	13.54
	28	20层	200.07	0	60.63	0	4.55%	13.54
	29	21层	200.07	0	60.63	0	4.55%	13.54
	30	22层	200.07	0	60.63	0	4.55%	13.54
	31	23层	200.07	0	60.63	0	4.55%	13.54

L5:L31列区间

&. =SUM(L9:L14)

&. =CONCATENATE(L7,$B$10,":",L7,$B$9)

&. =SUBSTITUTE(ADDRESS(1,COLUMN(),4),1,)

&. 本层公摊面积

&. =IF(E9="公寓",(1−J9)*H9,0)

&. =IF(E10="公寓",(1-J10)*H10,0)

           ...

&. =IF(E31="公寓",(1-J31)*H31,0)

注解:L9=IF(E9="公寓",(1-J9)*H9,0),子模块内的其他单元格可参考此公式,当鼠标变为十字形时,双击快速填充。通过此公式实现了根据建筑功能自动识别算量的功能。

M5:M31 列区间

&. =SUM(M9:M33)

&. =CONCATENATE(M7,$B$9,":",M7,$B$8)

&. =SUBSTITUTE(ADDRESS(1,COLUMN(),4),1,)

&. 栋内不参与分配的公摊面积

&. =IF(E9="避难层",H9,0)

&. =IF(E10="避难层",H10,0)

           ...

&. =IF(E31="避难层",H31,0)

注解:M9=IF(E9="避难层",H9,0),根据建筑面积计算规则,"避难层"不计容,通过此公式实现了对不计容建筑面积的自动算量。

N5:N31 列区间

&. =COUNTIF(功能.栋03.设计数据智库.xksmk,"公寓")

&. =SUMIFS(建筑面积.栋03.设计数据智库.xksmk,功能.栋03.设计数据智库.xksmk,"大堂")

&. =SUM(N9:N33)

&. =CONCATENATE(N7,$B$9,":",N7,$B$8)

&. =SUBSTITUTE(ADDRESS(1,COLUMN(),4),1,)

&. 栋内参与分配的公摊面积

&. =IF(E9="公寓",栋内公摊面积.栋03.设计数据智库.xksmk/有产权的层数.栋03.设计数据智库.xksmk,0)

&. =IF(E10="公寓",栋内公摊面积.栋03.设计数据智库.xksmk/有产权的层数.栋03.设计数据智库.xksmk,0)

           ...

&. =IF(E31="公寓",栋内公摊面积.栋03.设计数据智库.xksmk/有产权的层数.栋03.设计数据智库.xksmk,0)

注解:O9=IF(E9="公寓",栋内公摊面积.栋03.设计数据智库.xksmk/有产权的层数.栋03.设计数据智库.xksmk,0),子模块内的其他单元格可参考此公式,当鼠标变为十字形时,双击快速填充。根据建筑面积计算规则,通过此公式实现了对栋内公摊建筑面积的自动算量。

O5:O31 列区间

&. =SUM(O9:O33)

&. =CONCATENATE(O7,$B$9,":",O7,$B$8)

&. =SUBSTITUTE(ADDRESS(1,COLUMN(),4),1,)

- & 分配至栋外的公摊面积
- & 0(数值型,可根据个案数据录入)

注解:子列区间为人工录入数据属性的单元格,根据建筑设计的用途功能与建筑面积计算规则来分析来自栋外的且需要分摊于本层的建筑面积。

P5:P31 列区间

- & =SUM(P9:P33)
- & =CONCATENATE(P7,$B$9,":",P7,$B$8)
- & =SUBSTITUTE(ADDRESS(1,COLUMN(),4),1,)
- & 本层户内建筑面积所占比例
- & =K9/SUM(户内建筑面积.栋03.设计数据智库.xksmk)
- & =K10/SUM(户内建筑面积.栋03.设计数据智库.xksmk)

    ...

- & =K31/SUM(户内建筑面积.栋03.设计数据智库.xksmk)

注解:P9=K9/SUM(户内建筑面积.栋03.设计数据智库.xksmk),子模块内的其他单元格可参考此公式,当鼠标变为十字形时,双击快速填充。根据建筑面积计算规则,通过此公式实现了本层户内建筑面积占本层总建筑面积比例的自动算量。

Q5:Q31 列区间

- & =SUM(Q9:Q33)
- & =CONCATENATE(Q7,$B$9,":",Q7,$B$8)
- & =SUBSTITUTE(ADDRESS(1,COLUMN(),4),1,)
- & 分配至栋内的公摊面积
- & =分配至栋内的公摊面积.栋03.产权面积分摊智库.cmfmk*P9
- & =分配至栋内的公摊面积.栋03.产权面积分摊智库.cmfmk*P10

    ...

- & =分配至栋内的公摊面积.栋03.产权面积分摊智库.cmfmk*P31

注解:Q9=分配至栋内的公摊面积.栋03.产权面积分摊智库.cmfmk*P9,子模块内的其他单元格可参考此公式,当鼠标变为十字形时,双击快速填充。通过此公式实现了根据建筑面积计算规则与房产面积分摊办法将栋外待分摊的面积分配至本层的自动算量。

实例演示(三) 表4-17

		23	6034	30976	23	22	23944
AB		C9:C31	R9:R31	S9:S31	T9:T31	U9:U31	V9:V31
B		C	R	S	T	U	V
31		楼层编号	公用面积	产权建筑面积	产权面积所占比例	使用面积所占比例	使用面积
9	1层	0	0	0	0.960	0	
10	2层	274.28	1408.01	1.056	0.960	1088.38	
11	3层	274.28	1408.01	1.056	0.960	1088.38	
12	4层	274.28	1408.01	1.056	0.960	1088.38	
13	5层	274.28	1408.01	1.056	0.960	1088.38	
14	6层	274.28	1408.01	1.056	0.960	1088.38	

续表

15	7层	274.28	1408.01	1.056	0.960	1088.38
16	8层	274.28	1408.01	1.056	0.960	1088.38
17	9层	274.28	1408.01	1.056	0.960	1088.38
18	10层	274.28	1408.01	1.056	0.960	1088.38
19	11层	274.28	1408.01	1.056	0.960	1088.38
20	12层	274.28	1408.01	1.056	0.960	1088.38
21	13层	274.28	1408.01	1.056	0.960	1088.38
22	14层	274.28	1408.01	1.056	0.960	1088.38
23	15层	274.28	1408.01	1.056	0.960	1088.38
24	16层	274.28	1408.01	1.056	0.960	1088.38
25	17层	274.28	1408.01	1.056	0.960	1088.38
26	18层	274.28	1408.01	1.056	0.960	1088.38
27	19层	274.28	1408.01	1.056	0.960	1088.38
28	20层	274.28	1408.01	1.056	0.960	1088.38
29	21层	274.28	1408.01	1.056	0.960	1088.38
30	22层	274.28	1408.01	1.056	0.960	1088.38
31	23层	274.28	1408.01	1.056	0.960	1088.38

R5:R31列区间

&. =SUM(R9:R33)

&. =CONCATENATE(R7,$B$9,":",R7,$B$8)

&. =SUBSTITUTE(ADDRESS(1,COLUMN(),4),1,)

&. 公用面积

&. =SUM(L9:Q9)

&. =SUM(L10:Q10)

&. …

&. =SUM(L31:Q31)

注解:R9=SUM(L9:Q9),子模块内的其他单元格可参考此公式,当鼠标变为十字形时,双击快速填充。通过此公式实现了根据建筑面积计算规则与房产面积分摊办法自动统计汇总公用面积的功能。

S5:S31列区间

&. =SUM(S9:S33)

&. =CONCATENATE(S7,$B$9,":",S7,$B$8)

&. =SUBSTITUTE(ADDRESS(1,COLUMN(),4),1,)

&. 产权建筑面积

&. =IF(E9="公寓",K9+R9,0)

&. =IF(E10="公寓",K10+R10,0)

&. …

&. =IF(E31="公寓",K31+R31,0)

注解:S9=IF(E9="公寓",K9+R9,0),子模块内的其他单元格可参考此公式,当鼠标变为十字形时,双击快速填充。通过此公式实现了根据建筑用途功能自动识别办公功能的产权建筑面积的自动算量。

T5：T31 列区间

& =SUM(T9:T33)
& =CONCATENATE(T7,$B$9,":",T7,$B$8)
& =SUBSTITUTE(ADDRESS(1,COLUMN(),4),1,)
& 产权面积所占比例
& =IFERROR(S9/H9,0)
& =IFERROR(S10/H10,0)
    ...
& =IFERROR(S31/H31,0)

注解：T9＝IFERROR(S9/H9,0)，子模块内的其他单元格可参考此公式，当鼠标变为十字形时，双击快速填充。通过此公式实现了产权建筑面积占本层总建筑面积的自动算量功能。

U5：U31 列区间

& =SUM(U9:U33)
& =CONCATENATE(U7,$B$9,":",U7,$B$8)
& =SUBSTITUTE(ADDRESS(1,COLUMN(),4),1,)
& 使用面积所占比例
& 0.960(数值型，依据个案数据填入)

注解：U9＝0.960，子模块内的其他单元格可参考此公式。根据使用面积占本层建筑面积的比例人工录入。

V5：V31 列区间

& =SUM(V9:V33)
& =CONCATENATE(V7,$B$9,":",V7,$B$8)
& =SUBSTITUTE(ADDRESS(1,COLUMN(),4),1,)
& 使用面积
& =K9*U9
& =K10*U10
    ...
& =K31*U31

注解：V9＝K9*U9，子模块内的其他单元格可参考此公式，当鼠标变为十字形时，双击快速填充。通过此公式实现了使用面积的自动算量功能。

实例演示（四） 表 4-18

B	C	W	X	Y	Z	AA	AB
AB	C9:C31	W9:W31	X9:X31	Y9:Y31	Z9:Z31	AA9:AA31	AB9:AB31
	23	0	0	7	9550	3360	11336
31	楼层编号	装修标准	交付使用标准	二次精装修净面积所占比例	室内设计面积	建筑周长	立面的表面积
9	1层	高级装修	公区及户内全部精装饰交付	100%	1333.80	146.08	730.42
10	2层	中级装修	户内毛坯交付	28%	373.46	146.08	482.08

续表

11	3层	中级装修	户内毛坯交付	28%	373.46	146.08	482.08
12	4层	中级装修	户内毛坯交付	28%	373.46	146.08	482.08
13	5层	中级装修	户内毛坯交付	28%	373.46	146.08	482.08
14	6层	中级装修	户内毛坯交付	28%	373.46	146.08	482.08
15	7层	中级装修	户内毛坯交付	28%	373.46	146.08	482.08
16	8层	中级装修	户内毛坯交付	28%	373.46	146.08	482.08
17	9层	中级装修	户内毛坯交付	28%	373.46	146.08	482.08
18	10层	中级装修	户内毛坯交付	28%	373.46	146.08	482.08
19	11层	中级装饰标准	户内毛坯交付	28%	373.46	146.08	482.08
20	12层	中级装修	户内毛坯交付	28%	373.46	146.08	482.08
21	13层	中级装修	户内毛坯交付	28%	373.46	146.08	482.08
22	14层	中级装修	户内毛坯交付	28%	373.46	146.08	482.08
23	15层	中级装修	户内毛坯交付	28%	373.46	146.08	482.08
24	16层	中级装修	户内毛坯交付	28%	373.46	146.08	482.08
25	17层	中级装修	户内毛坯交付	28%	373.46	146.08	482.08
26	18层	中级装修	户内毛坯交付	28%	373.46	146.08	482.08
27	19层	中级装修	户内毛坯交付	28%	373.46	146.08	482.08
28	20层	中级装修	户内毛坯交付	28%	373.46	146.08	482.08
29	21层	中级装修	户内毛坯交付	28%	373.46	146.08	482.08
30	22层	中级装修	户内毛坯交付	28%	373.46	146.08	482.08
31	23层	中级装饰标准	公区及户内全部精装饰交付	28%	373.46	146.08	482.08

W5:W31列区间

&. =SUM(W9:W33)

&. =CONCATENATE(W7,$B$9,":",W7,$B$8)

&. =SUBSTITUTE(ADDRESS(1,COLUMN(),4),1,)

&. 装修标准

注解:W9单元格通过EXCEL数据验证工具栏,实现菜单式选择填充功能。验证条件为允许序列、数据来源于中级装饰标准、中级装修、高级装修。

X5:X31列区间

&. =SUM(X9:X33)

&. =CONCATENATE(X7,$B$9,":",X7,$B$8)

&. =SUBSTITUTE(ADDRESS(1,COLUMN(),4),1,)

&. 交付使用标准

注解:X9单元格通过EXCEL数据验证工具栏,实现菜单式选择填充功能。验证条件为允许序列、数据来源于公区及户内全部精装饰交付、户内毛坯交付。

Y5:Y31列区间

&. =SUM(Y9:Y33)

&. =CONCATENATE(Y7,$B$9,":",Y7,$B$8)

&. =SUBSTITUTE(ADDRESS(1,COLUMN(),4),1,)

&. 二次精装修净面积所占比例

&. 1.00(数值型,依据个案数据填入)

& 0.28(数值型,依据个案数据填入)

注解:Y9 单元格人工填入二次精装修净面积占本层建筑面积的比例,目的是能根据此科目数据快速计算出精装修的面积。

Z5:Z31 列区间

& =SUM(Z9:Z33)

& =CONCATENATE(Z7,＄B＄9,":",Z7,＄B＄8)

& =SUBSTITUTE(ADDRESS(1,COLUMN(),4),1,)

& 室内设计面积

& =Y9＊H9

& =Y10＊H10

...

& =Y31＊H31

注解:Z9＝Y9＊H9,子模块内的其他单元格可参考此公式,当鼠标变为十字形时,双击快速填充。通过此公式实现了二次精装修净面积的自动算量功能。

AA5:AA31 列区间

& =SUM(AA9:AA33)

& =CONCATENATE(AA7,＄B＄9,":",AA7,＄B＄8)

& =SUBSTITUTE(ADDRESS(1,COLUMN(),4),1,)

& 建筑周长

注解:此列单元格人工填入建筑的周长,根据建筑设计的体型提取数据录入。

AB5:AB31 列区间

& =SUM(AB9:AB33)

& =CONCATENATE(AB7,＄B＄9,":",AB7,＄B＄8)

& =SUBSTITUTE(ADDRESS(1,COLUMN(),4),1,)

& 立面的表面积

& =AA9＊F9

& =AA10＊F10

...

& =AA31＊F31

注解:AB9＝AA9＊F9,子模块内的其他单元格可参考此公式,当鼠标变为十字形时,双击快速填充。通过此公式实现了单体建筑物外立面的表面积的自动算量功能。

2.2.4 地上工程四号楼建筑(表 4-19～表 4-22)

实例演示(一) 表 4-19

						0				
	21	D9:AB29			66.50	38121	0		18	30860
AB	C9:C29	D9:D29	E9:E29	F9:F29	G9:G29	H9:H29	I9:I29	J9:J29	K9:K29	
B	C	D	E	F	G	H	I	J	K	
29	楼层编号	楼层编码	建筑功能	楼层高度	楼层标高	建筑面积	计容类别	户内面积所占比例	户内建筑面积	
9	1层	第1层	大堂	4.50	4.50	1815.30	计容	0.85	0	

续表

10	2层	第2层	公寓	3.10	7.60	1815.30	计容	0.85	1543.01
11	3层	第3层	公寓	3.10	10.70	1815.30	计容	0.85	1543.01
12	4层	第4层	公寓	3.10	13.80	1815.30	计容	0.85	1543.01
13	5层	第5层	公寓	3.10	16.90	1815.30	计容	0.85	1543.01
14	6层	第6层	公寓	3.10	20.00	1815.30	计容	0.85	1543.01
15	7层	第7层	公寓	3.10	23.10	1815.30	计容	0.85	1543.01
16	8层	第8层	公寓	3.10	26.20	1815.30	计容	0.85	1543.01
17	9层	第9层	公寓	3.10	29.30	1815.30	计容	0.85	1543.01
18	10层	第10层	公寓	3.10	32.40	1815.30	计容	0.85	1543.01
19	11层	第11层	公寓	3.10	35.50	1815.30	计容	0.85	1543.01
20	12层	第12层	公寓	3.10	38.60	1815.30	计容	0.85	1543.01
21	13层	第13层	公寓	3.10	41.70	1815.30	计容	0.85	1543.01
22	14层	第14层	公寓	3.10	44.80	1815.30	计容	0.85	1543.01
23	15层	第15层	公寓	3.10	47.90	1815.30	计容	0.85	1543.01
24	16层	第16层	公寓	3.10	51.00	1815.30	计容	0.85	1543.01
25	17层	第17层	公寓	3.10	54.10	1815.30	计容	0.85	1543.01
26	18层	第18层	公寓	3.10	57.20	1815.30	计容	0.85	1543.01
27	19层	第19层	公寓	3.10	60.30	1815.30	计容	0.85	1543.01
28	20层	第20层	公寓	3.10	63.40	1815.30	计容	0.85	1543.01
29	21层	第21层	公寓	3.10	66.50	1815.30	计容	0.85	1543.01

C6:C29 列区间

&. =MAX(C9:C31)

&. =CONCATENATE(C7,$B$9,":",C7,$B$8)

&. =SUBSTITUTE(ADDRESS(1,COLUMN( ),4),1,)

&. 楼层编号

注解：根据建设项目的体型特征，沿列序依次录入楼层数，形成"楼层编号"科目，根据本实例的数据，依次填入1层、2层、3层、4层、5层、6层、7层、8层、9层、10层、11层、12层、13层、14层、15层、16层、17层、18层、19层、20层、21层。

D6:D29 列区间

&. =CONCATENATE(D7,$B$9,":",B6,$B$8)

&. =CONCATENATE(D7,$B$9,":",D7,$B$8)

&. =SUBSTITUTE(ADDRESS(1,COLUMN( ),4),1,)

&. 楼层编码

注解：根据建设项目的体型特征，沿列序依次录入楼层数，形成"楼层编码"科目，根据本实例的数据，依次填入第1层、第2层、第3层、第4层、第5层、第6层、第7层、第8层、第9层、第10层、第11层、第12层、第13层、第14层、第15层、第16层、第17层、第18层、第19层、第20层、第21层。

E7:E29 列区间

&. =CONCATENATE(E7,＄B＄9,":",E7,＄B＄8)

&. =SUBSTITUTE(ADDRESS(1,COLUMN(),4),1,)

&. 建筑功能

&. 大堂

......

注解：E9:E50 列区间是建筑使用功能的类别，根据四号楼建筑的功能划分为大堂、公寓，依次填入相应的单元格。

F7:F29 列区间

&. =CONCATENATE(F7,＄B＄9,":",F7,＄B＄8)

&. =SUBSTITUTE(ADDRESS(1,COLUMN(),4),1,)

&. 楼层高度

注解：F9:F50 列区间根据四号楼建筑的层高数据依次填入 4.50、3.10……

G6:G29 列区间

&. =MAX(G9:G31)

&. =CONCATENATE(G7,＄B＄9,":",G7,＄B＄8)

&. =SUBSTITUTE(ADDRESS(1,COLUMN(),4),1,)

&. 楼层标高

&. =IF(F9<>0,SUM(＄F＄9:F9),0)

&. =IF(F10<>0,SUM(＄F＄9:F10),0)

......

&. =IF(F29<>0,SUM(＄F＄9:F29),0)

注解：G9=IF(F9<>0,SUM(＄F＄9:F9),0)，通过逻辑公式实现了楼层高度与楼层标高数据之间的全路链接。

H6:H29 列区间

&. =SUM(K9:N59)－H5。H4 是数据校对单元格，这是大型数据处理的技巧之一，不同路径的数据进行闭合校对，才能确保过程数据节点算法的正确性。

&. =SUM(H9:H59)

&. =CONCATENATE(H7,＄B＄9,":",H7,＄B＄8)

&. =SUBSTITUTE(ADDRESS(1,COLUMN(),4),1,)

&. =SUM(K9:N31)－H5

&. =SUM(H9:H31)

&. =CONCATENATE(H7,＄B＄9,":",H7,＄B＄8)

&. =SUBSTITUTE(ADDRESS(1,COLUMN(),4),1,)

&. 建筑面积

&. =建筑体型数据智库.jtsjk!＄I＄12

注解：H9 单元格绝对引用于"建筑体型数据编程算法！＄I＄9"。H9:H50 区域内其他单元格以此类推，实现了与建筑体型数据编程算法中的建筑面积数据的"全路链接动态共享"。

I6:I29 列区间
 & =SUM(I9:I31)
 & =CONCATENATE(I7,\$B\$9,":",I7,\$B\$8)
 & =SUBSTITUTE(ADDRESS(1,COLUMN(),4),1,)
 & 计容类别
 & =IF(E9="避难层","不计容",IF(E9="架空层","不计容",IF(E9="",,"计容")))
 & =IF(E10="避难层","不计容",IF(E10="架空层","不计容",IF(E10="",,"计容")))
      …
 & =IF(E29="避难层","不计容",IF(E29="架空层","不计容",IF(E29="",,"计容")))
 注解：根据建设项目设计数据，再结合建筑面积计算规则，分层填入计容与不计容，以实现建筑面积的分别统计算量。

J6:J29 模块单元格：
 & =SUM(J9:J31)
 & =CONCATENATE(J7,\$B\$9,":",J7,\$B\$8)
 & =SUBSTITUTE(ADDRESS(1,COLUMN(),4),1,)
 & 户内面积所占比例
 & 0.85（数值型，依据实例数据填入）
 注解：将套内建筑面积占建筑面积的比例定义为户内面积所占比例。

K6:K29 列区间
 & =SUM(K9:K31)
 & =CONCATENATE(K7,\$B\$9,":",K7,\$B\$8)
 & =SUBSTITUTE(ADDRESS(1,COLUMN(),4),1,)
 & 户内建筑面积
 & =IF(E9="公寓",J9*H9,0)
 & =IF(E10="公寓",J10*H10,0)
 & =IF(E29="公寓",J29*H29,0)
 注解：K9=IF(E9="公寓",J9*H9,0)，子模块内的其他单元格可参考此公式，当鼠标变为十字形时，双击快速填充。通过此公式实现了根据建筑功能的类别自动汇总户内建筑面积的功能。

实例演示（二）　　　　　　　　　　表 4-20

				20				
				1815.30				
		21	1361.48	0	1815.30			368.54
AB		C9:C29	L10:L9	M9:M29	N9:N29	O9:O29	P9:P29	Q9:Q29
B		C	L	M	N	O	P	Q
29		楼层编号	本层公摊面积	栋内不参与分配的公摊面积	栋内公摊面积	分配至栋外公摊面积	本层户内建筑面积所占比例	分配至栋内的公摊面积
9		1层	0	0	0	0	0	0

						续表
10	2层	272.30	0	90.77	0	5.00%	18.43
11	3层	272.30	0	90.77	0	5.00%	18.43
12	4层	272.30	0	90.77	0	5.00%	18.43
13	5层	272.30	0	90.77	0	5.00%	18.43
14	6层	272.30	0	90.77	0	5.00%	18.43
15	7层	272.30	0	90.77	0	5.00%	18.43
16	8层	272.30	0	90.77	0	5.00%	18.43
17	9层	272.30	0	90.77	0	5.00%	18.43
18	10层	272.30	0	90.77	0	5.00%	18.43
19	11层	272.30	0	90.77	0	5.00%	18.43
20	12层	272.30	0	90.77	0	5.00%	18.43
21	13层	272.30	0	90.77	0	5.00%	18.43
22	14层	272.30	0	90.77	0	5.00%	18.43
23	15层	272.30	0	90.77	0	5.00%	18.43
24	16层	272.30	0	90.77	0	5.00%	18.43
25	17层	272.30	0	90.77	0	5.00%	18.43
26	18层	272.30	0	90.77	0	5.00%	18.43
27	19层	272.30	0	90.77	0	5.00%	18.43
28	20层	272.30	0	90.77	0	5.00%	18.43
29	21层	272.30	0	90.77	0	5.00%	18.43

L5:L29列区间

&. =SUM(L9:L14)

&. =CONCATENATE(L7,$B$10,":",L7,$B$9)

&. =SUBSTITUTE(ADDRESS(1,COLUMN(),4),1,)

&. 本层公摊面积

&. =IF(E9="公寓",(1-J9)*H9,0)

&. =IF(E10="公寓",(1-J10)*H10,0)

  ……

&. =IF(E29="公寓",(1-J29)*H29,0)

注解：L9=IF(E9="公寓",(1-J9)*H9,0)，子模块内的其他单元格可参考此公式，当鼠标变为十字形时，双击快速填充。通过此公式实现了根据建筑功能自动识别算量的功能。

M5:M29列区间

&. =SUM(M9:M31)

&. =CONCATENATE(M7,$B$9,":",M7,$B$8)

&. =SUBSTITUTE(ADDRESS(1,COLUMN(),4),1,)

&. 栋内不参与分配的公摊面积

&. =IF(E9="避难层",H9,0)

&. =IF(E10="避难层",H10,0)

  ……

  &·=IF(E29="避难层",H29,0)

  注解：M9=IF(E9="避难层"，H9,0)，根据建筑面积计算规则，"避难层"不计容，通过此公式实现了对不计容建筑面积的自动算量。

N3:N29列区间

  &·=COUNTIF(功能.栋04.设计数据智库.xksmk,"公寓")

  &·=SUMIFS(建筑面积.栋04.设计数据智库.xksmk,功能.栋04.设计数据智库.xksmk,"大堂")

  &·=SUM(N9:N31)

  &·=CONCATENATE(N7,$B$9,":",N7,$B$8)

  &·=SUBSTITUTE(ADDRESS(1,COLUMN(),4),1,)

  &·栋内公摊面积

  &·=IF(E9="公寓",栋内公摊面积.栋04.设计数据智库.xksmk/有产权的层数.栋04.设计数据智库.xksmk,0)

  &·=IF(E10="公寓",栋内公摊面积.栋04.设计数据智库.xksmk/有产权的层数.栋04.设计数据智库.xksmk,0)

     …

  注解：O9=IF(E9="公寓",栋内公摊面积.栋04.设计数据智库.xksmk/有产权的层数.栋04.设计数据智库.xksmk,0)，子模块内的其他单元格可参考此公式，当鼠标变为十字形时，双击快速填充。根据建筑面积计算规则，通过此公式实现了对栋公摊建筑面积的自动算量。

O6:O29列区间

  &·分配至栋外的公摊面积

  &·=0(数值型变量,依据实例数据填入)

  注解：子列区间为人工录入数据属性的单元格，根据建筑设计的用途功能与建筑面积计算规则来分析来自栋外的且需要分摊于本层的建筑面积。

P6:P29列区间

  &·=本层户内建筑面积所占比例

  &·=K9/SUM(户内建筑面积.栋04.设计数据智库.xksmk)

  &·=K10/SUM(户内建筑面积.栋04.设计数据智库.xksmk)

     …

  &·=K29/SUM(户内建筑面积.栋04.设计数据智库.xksmk)

  注解：P9=K9/SUM(户内建筑面积.栋04.设计数据智库.xksmk)，子模块内的其他单元格可参考此公式，当鼠标变为十字形时，双击快速填充。根据建筑面积计算规则，通过此公式实现了本层套内建筑面积占本层总建筑面积比例的自动算量。

Q5:Q29列区间

  &·=SUM(Q9:Q31)

  &·=CONCATENATE(Q7,$B$9,":",Q7,$B$8)

  &·=SUBSTITUTE(ADDRESS(1,COLUMN(),4),1,)

  &·分配至栋内的公摊面积

  &·=分配至栋内的公摊面积.栋04.产权面积分摊智库.cmfmk*P9

&=分配至栋内的公摊面积.栋04.产权面积分摊智库.cmfmk*P10

...

&=分配至栋内的公摊面积.栋04.产权面积分摊智库.cmfmk*P29

注解：Q9＝分配至本栋内的公摊面积.栋04.产权面积分摊智库.cmfmk*P9，子模块内的其他单元格可参考此公式，当鼠标变为十字形时，双击快速填充。通过此公式实现了根据建筑面积计算规则与房产面积分摊办法将栋外待分摊的面积分配至本层的自动算量。

实例演示（三） 表4-21

AB	C9:C29	R9:R29	S9:S29	T9:T29	U9:U29	V9:V29
	21	7631	38491	21	20	29317
B	C	R	S	T	U	V
29	楼层编号	公用面积	产权建筑面积	产权面积所占比例	使用面积所占比例	使用面积
9	1层	0	0	0	0.950	0
10	2层	381.54	1924.54	1.060	0.950	1465.85
11	3层	381.54	1924.54	1.060	0.950	1465.85
12	4层	381.54	1924.54	1.060	0.950	1465.85
13	5层	381.54	1924.54	1.060	0.950	1465.85
14	6层	381.54	1924.54	1.060	0.950	1465.85
15	7层	381.54	1924.54	1.060	0.950	1465.85
16	8层	381.54	1924.54	1.060	0.950	1465.85
17	9层	381.54	1924.54	1.060	0.950	1465.85
18	10层	381.54	1924.54	1.060	0.950	1465.85
19	11层	381.54	1924.54	1.060	0.950	1465.85
20	12层	381.54	1924.54	1.060	0.950	1465.85
21	13层	381.54	1924.54	1.060	0.950	1465.85
22	14层	381.54	1924.54	1.060	0.950	1465.85
23	15层	381.54	1924.54	1.060	0.950	1465.85
24	16层	381.54	1924.54	1.060	0.950	1465.85
25	17层	381.54	1924.54	1.060	0.950	1465.85
26	18层	381.54	1924.54	1.060	0.950	1465.85
27	19层	381.54	1924.54	1.060	0.950	1465.85
28	20层	381.54	1924.54	1.060	0.950	1465.85
29	21层	381.54	1924.54	1.060	0.950	1465.85

R5:R29 列区间

&=SUM(R9:R31)

&=CONCATENATE(R7,$B$9,":",R7,$B$8)

&=SUBSTITUTE(ADDRESS(1,COLUMN(),4),1,)

&=公用面积

&=SUM(L9:Q9)

&=SUM(L10:Q10)

...

&=SUM(L29:Q29)

注解：R9＝SUM(L9:Q9)，子模块内的其他单元格可参考此公式，当鼠标变为十字形时，双击快速填充。通过此公式实现了根据建筑面积计算规则与房产面积分摊办法自动统计汇总公用面积的功能。

S5:S29 列区间

&.＝SUM(S9:S31)

&.＝CONCATENATE(S7,＄B＄9,":",S7,＄B＄8)

&.＝SUBSTITUTE(ADDRESS(1,COLUMN(),4),1,)

&.＝产权建筑面积

&.＝IF(E9="公寓",K9＋R9,0)

&.＝IF(E10="公寓",K10＋R10,0)

...

&.＝IF(E29="公寓",K29＋R29,0)

注解：S9＝IF(E9="公寓",K9＋R9,0)，子模块内的其他单元格可参考此公式，当鼠标变为十字形时，双击快速填充。通过此公式实现了根据建筑用途功能自动识别办公功能的产权建筑面积的自动算量。

T5:T29 列区间

&.＝SUM(T9:T31)

&.＝CONCATENATE(T7,＄B＄9,":",T7,＄B＄8)

&.＝SUBSTITUTE(ADDRESS(1,COLUMN(),4),1,)

&.＝产权面积所占比例

&.＝IFERROR(S9/H9,0)

&.＝IFERROR(S10/H10,0)

...

&.＝IFERROR(S29/H29,0)

注解：T9＝IFERROR(S9/H9,0)，子模块内的其他单元格可参考此公式，当鼠标变为十字形时，双击快速填充。通过此公式实现了产权建筑面积占本层总建筑面积的自动算量功能。

U5:U29 列区间

&.＝SUM(U9:U31)

&.＝CONCATENATE(U7,＄B＄9,":",U7,＄B＄8)

&.＝SUBSTITUTE(ADDRESS(1,COLUMN(),4),1,)

&.＝使用面积所占比例

&.0.950(数值型,依据实例数据填入)

注解：U9＝0.950,子模块内的其他单元格可参考此公式。根据使用面积占本层建筑面积的比例人工录入。

V5:V29 列区间

&.＝SUM(V9:V31)

&.＝CONCATENATE(V7,＄B＄9,":",V7,＄B＄8)

&.＝SUBSTITUTE(ADDRESS(1,COLUMN(),4),1,)

&.使用面积

& =K9*U9
& =K10*U10
...
& =K29*U29

注解：V9=K9*U9，子模块内的其他单元格可参考此公式，当鼠标变为十字形时，双击快速填充。通过此公式实现了使用面积的自动算量功能。

实例演示（四） 表4-22

	21	0	0	21	38121	3579	11333
AB	C9:C29	W9:W29	X9:X29	Y9:Y29	Z9:Z29	AA9:AA29	AB9:AB29
B	C	W	X	Y	Z	AA	AB
29	楼层编号	装修标准	交付使用标准	二次精装修净面积所占比例	室内设计面积	建筑周长	立面的表面积
9	1层	高级装修	公区及户内全部精装饰交付	100%	1815.30	170.43	766.91
10	2层	中级装修	公区及户内全部精装饰交付	100%	1815.30	170.43	528.32
11	3层	中级装修	公区及户内全部精装饰交付	100%	1815.30	170.43	528.32
12	4层	中级装修	公区及户内全部精装饰交付	100%	1815.30	170.43	528.32
13	5层	中级装修	公区及户内全部精装饰交付	100%	1815.30	170.43	528.32
14	6层	中级装修	公区及户内全部精装饰交付	100%	1815.30	170.43	528.32
15	7层	中级装修	公区及户内全部精装饰交付	100%	1815.30	170.43	528.32
16	8层	中级装修	公区及户内全部精装饰交付	100%	1815.30	170.43	528.32
17	9层	中级装修	公区及户内全部精装饰交付	100%	1815.30	170.43	528.32
18	10层	中级装修	公区及户内全部精装饰交付	100%	1815.30	170.43	528.32
19	11层	中级装饰标准	公区及户内全部精装饰交付	100%	1815.30	170.43	528.32
20	12层	中级装修	公区及户内全部精装饰交付	100%	1815.30	170.43	528.32
21	13层	中级装修	公区及户内全部精装饰交付	100%	1815.30	170.43	528.32
22	14层	中级装修	公区及户内全部精装饰交付	100%	1815.30	170.43	528.32
23	15层	中级装修	公区及户内全部精装饰交付	100%	1815.30	170.43	528.32
24	16层	中级装修	公区及户内全部精装饰交付	100%	1815.30	170.43	528.32
25	17层	中级装修	公区及户内全部精装饰交付	100%	1815.30	170.43	528.32

续表

26	18层	中级装修	公区及户内全部精装饰交付	100%	1815.30	170.43	528.32
27	19层	中级装修	公区及户内全部精装饰交付	100%	1815.30	170.43	528.32
28	20层	中级装修	公区及户内全部精装饰交付	100%	1815.30	170.43	528.32
29	21层	中级装修	公区及户内全部精装饰交付	100%	1815.30	170.43	528.32

W5:W29 列区间

&. =SUM(W9:W31)

&. =CONCATENATE(W7,$B$9,":",W7,$B$8)

&. =SUBSTITUTE(ADDRESS(1,COLUMN(),4),1,)

&. 装修标准

注解：W9 单元格通过 EXCEL 数据验证工具栏，实现菜单式选择填充功能。验证条件为允许序列、数据来源于中级装饰标准、中级装修、高级装修。

X5:X29 列区间

&. =SUM(X9:X31)

&. =CONCATENATE(X7,$B$9,":",X7,$B$8)

&. =SUBSTITUTE(ADDRESS(1,COLUMN(),4),1,)

&. 交付使用标准

注解：X9 单元格通过 EXCEL 数据验证工具栏，实现菜单式选择填充功能。验证条件为允许序列、数据来源于公区及户内全部精装饰交付。

Y5:Y29 列区间

&. =SUM(Y9:Y31)

&. =CONCATENATE(Y7,$B$9,":",Y7,$B$8)

&. =SUBSTITUTE(ADDRESS(1,COLUMN(),4),1,)

&. 二次精装修净面积所占比例

&. 1.00(数值型,依据实例数据填入)

注解：Y9 单元格人工填入二次精装修净面积占本层建筑面积的比例，目的是能根据此科目数据快速计算出精装修的面积。

Z5:Z29 列区间

&. =SUM(Z9:Z31)

&. =CONCATENATE(Z7,$B$9,":",Z7,$B$8)

&. =SUBSTITUTE(ADDRESS(1,COLUMN(),4),1,)

&. 室内设计面积

&. =Y9*H9

&. =Y10*H10

  ...

&. =Y29*H29

注解：Z9＝Y9*H9，子模块内的其他单元格可参考此公式，当鼠标变为十字形时，双击快速填充。通过此公式实现了二次精装修净面积的自动算量功能。

AA5：AA29 列区间

&. ＝SUM(AA9：AA31)

&. ＝CONCATENATE(AA7,＄B＄9,":",AA7,＄B＄8)

&. ＝SUBSTITUTE(ADDRESS(1,COLUMN(),4),1,)

&. 建筑周长

注解：此列单元格人工填入建筑的周长，根据建筑设计的体型提取数据录入。

AB5：AB29 列区间

&. AB9＝AA9*F9，子模块内的其他单元格公式可参考此公式，当鼠标变为十字形时，双击快速填充。通过此公式实现了单体建筑物外立面的表面积的自动算量功能。

&. ＝SUM(AB9：AB31)

&. ＝CONCATENATE(AB7,＄B＄9,":",AB7,＄B＄8)

&. ＝SUBSTITUTE(ADDRESS(1,COLUMN(),4),1,)

&. 立面的表面积

&. ＝AA9*F9

&. ＝AA10*F10

     ...

&. ＝AA29*F29

2.3 建筑体型数据的归集合并

研究建设项目的体型分布是掌握建设项目设计数据的基本方法。根据建筑体型数据，应用 EXCEL 通用软件来实现建筑体型数据与投资决策敏感数据之间的自动逻辑判断算量功能。下面以实例的方式来演示构建"建筑体型数智编程算法"的全过程（表 4-23）。

实例演示　　　　　　　　　　　　表 4-23

3				0				
4				295398.90				100%
J	D8:D12	E8:E12	F8:F12	G8:G12	H8:H12	I8:I12	J8:J12	
C	D	E	F	G	H	I	J	
12	栋号	形态	总层数	栋建筑面积	建筑功能	本层建筑面积	本栋建筑面积所占比例	
8	共有地下室	公有	3	83392.20	车位	27797.40		
9	栋 01	单栋	42	75184.20	办公	1790.10	35.46%	
10	栋 02	单栋	38	68023.80	办公	1790.10	32.09%	
11	栋 03	单栋	23	30677.40	公寓	1333.80	14.47%	
12	栋 04	单栋	21	38121.30	公寓	1815.30	17.98%	

D5：D12 列区间

&. ＝CONCATENATE(D6,＄C＄8,":",D6,＄C＄7)

&. ＝SUBSTITUTE(ADDRESS(1,COLUMN(),4),1,)

&. 栋号

&. 共有地下室（文本型变量，可根据建设项目设计按实输入）

第4章 建设项目设计业务数智编程算法

&. 栋01(文本型变量,可根据建设项目设计按实输入)
&. 栋02(文本型变量,可根据建设项目设计按实输入)
&. 栋03(文本型变量,可根据建设项目设计按实输入)
&. 栋04(文本型变量,可根据建设项目设计按实输入)
注解：根据建筑设计的体型特征,分别人工录入共有地下室、栋01、栋02、栋03、栋04。

E5:E12列区间
&. =CONCATENATE(E6,＄C＄8,":",E6,＄C＄7)
&. =SUBSTITUTE(ADDRESS(1,COLUMN(),4),1,)
&. 形态
&. 公有(文本型变量,可根据建设项目设计按实输入)
&. 单栋(文本型变量,可根据建设项目设计按实输入)
&. 单栋(文本型变量,可根据建设项目设计按实输入)
&. 单栋(文本型变量,可根据建设项目设计按实输入)
&. 单栋(文本型变量,可根据建设项目设计按实输入)
注解：根据建筑设计的建筑功能,将建筑划分为单栋或公有类别,分别人工录入相应的单元格。

F5:F12列区间
&. =CONCATENATE(F6,＄C＄8,":",F6,＄C＄7)
&. =SUBSTITUTE(ADDRESS(1,COLUMN(),4),1,)
&. 总层数
&. 3(数值型变量,可依据建设项目数据按实录入)
&. 42(数值型变量,可依据建设项目数据按实录入)
&. 38(数值型变量,可依据建设项目数据按实录入)
&. 23(数值型变量,可依据建设项目数据按实录入)
&. 21(数值型变量,可依据建设项目数据按实录入)

G4:G12列区间
&. =总建筑面积．合计．平方米．规划设计数据智库．gssjk－G4
&. =SUM(G8:G12)
&. =CONCATENATE(G6,＄C＄8,":",G6,＄C＄7)
&. =SUBSTITUTE(ADDRESS(1,COLUMN(),4),1,)
&. 栋建筑面积
&. =F8*I8
&. =F9*I9
&. =F10*I10
&. =F11*I11
&. =F12*I12
注解：G8=F8*I8,其他单元格的公式以此类推。通过函数公式可实现单栋建筑面积的自动计算。

H5:H12列区间
&. =CONCATENATE(H6,＄C＄8,":",H6,＄C＄7)

&.＝SUBSTITUTE(ADDRESS(1,COLUMN(),4),1,)

&.建筑功能

&.车位(文本型变量,可依据建设项目数据按实录入)

&.办公(文本型变量,可依据建设项目数据按实录入)

&.办公(文本型变量,可依据建设项目数据按实录入)

&.公寓(文本型变量,可依据建设项目数据按实录入)

&.公寓(文本型变量,可依据建设项目数据按实录入)

注解:根据建筑设计的用途功能,分别人工录入相应的单元格。

I5:I12 列区间

&.＝CONCATENATE(I6,＄C＄8,":",I6,＄C＄7)

&.＝SUBSTITUTE(ADDRESS(1,COLUMN(),4),1,)

&.本层建筑面积

&.＝设计数据.设计数据智库.xksmk!H11

&.＝1790.10(数值型,依据实例数据个案填入)

&.＝1790.10(数值型,依据实例数据个案填入)

&.＝1333.80(数值型,依据实例数据个案填入)

&.＝1815.30(数值型,依据实例数据个案填入)

注解:I8＝设计数据.设计数据智库.xksmk!H11。I10:I12 单元格分别根据建筑设计的数据填入。

J4:J12 列区间

&.＝SUM(J8:J12)

&.＝CONCATENATE(J6,＄C＄8,":",J6,＄C＄7)

&.＝SUBSTITUTE(ADDRESS(1,COLUMN(),4),1,)

&.本栋建筑面积所占比例

&.＝G9/SUM(＄G＄9:＄G＄12)

&.＝G10/SUM(＄G＄9:＄G＄12)

&.＝G11/SUM(＄G＄9:＄G＄12)

&.＝G12/SUM(＄G＄9:＄G＄12)

注解:J8＝G9/SUM(＄G＄9:＄G＄12),其他单元格的公式以此类推。通过函数公式可实现单栋建筑面积占总建筑面积的比例的自动算量功能。

2.4 面积指标数据的汇总统计

建筑面积、套内建筑面积、净使用面积、产权建筑面积、销售面积、出租面积、经营面积这七个面积指标是建设项目投资决策分析过程中最基本的面积计量数据。下面以实例的方式来演示构建"建设项目面积指标数智编程算法"的全过程(表 4-24、表 4-25)。

实例演示(一) 表 4-24

B	C	D	E	F	G	H
	C9:13	0	295398.90	6729.30	83392.20	128887.20
	C9:C13	D9:D13	E9:E13	F9:F13	G9:G13	H9:H13
13	栋号	建筑功能	栋建筑面积	首层建筑面积	地下建筑面积	办公建筑面积

续表

9	共有地下室	车位	83392.20		83392.20
10	栋01	办公	75184.20	1790.10	68023.80
11	栋02	办公	68023.80	1790.10	60863.40
12	栋03	公寓	30677.40	1333.80	0
13	栋04	公寓	38121.30	1815.30	0

C5：C13列区间

&. ＝CONCATENATE(C7,B9,"：",B6,B8)
&. ＝CONCATENATE(C7,＄B＄9,"：",C7,＄B＄8)
&. ＝SUBSTITUTE(ADDRESS(1,COLUMN(),4),1,)
&. ＝建筑体型数据智库．jtsjk！D7
&. ＝建筑体型数据智库．jtsjk！D8
&. ＝建筑体型数据智库．jtsjk！D9
&. ＝建筑体型数据智库．jtsjk！D10
&. ＝建筑体型数据智库．jtsjk！D11
&. ＝建筑体型数据智库．jtsjk！D12

注解：C9＝建筑体型数据模块 qdgh！D8，其他单元格的公式以此类推，当鼠标变为十字形时，双击快速填充。通过函数公式可实现建筑体型数据子模块中单元格内数据的相对引用。

D5：D13列区间

&. ＝SUM(D9：D13)
&. ＝CONCATENATE(D7,＄B＄9,"：",D7,＄B＄8)
&. ＝SUBSTITUTE(ADDRESS(1,COLUMN(),4),1,)
&. ＝建筑体型数据智库．jtsjk！H7
&. ＝建筑体型数据智库．jtsjk！H8
&. ＝建筑体型数据智库．jtsjk！H9
&. ＝建筑体型数据智库．jtsjk！H10
&. ＝建筑体型数据智库．jtsjk！H11
&. ＝建筑体型数据智库．jtsjk！H12

注解：D9＝建筑体型数据模块 qdgh！H8，其他单元格的公式以此类推，当鼠标变为十字形时，双击快速填充。通过函数公式可实现建筑体型数据子模块中关于"建筑功能"数据的相对引用。

E5：E13列区间

&. ＝SUM(E9：E13)
&. ＝CONCATENATE(E7,＄B＄9,"：",E7,＄B＄8)
&. ＝SUBSTITUTE(ADDRESS(1,COLUMN(),4),1,)
&. ＝建筑体型数据智库．jtsjk！G7
&. ＝建筑体型数据智库．jtsjk！G8
&. ＝建筑体型数据智库．jtsjk！G9
&. ＝建筑体型数据智库．jtsjk！G10

& =建筑体型数据智库.jtsjk!G11

& =建筑体型数据智库.jtsjk!G12

注解：E9=建筑体型数据模块 qdgh!G8，其他单元格的公式以此类推，当鼠标变为十字形时，双击快速填充。通过函数公式可实现建筑体型数据子模块中单元格内"单栋总建筑面积"数据的相对引用。

F5:F13 列区间

& =SUM(F9:F13)

& =CONCATENATE(F7,$B$9,":",F7,$B$8)

& =SUBSTITUTE(ADDRESS(1,COLUMN(),4),1,)

& 首层建筑面积

& =LOOKUP(1,楼层编号.栋01.设计数据智库.xksmk,建筑面积.栋01.设计数据智库.xksmk)

& =LOOKUP(1,楼层编号.栋02.设计数据智库.xksmk,建筑面积.栋02.设计数据智库.xksmk)

& =LOOKUP(1,楼层编号.栋03.设计数据智库.xksmk,建筑面积.栋03.设计数据智库.xksmk)

& =LOOKUP(1,楼层编号.栋04.设计数据智库.xksmk,建筑面积.栋04.设计数据智库.xksmk)

注解：F10=LOOKUP(1,楼层编号.栋01.设计数据智库.xksmk,建筑面积.栋01.设计数据智库.xksmk)，其他单元格的公式以此类推，当鼠标变为十字形时，双击快速填充。该公式可实现首层建筑面积的自动算量。不同的阶段有不同的数据，当建筑方案没有出图之前，可采用此公式估算；当建筑设计数据确定后，可直接摘录数据人工输入相应的单元格内。

G5:G13 列区间

& =SUM(G9:G13)

& =CONCATENATE(G7,$B$9,":",G7,$B$8)

& =SUBSTITUTE(ADDRESS(1,COLUMN(),4),1,)

& 地下建筑面积

& =SUM(建筑面积.设计数据智库.xksmk)

注解：G9=SUM(建筑面积.设计数据智库.xksmk)。在单元格内设置函数公式，并直接调用地下工程数据库的单元格中文名称进行绝对引用。

H5:H13 列区间

& =SUM(H9:H13)

& =CONCATENATE(H7,$B$9,":",H7,$B$8)

& =SUBSTITUTE(ADDRESS(1,COLUMN(),4),1,)

& 办公建筑面积

& =SUMIFS(建筑面积.栋01.设计数据智库.xksmk,功能.栋01.设计数据智库.xksmk,"办公")

& =SUMIFS(建筑面积.栋02.设计数据智库.xksmk,功能.栋02.设计数据智库.xksmk,"办公")

&. =SUMIFS(建筑面积.栋03.设计数据智库.xksmk,功能.栋03.设计数据智库.xksmk,"办公")

&. =SUMIFS(建筑面积.栋04.设计数据智库.xksmk,功能.栋04.设计数据智库.xksmk,"办公")

注解:H10=SUMIFS(建筑面积.栋01.设计数据智库.xksmk,功能.栋01.设计数据智库.xksmk,"办公")。通过条件求和公式将"建筑体型数据库"中的关于办公功能的建筑面积的中文名称进行绝对引用。

实例演示（二） 表 4-25

B	C	I	J	K	L	M
C9:13		65649.60	1790.10	6729.30	8950.50	151512.37
C9:C13		I9:I13	J9:J13	K9:K13	L9:L13	9:13
13	栋号	公寓建筑面积	物业建筑面积	大堂建筑面积	避难层建筑面积	室内设计面积
9	共有地下室					8339.22
10	栋01	0	0	1790.10	5370.30	27478.04
11	栋02	0	1790.10	1790.10	3580.20	68023.80
12	栋03	29343.60	0	1333.80		9550.01
13	栋04	36306.00	0	1815.30	0	38121.30

I5:I13 列区间

&. =SUM(I9:I13)

&. =CONCATENATE(I7,$B$9,":",I7,$B$8)

&. =SUBSTITUTE(ADDRESS(1,COLUMN(),4),1,)

&. 公寓建筑面积

&. =SUMIFS(建筑面积.栋01.设计数据智库.xksmk,功能.栋C1.设计数据智库.xksmk,"公寓")

&. =SUMIFS(建筑面积.栋02.设计数据智库.xksmk,功能.栋C2.设计数据智库.xksmk,"公寓")

&. =SUMIFS(建筑面积.栋03.设计数据智库.xksmk,功能.栋C3.设计数据智库.xksmk,"公寓")

&. =SUMIFS(建筑面积.栋04.设计数据智库.xksmk,功能.栋C4.设计数据智库.xksmk,"公寓")

J5:J13 列区间

&. =SUM(J9:J13)

&. =CONCATENATE(J7,$B$9,":",J7,$B$8)

&. =SUBSTITUTE(ADDRESS(1,COLUMN(),4),1,)

&. 物业建筑面积

&. =SUMIFS(建筑面积.栋01.设计数据智库.xksmk,功能.栋C1.设计数据智库.xksmk,"物业")

- =SUMIFS(建筑面积.栋02.设计数据智库.xksmk,功能.栋02.设计数据智库.xksmk,"物业")
- =SUMIFS(建筑面积.栋03.设计数据智库.xksmk,功能.栋03.设计数据智库.xksmk,"物业")
- =SUMIFS(建筑面积.栋04.设计数据智库.xksmk,功能.栋04.设计数据智库.xksmk,"物业")

注解：J10=SUMIFS(功能建筑面积.栋01.设计数据智库.xksmk,功能.栋01.设计数据智库.xksmk,"物业")。通过条件求和公式将一号楼"建筑体型数据库"中的关于物业功能的建筑面积筛选出来，其他列单元格(J11:J13)用相同的逻辑关系进行设置，分别将二号楼至四号楼物业功能的建筑面积提取出来。

K5:K13 列区间
- =SUM(J9:J13)
- =CONCATENATE(J7,$B$9,":",J7,$B$8)
- =SUBSTITUTE(ADDRESS(1,COLUMN(),4),1,)
- 大堂建筑面积
- =SUMIFS(建筑面积.栋01.设计数据智库.xksmk,功能.栋01.设计数据智库.xksmk,"大堂")
- =SUMIFS(建筑面积.栋02.设计数据智库.xksmk,功能.栋02.设计数据智库.xksmk,"大堂")
- =SUMIFS(建筑面积.栋03.设计数据智库.xksmk,功能.栋03.设计数据智库.xksmk,"大堂")
- =SUMIFS(建筑面积.栋04.设计数据智库.xksmk,功能.栋04.设计数据智库.xksmk,"大堂")

注解：K10=SUMIFS(功能建筑面积.栋01.设计数据智库.xksmk,功能.栋01.设计数据智库.xksmk,"大堂")。通过条件求和公式将一号楼"建筑体型数据库"中的关于大堂功能的建筑面积筛选出来，其他列单元格（K11:K13）用相同的逻辑进行设置，分别将二号楼至四号楼大堂功能的建筑面积提取出来。

L5:L13 列区间
- =SUM(L9:L13)
- =CONCATENATE(L7,$B$9,":",L7,$B$8)
- =SUBSTITUTE(ADDRESS(1,COLUMN(),4),1,)
- 避难层建筑面积
- =SUMIFS(建筑面积.栋01.设计数据智库.xksmk,功能.栋01.设计数据智库.xksmk,"避难层")
- =SUMIFS(建筑面积.栋02.设计数据智库.xksmk,功能.栋02.设计数据智库.xksmk,"避难层")
- =SUMIFS(建筑面积.栋03.设计数据智库.xksmk,功能.栋03.设计数据智库.xksmk,"避难层")
- =SUMIFS(建筑面积.栋04.设计数据智库.xksmk,功能.栋04.设计数据智库.xksmk,"避难层")

注解：L10=SUMIFS(建筑面积．栋01．设计数据智库．xksmk,功能．栋01．设计数据智库．xksmk,"避难层")。通过条件求和公式将一号楼"建筑体型数据库"中的关于避难层功能的建筑面积提取出来，其他列单元格（L11:L13）用相同的逻辑进行设置，分别将二号楼至四号楼避难层功能的建筑面积提取出来。

M5:M13 列区间

&. =SUM(M9:M13)
&. =CONCATENATE(M7,＄B＄9,":",M7,＄B＄8)
&. =SUBSTITUTE(ADDRESS(1,COLUMN(),4),1,)
&. 室内设计面积
&. =SUM(室内精装饰面积．设计数据智库．xksmk)
&. =SUM(室内精装饰面积．栋01．设计数据智库．xksmk)
&. =SUM(室内精装饰面积．栋02．设计数据智库．xksmk)
&. =SUM(室内精装饰面积．栋03．设计数据智库．xksmk)
&. =SUM(室内精装饰面积．栋04．设计数据智库．xksmk)

注解：M9=SUM(室内精装饰面积．设计数据智库．xksmk)，通过求和公式将"地下工程建筑体型数据库"中的室内二次精装修面积提取出来。

2.5 产权面积的分摊值与归集

根据房产测量规范，将建筑面积经过确权过程形成产权面积，需要对公摊面积进行分配。应用EXCEL通用办公软件来实现各类面积之间的自动换算功能。下面以实例的方式演示构建"产权面积数智编程算法"的全过程（表4-26～表4-28）。

实例演示（一） 表4-26

	C9:Q13	0	295398.90	223505.36	20378.09	133660.16
Q	C9:C13	D9:D13	E9:E13	F9:F13	G9:G13	H9:H13
B	C	D	E	F	G	H
13	栋号	建筑功能	栋建筑面积	合计产权建筑面积	车位产权建筑面积	产权建筑面积办公
9	共有地下室	车位	83392.20	20378.09	20378.09	
10	栋01	办公	75184.20	70424.17		70424.17
11	栋02	办公	68023.80	63235.98		63235.98
12	栋03	住宅/公寓	30677.40	30976.27		0
13	栋04	公寓	38121.30	38490.84		0

C5:C13 列区间

&. =CONCATENATE(C7,B9,":",B6,B8)
&. =CONCATENATE(C7,＄B＄9,":",C7,＄B＄8)
&. =SUBSTITUTE(ADDRESS(1,COLUMN(),4),1,)
&. =建筑体型数据智库．jtsjk!D7
&. =建筑体型数据智库．jtsjk!D8
&. =建筑体型数据智库．jtsjk!D9
&. =建筑体型数据智库．jtsjk!D10
&. =建筑体型数据智库．jtsjk!D11

- & =建筑体型数据智库.jtsjk!D12

注解:C9＝建筑体型数据模块 qdgh!D8,其他单元格的公式以此类推,当鼠标变为十字形时,双击快速填充。通过函数公式可将"建筑体型数据库"中的楼栋号调取出来形成数据共享的科目。

D5:D13 列区间
- & =SUM(D9:D13)
- & =CONCATENATE(D7,＄B＄9,":",D7,＄B＄8)
- & =SUBSTITUTE(ADDRESS(1,COLUMN(),4),1,)
- & =建筑体型数据智库.jtsjk!H7
- & =建筑体型数据智库.jtsjk!H8
- & =建筑体型数据智库.jtsjk!H9
- & =建筑体型数据智库.jtsjk!H10
- & =建筑体型数据智库.jtsjk!H11
- & =建筑体型数据智库.jtsjk!H12

注解:D9＝建筑体型数据模块 qdgh!H8,其他单元格的公式以此类推,当鼠标变为十字形时,双击快速填充。通过函数公式可将"建筑体型数据库"中的建筑功能数据调取出来形成数据共享的科目。

E5:E13 列区间
- & =SUM(E9:E13)
- & =CONCATENATE(E7,＄B＄9,":",E7,＄B＄8)
- & =SUBSTITUTE(ADDRESS(1,COLUMN(),4),1,)
- & =建筑体型数据智库.jtsjk!G7
- & =建筑体型数据智库.jtsjk!G8
- & =建筑体型数据智库.jtsjk!G9
- & =建筑体型数据智库.jtsjk!G10
- & =建筑体型数据智库.jtsjk!G11
- & =建筑体型数据智库.jtsjk!G12

注解:E9＝建筑体型数据模块 qdgh!G8,其他单元格的公式以此类推,当鼠标变为十字形时,双击快速填充。通过函数公式可将"建筑体型数据库"中的单栋总建筑面积数据调取出来实现数据共享。

F5:F13 列区间
- & =F5/F4－1
- & =设计规划指标.规划设计数据智库.gssjk!K9
- & =SUM(F9:F13)
- & =CONCATENATE(F7,＄B＄9,":",F7,＄B＄8)
- & =SUBSTITUTE(ADDRESS(1,COLUMN(),4),1,)
- & =合计产权建筑面积
- & =SUM(G9:I9)
- & =SUM(G10:I10)
- & =SUM(G11:I11)

&. =SUM(G12:I12)

&. =SUM(G13:I13)

注解：F9=SUM(G9:I9)，其他单元格的公式以此类推，当鼠标变为十字形时，双击快速填充。该公式可实现产权建筑面积的自动求和。

G5:G13 列区间

&. =SUM(G9:G13)

&. =CONCATENATE(G7,$B$9,":",G7,$B$8)

&. =SUBSTITUTE(ADDRESS(1,COLUMN(),4),1,)

&. 车位产权建筑面积

&. =SUM(产权建筑面积_机车位.设计数据智库.xksmk)

注解：G9= SUM(产权建筑面积_机动车位.设计数据智库.xksmk)。在单元格内设置求和函数公式，可对地下机动车位的产权建筑面积的列单元格数组进行自动求和。

H5:H13 列区间

&. =SUM(H9:H13)

&. =CONCATENATE(H7,$B$9,":",H7,$B$8)

&. =SUBSTITUTE(ADDRESS(1,COLUMN(),4),1,)

&. =办公产权建筑面积

&. =SUMIFS(产权建筑面积.栋01.设计数据智库.xksmk,功能.栋01.设计数据智库.xksmk,"办公")

&. =SUMIFS(产权建筑面积.栋02.设计数据智库.xksmk,功能.栋02.设计数据智库.xksmk,"办公")

&. =SUMIFS(产权建筑面积.栋03.设计数据智库.xksmk,功能.栋03.设计数据智库.xksmk,"办公")

&. =SUMIFS(产权建筑面积.栋04.设计数据智库.xksmk,功能.栋04.设计数据智库.xksmk,"办公")

注解：H10= SUMIFS(产权建筑面积.栋01.设计数据智库.xksmk,功能.栋01.设计数据智库.xksmk,"办公")。通过输入多条件求和公式，可实现将符合办公功能的产权建筑面积进行汇总的功能。

实例演示（二） 表 4-27

	C9:Q13	69467.11	218247.93	55984.77	6729.30
Q	C9:C13	I9:I13	J9:J13	K9:K13	L9:L13
B	C	I	J	K	L
13	栋号	公寓产权建筑面积	户内建筑面积	本层公摊面积	栋内公摊面积
9	共有地下室		62737.20	16958.70	0
10	栋01	0	51017.85	17005.95	1790.10
11	栋02	0	48690.72	12172.68	1790.10
12	栋03	30976.27	24942.06	4401.54	1333.80
13	栋04	38490.84	30860.10	5445.90	1815.30

I5:I13 列区间

&. ＝SUM(I9:I13)

&. ＝CONCATENATE(I7,＄B＄9,":",I7,＄B＄8)

&. ＝SUBSTITUTE(ADDRESS(1,COLUMN(),4),1,)

&. 公寓产权建筑面积

&. ＝SUMIFS(产权建筑面积．栋01．设计数据智库．xksmk,功能．栋01．设计数据智库．xksmk,"公寓")

&. ＝SUMIFS(产权建筑面积．栋02．设计数据智库．xksmk,功能．栋02．设计数据智库．xksmk,"公寓")

&. ＝SUMIFS(产权建筑面积．栋03．设计数据智库．xksmk,功能．栋03．设计数据智库．xksmk,"公寓")

&. ＝SUMIFS(产权建筑面积．栋04．设计数据智库．xksmk,功能．栋04．设计数据智库．xksmk,"公寓")

注解：I9＝SUMIFS(产权建筑面积．栋01．设计数据智库．xksmk,功能．栋01．设计数据智库．xksmk,"公寓")。通过多个条件求和公式将一号楼"建筑体型数据库"中的公寓功能的产权建筑面积筛选出来，其他列单元格（L11:L13)用相同的逻辑关系进行设置，分别将二号楼至四号楼公寓功能的产权建筑面积提取出来。

J5:J13 列区间

&. ＝SUM(J9:J13)

&. ＝CONCATENATE(J7,＄B＄9,":",J7,＄B＄8)

&. ＝SUBSTITUTE(ADDRESS(1,COLUMN(),4),1,)

&. 户内建筑面积

&. ＝SUM(户内建筑面积_有产权机动车库．设计数据智库．xksmk,户内建筑面积_地下非机动车库．设计数据智库．xksmk,户内建筑面积_无产权机动车库．设计数据智库．xksmk)

&. ＝SUMIFS(户内建筑面积．栋01．设计数据智库．xksmk,功能．栋01．设计数据智库．xksmk,"办公")

&. ＝SUMIFS(户内建筑面积．栋02．设计数据智库．xksmk,功能．栋02．设计数据智库．xksmk,"办公")

&. ＝SUMIFS(户内建筑面积．栋03．设计数据智库．xksmk,功能．栋03．设计数据智库．xksmk,"公寓")

&. ＝SUMIFS(户内建筑面积．栋04．设计数据智库．xksmk,功能．栋04．设计数据智库．xksmk,"公寓")

注解：J9＝SUMIFS(功能建筑面积．栋01．设计数据智库．xksmk,功能．栋01．设计数据智库．xksmk,"物业")。通过条件求和公式将一号楼"建筑体型数据库"中的关于物业功能的建筑面积筛选出来，其他列单元格(J11:J13)用相同的逻辑关系进行设置，分别将二号楼至四号楼物业功能的建筑面积提取出来。

K5:K13 列区间

&. ＝SUM(K9:K13)

&. ＝CONCATENATE(K7,＄B＄9,":",K7,＄B＄8)

- =SUBSTITUTE(ADDRESS(1,COLUMN(),4),1,)
- 本层公摊面积
- =SUM(本层的公摊面积.设计数据智库.xksmk)
- =SUM(本层的公摊面积.栋01.设计数据智库.xksmk)
- =SUM(本层的公摊面积.栋02.设计数据智库.xksmk)
- =SUM(本层的公摊面积.栋03.设计数据智库.xksmk)
- =SUM(本层的公摊面积.栋04.设计数据智库.xksmk)

注解：K9=SUMIFS(功能建筑面积.栋01.设计数据智库.xksmk,功能.栋01.设计数据智库.xksmk,"大堂")。通过条件求和公式将一号楼"建筑体型数据库"中的关于大堂功能的建筑面积筛选出来，其他列单元格（K11:K13）用相同的逻辑关系进行设置，分别将二号楼至四号楼大堂功能的建筑面积提取出来。

L5:L13 列区间

- =SUM(L9:L13)
- =CONCATENATE(L7,$B$9,":",L7,$B$8)
- =SUBSTITUTE(ADDRESS(1,COLUMN(),4),1,)
- =栋内公摊面积
- =SUM(栋内的公摊面积.设计数据智库.xksmk)
- =SUM(栋内的公摊面积.栋01.设计数据智库.xksmk)
- =SUM(栋内的公摊面积.栋02.设计数据智库.xksmk)
- =SUM(栋内的公摊面积.栋03.设计数据智库.xksmk)
- =SUM(栋内的公摊面积.栋04.设计数据智库.xksmk)

注解：L9=SUMIFS(建筑面积.栋01.设计数据智库.xksmk,功能.栋01.设计数据智库.xksmk,"避难层")。通过条件求和公式将一号楼"建筑体型数据库"中的关于避难层功能的建筑面积提取出来，其他列单元格（L11:L13）用相同的逻辑关系进行设置，分别将二号楼至四号楼避难层功能的建筑面积提取出来。

实例演示（三） 表 4-28

						0
	C9:Q13	11830.50	2606.40	0	100%	2606.40
Q	C9:C13	M9:M13	N9:N13	O9:O13	P9:P13	Q9:Q13
B	C	M	N	O	P	Q
13	栋号	栋内不参与公摊的面积	分配至栋外的公摊面积	来自栋外的公摊面积	栋户内建筑面积所占比例	分配至栋内的公摊面积
9	共有地下室	2880.00	816.30	0	28.75%	749.23
10	栋01	5370.30	0	0	23.38%	609.27
11	栋02	3580.20	1790.10	0	22.31%	581.48
12	栋03	0	0	0	11.43%	297.87
13	栋04	0	0	0	14.14%	368.54

M5:M13 列区间

&. ＝SUM(M9:M13)

&. ＝CONCATENATE(M7,＄B＄9,":",M7,＄B＄8)

&. ＝SUBSTITUTE(ADDRESS(1,COLUMN(),4),1,)

&. 栋内不参与公摊的面积

&. ＝SUM(栋内不参与公摊的面积.设计数据智库.xksmk)

&. ＝SUM(栋内不参与公摊的面积.栋01.设计数据智库.xksmk)

&. ＝SUM(栋内不参与公摊的面积.栋02.设计数据智库.xksmk)

&. ＝SUM(栋内不参与公摊的面积.栋03.设计数据智库.xksmk)

&. ＝SUM(栋内不参与公摊的面积.栋04.设计数据智库.xksmk)M9＝SUM(栋内不参与公摊的面积.设计数据智库.xksmk).

注解：通过数据库单元格名称定义，以及输入求和公式，实现"建筑体型数据库"中的栋内不参与公摊的建筑面积列数组自动算量的功能。

N5:N13 列区间

&. ＝SUM(N9:N13)

&. ＝CONCATENATE(N7,＄B＄9,":",N7,＄B＄8)

&. ＝SUBSTITUTE(ADDRESS(1,COLUMN(),4),1,)

&. 分配至栋外的公摊面积

&. ＝SUM(分配至栋外的公摊面积.设计数据智库.xksmk)

&. ＝0(数值型，依据实例个案数据填入)

&. ＝SUMIFS(建筑面积.栋02.设计数据智库.xksmk,功能.栋02.设计数据智库.xksmk,"物业")

&. ＝0(数值型，依据实例个案数据填入)

&. ＝0(数值型，依据实例个案数据填入)

注解：通过数据库单元格名称定义，以及输入求和公式，以实现"建筑体型数据库"中的栋外的公摊建筑面积列数组自动算量的功能。

O5:O13 列区间

&. ＝SUM(O9:O13)

&. ＝CONCATENATE(O7,＄B＄9,":",O7,＄B＄8)

&. ＝SUBSTITUTE(ADDRESS(1,COLUMN(),4),1,)

&. 来自栋外的公摊面积

&. ＝0(数值型，依据实例个案数据填入)

P5:P13 列区间

&. ＝SUM(P9:P13)

&. ＝CONCATENATE(P7,＄B＄9,":",P7,＄B＄8)

&. ＝SUBSTITUTE(ADDRESS(1,COLUMN(),4),1,)

&. 栋户内建筑面积所占比例

&. ＝J9/＄J＄5

&. ＝J10/＄J＄5

&. ＝J11/＄J＄5

&. =J12/$J$5

&. =J13/$J$5

注解：P9＝J9/$J$5，通过逻辑公式，实现栋户内建筑面积所占比例的自动算量功能。

Q9：Q13列区间

&. =N5＋来自栋外的公摊面积．产权面积分摊智库．cmfmk－Q5

&. =SUM(Q9:Q13)

&. =CONCATENATE(Q7,$B$9,":",Q7,$B$8)

&. =SUBSTITUTE(ADDRESS(1,COLUMN(),4),1,)

&. 分配至栋内的公摊面积．

&. =SUM(分配到单栋外的公摊面积．产权面积分摊智库．cmfmk.y,来自栋外_公摊面积．产权面积分摊智库．cmfmk.y)*P9

&. =SUM(分配到单栋外的公摊面积．产权面积分摊智库．cmfmk.y,来自栋外_公摊面积．产权面积分摊智库．cmfmk.y)*P10

&. =SUM(分配到单栋外的公摊面积．产权面积分摊智库．cmfmk.y,来自栋外_公摊面积．产权面积分摊智库．cmfmk.y)*P11

&. =SUM(分配到单栋外的公摊面积．产权面积分摊智库．cmfmk.y,来自栋外_公摊面积．产权面积分摊智库．cmfmk.y)*P12

&. =SUM(分配到单栋外的公摊面积．产权面积分摊智库．cmfmk.y,来自栋外_公摊面积．产权面积分摊智库．cmfmk.y)*P13

注解：公式＝SUM(分配至栋外的公摊面积．产权面积分摊智库．cmfmk.y,来源于单栋外的公摊面积．产权面积分摊智库．cmfmk.y)*P9。通过前置的已建立的"建筑体型数据库"中的列数据组中文定义的绝对引用，实现了分配至栋内公摊面积的自动算量功能。

第 5 章　建设项目经营供货量数智编程算法

在建筑方案设计阶段，建筑的使用功能包括办公、住宅楼、公寓楼、酒店……针对有经营活动的建设项目的开发建设，不同的使用功能与建设项目投资决策的评价指标之间存在着不同程度的敏感性；建设项目的经营方式也是多样的，或用于经营销售、经营出租，或用于持有自用等，其对建设项目的偿债能力、资金平衡、盈利能力等指标的影响也是高度敏感的因素；建设项目的交付使用标准与经营模式、投资成本等评价指标之间也存在一定的敏感关系。因此，在建设项目投资决策分析过程中，需要构建"房屋经营供货量数智编程算法大模型库"，在使用功能、交付标准、经营方式三者之间建立自动算法的逻辑分析功能。本章将利用 EXCEL 通用办公软件，并以实例的方式来演示构建"经营供货量数智编程算法"的全过程。

第 1 节　车位的供货量分类与数据采集

1.1　车位供货量的使用功能分类

从产权确权角度，机动车位分为有权产的车位、无产权的车位；从功能角度可分为普通车位、无障碍车位、货车车位、机械车位等。从经营的角度分析，有权产的车位可以用于经营销售、经营出租、持有自用等；对于无产权的车位可用于持有自用或经营出租。

1.2　车位供货量数据源的采集

车位供货量数智编程算法建模的核心逻辑是利用 EXCEL 通用办公软件，形成建设项目中的车位设计数智库并将其与车位的经营模式进行自动链接，实现基于不同经营模式下车位产品供货量的自动算量的功能。下面以实例的方式来演示构建"车位供货量数智编程算法"的全过程（表 5-1、表 5-2）。

实例演示（一）　　　　　　　　　　　　　　　表 5-1

			0			
			1782			
M	C9:C15	D9:D15	E9:E15	F9:F15	G9:G15	H9:H15
B	C	D	E	F	G	H
15	车位类别	数量（个）	数量比例	经营模式	经营模式科目	出租比例
9	人防区普通车位	84	4.71%	经营	人防区普通车位.经营	100%
10	非人防区普通车位	812	43.09%	经营	非人防区普通车位.经营	50%

续表

11	微型车位	229	0.135	经营	微型车位.经营	50%
12	子母车位	306	0.180	持有	子母车位.持有	50%
13	无障碍车位	122	0.072	持有	无障碍车位.持有	50%
14	货车车位	229	0.135	持有	货车车位.持有	50%
15	机械车位	0	0	持有	机械车位.持有	50%

C6:C15 列区间

&.=CONCATENATE(C7,$B$9,":",C7,$B$8)

&.=SUBSTITUTE(ADDRESS(1,COLUMN(),4),1,)

&.车位类别

注解：C9:C15 列区间，根据车位的功能分类，将人防区普通车位、非人防区普通车位、微型车位、子母车位、无障碍车位、货车车位、机械车位科目按列序分别输入相应单元格内。

D4:D15 列区间

&.=规划设计数据模型.gssjm!K35−D5

&.=SUM(D9:D15)

&.=CONCATENATE(D7,$B$9,":",D7,$B$8)

&.=SUBSTITUTE(ADDRESS(1,COLUMN(),4),1,)

&.数量(个)

&.=ROUND(SUM(面积.无产权机动车库.地下 gssjm)/规划设计数据模型.gssjm!K36,0)

&.=地下机动车位(个)gssjm−SUM(D11:D15)−D9

&.=ROUND((地下机动车位(个)gssjm−$D$9)*E11,0)

&.=ROUND((地下机动车位(个)gssjm−$D$9)*E12,0)

&.=ROUND((地下机动车位(个)gssjm−$D$9)*E13,0)

&.=ROUND((地下机动车位(个)gssjm−$D$9)*E14,0)

&.=ROUND((地下机动车位(个)gssjm−$D$9)*E15,0)

E6:E15 列区间

&.=CONCATENATE(E7,$B$9,":",E7,$B$8)

&.=SUBSTITUTE(ADDRESS(1,COLUMN(),4),1,)

&.数量比例

&.=D9/地下机动车位(个)gssjm

&.=1−SUM(E11:E15,E9)

&.=0.135(数值型变量，可按需录入)

&.=0.180(数值型变量，可按需录入)

&.=0.072(数值型变量，可按需录入)

&.=0.135(数值型变量，可按需录入)

&.=0(数值型变量，可按需录入)

F6:F15 列区间

&.=CONCATENATE(F7,$B$9,":",F7,$B$8)

- &. =SUBSTITUTE(ADDRESS(1,COLUMN(),4),1,)
- &. 经营模式(文本型变量,可按需录入)
- &. 经营(文本型变量,可按需录入)
- &. 经营(文本型变量,可按需录入)
- &. 经营(文本型变量,可按需录入)
- &. 持有(文本型变量,可按需录入)
- &. 持有(文本型变量,可按需录入)
- &. 持有(文本型变量,可按需录入)
- &. 持有(文本型变量,可按需录入)

G6:G15 列区间

- &. =CONCATENATE(G7,$B$9,":",G7,$B$8)
- &. =SUBSTITUTE(ADDRESS(1,COLUMN(),4),1,)
- &. =经营模式
- &. =CONCATENATE(C9,".",F9)
- &. =CONCATENATE(C10,".",F10)
- &. =CONCATENATE(C11,".",F11)
- &. =CONCATENATE(C12,".",F12)
- &. =CONCATENATE(C13,".",F13)
- &. =CONCATENATE(C14,".",F14)
- &. =CONCATENATE(C15,".",F15)

H6:H15 列区间

- &. =CONCATENATE(H7,$B$9,":",H7,$B$8)
- &. =SUBSTITUTE(ADDRESS(1,COLUMN(),4),1,)
- &. 出租比例
- &. 100%(数值型变量,可按需录入)
- &. 50%(数值型变量,可按需录入)
- &. 50%(数值型变量,可按需录入)
- &. 50%(数值型变量,可按需录入)
- &. 50%(数值型变量,可按需录入)
- &. 50%(数值型变量,可按需录入)
- &. 50%(数值型变量,可按需录入)

实例演示(二)　　　　　　表 5-2

			933	521	7807.50	13995.00
M	C9:C15	I9:I15	J9:J15	K9:K15	L9:L15	M9:M15
B	C	I	J	K	L	M
15	车位类别	销售比例	出租数量	销售数量	销售面积	出租产权面积
9	人防区普通车位	0	84	0	0	1260.00
10	非人防区普通车位	50.00%	406	406	6090.00	6090.00
11	微型车位	50.00%	115	115	1717.50	1717.50

12	子母车位	0	153	0	0	2295.00
13	无障碍车位	0	61	0	0	915.00
14	货车车位	0	115	0	0	1717.50
15	机械车位	0	0	0	0	0

I5:I15 列区间

&. =CONCATENATE(I7,$B$9,":",I7,$B$8)
&. =SUBSTITUTE(ADDRESS(1,COLUMN(),4),1,)
&. 销售比例
&. =IF(F9="经营",1−H9,0)
&. =IF(F10="经营",1−H10,0)
&. =IF(F11="经营",1−H11,0)
&. =IF(F12="经营",1−H12,0)
&. =IF(F13="经营",1−H13,0)
&. =IF(F14="经营",1−H14,0)
&. =IF(F15="经营",1−H15,0)

J4:J15 列区间

&. =SUM(J9:J15)
&. =CONCATENATE(J7,$B$9,":",J7,$B$8)
&. =SUBSTITUTE(ADDRESS(1,COLUMN(),4),1,)
&. 出租数量
&. =D9*H9
&. =D10*H10
&. =D11*H11
&. =D12*H12
&. =D13*H13
&. =D14*H14
&. =D15*H15

K4:K15 列区间

&. =SUM(K9:K15)
&. =CONCATENATE(K7,$B$9,":",K7,$B$8)
&. =SUBSTITUTE(ADDRESS(1,COLUMN(),4),1,)
&. 销售数量
&. =I9*D9
&. =I10*D10
&. =I11*D11
&. =I12*D12
&. =I13*D13
&. =I14*D14
&. =I15*D15

L4:L15 列区间

- =SUM(L9:L15)
- =CONCATENATE(L7,$B$9,":",L7,$B$8)
- =SUBSTITUTE(ADDRESS(1,COLUMN(),4),1,)
- 销售面积
- =K9*机动车位使用面积指数 gssjm
- =K10*机动车位使用面积指数 gssjm
- =K11*机动车位使用面积指数 gssjm
- =K12*机动车位使用面积指数 gssjm
- =K13*机动车位使用面积指数 gssjm
- =K14*机动车位使用面积指数 gssjm
- =K15*机动车位使用面积指数 gssjm

M4:M15 列区间

- =SUM(M9:M15)
- =CONCATENATE(M7,$B$9,":",M7,$B$8)
- =SUBSTITUTE(ADDRESS(1,COLUMN(),4),1,)
- 出租产权面积
- =J9*机动车位使用面积指数 gssjm
- =J10*机动车位使用面积指数 gssjm
- =J11*机动车位使用面积指数 gssjm
- =J12*机动车位使用面积指数 gssjm
- =J13*机动车位使用面积指数 gssjm
- =J14*机动车位使用面积指数 gssjm
- =J15*机动车位使用面积指数 gssjm

第 2 节　办公楼的经营供货量数据采集

2.1　一号楼的经营供货量的归集

根据所列举的案例中的建设项目设计内容分析，一号楼的使用功能定位是办公，办公楼的户内交付使用标准与办公楼的经营模式是相关联的，交付使用时，是设计成"全精装房"交付使用，还是"公区精装饰＋户内毛坯房"交付标准，需要对其销售价格及投资成本进行敏感性分析。

根据办公楼供货量的经营方式，应用 EXCEL 通用办公软件，实现经营供货量与办公产品计量面积之间的不同经营方式的自动转换组合，形成办公产品功能的经营数智编程算法大模型库（表 5-3、表 5-4）。

实例演示(一)　　　　　　　　　　　　　　表 5-3

J	C9:C50	D9:D50	E9:E50	F9:F50
B	C	D	E	F
59	楼层码	功能	经营模式	经营模式与功能科目
9	第1层	大堂	公有面积	第1层大堂公有面积
10	第2层	办公	用于经营销售	第2层办公用于经营销售
11	第3层	办公	用于经营销售	第3层办公用于经营销售
12	第4层	办公	用于经营销售	第4层办公用于经营销售
13	第5层	办公	用于经营销售	第5层办公用于经营销售
14	第6层	办公	用于经营销售	第6层办公用于经营销售
15	第7层	办公	用于经营销售	第7层办公用于经营销售
16	第8层	办公	用于经营销售	第8层办公用于经营销售
17	第9层	办公	用于经营销售	第9层办公用于经营销售
18	第10层	办公	用于经营销售	第10层办公用于经营销售
19	第11层	避难	公有面积	第11层避难公有面积
20	第12层	办公	用于经营销售	第12层办公用于经营销售
21	第13层	办公	用于经营销售	第13层办公用于经营销售
22	第14层	办公	用于经营销售	第14层办公用于经营销售
23	第15层	办公	用于经营销售	第15层办公用于经营销售
24	第16层	办公	用于经营销售	第16层办公用于经营销售
25	第17层	办公	用于经营销售	第17层办公用于经营销售
26	第18层	办公	用于经营销售	第18层办公用于经营销售
27	第19层	办公	用于经营销售	第19层办公用于经营销售
28	第20层	办公	用于经营销售	第20层办公用于经营销售
29	第21层	办公	用于经营销售	第21层办公用于经营销售
30	第22层	办公	用于经营销售	第22层办公用于经营销售
31	第23层	避难	公有面积	第23层避难公有面积
32	第24层	办公	用于经营销售	第24层办公用于经营销售
33	第25层	办公	用于经营销售	第25层办公用于经营销售
34	第26层	办公	用于经营销售	第26层办公用于经营销售
35	第27层	办公	用于经营销售	第27层办公用于经营销售
36	第28层	办公	用于经营销售	第28层办公用于经营销售
37	第29层	办公	用于经营销售	第29层办公用于经营销售
38	第30层	办公	用于经营销售	第30层办公用于经营销售
39	第31层	办公	用于经营销售	第31层办公用于经营销售
40	第32层	办公	用于经营销售	第32层办公用于经营销售
41	第33层	办公	用于经营销售	第33层办公用于经营销售
42	第34层	办公	用于经营销售	第34层办公用于经营销售
43	第35层	避难	公有面积	第35层避难公有面积
44	第36层	办公	用于经营销售	第36层办公用于经营销售
45	第37层	办公	用于经营销售	第37层办公用于经营销售
46	第38层	办公	用于经营销售	第38层办公用于经营销售
47	第39层	办公	用于经营销售	第39层办公用于经营销售
48	第40层	办公	用于经营销售	第40层办公用于经营销售
49	第41层	办公	用于经营销售	第41层办公用于经营销售
50	第42层	办公	用于经营销售	第42层办公用于经营销售

根据建设项目数据、经营方案，设置表头科目：经营模式、经营模式类别、销售产权面积、出租产权面积、出租产权面积、出租使用面积等，进行中文名称填写。

C6:C50 列区间

    & =CONCATENATE(C7,＄B＄9,":",C7,＄B＄8)

    & =SUBSTITUTE(ADDRESS(1,COLUMN(),4),1,)

    & =地上空间数据模型.01栋.办公.42层.sksjm!D8.

    注解：来源于设计数据库的相对引用，当鼠标变为十字形时，双击快速填充整个区间。

D6:D50 列区间

    & =CONCATENATE(D7,＄B＄9,":",D7,＄B＄8)

    & =SUBSTITUTE(ADDRESS(1,COLUMN(),4),1,)

    & =地上空间数据模型.01栋.办公.42层.sksjm!E8.

    注解：来源于设计数据库的相对引用，当鼠标变为十字形时，双击快速填充整个区间。

E6:E50 列区间

    & =CONCATENATE(E7,＄B＄9,":",E7,＄B＄8)

    & =SUBSTITUTE(ADDRESS(1,COLUMN(),4),1,)

    & 经营模式

    注解：根据经营方案可分别填入用于经营销售、经营出租、持有自用、公有面积等科目。

F6:F50 列区间

    & ==CONCATENATE(F7,＄B＄9,":",F7,＄B＄8)

    & =SUBSTITUTE(ADDRESS(1,COLUMN(),4),1,)

    & 经营模式整合科目

    & =CONCATENATE(C9,D9,E9)

    注解：当鼠标变为十字形时，双击快速填充。通过此函数将C、D、E三列单元格合并成中文科目表述。

实例演示（二）　　　　　　　　　　　　　　　　表 5-4

			70424.17	0	0	0
	J	C9:C50	D9:D50	G9:G50	H9:H50	I9:I50	J9:J50
B	C	D	G	H	I	J
59	楼层码	功能	销售产权面积	出租产权面积	出租套内面积	出租使用面积
9	第1层	大堂	0	0	0	0
10	第2层	办公	1853.27	0	0	0
11	第3层	办公	1853.27	0	0	0
12	第4层	办公	1853.27	0	0	0
13	第5层	办公	1853.27	0	0	0
14	第6层	办公	1853.27	0	0	0
15	第7层	办公	1853.27	0	0	0
16	第8层	办公	1853.27	0	0	0
17	第9层	办公	1853.27	0	0	0

续表

18	第10层	办公	1853.27	0	0	0
19	第11层	避难	0	0	0	0
20	第12层	办公	1853.27	0	0	0
21	第13层	办公	1853.27	0	0	0
22	第14层	办公	1853.27	0	0	0
23	第15层	办公	1853.27	0	0	0
24	第16层	办公	1853.27	0	0	0
25	第17层	办公	1853.27	0	0	0
26	第18层	办公	1853.27	0	0	0
27	第19层	办公	1853.27	0	0	0
28	第20层	办公	1853.27	0	0	0
29	第21层	办公	1853.27	0	0	0
30	第22层	办公	1853.27	0	0	0
31	第23层	避难	0	0	0	0
32	第24层	办公	1853.27	0	0	0
33	第25层	办公	1853.27	0	0	0
34	第26层	办公	1853.27	0	0	0
35	第27层	办公	1853.27	0	0	0
36	第28层	办公	1853.27	0	0	0
37	第29层	办公	1853.27	0	0	0
38	第30层	办公	1853.27	0	0	0
39	第31层	办公	1853.27	0	0	0
40	第32层	办公	1853.27	0	0	0
41	第33层	办公	1853.27	0	0	0
42	第34层	办公	1853.27	0	0	0
43	第35层	避难	0	0	0	0
44	第36层	办公	1853.27	0	0	0
45	第37层	办公	1853.27	0	0	0
46	第38层	办公	1853.27	0	0	0
47	第39层	办公	1853.27	0	0	0
48	第40层	办公	1853.27	0	0	0
49	第41层	办公	1853.27	0	0	0
50	第42层	办公	1853.27	0	0	0

G5:G50列区间

&. =SUM(G9:G59)

&. =CONCATENATE(G7,$B$9,":",G7,$B$8)

&. =SUBSTITUTE(ADDRESS(1,COLUMN(),4),1,)

&. 销售产权面积

注解：公式=﹛IF(经营模式.01栋.办公.42层.sksjm="用于经营销售"，产权面积.栋01gssjm,0)﹜，同时按下Shift+Ctrl+Enter形成数组公式。通过数组公式、列区中文名称定义、条件函数等算法语言，可实现根据经营方案的类别（用于经营销售）自动筛选出"产权面积"数据。

H5:H50 列区间

&. ＝SUM(H9:H59)

&. ＝CONCATENATE(H7,＄B＄9,":",H7,＄B＄8)

&. ＝SUBSTITUTE(ADDRESS(1,COLUMN(),4),1,)

&. 出租产权面积

注解:公式＝{IF(经营模式.01栋.办公.42层.sksjm="持有且用于出租",产权面积.栋01gssjm,0)},同时按下Shift＋Ctrl＋Enter形成数组公式。通过数组公式、列区中文名称定义、条件函数等算法语言,可实现根据经营方案的类别(持有且用于出租)自动筛选出"产权面积"数据。

I5:I50 列区间

&. ＝SUM(I9:I59)

&. ＝CONCATENATE(I7,＄B＄9,":",I7,＄B＄8)

&. ＝SUBSTITUTE(ADDRESS(1,COLUMN(),4),1,)

&. 出租套内面积

注解:公式＝{＝IF(经营模式.01栋.办公.42层.sksjm="持有且用于出租",户内面积.栋01gssjm,0)},同时按下Shift＋Ctrl＋Enter形成数组公式。通过数组公式、列区中文名称定义、条件函数等算法语言,可实现根据经营方案的类别(持有且用于出租)自动筛选出"套内面积"数据。

J5:J50 列区间

&. ＝SUM(J9:J59)

&. ＝CONCATENATE(J7,＄B＄9,":",J7,＄B＄8)

&. ＝SUBSTITUTE(ADDRESS(1,COLUMN(),4),1,)

&. ＝出租使用面积

注解:公式＝{＝IF(经营模式.01栋.办公.42层.sksjm="持有且用于出租",使用面积.栋01gssjm,0)},同时按下Shift＋Ctrl＋Enter形成数组公式。通过数组公式、列区中文名称定义、条件函数等算法语言,可实现根据经营方案的类别(持有且用于出租)自动筛选出"使用面积"数据。

2.2 二号楼的经营供货量的归集

如表 5-5、表 5-6 所示。

实例演示(一) 表 5-5

J	C9:C46	D9:D46	E9:E46	F9:F46
B	C	D	E	F
59	楼层码	功能	经营模式	经营模式类别
9	第1层	大堂	公有面积	第1层大堂公有面积
10	第2层	物业	公有面积	第2层物业公有面积
11	第3层	办公	用于经营销售	第3层办公用于经营销售
12	第4层	办公	用于经营销售	第4层办公用于经营销售

续表

13	第5层	办公	用于经营销售	第5层办公用于经营销售
14	第6层	办公	用于经营销售	第6层办公用于经营销售
15	第7层	办公	用于经营销售	第7层办公用于经营销售
16	第8层	办公	用于经营销售	第8层办公用于经营销售
17	第9层	办公	用于经营销售	第9层办公用于经营销售
18	第10层	办公	用于经营销售	第10层办公用于经营销售
19	第11层	避难	公有面积	第11层避难公有面积
20	第12层	办公	用于经营销售	第12层办公用于经营销售
21	第13层	办公	用于经营销售	第13层办公用于经营销售
22	第14层	办公	用于经营销售	第14层办公用于经营销售
23	第15层	办公	用于经营销售	第15层办公用于经营销售
24	第16层	办公	用于经营销售	第16层办公用于经营销售
25	第17层	办公	用于经营销售	第17层办公用于经营销售
26	第18层	办公	用于经营销售	第18层办公用于经营销售
27	第19层	办公	用于经营销售	第19层办公用于经营销售
28	第20层	办公	用于经营销售	第20层办公用于经营销售
29	第21层	办公	用于经营销售	第21层办公用于经营销售
30	第22层	办公	用于经营销售	第22层办公用于经营销售
31	第23层	避难	公有面积	第23层避难公有面积
32	第24层	办公	用于经营销售	第24层办公用于经营销售
33	第25层	办公	用于经营销售	第25层办公用于经营销售
34	第26层	办公	用于经营销售	第26层办公用于经营销售
35	第27层	办公	用于经营销售	第27层办公用于经营销售
36	第28层	办公	用于经营销售	第28层办公用于经营销售
37	第29层	办公	用于经营销售	第29层办公用于经营销售
38	第30层	办公	用于经营销售	第30层办公用于经营销售
39	第31层	办公	用于经营销售	第31层办公用于经营销售
40	第32层	办公	用于经营销售	第32层办公用于经营销售
41	第33层	办公	用于经营销售	第33层办公用于经营销售
42	第34层	办公	用于经营销售	第34层办公用于经营销售
43	第35层	办公	用于经营销售	第35层办公用于经营销售
44	第36层	办公	公有面积	第36层办公公有面积
45	第37层	办公	用于经营销售	第37层办公用于经营销售
46	第38层	办公	用于经营销售	第38层办公用于经营销售

根据建设项目数据、经营方案，设置表头科目：经营模式、经营模式类别、销售产权面积、出租产权面积、出租产权面积、出租使用面积等，进行中文名称填写。

C6:C46列区间

&. =CONCATENATE(C7,$B$9,":",C7,$B$8)

&. =SUBSTITUTE(ADDRESS(1,COLUMN(),4),1,)

注解：公式＝地上空间数据模型.02栋.办公.38层.sksjm!D8,来源于设计数据库的相对引用，当鼠标变为十字形时，双击快速填充指定区间。

D6：D46 列区间

&. =CONCATENATE(D7,＄B＄9,":",D7,＄B＄8)

&. =SUBSTITUTE(ADDRESS(1,COLUMN(),4),1,)

注解：公式＝地上空间数据模型.02栋.办公.38层.sksjm!E8,来源于设计数据库的相对引用，当鼠标变为十字形时，双击快速填充指定区间。

E6：E46 列区间

&. =CONCATENATE(E7,＄B＄9,":",E7,＄B＄8)

&. =SUBSTITUTE(ADDRESS(1,COLUMN(),4),1,)

&. 经营模式

注解：根据经营方案可分别填入用于经营销售、持有且用于出租、持有自用、公有面积等科目。

F9：F59 列区间

&. =CONCATENATE(F7,＄B＄9,":",F7,＄B＄8)

&. =SUBSTITUTE(ADDRESS(1,COLUMN(),4),1,)

&. 经营模式类别

注解：公式＝CONCATENATE(C9,D9,E9)，当鼠标变为十字形时，双击快速填充。通过此函数将 C、D、E 三列单元格合并成中文科目表述。

实例演示（二）　　　　　　　　　　　表 5-6

		61376.10	0	0	0
J	C9:C46	G9:G46	H9:H46	I9:I46	J9:J46
B	C	G	H	I	J
59	楼层码	销售产权面积	出租产权面积	出租套内面积	出租使用面积
9	第1层	0	0	0	0
10	第2层	0	0	0	0
11	第3层	1859.88	0	0	0
12	第4层	1859.88	0	0	0
13	第5层	1859.88	0	0	0
14	第6层	1859.88	0	0	0
15	第7层	1859.88	0	0	0
16	第8层	1859.88	0	0	0
17	第9层	1859.88	0	0	0
18	第10层	1859.88	0	0	0
19	第11层	0	0	0	0
20	第12层	1859.88	0	0	0
21	第13层	1859.88	0	0	0
22	第14层	1859.88	0	0	0
23	第15层	1859.88	0	0	0
24	第16层	1859.88	0	0	0
25	第17层	1859.88	0	0	0

续表

26	第18层	1859.88	0	0	0
27	第19层	1859.88	0	0	0
28	第20层	1859.88	0	0	0
29	第21层	1859.88	0	0	0
30	第22层	1859.88	0	0	0
31	第23层	0	0	0	0
32	第24层	1859.88	0	0	0
33	第25层	1859.88	0	0	0
34	第26层	1859.88	0	0	0
35	第27层	1859.88	0	0	0
36	第28层	1859.88	0	0	0
37	第29层	1859.88	0	0	0
38	第30层	1859.88	0	0	0
39	第31层	1859.88	0	0	0
40	第32层	1859.88	0	0	0
41	第33层	1859.88	0	0	0
42	第34层	1859.88	0	0	0
43	第35层	1859.88	0	0	0
44	第36层	0	0	0	0
45	第37层	1859.88	0	0	0
46	第38层	1859.88	0	0	0

G5:G46列区间

&. =SUM(G9:G59)

&. =CONCATENATE(G7,$B$9,":",G7,$B$8)

&. =SUBSTITUTE(ADDRESS(1,COLUMN(),4),1,)

&. 销售产权面积

注解：公式＝{IF(经营模式.02栋.办公.38层.sksjm="用于经营销售"，产权面积.栋02gssjm,0)}，同时按下 Shift＋Ctrl＋Enter 形成数组公式。通过数组公式、列区中文名称定义、条件函数等算法语言，可实现根据经营方案的类别（用于经营销售）自动筛选出"产权面积"数据。

H5:H46列区间

&. =SUM(H9:H59)

&. =CONCATENATE(H7,$B$9,":",H7,$B$8)

&. =SUBSTITUTE(ADDRESS(1,COLUMN(),4),1,)

&. 出租产权面积

注解：公式＝{IF(经营模式.02栋.办公.38层.sksjm="持有且用于出租"，产权面积.栋02gssjm,0)}，同时按下 Shift＋Ctrl＋Enter 形成数组公式。通过数组公式、列区中文名称定义、条件函数等算法语言，可实现根据经营方案的类别（持有且用于出租）自动筛选出"产权面积"数据。

I5：I46 列区间

    & ＝SUM(I9：I59)

    & ＝CONCATENATE(I7,＄B＄9,":",I7,＄B＄8)

    & ＝SUBSTITUTE(ADDRESS(1,COLUMN(),4),1,)

    & 出租套内面积

    注解：公式＝｛IF(经营模式.02栋.办公.38层.sksjm="持有且用于出租",户内面积.栋02gssjm,0)｝,同时按下 Shift＋Ctrl＋Enter 形成数组公式。通过数组公式、列区中文名称定义、条件函数等算法语言，可实现根据经营方案的类别（持有且用于出租）自动筛选出"户内面积"数据。

J5：J46 列区间

    & ＝SUM(J9：J59)

    & ＝CONCATENATE(J7,＄B＄9,":",J7,＄B＄8)

    & ＝SUBSTITUTE(ADDRESS(1,COLUMN(),4),1,)

    & 出租使用面积

    注解：公式＝｛IF(经营模式.02栋.办公.38层.sksjm="持有且用于出租",使用面积.栋02gssjm,0)｝,同时按下 Shift＋Ctrl＋Enter 形成数组公式。通过数组公式、列区中文名称定义、条件函数等算法语言，可实现根据经营方案的类别（持有且用于出租）自动筛选出"使用面积"数据。

第 3 节　居住楼的经营供货量编程算法

3.1　住宅楼的经营供货量的归集

根据本书所列举的实例，三号楼的使用功能是住宅还是公寓；交付使用标准是"全精装饰"交付使用还是"公区精装但户内毛坯"交付等诸如此类问题，都需要利用 EXCEL 通用办公软件在经营供货量数智库的数智与投资决策分析指标之间建立自动算法的功能，进行多维度的敏感性分析后才能决策。下面以实例的方式来演示构建"住宅楼经营供货量数智编程算法"的全过程（表 5-7、表 5-8）。

实例演示（一）　　　　　　　　　　　　　　　　表 5-7

J	C9：C31	D9：D31	E9：E31	F9：F31
B	C	D	E	F
33	楼层码	功能	经营模式	经营模式类别
9	第1层	大堂	公有面积	第1层大堂公有面积
10	第2层	住宅	用于经营销售	第2层住宅用于经营销售
11	第3层	住宅	用于经营销售	第3层住宅用于经营销售
12	第4层	住宅	用于经营销售	第4层住宅用于经营销售
13	第5层	住宅	用于经营销售	第5层住宅用于经营销售
14	第6层	住宅	用于经营销售	第6层住宅用于经营销售
15	第7层	住宅	用于经营销售	第7层住宅用于经营销售
16	第8层	住宅	用于经营销售	第8层住宅用于经营销售

续表

17	第9层	住宅	用于经营销售	第9层住宅用于经营销售
18	第10层	住宅	用于经营销售	第10层住宅用于经营销售
19	第11层	住宅	用于经营销售	第11层住宅用于经营销售
20	第12层	住宅	用于经营销售	第12层住宅用于经营销售
21	第13层	住宅	用于经营销售	第13层住宅用于经营销售
22	第14层	住宅	用于经营销售	第14层住宅用于经营销售
23	第15层	住宅	用于经营销售	第15层住宅用于经营销售
24	第16层	住宅	用于经营销售	第16层住宅用于经营销售
25	第17层	住宅	用于经营销售	第17层住宅用于经营销售
26	第18层	住宅	用于经营销售	第18层住宅用于经营销售
27	第19层	住宅	用于经营销售	第19层住宅用于经营销售
28	第20层	住宅	用于经营销售	第20层住宅用于经营销售
29	第21层	住宅	用于经营销售	第21层住宅用于经营销售
30	第22层	住宅	用于经营销售	第22层住宅用于经营销售
31	第23层	住宅	用于经营销售	第23层住宅用于经营销售

根据建设项目数据、经营方案，设置表头科目：经营模式、经营模式类别、销售产权面积、出租产权面积、出租产权面积、出租使用面积等，进行中文名称填写。

C6:C31列区间

    & =CONCATENATE(C7,＄B＄9,":",C7,＄B＄8)

    & =SUBSTITUTE(ADDRESS(1,COLUMN(),4),1,)

    注解：公式＝地上空间数据模型.03栋.住宅.23层.sksjm!D8，来源于设计数据库的相对引用，当鼠标变为十字形时，可通过双击鼠标，快速填充到指定区间。

D6:D31列区间

    & =CONCATENATE(D7,＄B＄9,":",D7,＄B＄8)

    & =SUBSTITUTE(ADDRESS(1,COLUMN(),4),1,)

    注解：公式＝地上空间数据模型.03栋.住宅.23层.sksjm!E8，来源于设计数据库的相对引用，当鼠标变为十字形时，可通过双击鼠标，快速填充到指定区间。

E6:E31列区间

    & =CONCATENATE(E7,＄B＄9,":",E7,＄B＄8)

    & =SUBSTITUTE(ADDRESS(1,COLUMN(),4),1,)

    & 经营模式

    注解：根据经营方案可分别填入用于经营销售、持有且用于出租、持有自用、公有面积等科目。

F6:F31列区间

    & =CONCATENATE(F7,＄B＄9,":",F7,＄B＄8)

    & =SUBSTITUTE(ADDRESS(1,COLUMN(),4),1,)

    & 经营模式类别

    注解：公式＝CONCATENATE(C9,D9,E9)，当鼠标变为十字形时，双击快速填充。通过此函数将C、D、E三列单元格合并成中文科目表述。

实例演示（二）　　　　　　　　　　　　　　　　　　　　表5-8

		30976.27	0	0	0
J	C9:C31	G9:G31	H9:H31	I9:I31	J9:J31
B	C	G	H	I	J
33	楼层码	销售产权面积	出租产权面积	出租套内面积	出租使用面积
9	第1层	0	0	0	0
10	第2层	1408.01	0	0	0
11	第3层	1408.01	0	0	0
12	第4层	1408.01	0	0	0
13	第5层	1408.01	0	0	0
14	第6层	1408.01	0	0	0
15	第7层	1408.01	0	0	0
16	第8层	1408.01	0	0	0
17	第9层	1408.01	0	0	0
18	第10层	1408.01	0	0	0
19	第11层	1408.01	0	0	0
20	第12层	1408.01	0	0	0
21	第13层	1408.01	0	0	0
22	第14层	1408.01	0	0	0
23	第15层	1408.01	0	0	0
24	第16层	1408.01	0	0	0
25	第17层	1408.01	0	0	0
26	第18层	1408.01	0	0	0
27	第19层	1408.01	0	0	0
28	第20层	1408.01	0	0	0
29	第21层	1408.01	0	0	0
30	第22层	1408.01	0	0	0
31	第23层	1408.01	0	0	0

G5:G31列区间

&. =SUM(G9:G33)

&. =CONCATENATE(G7,＄B＄9,":",G7,＄B＄8)

&. =SUBSTITUTE(ADDRESS(1,COLUMN(),4),1,)

&. 销售产权面积

注解：公式＝{IF(经营模式.03栋.住宅.23层.sksjm="用于经营销售",产权面积.栋03gssjm,0)}，同时按下Shift＋Ctrl＋Enter形成数组公式。通过数组公式、列区中文名称定义、条件函数等算法语言，可实现根据经营方案的类别（用于经营销售）自动筛选出"产权面积"数据。

H5:H31列区间

&. =SUM(H9:H33)

&. =CONCATENATE(H7,$B$9,":",H7,$B$8)

&. =SUBSTITUTE(ADDRESS(1,COLUMN(),4),1,)

&. 出租产权面积

注解：公式＝{IF(经营模式.03栋.住宅.23层.sksjm="持有且用于出租"，产权面积.栋03gssjm,0)}，同时按下 Shift＋Ctrl＋Enter 形成数组公式。通过数组公式、列区中文名称定义、条件函数等算法语言，可实现根据经营方案的类别（持有且用于出租）自动筛选出"产权面积"数据。

I5:I31 列区间

注解：公式＝{=IF(经营模式.03栋.住宅.23层.sksjm="持有且用于出租"，户内面积.栋03gssjm,0)}，同时按下 Shift＋Ctrl＋Enter 形成数组公式。通过数组公式、列区中文名称定义、条件函数等算法语言，可实现根据经营方案的类别（持有且用于出租）自动筛选出"户内面积"数据。

J5:J31 列区间

&. =SUM(I9:I33)

&. =CONCATENATE(I7,$B$9,":",I7,$B$8)

&. =SUBSTITUTE(ADDRESS(1,COLUMN(),4),1,)

&. 出租套内面积

注解：公式＝{=IF(经营模式.03栋.住宅.23层.sksjm="持有且用于出租"，使用面积.栋03gssjm,0)}，同时按下 Shift＋Ctrl＋Enter 形成数组公式。通过数组公式、列区中文名称定义、条件函数等算法语言，可实现根据经营方案的类别（持有且用于出租）自动筛选出"使用面积"数据。

3.2 公寓楼的经营供货量的归集

根据本书所列举的实例，在建设项目的设计阶段，公司决策层纠结本栋建筑的功能是住宅还是公寓，需要利用 EXCEL 通用办公软件来构建"住宅/公寓楼经营供货量数智编程算法"来实现"少人工，多自动"的算法功能，快速计算出基于不同的经营方式下的经济评价指标并提交给决策层做出决定。下面以实例的方式来演示构建"公寓楼经营供货量编程算法"的全过程（表5-9、表5-10）。

实例演示（一）　　　　　　　　　　　表 5-9

J	C9:C29	D9:D29	E9:E29	F9:F29
B	C	D	E	F
31	楼层码	功能	经营模式	经营模式类别
9	第1层	大堂	详见另表	第1层大堂详见另表
10	第2层	公寓	持有且用于出租	第2层公寓用于经营出租
11	第3层	公寓	持有且用于出租	第3层公寓用于经营出租
12	第4层	公寓	持有且用于出租	第4层公寓用于经营出租
13	第5层	公寓	持有且用于出租	第5层公寓用于经营出租
14	第6层	公寓	持有且用于出租	第6层公寓用于经营出租

续表

15	第7层	公寓	持有且用于出租	第7层公寓用于经营出租
16	第8层	公寓	持有且用于出租	第8层公寓用于经营出租
17	第9层	公寓	持有且用于出租	第9层公寓用于经营出租
18	第10层	公寓	持有且用于出租	第10层公寓用于经营出租
19	第11层	公寓	持有且用于出租	第11层公寓用于经营出租
20	第12层	公寓	持有且用于出租	第12层公寓用于经营出租
21	第13层	公寓	持有且用于出租	第13层公寓用于经营出租
22	第14层	公寓	持有且用于出租	第14层公寓用于经营出租
23	第15层	公寓	持有且用于出租	第15层公寓用于经营出租
24	第16层	公寓	持有且用于出租	第16层公寓用于经营出租
25	第17层	公寓	持有且用于出租	第17层公寓用于经营出租
26	第18层	公寓	持有且用于出租	第18层公寓用于经营出租
27	第19层	公寓	持有且用于出租	第19层公寓用于经营出租
28	第20层	公寓	持有且用于出租	第20层公寓用于经营出租
29	第21层	公寓	持有且用于出租	第21层公寓用于经营出租

根据建设项目数据、经营方案，设置表头科目：经营模式、经营模式类别、销售产权面积、出租产权面积、出租产权面积、出租使用面积等，进行中文名称填写。

C6:C29 列区间

&. =CONCATENATE(C7,＄B＄9,":",C7,＄B＄8)

&. =SUBSTITUTE(ADDRESS(1,COLUMN(),4),1,)

&. =地上空间数据模型.04栋.公寓.21层.sksjm!D8.

注解：来源于设计数据库的相对引用，当鼠标变为十字形时，可双击快速填充到指定的区间。

D6:D29 列区间

&. =CONCATENATE(D7,＄B＄9,":",D7,＄B＄8)

&. =SUBSTITUTE(ADDRESS(1,COLUMN(),4),1,)

&. =地上空间数据模型.04栋.公寓.21层.sksjm!E8.

注解：来源于设计数据库的相对引用，当鼠标变为十字形时，可双击快速填充到指定的区间。

E6:E29 列区间

&. =CONCATENATE(E7,＄B＄9,":",E7,＄B＄8)

&. =SUBSTITUTE(ADDRESS(1,COLUMN(),4),1,)

&. 经营模式

&. 用于经营销售

注解：根据经营方案可分别填入用于经营销售、持有且用于出租、持有自用、公有面积等科目。

F6:F29 列区间

&. =CONCATENATE(F7,＄B＄9,":",F7,＄B＄8)

&. =SUBSTITUTE(ADDRESS(1,COLUMN(),4),1,)

- 经营模式整合科目
- =CONCATENATE(C9,D9,E9),

注解:当鼠标变为十字形时,双击快速填充。通过此函数将 C、D、E 三列单元格合并成中文科目表述。

实例演示(二)　　　　　　　　　　　表 5-10

		0	38490.84	30860.10	29317.10
J	C9:C29	G9:G29	H9:H29	I9:I29	J9:J29
B	C	G	H	I	J
31	楼层码	销售产权面积	销售产权面积	出租产权面积	出租使用面积
9	第1层	0	0	0	0
10	第2层	0	1924.54	1543.01	1465.85
11	第3层	0	1924.54	1543.01	1465.85
12	第4层	0	1924.54	1543.01	1465.85
13	第5层	0	1924.54	1543.01	1465.85
14	第6层	0	1924.54	1543.01	1465.85
15	第7层	0	1924.54	1543.01	1465.85
16	第8层	0	1924.54	1543.01	1465.85
17	第9层	0	1924.54	1543.01	1465.85
18	第10层	0	1924.54	1543.01	1465.85
19	第11层	0	1924.54	1543.01	1465.85
20	第12层	0	1924.54	1543.01	1465.85
21	第13层	0	1924.54	1543.01	1465.85
22	第14层	0	1924.54	1543.01	1465.85
23	第15层	0	1924.54	1543.01	1465.85
24	第16层	0	1924.54	1543.01	1465.85
25	第17层	0	1924.54	1543.01	1465.85
26	第18层	0	1924.54	1543.01	1465.85
27	第19层	0	1924.54	1543.01	1465.85
28	第20层	0	1924.54	1543.01	1465.85
29	第21层	0	1924.54	1543.01	1465.85

G5:G29 列区间

- =SUM(G9:G31)
- =CONCATENATE(G7,$B$9,":",G7,$B$8)
- =SUBSTITUTE(ADDRESS(1,COLUMN(),4),1,)

&. 销售产权面积

注解：公式＝｛IF(经营模式.04栋.公寓.21层.sksjm="用于经营销售"，产权面积.栋04gssjm,0)｝，同时按下Shift+Ctrl+Enter形成数组公式。通过数组公式、列区中文名称定义、条件函数等算法语言，可实现根据经营方案的类别（用于经营销售）自动筛选出"产权面积"数据。

H5:H29 列区间

&. ＝SUM(H9:H31)

&. ＝CONCATENATE(H7,＄B＄9,":",H7,＄B＄8)

&. ＝SUBSTITUTE(ADDRESS(1,COLUMN(),4),1,)

&. 出租产权面积

注解：公式＝｛IF(经营模式.04栋.公寓.21层.sksjm="持有且用于出租"，产权面积.栋04gssjm,0)｝，同时按下Shift+Ctrl+Enter形成数组公式。通过数组公式、列区中文名称定义、条件函数等算法语言，可实现根据经营方案的类别（持有且用于出租）自动筛选出"产权面积"数据。

I5:I29 列区间

&. ＝SUM(I9:I31)

&. ＝CONCATENATE(I7,＄B＄9,":",I7,＄B＄8)

&. ＝SUBSTITUTE(ADDRESS(1,COLUMN(),4),1,)

&. 出租套内面积

注解：公式＝｛IF(经营模式.04栋.公寓.21层.sksjm="持有且用于出租"，户内面积.栋04gssjm,0)｝，同时按下Shift+Ctrl+Enter形成数组公式。通过数组公式、列区中文名称定义、条件函数等算法语言，可实现根据经营方案的类别（持有且用于出租）自动筛选出"户内面积"数据。

J5:J29 列区间

&. ＝SUM(J9:J31)

&. ＝CONCATENATE(J7,＄B＄9,":",J7,＄B＄8)

&. ＝SUBSTITUTE(ADDRESS(1,COLUMN(),4),1,)

&. 出租使用面积

注解：公式＝｛IF(经营模式.04栋.公寓.21层.sksjm="持有且用于出租"，使用面积.栋04gssjm,0)｝，同时按下Shift+Ctrl+Enter形成数组公式。通过数组公式、列区中文名称定义、条件函数等算法语言，可实现根据经营方案的类别（持有且用于出租）自动筛选出"使用面积"数据。

第4节　经营供货量分布的自动算法

4.1　经营供货量分布路径的建模

从建设项目整个楼盘形态分布与功能布局角度研究可知：建筑功能有办公、住宅、公寓酒店、工业等。建设的项目除了持有自用外，还可用于经营活动，其产品类别有销售、出租等形式。在投资决策分析阶段，需要在经济评价指标与经营供货量之间建立自动算法路径。

本节将利用 EXCEL 通用办公软件,来实现不同使用功能、不同经营模式下的经营供货量的自动计算。

4.2 基于经营供货量不同口径的自动算量

根据本章所建立的各类不同使用功能供货量的数智编程算法,基于产品科目、经营面积、销售产权面积、出租产权面积、出租产权面积比例、销售面积比例科目进行归集自动算量,如表 5-11～表 5-13 所示。

实例演示（一） 表 5-11

B	C	D	E	F	G	H
6	0	100.00%	83.17%	16.83%		
7	83178.60	83178.60	69183.60	13995.00		
H	C11:C15	D11:D15	E11:E15	F11:F15	G11:G15	H11:H15
B	C	D	E	F	G	H
38	产品科目	经营面积	销售产权面积	出租产权面积	出租产权面积比例	销售面积比例
11	车位	21802.50	7807.50	13995.00	64.19%	35.81%
12	栋01	0	0	0	0	—
13	栋02	61376.10	61376.10	0	0	100.00%
14	栋03	0	0	0	0	—
15	栋04	0	0	0	0	—

依次在行区间内的单元格录入"产品科目、经营面积、销售产权面积、出租产权面积、出租产权面积比例、销售面积比例"科目内容,形成供货量数智库的表头中文名称。

C6:C15 列区间

&. =可经营产权面积.合计 jyhl－C7

&. =SUM(E7:F7)

&. =CONCATENATE(C9,＄B＄11,":",C9,＄B＄10)

&. =SUBSTITUTE(ADDRESS(1,COLUMN( ),4),1,)

&. 产品科目(文本型变量,可按需要录入)

&. 车位(文本型变量,可按需要录入)

&. 栋01(文本型变量,可按需要录入)

&. 栋02(文本型变量,可按需要录入)

&. 栋03(文本型变量,可按需要录入)

&. 栋04(文本型变量,可按需要录入)

D6:D15 列区间

&. =SUM(E6:F6)

&. =SUM(D11:D15)

&. =CONCATENATE(D9,＄B＄11,":",D9,＄B＄10)

&. =SUBSTITUTE(ADDRESS(1,COLUMN( ),4),1,)

&. 经营面积

注解:=SUM(E11:F11)。当鼠标变为十字形时,可双击快速填充到指定的区间。

E6:E15 列区间

&. =E7/$D$7
&. =SUM(E11:E15)
&. =CONCATENATE(E9,$B$11,":",E9,$B$10)
&. =SUBSTITUTE(ADDRESS(1,COLUMN(),4),1,)
&. 销售产权面积
&. =SUM(销售套内面积.车位 jcgmx)
&. =SUM(销售产权面积.栋01jcgmx)
&. =SUM(销售产权面积.栋02jcgmx)
&. =SUM(销售产权面积.栋03jcgmx)
&. =SUM(销售产权面积.栋04jcgmx)

F6:F15 列区间

&. =F7/$C$7
&. =SUM(F11:F15)
&. =CONCATENATE(F9,$B$11,":",F9,$B$10)
&. =SUBSTITUTE(ADDRESS(1,COLUMN(),4),1,)
&. =出租产权面积
&. =SUM(出租套内面积.车位 jcgmx)
&. =SUM(出租产权面积.栋01jcgmx)
&. =SUM(出租产权面积.栋02jcgmx)
&. =SUM(出租产权面积.栋03jcgmx)
&. =SUM(出租产权面积.栋04jcgmx)

G8:G15 列区间

&. =CONCATENATE(G9,$B$11,":",G9,$B$10)
&. =SUBSTITUTE(ADDRESS(1,COLUMN(),4),1,)
&. =出租产权面积比例
&. =IFERROR(F11/D11,0)
&. =IFERROR(F12/D12,0)
&. =IFERROR(F13/D13,0)
&. =IFERROR(F14/D14,0)
&. =IFERROR(F15/D15,0)

H8:H15 列区间

&. =CONCATENATE(H9,$B$11,":",H9,$B$10)
&. =SUBSTITUTE(ADDRESS(1,COLUMN(),4),1,)
&. =销售面积比例
&. =E11/D11
&. =E12/D12
&. =E13/D13
&. =E14/D14
&. =E15/D15

实例演示（二）　　　　表 5-12

18	0	100.00%	4.58%	77.26%	18.16%
19	170584.04	170584.04	7807.50	131800.28	30976.27
G	C23:C27	D23:D27	E23:E27	F23:F27	G23:G27
B	C	D	E	F	G
38	科目	销售产权面积	车位的销售产权面积	办公的销售产权面积	公寓的销售产权面积
23	车位	7807.50	7807.50		
24	栋 01	70424.17		70424.17	0
25	栋 02	61376.10		61376.10	0
26	栋 03	30976.27		0	30976.27
27	栋 04	0		0	0

C18:C27 列区间

&. =C19－D19

&. =SUM(E19:G19)

&. =CONCATENATE(C21,$B$23,":",C21,$B$22)

&. =SUBSTITUTE(ADDRESS(1,COLUMN(),4),1,)

&. 科目（文本型变量，可按需要录入）

&. 车位（文本型变量，可按需要录入）

&. 栋 01（文本型变量，可按需要录入）

&. 栋 02（文本型变量，可按需要录入）

&. 栋 03（文本型变量，可按需要录入）

&. 栋 04（文本型变量，可按需要录入）

D18:D27 列区间

&. =SUM(E18:G18)

&. =SUM(D23:D27)

&. =CONCATENATE(D21,$B$23,":",D21,$B$22)

&. =SUBSTITUTE(ADDRESS(1,COLUMN(),4),1,)

&. 销售产权面积

&. =SUM(E23:G23)

&. =SUM(E24:G24)

&. =SUM(E25:G25)

&. =SUM(E26:G26)

&. =SUM(E27:G27)

E18:E27 列区间

&. =IFERROR(E19/$D$19,0)

&. =SUM(E23:E27)

&. =CONCATENATE(E21,$B$23,":",E21,$B$22)

&. =SUBSTITUTE(ADDRESS(1,COLUMN(),4),1,)

&. 车位的销售产权面积

&. =SUM(可销售套内面积.车位 jcgmx)

&. =空值

&. =空值

&. =空值

&. =空值

F18：F27 列区间

&. =IFERROR(F19/＄D＄19,0)

&. =SUM(F23：F27)

&. =CONCATENATE(F21,＄B＄23,"：",F21,＄B＄22)

&. =SUBSTITUTE(ADDRESS(1,COLUMN(),4),1,)

&. =办公的销售产权面积

&. =空值

&. =SUMIFS(销售产权面积.01栋.办公.42层.sksjm,功能.栋01gssjm,"办公")

&. =SUMIFS(销售产权面积.02栋.办公.38层.sksjm,功能.栋02gssjm,"办公")

&. =SUMIFS(销售产权面积.03栋.住宅.23层.sksjm,功能.栋03gssjm,"办公")

&. =SUMIFS(销售产权面积.04栋.公寓.21层.sksjm,功能.栋04gssjm,"办公")

G18：G27 列区间

&. =IFERROR(G19/＄D＄19,0)

&. =SUM(G23：G27)

&. =CONCATENATE(G21,＄B＄23,"：",G21,＄B＄22)

&. =SUBSTITUTE(ADDRESS(1,COLUMN(),4),1,)

&. 公寓的销售产权面积

&. =空值

&. =SUMIFS(销售产权面积.01栋.办公.42层.sksjm,功能.栋01gssjm,"公寓")

&. =SUMIFS(销售产权面积.02栋.办公.38层.sksjm,功能.栋02gssjm,"公寓")

&. =SUMIFS(销售产权面积.03栋.住宅.23层.sksjm,功能.栋03gssjm,"公寓")

&. =SUMIFS(销售产权面积.04栋.公寓.21层.sksjm,功能.栋04gssjm,"公寓")

实例演示（三） 表5-13

29	0	100.00%	26.66%	0	73.34%
30	52485.84	52485.84	13995.00	0	38490.84
G	C34:C38	D34:D38	E34:E38	F34:F38	G34:G38
B	C	D	E	F	G
38	科目	出租产权面积	车位出租产权面积	办公出租产权面积	公寓出租产权面积
34	车位	13995.00	13995.00		
35	栋01	0		0	0
36	栋02	0		0	0
37	栋03	0		0	0
38	栋04	38490.84		0	38490.84

C29：C38 列区间

&. =D30－C30

&. =SUM(E30：G30)

&. =CONCATENATE(C32,$B$34,":",C32,$B$33)
&. =SUBSTITUTE(ADDRESS(1,COLUMN(),4),1,)
&. 科目(文本型变量,可按需要录入)
&. 车位(文本型变量,可按需要录入)
&. 栋01(文本型变量,可按需要录入)
&. 栋02(文本型变量,可按需要录入)
&. 栋03(文本型变量,可按需要录入)
&. 栋04(文本型变量,可按需要录入)

D29:D38 列区间
&. =SUM(E29:G29)
&. =SUM(D34:D38)
&. =CONCATENATE(D32,$B$34,":",D32,$B$33)
&. =SUBSTITUTE(ADDRESS(1,COLUMN(),4),1,)
&. 出租产权面积
&. =SUM(E34:G34)
&. =SUM(E35:G35)
&. =SUM(E36:G36)
&. =SUM(E37:G37)
&. =SUM(E38:G38)

E29:E38 列区间
&. =IFERROR(E30/$D$30,0)
&. =SUM(E34:E38)
&. =CONCATENATE(E32,$B$34,":",E32,$B$33)
&. =SUBSTITUTE(ADDRESS(1,COLUMN(),4),1,)
&. =车位出租产权面积
&. =SUM(可出租套内面积.车位jcgmx)
&. =空值
&. =空值
&. =空值
&. =空值

F29:F38 列区间
&. =IFERROR(F30/$D$30,0)
&. =SUM(F34:F38)
&. =CONCATENATE(F32,$B$34,":",F32,$B$33)
&. =SUBSTITUTE(ADDRESS(1,COLUMN(),4),1,)
&. 办公出租产权面积
&. =空值
&. =SUMIFS(出租产权面积.01栋.办公.42层.sksjm,功能.栋01gssjm,"办公")
&. =SUMIFS(出租产权面积.02栋.办公.38层.sksjm,功能.栋02gssjm,"办公")
&. =SUMIFS(出租产权面积.03栋.住宅.23层.sksjm,功能.栋03gssjm,"办公")

&. =SUMIFS(出租产权面积.04栋.公寓.21层.sksjm,功能.栋04gssjm,"办公")

G29:G38列区间

&. =IFERROR(G30/\$D\$30,0)

&. =SUM(G34:G38)

&. =CONCATENATE(G32,\$B\$34,":",G32,\$B\$33)

&. =SUBSTITUTE(ADDRESS(1,COLUMN(),4),1,)

&. 公寓出租产权面积

&. =空值

&. =SUMIFS(出租产权面积.01栋.办公.42层.sksjm,功能.栋01gssjm,"公寓")

&. =SUMIFS(出租产权面积.02栋.办公.38层.sksjm,功能.栋02gssjm,"公寓")

&. =SUMIFS(出租产权面积.03栋.住宅.23层.sksjm,功能.栋03gssjm,"公寓")

&. =SUMIFS(出租产权面积.04栋.公寓.21层.sksjm,功能.栋04gssjm,"公寓")

第6章 建设工程投资费用数智编程算法

建设项目投资费用属于投资决策分析过程中重要的业务内容,投资费用与投资决策分析之间存在高度的敏感性。在建设项目投资的不同阶段(项目建议书阶段、可行性研究阶段、设计阶段、施工阶段、竣工结算阶段、交付使用阶段、财务决算阶段等),其投资费用具有动态的属性。但在建设项目投资决策分析过程中,建设项目的投资费用是基于基准期测算的,为了揭示建设项目投资费用的动态性,将对投资决策评价指标的敏感度进行分析。建设项目投资费用的计量计价等数据处理繁杂,为了解决繁重的算量计价,本章将利用 EXCEL 通用办公软件,来构建建设项目投资费用的数智编程算法,以实现建设项目投资费用计量套价的联动计算的功能。

第1节 基准期投资费用数智编程算法

1.1 土地开发费数智编程算法

土地费用是建设项目投资重要的费用构成内容,土地开发费用的多少取决于土地的取得方式、地块的开发程度(净地或毛地)等因素。因此,在构建基准期费用数智编程算法时,应建立"土地取得全路径科目体系"以形成通用型的编程算法,下面以实例的方式来演示构建"土地开发费数智编程算法"的全过程(表6-1、表6-2)。

		实例演示(一)			表6-1
4	土地价格占总投资比例	34.77%			
5	每亩取得的土地价格	1111.88	2662.43		2662.43
6	取得的地块楼面地价	1100.00	78647.77		78647.77
N	G10:G17	H10:H17	I10:I17	J10:J17	K10:K17
F	G	H	I	J	K
17	土地开发费用科目	元/平方米	土地开发指标费用	土地价格敏感度调整系数	土地开发敏感调整后费用
10	土地使用权出让金	1100.00	32493.88	1.00	32493.88
11	土地交易契税	33.00	974.82	1.00	974.82
12	印花税	5.50	162.47	1.00	162.47
13	城市配套费	63.00	1861.01	1.00	1861.01
14	劳动力安置费	100.00	2953.99	1.00	2953.99
15	搬迁用房安置费	1324.05	39112.29	1.00	39112.29
16	附着物拆迁补偿费	15.87	468.98	1.00	468.98
17	地块红线外五通接驳费	21.00	620.34	1.00	620.34

G4:G17列区间
&. 土地价格占总投资比例（文本型变量，直接输入）
&. 每亩取得的土地价格（文本型变量，直接输入）
&. 取得的地块楼面地价（元/平方米）（文本型变量，直接输入）
&. =CONCATENATE(G8,$F$10,":",G8,$F$9)
&. =SUBSTITUTE(ADDRESS(1,COLUMN(),4),1,)
&. 土地开发费用科目

注解：其他单元格沿着列序方向依次录入土地使用权出让金、土地交易契税、印花税、城市配套费、劳动力安置费、搬迁用房安置费、附着物拆迁补偿费、地块红线外五通接驳费（可根据建设项目的取得方式按实调整）。

H4:H17列区间
&. =SUM(土地开发敏感调整后费用.土地开发费数据智库.tkfsk)/建设投资额.融资前.项目.基准期 zzjs
&. =SUM(土地开发敏感调整后费用.土地开发费数据智库.tkfsk)/规划净用地.亩 gssjk
&. 1100.00（数值型变量，可按需录入）
&. =SUBSTITUTE(ADDRESS(1,COLUMN(),4),1,)
&. 元/平方米（文本型变量，直接输入）
&. =H6
&. =K11/总建筑面积.jzmj*10000
&. =K12/总建筑面积.jzmj*10000
&. 63.00（数值型变量，可按需录入）
&. 100.00（数值型变量，可按需录入）
&. 1324.05（数值型变量，可按需录入）
&. 15.87（数值型变量，可按需录入）
&. 21.00（数值型变量，可按需录入）

I5:I17列区间
&. =I6/总建筑面积.jzmj*10000
&. =SUM(I10:I17)
&. =CONCATENATE(I8,$F$10,":",I8,$F$9)
&. =SUBSTITUTE(ADDRESS(1,COLUMN(),4),1,)
&. 土地开发指标费用（文本型变量，直接输入）
&. =H10*总建筑面积.jzmj/10000
&. =I10*土地交易契税率 jsjdm
&. =I10*印花税率.土地交易 jsjdm
&. =H13*总建筑面积 zjzmj/10000
&. =H14*总建筑面积.jzmj/10000
&. =H15*总建筑面积.jzmj/10000
&. =H16*总建筑面积.jzmj/10000
&. =H17*总建筑面积.jzmj/10000

J7:J17 列区间
&.=CONCATENATE(J8,$F$10,":",J8,$F$9)
&.=SUBSTITUTE(ADDRESS(1,COLUMN(),4),1,)
&.土地价格敏感度调整系数(文本型变量,直接输入)
&.=敏感度调整系数.土地费用 tdfrm
&.=敏感度调整系数.土地费用 tdfrm
&.=敏感度调整系数.土地费用 tdfrm
&.=敏感度调整系数.土地费用 tdfrm
&.=敏感度调整系数.土地费用 tdfrm
&.=敏感度调整系数.土地费用 tdfrm
&.=敏感度调整系数.土地费用 tdfrm
&.=敏感度调整系数.土地费用 tdfrm

K6:K17 列区间
&.=SUM(土地开发敏感调整后费用.土地开发费数据智库.tkfsk)/总建筑面积.jzmj*10000
&.=SUM(K10:K17)
&.=CONCATENATE(K8,$F$10,":",K8,$F$9)
&.=SUBSTITUTE(ADDRESS(1,COLUMN(),4),1,)
&.土地开发敏感调整后费用(文本型变量,直接输入)
&.=I10*J10
&.=I11*J11
&.=I12*J12
&.=I13*J13
&.=I14*J14
&.=I15*J15
&.=I16*J16
&.=I17*J17

实例演示(二) 表 6-2

P	D10:D13	E10:E13	M10:M13	N10:N13	O10:O13	P10:P13
C	D	E	M	N	O	P
13	类别	配套费指标	单方土地费用销售产权面积	单方土地费用每月出租面积	土地价格占基准期主营业收入比	土地价格占交易期主营业收入比
10	住宅	52.5	4610.50	33.60	8.15%	5.34%
11	办公	73.5				
12	商业	94.5				
13	综合	84.0				

D7:D13 列区间
&.=CONCATENATE(D8,$C$10,":",D8,$C$9)
&.=SUBSTITUTE(ADDRESS(1,COLUMN(),4),1,)
&.类别

- & 住宅(文本型变量,直接输入)
- & 办公(文本型变量,直接输入)
- & 商业(文本型变量,直接输入)
- & 综合(文本型变量,直接输入)

E7:E13 列区间

- & =CONCATENATE(E8,$C$10,":",E8,$C$9)
- & =SUBSTITUTE(ADDRESS(1,COLUMN(),4),1,)
- & 配套费指标(文本型变量,直接输入)
- & 52.5(数值型变量,可按需录入)
- & 73.5(数值型变量,可按需录入)
- & 94.5(数值型变量,可按需录入)
- & 84.0(数值型变量,可按需录入)

M7:M13 列区间

- & =CONCATENATE(M8,$F$10,":",M8,$F$9)
- & =SUBSTITUTE(ADDRESS(1,COLUMN(),4),1,)
- & 单方土地费用
- & 销售产权面积
- & =IFERROR(SUM(土地开发敏感调整后费用.土地开发费数据智库.tkfsk)/总销售面积.经营产品供货量智库.jcgmk*10000,0)

N7:N13 列区间

- & =CONCATENATE(N8,$F$10,":",N8,$F$9)
- & =SUBSTITUTE(ADDRESS(1,COLUMN(),4),1,)
- & 单方土地费用
- & 每月出租面积
- & =IFERROR(SUM(土地开发敏感调整后费用.土地开发费数据智库.tkfsk)/总出租面积.经营产品供货量智库.jcgmk/月数.租金收入期.月度时间横坐标算法智库.yshzk*10000,0)

O7:O13 列区间

- & =CONCATENATE(O8,$F$10,":",O8,$F$9)
- & =SUBSTITUTE(ADDRESS(1,COLUMN(),4),1,)
- & 土地价格占基准期主营业收入比
- & 土地费用.土地开发费数据智库.tkfsk/主营业收入基准期.融资前总利润算法智库.jqlfk

P7:P13 列区间

- & =CONCATENATE(P8,$F$10,":",P8,$F$9)
- & =SUBSTITUTE(ADDRESS(1,COLUMN(),4),1,)
- & 土地价格占交易期主营业收入比(文本型变量,直接输入)
- & =土地费用.土地开发费数据智库.tkfsk/主营业收入.交易期.融资前月度现金流量投资算法智库.qsjtk

注解:将土地开发费用分摊至可销售产权建筑面积与可租赁产权建筑面积,形成单方土地费用,在后期的数据表中将被大量引用。城市配套费是否应列入生地变熟地的土费用中，项目所在地税务规定各有差异，但从节税角度，纳入土地费用更有利于开发商，本书假设将其纳入土地费用，具体的做法应以项目所在地税务部门的规定为准。

1.2 前期工程费数智编程算法

建设项目在开发过程中，在取得土地之后、施工之前，必须先进行前期准备工作，建设项目的立项、地块"五通一平"、勘察、设计、测量、监理等工作才能具备施工建造的条件。因此，建设项目动工前产生的费用支出列为"前期工程费"。下面以实例的方式来演示构建"前期工程费数智编程算法"的全过程（表6-3）。

实例演示　　　　　　　　　　　　　　　表6-3

4				295.51	276.10	19.40
5			0	8729.27	8156.08	573.19
H	C9:C17	D9:D17	E9:E17	F9:F17	G9:G17	H9:H17
B	C	D	E	F	G	H
17	前期工程费	费用指标	工程量	含税且含建设单位直采供货的造价	含税且不含建设单位直采供货的造价	进项税额
9	建议书编制费	3.15	295398.90	93.05	87.78	5.27
10	可行性研究报告编制	5.25	295398.90	155.08	146.31	8.78
11	五通一平费	63.00	295398.90	1861.01	1676.59	184.42
12	岩土勘察费	12.60	295398.90	372.20	351.13	21.07
13	建筑设计费	94.50	295398.90	2791.52	2633.51	158.01
14	室内设计费	157.50	151512.36	2386.32	2251.25	135.07
15	施工图审查费	1.57	295398.90	46.53	43.89	2.63
16	测量测绘费	3.15	295398.90	93.05	87.78	5.27
17	施工监理费	31.50	295398.90	930.51	877.84	52.67

C6:C17 列区间

&. =CONCATENATE(C7,$B$9,":",C7,$B$8)

&. =SUBSTITUTE(ADDRESS(1,COLUMN(),4),1,)

&. 前期工程费（文本型表头，直接输入）

注解：其他单元格沿着列序方向依次录入：建议书编制费、可行性研究报告编制费、五通一平费、岩土勘察费、建筑设计费、室内设计费、施工图审查费、测量测绘费、施工监理费（可根据建设项目实际产生的科目内容按需调整）。

D6:D17 列区间

&. =CONCATENATE(D7,$B$9,":",D7,$B$8)

&. =SUBSTITUTE(ADDRESS(1,COLUMN(),4),1,)

&. 费用指标（文本型变量，直接输入）

&. 3.15（数值型变量，可按需录入）

&. 5.25（数值型变量，可按需录入）

&. 63.00（数值型变量，可按需录入）

&. 12.60（数值型变量，可按需录入）

&. 94.50（数值型变量，可按需录入）

&. 157.50（数值型变量，可按需录入）

- 1.57(数值型变量,可按需录入)
- 3.15(数值型变量,可按需录入)
- 31.50(数值型变量,可按需录入)

E5:E17列区间
- ＝F5－SUM(G5:H5)
- ＝CONCATENATE(E7,$B$9,":",E7,$B$8)
- ＝SUBSTITUTE(ADDRESS(1,COLUMN(),4),1,)
- 工程量(文本型变量,直接输入)
- ＝总建筑面积.jzmj
- ＝总建筑面积.jzmj
- ＝总建筑面积.jzmj
- ＝总建筑面积.jzmj
- ＝总建筑面积.jzmj
- ＝SUM(室内的设计面积.ssjmj)
- ＝总建筑面积.jzmj
- ＝总建筑面积.jzmj
- ＝总建筑面积.jzmj

F4:F17列区间
- ＝F5/总建筑面积.jzmj*10000
- ＝SUM(F9:F17)
- ＝CONCATENATE(F7,$B$9,":",F7,$B$8)
- ＝SUBSTITUTE(ADDRESS(1,COLUMN(),4),1,)
- 含税且含建设单位直采供货的造价
- ＝D9*E9/10000
- ＝D10*E10/10000
- ＝D11*E11/10000
- ＝D12*E12/10000
- ＝D13*E13/10000
- ＝D14*E14/10000
- ＝D15*E15/10000
- ＝D16*E16/10000
- ＝D17*E17/10000

G4:G17列区间
- ＝G5/总建筑面积.jzmj*10000
- ＝SUM(G9:G17)
- ＝CONCATENATE(G7,$B$9,":",G7,$B$8)
- ＝SUBSTITUTE(ADDRESS(1,COLUMN(),4),1,)
- 含税且不含建设单位直采供货的造价
- ＝F9/(1＋服务类增值税税率 jsjdm)
- ＝F10/(1＋服务类增值税税率 jsjdm)

- &. ＝F11/(1＋施工类增值税税率 jsjdm)
- &. ＝F12/(1＋服务类增值税税率 jsjdm)
- &. ＝F13/(1＋服务类增值税税率 jsjdm)
- &. ＝F14/(1＋服务类增值税税率 jsjdm)
- &. ＝F15/(1＋服务类增值税税率 jsjdm)
- &. ＝F16/(1＋服务类增值税税率 jsjdm)
- &. ＝F17/(1＋服务类增值税税率 jsjdm)

H4:H17 列区间

- &. ＝H5/总建筑面积.jzmj*10000
- &. ＝SUM(H9:H17)
- &. ＝CONCATENATE(H7,$B$9,":",H7,$B$8)
- &. ＝SUBSTITUTE(ADDRESS(1,COLUMN(),4),1,)
- &. 进项税额
- &. ＝F9－G9
- &. ＝F10－G10
- &. ＝F11－G11
- &. ＝F12－G12
- &. ＝F13－G13
- &. ＝F14－G14
- &. ＝F15－G15
- &. ＝F16－G16
- &. ＝F17－G17

1.3 土建工程费数智编程算法

土建专业工程费数据的采集方式取决于建设项目不同的阶段：立项阶段将采取基准期造价指标，再根据建设项目开发周期进行时间修改的方式；初步设计阶段将根据工程概算数据采集的方式；施工阶段将根据施工预算的采集方式。本书所表述的实例是基于建设项目的立项研究阶段，将造价指标叠加多个因素并进行修正的方式测算出工程费（表 6-4、表 6-5）。

实例演示（一） 表 6-4

C	D	E	F	G
		58043.19		
J	D9:D13	E9:E13	F9:F13	G9:G13
13	土建工程类别	工程敏感调整后费用	总层数	单栋计量面积
9	土建工程.共有地下室.公建	18387.98	3 层	83392.20
10	土建工程.栋01.建安	16183.40	42 层	75184.20
11	土建工程.栋02.建安	14642.12	38 层	68023.80
12	土建工程.栋03.建安	4026.41	23 层	30677.40
13	土建工程.栋04.建安	4803.28	21 层	38121.30

D6:D13 列区间

- &. =CONCATENATE(D7,＄C＄9,":",D7,＄C＄8)
- &. =SUBSTITUTE(ADDRESS(1,COLUMN(),4),1,)
- &. =费用科目分类库 ckflk!E10
- &. =费用科目分类库 ckflk!E11
- &. =费用科目分类库 ckflk!E12
- &. =费用科目分类库 ckflk!E13
- &. =费用科目分类库 ckflk!E14
- &. =费用科目分类库 ckflk!E15

E5:E13 列区间

- &. =SUM(E9:E13)
- &. =CONCATENATE(E7,＄C＄9,":",E7,＄C＄8)
- &. =SUBSTITUTE(ADDRESS(1,COLUMN(),4),1,)
- &. 工程敏感调整后费用
- &. =J9*敏感度调整系数.工程费 mggc
- &. =J10*敏感度调整系数.工程费 mggc
- &. =J11*敏感度调整系数.工程费 mggc
- &. =J12*敏感度调整系数.工程费 mggc
- &. =J13*敏感度调整系数.工程费 mggc

F6:F13 列区间

- &. =CONCATENATE(F7,＄C＄9,":",F7,＄C＄8)
- &. =SUBSTITUTE(ADDRESS(1,COLUMN(),4),1,)
- &. =建筑体型数据智库.jtsjk!F7
- &. =建筑体型数据智库.jtsjk!F8
- &. =建筑体型数据智库.jtsjk!F9
- &. =建筑体型数据智库.jtsjk!F10
- &. =建筑体型数据智库.jtsjk!F11
- &. =建筑体型数据智库.jtsjk!F12

G6:G13 列区间

- &. =CONCATENATE(G7,＄C＄9,":",G7,＄C＄8)
- &. =SUBSTITUTE(ADDRESS(1,COLUMN(),4),1,)
- &. =建筑体型数据智库.jtsjk!G7
- &. =建筑体型数据智库.jtsjk!G8
- &. =建筑体型数据智库.jtsjk!G9
- &. =建筑体型数据智库.jtsjk!G10
- &. =建筑体型数据智库.jtsjk!G11
- &. =建筑体型数据智库.jtsjk!G12

	实例演示(二)			表 6-5
				1964.91
			295398.90	58043.19
J	D9:D13	H9:H13	I9:I13	J9:J13
C	D	H	I	J
13	土建工程类别	造价指标	计量面积	工程指标费用
9	土建工程.共有地下室.公建	2205.0	83392.20	18387.98
10	土建工程.栋01.建安	2152.5	75184.20	16183.40
11	土建工程.栋02.建安	2152.5	68023.80	14642.12
12	土建工程.栋03.建安	1312.5	30677.40	4026.41
13	土建工程.栋04.建安	1260.0	38121.30	4803.28

H6:H13 列区间

&. =CONCATENATE(H7,$C$9,":",H7,$C$8)

&. =SUBSTITUTE(ADDRESS(1,COLUMN(),4),1,)

&. 造价指标(文本型变量,直接输入)

&. 2205.0(数值型变量,可按需录入)

&. 2152.5(数值型变量,可按需录入)

&. 2152.5(数值型变量,可按需录入)

&. 1312.5(数值型变量,可按需录入)

&. 1260.0(数值型变量,可按需录入)

I5:I13 列区间

&. =SUM(I9:I13)

&. =CONCATENATE(I7,$C$9,":",I7,$C$8)

&. =SUBSTITUTE(ADDRESS(1,COLUMN(),4),1,)

&. 计量面积(文本型变量,直接输入)

&. =SUM(计量面积.地下smsjk)

&. =SUM(计量面积.栋01smsjk)

&. =SUM(计量面积.栋02smsjk)

&. =SUM(计量面积.栋03smsjk)

&. =SUM(计量面积.栋04smsjk)

J4:J13 列区间

&. =J5/总建筑面积.jzmj*10000

&. =SUM(J9:J13)

&. =CONCATENATE(J7,$C$9,":",J7,$C$8)

&. =SUBSTITUTE(ADDRESS(1,COLUMN(),4),1,)

&. 工程指标费用(文本型变量,直接输入)

&. =H9*I9/10000

&. =H10*I10/10000

&. =H11*I11/10000

&. =H12*I12/10000

&. =H13*I13/10000

1.4 外装饰工程费数智编程算法

把外装饰工程费单独从造价指标中分离出来，是基于外立面装饰工程在施工工期中占据了关键的线路的考虑，为了实现外装饰工程费支出与开发时间坐标的自动链接功能。下面以实例的方式来演示构建"外装饰工程费数智编程算法"的全过程（表6-6、表6-7）。

实例演示（一）　　　　　　　　　　　　　　　　　表6-6

J	C9:C12	D9:D12	E9:E12	F9:F12
B	C	D	E	F
12	外装饰工程类别	工程敏感调整后费用	总层数	单栋计量面积
9	外装饰工程.栋01.建安	4083.55	42层	83392.20
10	外装饰工程.栋02.建安	3531.26	38层	75184.20
11	外装饰工程.栋03.建安	1130.78	23层	68023.80
12	外装饰工程.栋04.建安	1130.50	21层	30677.40

表格上方值：9876.09

C6:C12 列区间

&. =CONCATENATE(C7,$B$9,":",C7,$B$8)

&. =SUBSTITUTE(ADDRESS(1,COLUMN(),4),1,)

&. =费用科目分类库 ckflk!F10

&. =费用科目分类库 ckflk!F11

&. =费用科目分类库 ckflk!F12

&. =费用科目分类库 ckflk!F13

&. =费用科目分类库 ckflk!F14

D5:D12 列区间

&. =SUM(D9:D12)

&. =CONCATENATE(D7,$B$9,":",D7,$B$8)

&. =SUBSTITUTE(ADDRESS(1,COLUMN(),4),1,)

&. 工程敏感调整后费用（文本型变量，直接输入）

&. =J9*敏感度调整系数.工程费 mggc

&. =J10*敏感度调整系数.工程费 mggc

&. =J11*敏感度调整系数.工程费 mggc

&. =J12*敏感度调整系数.工程费 mggc

E6:E12 列区间

&. =CONCATENATE(E7,$B$9,":",E7,$B$8)

&. =SUBSTITUTE(ADDRESS(1,COLUMN(),4),1,)

&. =建筑体型数据智库.jtsjk!F7

&. =建筑体型数据智库.jtsjk!F9

&. =建筑体型数据智库.jtsjk!F10

&. =建筑体型数据智库.jtsjk!F11

&. =建筑体型数据智库.jtsjk!F12

F6:F12 列区间

&. =CONCATENATE(F7,＄B＄9,":",F7,＄B＄8)

&. =SUBSTITUTE(ADDRESS(1,COLUMN(),4),1,)

&. =建筑体型数据智库.jtsjk!G7

&. =建筑体型数据智库.jtsjk!G8

&. =建筑体型数据智库.jtsjk!G9

&. =建筑体型数据智库.jtsjk!G10

&. =建筑体型数据智库.jtsjk!G11

实例演示(二) 表6-7

B	C	G	H	I	J
					334.33
				83104.47	9876.09
J	C9:C12	G9:G12	H9:H12	I9:I12	J9:J12
B	C	G	H	I	J
12	外装饰工程类别	基于立面的造价指标	基于建筑面积的造价指标	立面的表面积	工程指标费用
9	外装饰工程.栋01.建安	1260.0	138.24	32409.13	4083.55
10	外装饰工程.栋02.建安	1260.0	119.54	28025.86	3531.26
11	外装饰工程.栋03.建安	997.5	38.28	11336.19	1130.78
12	外装饰工程.栋04.建安	997.5	38.27	11333.29	1130.50

G6:G12 列区间

&. =CONCATENATE(G7,＄B＄9,":",G7,＄B＄8)

&. =SUBSTITUTE(ADDRESS(1,COLUMN(),4),1,)

&. 基于立面的造价指标

&. 1260.0(数值型变量,可按需录入)

&. 1260.0(数值型变量,可按需录入)

&. 997.5(数值型变量,可按需录入)

&. 997.5(数值型变量,可按需录入)

H6:H12 列区间

&. =CONCATENATE(H7,＄B＄9,":",H7,＄B＄8)

&. =SUBSTITUTE(ADDRESS(1,COLUMN(),4),1,)

&. 基于建筑面积的造价指标

&. =IFERROR(J9/总建筑面积.jzmj*10000,0)

&. =IFERROR(J10/总建筑面积.jzmj*10000,0)

&. =IFERROR(J11/总建筑面积.jzmj*10000,0)

&. =IFERROR(J12/总建筑面积.jzmj*10000,0)

I5:I12 列区间

&. =SUM(I9:I12)

- & =CONCATENATE(I7,＄B＄9,":",I7,＄B＄8)
- & =SUBSTITUTE(ADDRESS(1,COLUMN(),4),1,)
- & 立面的表面积
- & =SUM(立面表面积.栋01smsjk)
- & =SUM(立面表面积.栋02smsjk)
- & =SUM(立面表面积.栋03smsjk)
- & =SUM(立面表面积.栋04smsjk)

J4:J12 列区间

- & =J5/总建筑面积.jzmj*10000
- & =SUM(J9:J12)
- & =CONCATENATE(J7,＄B＄9,":",J7,＄B＄8)
- & =SUBSTITUTE(ADDRESS(1,COLUMN(),4),1,)
- & 工程指标费用
- & =G9*I9/10000
- & =G10*I10/10000
- & =G11*I11/10000
- & =G12*I12/10000

1.5　内装饰工程费数智编程算法

建设项目的使用功能与室内装饰工程交楼标准有着很强的关联性，例如五星级酒店的室内装饰工程费权重比一般住宅的室内装饰工程费权重要大得多。因此，构建内装饰工程费数智编程算法时，将项目的使用功能与之相链接是必要的算法技巧。同时，房地产不同的经营模式（全部销售型、全部出租型、租售混合型、持有自用型等）与项目的交付标准存在高度相关的关系。因此，在构建内装饰工程费数智编程算法时，也应与项目的经营方式、交付标准相链接。下面以实例的方式来演示构建"内装饰工程费数智编程算法"的全过程（表6-8、表6-9）。

实例演示（一）　　　　　　　　　　　　　　　表6-8

		897		
		26499.78		
J	C9:C13	D9:D13	E9:E13	F9:F13
B	C	D	E	F
13	内装饰工程类别	工程敏感调整后费用	总层数	单栋计量面积
9	内装饰工程.共有地下室.公建	437.81	3层	83392.20
10	内装饰工程.栋01.建安	5770.39	42层	75184.20
11	内装饰工程.栋02.建安	14285.00	38层	68023.80
12	内装饰工程.栋03.建安	1203.30	23层	30677.40
13	内装饰工程.栋04.建安	4803.28	21层	38121.30

C6:C13 列区间

&. =CONCATENATE(C7,＄B＄9,":",C7,＄B＄8)
&. =SUBSTITUTE(ADDRESS(1,COLUMN(),4),1,)
&. =费用科目分类库 ckflk!G10
&. =费用科目分类库 ckflk!G11
&. =费用科目分类库 ckflk!G12
&. =费用科目分类库 ckflk!G13
&. =费用科目分类库 ckflk!G14
&. =费用科目分类库 ckflk!G15

D4:D13 列区间

&. =D5/总建筑面积.jzmj*10000
&. =SUM(D9:D13)
&. =CONCATENATE(D7,＄B＄9,":",D7,＄B＄8)
&. =SUBSTITUTE(ADDRESS(1,COLUMN(),4),1,)
&. 工程敏感调整后费用
&. =J9*敏感度调整系数.工程费 mggc
&. =J10*敏感度调整系数.工程费 mggc
&. =J11*敏感度调整系数.工程费 mggc
&. =J12*敏感度调整系数.工程费 mggc
&. =J13*敏感度调整系数.工程费 mggc

E6:E13 列区间

&. =CONCATENATE(E7,＄B＄9,":",E7,＄B＄8)
&. =SUBSTITUTE(ADDRESS(1,COLUMN(),4),1,)
&. =建筑体型数据智库.jtsjk!F7
&. =建筑体型数据智库.jtsjk!F8
&. =建筑体型数据智库.jtsjk!F9
&. =建筑体型数据智库.jtsjk!F10
&. =建筑体型数据智库.jtsjk!F11
&. =建筑体型数据智库.jtsjk!F12

F6:F13 列区间

&. =CONCATENATE(F7,＄B＄9,":",F7,＄B＄8)
&. =SUBSTITUTE(ADDRESS(1,COLUMN(),4),1,)
&. =建筑体型数据智库.jtsjk!G7
&. =建筑体型数据智库.jtsjk!G8
&. =建筑体型数据智库.jtsjk!G9
&. =建筑体型数据智库.jtsjk!G10
&. =建筑体型数据智库.jtsjk!G11
&. =建筑体型数据智库.jtsjk!G12

实例演示(二)　　　　　　　　　　　　　表 6-9

					897
					26499.78
J	C9:C13	G9:G13	H9:H13	I9:I13	J9:J13
B	C	G	H	I	J
13	内装饰工程类别	基于室内面积造价指标	基于建筑面积造价指标	室内精装面积	工程指标费用
9	内装饰工程.共有地下室.公建	525.00	53	8339.22	437.81
10	内装饰工程.栋01.建安	2100.00	768	27478.04	5770.39
11	内装饰工程.栋02.建安	2100.00	2100	68023.80	14285.00
12	内装饰工程.栋03.建安	1260.00	392	9550.01	1203.30
13	内装饰工程.栋04.建安	1260.00	1260	38121.30	4803.28

G6:G13 列区间

&. =CONCATENATE(G7,$B$9,":",G7,$B$8)

&. =SUBSTITUTE(ADDRESS(1,COLUMN(),4),1,)

&. 基于室内面积造价指标

&. =525.00(数值型变量,可按需录入)

&. =2100.00(数值型变量,可按需录入)

&. =2100.00(数值型变量,可按需录入)

&. =1260.00(数值型变量,可按需录入)

&. =1260.00(数值型变量,可按需录入)

H6:H13 列区间

&. =CONCATENATE(H7,$B$9,":",H7,$B$8)

&. =SUBSTITUTE(ADDRESS(1,COLUMN(),4),1,)

&. 基于建筑面积造价指标

&. =IFERROR(J9/F9*10000,0)

&. =IFERROR(J10/F10*10000,0)

&. =IFERROR(J11/F11*10000,0)

&. =IFERROR(J12/F12*10000,0)

&. =IFERROR(J13/F13*10000,0)

I6:I13 列区间

&. =CONCATENATE(I7,$B$9,":",I7,$B$8)

&. =SUBSTITUTE(ADDRESS(1,COLUMN(),4),1,)

&. 室内精装面积

&. =SUM(室内精装面积.地下 smsjk)

&. =SUM(室内精装面积.栋01smsjk)

&. =SUM(室内精装面积.栋02smsjk)

&. =SUM(室内精装面积.栋03smsjk)

&. =SUM(室内精装面积.栋04smsjk)

J4:J13 列区间

&. =J5/总建筑面积.jzmj*10000

&.＝SUM(J9:J13)

&.＝CONCATENATE(J7,＄B＄9,":",J7,＄B＄8)

&.＝SUBSTITUTE(ADDRESS(1,COLUMN(),4),1,)

&.＝工程指标费用

&.＝G9＊I9/10000

&.＝G10＊I10/10000

&.＝G11＊I11/10000

&.＝G12＊I12/10000

&.＝G13＊I13/10000

1.6 安装工程费数智编程算法

随着建设项目智能化水平的提高，其涉及的安装工程专业增多，设备更新也快，基于安装专业的复杂属性，在建设项目投资费用测算时应根据交付标准、细分电气工程、智能工程、给水排水工程、消防工程、暖通工程、电梯工程、发电机、锅炉、泛光工程、变配电、擦窗机等多个科目的设置才能形成"大模型的通用性"。下面以实例的方式来演示构建"安装工程费数智编程算法"的全过程（表6-10～表6-12）。

实例演示（一） 表6-10

Q	C9:C13	D9:D13	E9:E13	F9:F13	G9:G13	H9:H13	I9:I13
B	C	D	E	F	G	H	I
13	安装工程科目	交付使用标准	造价指标	电气工程	智能工程	给水排水	消防工程
9	安装工程.共有地下室.公建	一般标准	1412	241.50	168.00	52.50	157.50
10	安装工程.栋01.建安	公共区域精装饰	1444	241.50	168.00	52.50	157.50
11	安装工程.栋02.建安	公共区域精装饰	1444	241.50	168.00	52.50	157.50
12	安装工程.栋03.建安	公区精装饰且户内精装饰交付	520	136.50	57.75	42.00	89.25
13	安装工程.栋04.建安	公区精装饰且户内精装饰交付	520	136.50	57.75	42.00	89.25

C6:C13 列区间

&.＝CONCATENATE(C7,＄B＄9,":",C7,＄B＄8)

&.＝SUBSTITUTE(ADDRESS(1,COLUMN(),4),1,)

&.＝费用科目分类库 ckflk!H10

&.＝费用科目分类库 ckflk!H11

&.＝费用科目分类库 ckflk!H12

&.＝费用科目分类库 ckflk!H13

&.＝费用科目分类库 ckflk!H14

&.＝费用科目分类库 ckflk!H15

D6:D13 列区间

&.＝CONCATENATE(D7,＄B＄9,":",D7,＄B＄8)

&.＝SUBSTITUTE(ADDRESS(1,COLUMN(),4),1,)

&.交付使用标准

- 一般标准(文本型变量,直接输入)
- 公共区域精装饰(文本型变量,直接输入)
- 公共区域精装饰(文本型变量,直接输入)
- 公区精装饰且户内精装饰交付(文本型变量,直接输入)
- 公区精装饰且户内精装饰交付(文本型变量,直接输入)

E6:E13 列区间
- =CONCATENATE(E7,$B$9,":",E7,$B$8)
- =SUBSTITUTE(ADDRESS(1,COLUMN(),4),1,)
- 造价指标
- =SUM(F9:Q9)
- =SUM(F10:Q10)
- =SUM(F11:Q11)
- =SUM(F12:Q12)
- =SUM(F13:Q13)

F6:F13 列区间
- =CONCATENATE(F7,$B$9,":",F7,$B$8)
- =SUBSTITUTE(ADDRESS(1,COLUMN(),4),1,)
- 电气工程
- 241.50(数值型变量,可按需录入)
- 241.50(数值型变量,可按需录入)
- 241.50(数值型变量,可按需录入)
- 136.50(数值型变量,可按需录入)
- 136.50(数值型变量,可按需录入)

G6:G13 列区间
- =CONCATENATE(G7,$B$9,":",G7,$B$8)
- =SUBSTITUTE(ADDRESS(1,COLUMN(),4),1,)
- 智能工程
- 168.00(数值型变量,可按需录入)
- 168.00(数值型变量,可按需录入)
- 168.00(数值型变量,可按需录入)
- 57.75(数值型变量,可按需录入)
- 57.75(数值型变量,可按需录入)

H6:H13 列区间
- =CONCATENATE(H7,$B$9,":",H7,$B$8)
- =SUBSTITUTE(ADDRESS(1,COLUMN(),4),1,)
- 给水排水
- 52.50(数值型变量,可按需录入)
- 52.50(数值型变量,可按需录入)
- 52.50(数值型变量,可按需录入)
- 42.00(数值型变量,可按需录入)

&. =42(数值型变量,可按需录入)

I6:I13 列区间

&. =CONCATENATE(I7,$B$9,":",I7,$B$8)

&. =SUBSTITUTE(ADDRESS(1,COLUMN(),4),1,)

&. 消防工程

&. 157.50(数值型变量,可按需录入)

&. 157.50(数值型变量,可按需录入)

&. 157.50(数值型变量,可按需录入)

&. 89.25(数值型变量,可按需录入)

&. 89.25(数值型变量,可按需录入)

实例演示(二) 表6-11

Q	C9:C13	J9:J13	L9:L13	M9:M13	N9:N13	O9:O13	P9:P13	Q9:Q13
B	C	J	L	M	N	O	P	Q
13	安装工程类别	暖通工程	电梯工程	发电机	锅炉	泛光工程	变配电	擦窗机
9	安装工程.共有地下室.公建	304.50	199.50	52.50	47.25	31.50	157.50	
10	安装工程.栋01.建安	304.50	199.50	52.50	47.25	31.50	157.50	31.50
11	安装工程.栋02.建安	304.50	199.50	52.50	47.25	31.50	157.50	31.50
12	安装工程.栋03.建安	84.00	110.25	—	—	—	—	—
13	安装工程.栋04.建安	84.00	110.25	—	—	—	—	—

J6:J13 列区间

&. =CONCATENATE(J7,$B$9,":",J7,$B$8)

&. =SUBSTITUTE(ADDRESS(1,COLUMN(),4),1,)

&. 暖通工程

&. 304.50(数值型变量,可按需录入)

&. 304.50(数值型变量,可按需录入)

&. 304.50(数值型变量,可按需录入)

&. 84.00(数值型变量,可按需录入)

&. 84.00(数值型变量,可按需录入)

L6:L13 列区间

&. =CONCATENATE(L7,$B$9,":",L7,$B$8)

&. =SUBSTITUTE(ADDRESS(1,COLUMN(),4),1,)

&. 电梯工程

&. 199.50(数值型变量,可按需录入)

&. 199.50(数值型变量,可按需录入)

&. 199.50(数值型变量,可按需录入)

&. 110.25(数值型变量,可按需录入)

&. 110.25(数值型变量,可按需录入)

M6:M13 列区间

&. =CONCATENATE(M7,$B$9,":",M7,$B$8)

&. =SUBSTITUTE(ADDRESS(1,COLUMN(),4),1,)

- 发电机
- 52.50(数值型变量,可按需录入)
- 52.50(数值型变量,可按需录入)
- 52.50(数值型变量,可按需录入)
- 0(数值型变量,可按需录入)
- 0(数值型变量,可按需录入)

N6:N13 列区间
- =CONCATENATE(N7,$B$9,":",N7,$B$8)
- =SUBSTITUTE(ADDRESS(1,COLUMN(),4),1,)
- 锅炉
- 47.25(数值型变量,可按需录入)
- 47.25(数值型变量,可按需录入)
- 47.25(数值型变量,可按需录入)
- 0(数值型变量,可按需录入)
- 0(数值型变量,可按需录入)

O6:O13 列区间
- =CONCATENATE(O7,$B$9,":",O7,$B$8)
- =SUBSTITUTE(ADDRESS(1,COLUMN(),4),1,)
- 泛光工程
- 31.50(数值型变量,可按需录入)
- 31.50(数值型变量,可按需录入)
- 31.50(数值型变量,可按需录入)
- 0(数值型变量,可按需录入)
- 0(数值型变量,可按需录入)

P6:P13 列区间
- =CONCATENATE(P7,$B$9,":",P7,$B$8)
- =SUBSTITUTE(ADDRESS(1,COLUMN(),4),1,)
- 变配电
- 157.50(数值型变量,可按需录入)
- 157.50(数值型变量,可按需录入)
- 157.50(数值型变量,可按需录入)
- 0(数值型变量,可按需录入)
- 0(数值型变量,可按需录入)

Q6:Q13 列区间
- =CONCATENATE(Q7,$B$9,":",Q7,$B$8)
- =SUBSTITUTE(ADDRESS(1,COLUMN(),4),1,)
- 擦窗机
- 0(数值型变量,可按需录入)
- 31.50(数值型变量,可按需录入)
- 31.50(数值型变量,可按需录入)

& 0(数值型变量,可按需录入)
& 0(数值型变量,可按需录入)

实例演示(三) 表6-12

C	D	E	F	G	H	I
4		1220				1220
5		36028.53				36028.53
I	D9:D13	E9:E13	F9:F13	G9:G13	H9:H13	I9:I13
C	D	E	F	G	H	I
13	安装工程类别	工程敏感调整后费用	基于建筑面积造价指标	总层数	单栋计量面积	工程指标费用
9	安装工程.共有地下室.公建	11777.06	1412	3层	83392	11777.06
10	安装工程.栋01.建安	10854.72	1444	42层	75184	10854.72
11	安装工程.栋02.建安	9820.94	1444	38层	68024	9820.94
12	安装工程.栋03.建安	1594.46	520	23层	30677	1594.46
13	安装工程.栋04.建安	1981.35	520	21层	38121	1981.35

D6:D13列区间
    & =CONCATENATE(D7,$C$9,":",D7,$C$8)
    & =SUBSTITUTE(ADDRESS(1,COLUMN(),4),1,)
    & =费用科目分类库 ckflk!H10
    & =费用科目分类库 ckflk!H11
    & =费用科目分类库 ckflk!H12
    & =费用科目分类库 ckflk!H13
    & =费用科目分类库 ckflk!H14
    & =费用科目分类库 ckflk!H15

E4:E13列区间
    & =E5/总建筑面积.jzmj*10000
    & =SUM(E9:E13)
    & =CONCATENATE(E7,$C$9,":",E7,$C$8)
    & =SUBSTITUTE(ADDRESS(1,COLUMN(),4),1,)
    & 工程敏感调整后费用
    & =I9*敏感度调整系数.工程费 mggc
    & =I10*敏感度调整系数.工程费 mggc
    & =I11*敏感度调整系数.工程费 mggc
    & =I12*敏感度调整系数.工程费 mggc
    & =I13*敏感度调整系数.工程费 mggc

F6:F13列区间
    & =CONCATENATE(F7,$C$9,":",F7,$C$8)
    & =SUBSTITUTE(ADDRESS(1,COLUMN(),4),1,)
    & 基于建筑面积造价指标

&. =安装工程指标 agzb!E9

&. =安装工程指标 agzb!E10

&. =安装工程指标 agzb!E11

&. =安装工程指标 agzb!E12

&. =安装工程指标 agzb!E13

G6:G13 列区间

&. =CONCATENATE(G7,＄C＄9,":",G7,＄C＄8)

&. =SUBSTITUTE(ADDRESS(1,COLUMN(),4),1,)

&. =建筑体型数据智库.jtsjk!F7

&. =建筑体型数据智库.jtsjk!F8

&. =建筑体型数据智库.jtsjk!F9

&. =建筑体型数据智库.jtsjk!F10

&. =建筑体型数据智库.jtsjk!F11

&. =建筑体型数据智库.jtsjk!F12

H6:H13 列区间

&. =CONCATENATE(H7,＄C＄9,":",H7,＄C＄8)

&. =SUBSTITUTE(ADDRESS(1,COLUMN(),4),1,)

&. =建筑体型数据智库.jtsjk!G7

&. =建筑体型数据智库.jtsjk!G8

&. =建筑体型数据智库.jtsjk!G9

&. =建筑体型数据智库.jtsjk!G10

&. =建筑体型数据智库.jtsjk!G11

&. =建筑体型数据智库.jtsjk!G12

I4:I13 列区间

&. =I5/总建筑面积.jzmj＊10000

&. =SUM(I9:I13)

&. =CONCATENATE(I7,＄C＄9,":",I7,＄C＄8)

&. =SUBSTITUTE(ADDRESS(1,COLUMN(),4),1,)

&. 工程指标费用(文本型变量,直接输入)

&. =F9＊H9/10000

&. =F10＊H10/10000

&. =F11＊H11/10000

&. =F12＊H12/10000

&. =F13＊H13/10000

1.7 室外工程费数智编程算法

地块红线内的室外工程也是构成建设项目投资费用的内容之一,根据 EXCEL 通用办公软件,以实例的方式来演示构建"室外工程费数智编程算法"的全过程(表 6-13)。

	实例演示					表 6-13
4		129			129	13
5		3820.31			3820.31	378.59
I	D9:D10	E9:E10	F9:F10	G9:G10	H9:H10	I9:I10
C	D	E	F	G	H	I
10	室外工程类别	敏感调整后费用	造价指标	工程量	指标费用	进项税额
9	室外工程.室外	3820.31	945	40426.60	3820.31	378.59
10	其他工程费.室外	0	0	0	0	0

D6:D10 列区间

&. =CONCATENATE(D7,＄C＄9,":",D7,＄C＄8)

&. =SUBSTITUTE(ADDRESS(1,COLUMN(),4),1,)

&. =费用科目分类库 ckflk!I10

&. =费用科目分类库 ckflk!I11

&. =费用科目分类库 ckflk!I12

E4:E10 列区间

&. =E5/总建筑面积.jzmj*10000

&. =SUM(E9:E10)

&. =CONCATENATE(E7,＄C＄9,":",E7,＄C＄8)

&. =SUBSTITUTE(ADDRESS(1,COLUMN(),4),1,)

&. 敏感调整后费用(文本型变量,直接输入)

&. =H9*敏感度调整系数.工程费 mggc

&. 0(数值型变量,可根据建设项目内容按实录入)

F6:F10 列区间

&. =CONCATENATE(F7,＄C＄9,":",F7,＄C＄8)

&. =SUBSTITUTE(ADDRESS(1,COLUMN(),4),1,)

&. 造价指标

&. 945(数值型变量,可按需录入)

&. 0(数值型变量,可按需录入)

G6:G10 列区间

&. =CONCATENATE(G7,＄C＄9,":",G7,＄C＄8)

&. =SUBSTITUTE(ADDRESS(1,COLUMN(),4),1,)

&. 工程量

&. 红线内市政面积.平方米 gssjk

&. 0(数值型变量,可按需录入)

H4:H10 列区间

&. =H5/总建筑面积.jzmj*10000

&. =SUM(H9:H10)

&. =CONCATENATE(H7,＄C＄9,":",H7,＄C＄8)

&. =SUBSTITUTE(ADDRESS(1,COLUMN(),4),1,)

- 指标费用
  - F9*G9/10000
  - 0(数值型变量,可按需录入)

I4:I10 列区间
- =I5/总建筑面积.jzmj*10000
- =SUM(I9:I10)
- =CONCATENATE(I7,$C$9,":",I7,$C$8)
- =SUBSTITUTE(ADDRESS(1,COLUMN(),4),1,)
- 进项税额
- H9/(1+施工类增值税税率 jsjdm)*施工类增值税税率 jsjdm
- 0(数值型变量,可按需录入)

1.8 经营设施费数智编程算法

建设项目除了持有自用外,当用于经营活动时,将由经营设施而产生的费用归集于经营设施费用科目,基于 EXCEL 通用办公软件的编程公式,以实例的方式来演示构建"经营设施费数智编程算法"的全过程(表 6-14)。

实例演示 表 6-14

E	D9:D28	E9:E28
C	D	E
28	科目内容	数据
8	总租金	694.58
9	建筑面积	525.00
10	租赁年数量	2.10
11	租金(元/平方米/月)	525.00
12	建筑设计收费单价	63.00
13	室内设计收费单价	840.00
14	土建工程费单价	0
15	安装工程费单价	525.00
16	外装饰工程费单价	0
17	室内装饰工程费单价	1575.00
18	展示用可移动式物品	315.00
19	展示中心的设计工程费	157.66
20	建筑设计费	3.31
21	室内设计费	44.10
22	土建工程费	0
23	安装工程费	27.56
24	外装饰工程费	0
25	室内装饰工程费	82.69
26	样品饰品布置费	16.54
27	展示中心的经营设施费	174.20
28	进项税额.展示中心的经营设施费	15.25

D5:D28列区间

    &. =CONCATENATE(D6,$C$9,":",D6,$C$7)

    &. =SUBSTITUTE(ADDRESS(1,COLUMN(),4),1,)

    &. 科目内容

E5:E28列区间

    &. =CONCATENATE(E6,$C$9,":",E6,$C$7)

    &. =SUBSTITUTE(ADDRESS(1,COLUMN(),4),1,)

    &. 数据

    &. =E10*12*E11*E9/10000

    &. 525.00(数值型变量,可按需录入)

    &. 2.10(数值型变量,可按需录入)

    &. 525.00(数值型变量,可按需录入)

    &. 63.00(数值型变量,可按需录入)

    &. 840.00(数值型变量,可按需录入)

    &. 0(数值型变量,可按需录入)

    &. 525.00(数值型变量,可按需录入)

    &. 0(数值型变量,可按需录入)

    &. 1575.00(数值型变量,可按需录入)

    &. 315.00(数值型变量,可按需录入)

    &. =SUM(E20:E25)

    &. =$E$9*E12/10000

    &. =$E$9*E13/10000

    &. =$E$9*E14/10000

    &. =$E$9*E15/10000

    &. =$E$9*E16/10000

    &. =$E$9*E17/10000

    &. =E18*E9/10000

    &. =SUM(E19,E26)

    &. =SUM(E22:E26)/(1+施工类增值税税率 jsjdm)*施工类增值税税率 jsjdm+SUM(E20:E21)/(1+服务类增值税税率 jsjdm)*服务类增值税税率 jsjdm

1.9 样板房设施费数智编程算法

当建设的项目用于经营活动时,一般需要进行产品交易市场的"广而告之",针对建设项目的房屋属性,一般需要建造"样板房、产品展示中心"满足对客户的营销需求,由此产生的费用将归集于样板房设施费科目。基于EXCEL通用办公软件的编程公式,以实例的方式来演示构建"样板房设施费数智编程算法"的全过程(表6-15)。

实例演示 表 6-15

E	D8:D17	E8:E17
C	D	E
17	科目	数据
8	样板房的套数	6.30
9	建筑面积	1050.00
10	室内设计费单价(元/米^2)	126.00
11	室内装饰工程费单价(元/米^2)	2100.00
12	软装工程费单价(元/米^2)	525.00
13	经营设施费(样板房)	288.86
14	室内设计费	13.23
15	室内装饰工程费	220.50
16	软装工程费	55.13
17	进项税额(样板房经营设施费)	30.61

D5:D17 列区间

& =CONCATENATE(D6,$C$8,":",D6,$C$7)

& =SUBSTITUTE(ADDRESS(1,COLUMN(),4),1,)

& 科目

E5:E17 列区间

& =CONCATENATE(E6,$C$8,":",E6,$C$7)

& =SUBSTITUTE(ADDRESS(1,COLUMN(),4),1,)

& 数据

& 6.30(数值型变量,可按需录入)

& 1050.00(数值型变量,可按需录入)

& 126.00(数值型变量,可按需录入)

& 2100.00(数值型变量,可按需录入)

& 525.00(数值型变量,可按需录入)

& =SUM(E14:E16)

& =(E9*E10)/10000

& =(E9*E11)/10000

& =(E9*E12)/10000

& =SUM(E14)/(1+服务类增值税税率 jsjdm)*服务类增值税税率 jsjdm+SUM(E15)/(1+施工类增值税税率 jsjdm)*施工类增值税税率 jsjdm+SUM(E16)/(1+增值税税率.采购 jsjdm)*增值税税率.采购 jsjdm

1.10 材料设备分离数智编程算法

根据建设项目投资费用构成的规律进行分析。其中,材料设备购置费在造价中的权重很大。通过建设项目投资决策敏感性分析的研究可知,在建设项目的建设过程中,材料设备的采购路径(合作商采购、建设单位直采供货等)对建设项目的盈利能力、偿债能力、资金平衡都有一定的敏感属性。因此,在建设项目投资决策时,需要构建材料设备购置费数智编程算法。基于 EXCEL 通用办公软件的编程公式，以实例的方式来演示构建"材料设备分离数智编程算法"的全过程（表 6-16、表 6-17）。

实例演示（一） 表 6-16

3		0				
4		0				0
5		4545.31				2683.89
6		134267.91		33.00%		79281.67
L	C10:C33	D10:D33	E10:E33	F10:F33	G10:G33	H10:H33
B	C	D	E	F	G	H
33	工程费科目	含税且含建设单位直采供货的造价	材料费所占比例	调整前建设单位直采比例	建设单位直采比例	材料设备含税价
10	建筑安装工程费	99844.74				65948.57
11	公共配套设施费	30602.85				10811.69
12	室外工程费	3820.31				2521.41
13	土建工程.共有地下室.公建	18387.98	22.00%	0	0	4045.36
14	土建工程.栋01.建安	16183.40	60.50%	0	0	9790.96
15	土建工程.栋02.建安	14642.12	60.50%	0	0	8858.48
16	土建工程.栋03.建安	4026.41	60.50%	0	0	2435.98
17	土建工程.栋04.建安	4803.28	60.50%	0	0	2905.99
18	外装饰工程.栋01.建安	4083.55	66.00%	33.00%	33.00%	2695.14
19	外装饰工程.栋02.建安	3531.26	66.00%	33.00%	33.00%	2330.63
20	外装饰工程.栋03.建安	1130.78	66.00%	33.00%	33.00%	746.32
21	外装饰工程.栋04.建安	1130.50	66.00%	33.00%	33.00%	746.13
22	内装饰工程.共有地下室.公建	437.81	66.00%	33.00%	33.00%	288.95
23	内装饰工程.栋01.建安	5770.39	66.00%	33.00%	33.00%	3808.46
24	内装饰工程.栋02.建安	14285.00	77.00%	33.00%	33.00%	10999.45
25	内装饰工程.栋03.建安	1203.30	77.00%	33.00%	33.00%	926.54
26	内装饰工程.栋04.建安	4803.28	77.00%	33.00%	33.00%	3698.53
27	安装工程.共有地下室.公建	11777.06	55.00%	33.00%	33.00%	6477.38
28	安装工程.栋01.建安	10854.72	66.00%	33.00%	33.00%	7164.11
29	安装工程.栋02.建安	9820.94	66.00%	33.00%	33.00%	6481.82
30	安装工程.栋03.建安	1594.46	66.00%	33.00%	33.00%	1052.34
31	安装工程.栋04.建安	1981.35	66.00%	33.00%	33.00%	1307.69
32	室外工程.室外	3820.31	66.00%	33.00%	33.00%	2521.41
33	其他工程费.室外	0	66.00%	33.00%	33.00%	0

C7:C33 列区间

&. =CONCATENATE(C8,$B$10,":",C8,$B$9)

&. =SUBSTITUTE(ADDRESS(1,COLUMN(),4),1,)

&. 工程费科目

&. 建筑安装工程费

&. 公共配套设施费

- & 室外工程费
- & =土建工程费数据智库.tjgsk!D9
- & =土建工程费数据智库.tjgsk!D10
- & =土建工程费数据智库.tjgsk!D11
- & =土建工程费数据智库.tjgsk!D12
- & =土建工程费数据智库.tjgsk!D13
- & =外立面装饰工程费数据智库.wzgsk!C9
- & =外立面装饰工程费数据智库.wzgsk!C10
- & =外立面装饰工程费数据智库.wzgsk!C11
- & =外立面装饰工程费数据智库.wzgsk!C12
- & =室内装饰工程费数据智库.szgsk!C9
- & =室内装饰工程费数据智库.szgsk!C10
- & =室内装饰工程费数据智库.szgsk!C11
- & =室内装饰工程费数据智库.szgsk!C12
- & =室内装饰工程费数据智库.szgsk!C13
- & =安装工程费数据智库.agfsk!D9
- & =安装工程费数据智库.agfsk!D10
- & =安装工程费数据智库.agfsk!D11
- & =安装工程费数据智库.agfsk!D12
- & =安装工程费数据智库.agfsk!D13
- & =室外工程费数据智库.sgfsk!D9
- & =室外工程费数据智库.sgfsk!D10

D3:D33 列区间

- & =土建工程费数据智库.tjgsk!E5+外立面装饰工程费数据智库.wzgsk!D5+室内装饰工程费数据智库.szgsk!D5+安装工程费数据智库.agfsk!E5+室外工程费数据智库.sgfsk!E5—D6
- & =SUM(D13:D33)—D6
- & =D6/总建筑面积.jzmj*10000
- & =SUM(D10:D12)
- & =CONCATENATE(D8,＄B＄10,":",D8,＄B＄9)
- & =SUBSTITUTE(ADDRESS(1,COLUMN(),4),1,)
- & 含税且含建设单位直采供货的造价
- & =SUMIF(＄C＄13:＄C＄33,"*建安*",D13:D33)
- & =SUMIF(＄C＄13:＄C＄33,"*公建*",D13:D33)
- & =SUMIF(＄C＄13:＄C＄33,"*室外*",D13:D33)
- & =土建工程费数据智库.tjgsk!E9
- & =土建工程费数据智库.tjgsk!E10
- & =土建工程费数据智库.tjgsk!E11
- & =土建工程费数据智库.tjgsk!E12
- & =土建工程费数据智库.tjgsk!E13

&. ＝外立面装饰工程费数据智库.wzgsk!D9
&. ＝外立面装饰工程费数据智库.wzgsk!D10
&. ＝外立面装饰工程费数据智库.wzgsk!D11
&. ＝外立面装饰工程费数据智库.wzgsk!D12
&. ＝室内装饰工程费数据智库.szgsk!D9
&. ＝室内装饰工程费数据智库.szgsk!D10
&. ＝室内装饰工程费数据智库.szgsk!D11
&. ＝室内装饰工程费数据智库.szgsk!D12
&. ＝室内装饰工程费数据智库.szgsk!D13
&. ＝安装工程费数据智库.agfsk!E9
&. ＝安装工程费数据智库.agfsk!E10
&. ＝安装工程费数据智库.agfsk!E11
&. ＝安装工程费数据智库.agfsk!E12
&. ＝安装工程费数据智库.agfsk!E13
&. ＝室外工程费数据智库.sgfsk!E9
&. ＝室外工程费数据智库.sgfsk!E10

E7:E33 列区间

&. ＝CONCATENATE(E8,＄B＄10,":",E8,＄B＄9)
&. ＝SUBSTITUTE(ADDRESS(1,COLUMN(),4),1,)
&. 材料费所占比例
&. 空值
&. 空值
&. 空值
&. 0.220(数值型变量,可按需录入)
&. 0.605(数值型变量,可按需录入)
&. 0.605(数值型变量,可按需录入)
&. 0.605(数值型变量,可按需录入)
&. 0.605(数值型变量,可按需录入)
&. 0.660(数值型变量,可按需录入)
&. 0.660(数值型变量,可按需录入)
&. 0.660(数值型变量,可按需录入)
&. 0.660(数值型变量,可按需录入)
&. 0.660(数值型变量,可按需录入)
&. 0.660(数值型变量,可按需录入)
&. 0.770(数值型变量,可按需录入)
&. 0.770(数值型变量,可按需录入)
&. 0.770(数值型变量,可按需录入)
&. 0.550(数值型变量,可按需录入)
&. 0.660(数值型变量,可按需录入)
&. 0.660(数值型变量,可按需录入)

- 0.660(数值型变量,可按需录入)
- 0.660(数值型变量,可按需录入)
- 0.660(数值型变量,可按需录入)
- 0.660(数值型变量,可按需录入)

F6:F33 列区间
- =SUMIF(F10:F32,">0")/COUNTIF(F10:F32,">0")
- =CONCATENATE(F8,$B$10,":",F8,$B$9)
- =SUBSTITUTE(ADDRESS(1,COLUMN(),4),1,)
- 调整前建设单位直采比例
- 空值
- 空值
- 空值
- 0(数值型变量,可按需录入)
- 0(数值型变量,可按需录入)
- 0(数值型变量,可按需录入)
- 0(数值型变量,可按需录入)
- 0(数值型变量,可按需录入)
- 0.33(数值型变量,可按需录入)
- 0.33(数值型变量,可按需录入)
- 0.33(数值型变量,可按需录入)
- 0.33(数值型变量,可按需录入)
- 0.33(数值型变量,可按需录入)
- 0.33(数值型变量,可按需录入)
- 0.33(数值型变量,可按需录入)
- 0.33(数值型变量,可按需录入)
- 0.33(数值型变量,可按需录入)
- 0.33(数值型变量,可按需录入)
- 0.33(数值型变量,可按需录入)
- 0.33(数值型变量,可按需录入)
- 0.33(数值型变量,可按需录入)
- 0.33(数值型变量,可按需录入)
- 0.33(数值型变量,可按需录入)

G7:G33 列区间
- =CONCATENATE(G8,$B$10,":",G8,$B$9)
- =SUBSTITUTE(ADDRESS(1,COLUMN(),4),1,)
- 建设单位直采比例
- 空值
- 空值
- 空值

- &. =F13*敏感度调整系数.建设单位直采供货比例 mjgb
- &. =F14*敏感度调整系数.建设单位直采供货比例 mjgb
- &. =F15*敏感度调整系数.建设单位直采供货比例 mjgb
- &. =F16*敏感度调整系数.建设单位直采供货比例 mjgb
- &. =F17*敏感度调整系数.建设单位直采供货比例 mjgb
- &. =F18*敏感度调整系数.建设单位直采供货比例 mjgb
- &. =F19*敏感度调整系数.建设单位直采供货比例 mjgb
- &. =F20*敏感度调整系数.建设单位直采供货比例 mjgb
- &. =F21*敏感度调整系数.建设单位直采供货比例 mjgb
- &. =F22*敏感度调整系数.建设单位直采供货比例 mjgb
- &. =F23*敏感度调整系数.建设单位直采供货比例 mjgb
- &. =F24*敏感度调整系数.建设单位直采供货比例 mjgb
- &. =F25*敏感度调整系数.建设单位直采供货比例 mjgb
- &. =F26*敏感度调整系数.建设单位直采供货比例 mjgb
- &. =F27*敏感度调整系数.建设单位直采供货比例 mjgb
- &. =F28*敏感度调整系数.建设单位直采供货比例 mjgb
- &. =F29*敏感度调整系数.建设单位直采供货比例 mjgb
- &. =F30*敏感度调整系数.建设单位直采供货比例 mjgb
- &. =F31*敏感度调整系数.建设单位直采供货比例 mjgb
- &. =F32*敏感度调整系数.建设单位直采供货比例 mjgb
- &. =F33*敏感度调整系数.建设单位直采供货比例 mjgb

H4:H33 列区间

- &. =SUM(H13:H33)−H6
- &. =H6/总建筑面积.jzmj*10000
- &. =SUM(H10:H12)
- &. =CONCATENATE(H8,$B$10,":",H8,$B$9)
- &. =SUBSTITUTE(ADDRESS(1,COLUMN(),4),1,)
- &. 材料设备含税价
- &. =SUMIF($C$13:$C$33,"*建安*",H13:H33)
- &. =SUMIF($C$13:$C$33,"*公建*",H13:H33)
- &. =SUMIF($C$13:$C$33,"*室外*",H13:H33)
- &. =D13*E13
- &. =D14*E14
- &. =D15*E15
- &. =D16*E16
- &. =D17*E17
- &. =D18*E18
- &. =D19*E19
- &. =D20*E20
- &. =D21*E21

&. =D22*E22
&. =D23*E23
&. =D24*E24
&. =D25*E25
&. =D26*E26
&. =D27*E27
&. =D28*E28
&. =D29*E29
&. =D30*E30
&. =D31*E31
&. =D32*E32
&. =D33*E33

实例演示（二）　　　　　　　　　　　表 6-17

4		0	0	0	0
5		572.47	3972.83	3579.13	393.70
6		16910.82	117357.09	105727.11	11629.98
L	C10:C33	I10:I33	J10:J33	K10:K33	L10:L33
B	C	I	J	K	L
33	工程费科目	建设单位直采供货含税造价	含税但不含建设单位直采供货的造价	不含税且不含建设单位直采供货的造价	进项税额
10	建筑安装工程费	13845.86	85998.88	77476.47	8522.41
11	公共配套设施费	2232.89	28369.96	25558.52	2811.44
12	室外工程费	832.06	2988.25	2692.12	296.13
13	土建工程.共有地下室.公建	0	18387.98	16565.75	1822.23
14	土建工程.栋01.建安	0	16183.40	14579.64	1603.76
15	土建工程.栋02.建安	0	14642.12	13191.10	1451.02
16	土建工程.栋03.建安	0	4026.41	3627.40	399.01
17	土建工程.栋04.建安	0	4803.28	4327.28	476.00
18	外装饰工程.栋01.建安	889.40	3194.15	2877.62	316.54
19	外装饰工程.栋02.建安	769.11	2762.15	2488.42	273.73
20	外装饰工程.栋03.建安	246.28	884.50	796.85	87.65
21	外装饰工程.栋04.建安	246.22	884.27	796.64	87.63
22	内装饰工程.共有地下室.公建	95.35	342.45	308.52	33.94
23	内装饰工程.栋01.建安	1256.79	4513.60	4066.30	447.29
24	内装饰工程.栋02.建安	3629.82	10655.18	9599.26	1055.92
25	内装饰工程.栋03.建安	305.76	897.54	808.60	88.95

26	内装饰工程.栋04.建安	1220.51	3582.77	3227.72	355.05
27	安装工程.共有地下室.公建	2137.54	9639.53	8684.26	955.27
28	安装工程.栋01.建安	2364.16	8490.56	7649.15	841.41
29	安装工程.栋02.建安	2139.00	7681.94	6920.66	761.27
30	安装工程.栋03.建安	347.27	1247.18	1123.59	123.59
31	安装工程.栋04.建安	431.54	1549.82	1396.23	153.59
32	室外工程.室外	832.06	2988.25	2692.12	296.13
33	其他工程费.室外	0	0	0	0

I4:I33 列区间

&. =SUM(I13:I33)－I6
&. =I6/总建筑面积.jzmj*10000
&. =SUM(I10:I12)
&. =CONCATENATE(I8,$B$10,":",I8,$B$9)
&. =SUBSTITUTE(ADDRESS(1,COLUMN(),4),1,)
&. 建设单位直采供货含税造价（文本型变量，直接输入）
&. =SUMIF($C$13:$C$33,"*建安*",I13:I33)
&. =SUMIF($C$13:$C$33,"*公建*",I13:I33)
&. =SUMIF($C$13:$C$33,"*室外*",I13:I33)
&. =G13*H13
&. =G14*H14
&. =G15*H15
&. =G16*H16
&. =G17*H17
&. =G18*H18
&. =G19*H19
&. =G20*H20
&. =G21*H21
&. =G22*H22
&. =G23*H23
&. =G24*H24
&. =G25*H25
&. =G26*H26
&. =G27*H27
&. =G28*H28
&. =G29*H29
&. =G30*H30
&. =G31*H31
&. =G32*H32
&. =G33*H33

J4:J33 列区间
    & =SUM(J13:J33)－J6
    & =J6/总建筑面积.jzmj*10000
    & =SUM(J10:J12)
    & =CONCATENATE(J8,＄B＄10,":",J8,＄B＄9)
    & =SUBSTITUTE(ADDRESS(1,COLUMN(),4),1,)
    & 含税但不含建设单位直采供货的造价
    & =SUMIF(＄C＄13:＄C＄33,"*建安*",J13:J33)
    & =SUMIF(＄C＄13:＄C＄33,"*公建*",J13:J33)
    & =SUMIF(＄C＄13:＄C＄33,"*室外*",J13:J33)
    & =D13－I13
    & =D14－I14
    & =D15－I15
    & =D16－I16
    & =D17－I17
    & =D18－I18
    & =D19－I19
    & =D20－I20
    & =D21－I21
    & =D22－I22
    & =D23－I23
    & =D24－I24
    & =D25－I25
    & =D26－I26
    & =D27－I27
    & =D28－I28
    & =D29－I29
    & =D30－I30
    & =D31－I31
    & =D32－I32
    & =D33－I33

K4:K33 列区间
    & =SUM(K13:K33)－K6
    & =K6/总建筑面积.jzmj*10000
    & =SUM(K10:K12)
    & =CONCATENATE(K8,＄B＄10,":",K8,＄B＄9)
    & =SUBSTITUTE(ADDRESS(1,COLUMN(),4),1,)
    & 不含税且不含建设单位直采供货的造价
    & =SUMIF(＄C＄13:＄C＄33,"*建安*",K13:K33)
    & =SUMIF(＄C＄13:＄C＄33,"*公建*",K13:K33)

- =SUMIF($C$13:$C$33,"*室外*",K13:K33)
- =J13/(1+施工类增值税税率 jsjdm)
- =J14/(1+施工类增值税税率 jsjdm)
- =J15/(1+施工类增值税税率 jsjdm)
- =J16/(1+施工类增值税税率 jsjdm)
- =J17/(1+施工类增值税税率 jsjdm)
- =J18/(1+施工类增值税税率 jsjdm)
- =J19/(1+施工类增值税税率 jsjdm)
- =J20/(1+施工类增值税税率 jsjdm)
- =J21/(1+施工类增值税税率 jsjdm)
- =J22/(1+施工类增值税税率 jsjdm)
- =J23/(1+施工类增值税税率 jsjdm)
- =J24/(1+施工类增值税税率 jsjdm)
- =J25/(1+施工类增值税税率 jsjdm)
- =J26/(1+施工类增值税税率 jsjdm)
- =J27/(1+施工类增值税税率 jsjdm)
- =J28/(1+施工类增值税税率 jsjdm)
- =J29/(1+施工类增值税税率 jsjdm)
- =J30/(1+施工类增值税税率 jsjdm)
- =J31/(1+施工类增值税税率 jsjdm)
- =J32/(1+施工类增值税税率 jsjdm)
- =J33/(1+施工类增值税税率 jsjdm)

L4:L33 列区间

- =SUM(L13:L33)-L6
- =L6/总建筑面积.jzmj*10000
- =SUM(L10:L12)
- =CONCATENATE(L8,$B$10,":",L8,$B$9)
- =SUBSTITUTE(ADDRESS(1,COLUMN(),4),1,)
- 进项税额
- =SUMIF($C$13:$C$33,"*建安*",L13:L33)
- =SUMIF($C$13:$C$33,"*公建*",L13:L33)
- =SUMIF($C$13:$C$33,"*室外*",L13:L33)
- =K13*施工类增值税税率 jsjdm
- =K14*施工类增值税税率 jsjdm
- =K15*施工类增值税税率 jsjdm
- =K16*施工类增值税税率 jsjdm
- =K17*施工类增值税税率 jsjdm
- =K18*施工类增值税税率 jsjdm
- =K19*施工类增值税税率 jsjdm
- =K20*施工类增值税税率 jsjdm

&	=K21*施工类增值税税率 jsjdm
&	=K22*施工类增值税税率 jsjdm
&	=K23*施工类增值税税率 jsjdm
&	=K24*施工类增值税税率 jsjdm
&	=K25*施工类增值税税率 jsjdm
&	=K26*施工类增值税税率 jsjdm
&	=K27*施工类增值税税率 jsjdm
&	=K28*施工类增值税税率 jsjdm
&	=K29*施工类增值税税率 jsjdm
&	=K30*施工类增值税税率 jsjdm
&	=K31*施工类增值税税率 jsjdm
&	=K32*施工类增值税税率 jsjdm
&	=K33*施工类增值税税率 jsjdm

1.11 建设单位直采购置费数智编程算法

根据建设单位管理模式的不同,材料设备可以由施工单位进行采购,也可由建设单位直采供货,基于两种供货方式对投资决策经济指标的敏感性分析的需求,需要构建"直采购置费数智编程算法库。下面以实例的方式来演示构建"建设单位直采购置费数智编程算法"的全过程(表6-18)。

实例演示　　　　　　　　　　　　　　表6-18

4		0		
5		0	0	0
6		16910.82	14453.69	2457.13
F	C10:C35	D10:D35	E10:E35	F10:F35
B	C	D	E	F
35	建设单位直采供货的购置费	含税的造价	不含税的造价	进项税额
10	建设单位直采供货的购置费	16910.82	14453.69	2457.13
11	土建工程类建设单位直采供货的购置费	0	0	0
12	装饰类建设单位直采供货的购置费	8659.25	7401.07	1258.18
13	安装工程类建设单位直采供货的购置费	7419.51	6341.46	1078.05
14	市政类建设单位直采供货的购置费	832.06	711.17	120.90
15	土建工程.共有地下室.公建	0	0	0
16	土建工程.栋01.建安	0	0	0
17	土建工程.栋02.建安	0	0	0

续表

18	土建工程.栋03.建安	0	0	0
19	土建工程.栋04.建安	0	0	0
20	外装饰工程.栋01.建安	889.40	760.17	129.23
21	外装饰工程.栋02.建安	769.11	657.36	111.75
22	外装饰工程.栋03.建安	246.28	210.50	35.78
23	外装饰工程.栋04.建安	246.22	210.45	35.78
24	内装饰工程.共有地下室.公建	95.35	81.50	13.85
25	内装饰工程.栋01.建安	1256.79	1074.18	182.61
26	内装饰工程.栋02.建安	3629.82	3102.41	527.41
27	内装饰工程.栋03.建安	305.76	261.33	44.43
28	内装饰工程.栋04.建安	1220.51	1043.17	177.34
29	安装工程.共有地下室.公建	2137.54	1826.95	310.58
30	安装工程.栋01.建安	2364.16	2020.65	343.51
31	安装工程.栋02.建安	2139.00	1828.21	310.79
32	安装工程.栋03.建安	347.27	296.81	50.46
33	安装工程.栋04.建安	431.54	368.84	62.70
34	室外工程.室外	832.06	711.17	120.90
35	其他工程费.室外	0	0	0

D4:D35 列区间

&. =D10－材料设备分解数据智库.csfsk!I6

&. =SUM(D15:D35)－D6

&. =SUM(D11:D14)

&. =CONCATENATE(D8,$B$10,":",D8,$B$9)

&. =SUBSTITUTE(ADDRESS(1,COLUMN(),4),1,)

&. 含税的造价

&. =SUM(D11:D14)

&. =SUMIF($C$15:$C$35,"*土建工程*",D15:D35)

&. =SUMIF($C$15:$C$35,"*装饰*",D15:D35)

&. =SUMIF($C$15:$C$35,"*安装工程*",D15:D35)

&. =SUMIF($C$15:$C$35,"*室外*",D15:D35)

&. =材料设备分解数据智库.csfsk!I13

&. =材料设备分解数据智库.csfsk!I14

&. =材料设备分解数据智库.csfsk!I15

&. =材料设备分解数据智库.csfsk!I16

&. =材料设备分解数据智库.csfsk!I17

&. =材料设备分解数据智库.csfsk!I18

- &．＝材料设备分解数据智库.csfsk!I19
- &．＝材料设备分解数据智库.csfsk!I20
- &．＝材料设备分解数据智库.csfsk!I21
- &．＝材料设备分解数据智库.csfsk!I22
- &．＝材料设备分解数据智库.csfsk!I23
- &．＝材料设备分解数据智库.csfsk!I24
- &．＝材料设备分解数据智库.csfsk!I25
- &．＝材料设备分解数据智库.csfsk!I26
- &．＝材料设备分解数据智库.csfsk!I27
- &．＝材料设备分解数据智库.csfsk!I28
- &．＝材料设备分解数据智库.csfsk!I29
- &．＝材料设备分解数据智库.csfsk!I30
- &．＝材料设备分解数据智库.csfsk!I31
- &．＝材料设备分解数据智库.csfsk!I32
- &．＝材料设备分解数据智库.csfsk!I33

E5:E35 列区间

- &．＝SUM(E15:E35)－E6
- &．＝SUM(E11:E14)
- &．＝CONCATENATE(E8,＄B＄10,":",E8,＄B＄9)
- &．＝SUBSTITUTE(ADDRESS(1,COLUMN(),4),1,)
- &．不含税的造价
- &．＝SUM(E11:E14)
- &．＝SUMIF(＄C＄15:＄C＄35,"*土建工程*",E15:E35)
- &．＝SUMIF(＄C＄15:＄C＄35,"*装饰*",E15:E35)
- &．＝SUMIF(＄C＄15:＄C＄35,"*安装工程*",E15:E35)
- &．＝SUMIF(＄C＄15:＄C＄35,"*室外*",E15:E35)
- &．＝D15/(1＋增值税税率.采购jsjdm)
- &．＝D16/(1＋增值税税率.采购jsjdm)
- &．＝D17/(1＋增值税税率.采购jsjdm)
- &．＝D18/(1＋增值税税率.采购jsjdm)
- &．＝D19/(1＋增值税税率.采购jsjdm)
- &．＝D20/(1＋增值税税率.采购jsjdm)
- &．＝D21/(1＋增值税税率.采购jsjdm)
- &．＝D22/(1＋增值税税率.采购jsjdm)
- &．＝D23/(1＋增值税税率.采购jsjdm)
- &．＝D24/(1＋增值税税率.采购jsjdm)
- &．＝D25/(1＋增值税税率.采购jsjdm)
- &．＝D26/(1＋增值税税率.采购jsjdm)
- &．＝D27/(1＋增值税税率.采购jsjdm)
- &．＝D28/(1＋增值税税率.采购jsjdm)

- & =D29/(1+增值税税率.采购jsjdm)
- & =D30/(1+增值税税率.采购jsjdm)
- & =D31/(1+增值税税率.采购jsjdm)
- & =D32/(1+增值税税率.采购jsjdm)
- & =D33/(1+增值税税率.采购jsjdm)
- & =D34/(1+增值税税率.采购jsjdm)
- & =D35/(1+增值税税率.采购jsjdm)

F5:F35列区间
- & =SUM(F15:F35)－F6
- & =SUM(F11:F14)
- & =CONCATENATE(F8,$B$10,":",F8,$B$9)
- & =SUBSTITUTE(ADDRESS(1,COLUMN(),4),1,)
- & 进项税额
- & =SUM(F11:F14)
- & =SUMIF($C$15:$C$35,"*土建工程*",F15:F35)
- & =SUMIF($C$15:$C$35,"*装饰*",F15:F35)
- & =SUMIF($C$15:$C$35,"*安装工程*",F15:F35)
- & =SUMIF($C$15:$C$35,"*室外*",F15:F35)
- & =D15－E15
- & =D16－E16
- & =D17－E17
- & =D18－E18
- & =D19－E19
- & =D20－E20
- & =D21－E21
- & =D22－E22
- & =D23－E23
- & =D24－E24
- & =D25－E25
- & =D26－E26
- & =D27－E27
- & =D28－E28
- & =D29－E29
- & =D30－E30
- & =D31－E31
- & =D32－E32
- & =D33－E33
- & =D34－E34
- & =D35－E35

第 2 节　交易期投资费用数智编程算法

2.1　土地费用支出数智编程算法

根据建设项目开发时间的规律，土地费用的支出时间位于前期阶段，而且其支付周期短，对现金流量影响大。下面以实例的方式来演示构建"土地费用支出数智编程算法"的全过程（表 6-19）。

实例演示　　　　　　　　　　　　　　　　　　　　　　　　　　表 6-19

F	J18:WK28	18 WK 28	I	O	P
	J12:WK12	12	月度序号	第 6 个月	第 7 个月
	J13:WK13	13	土地月度序号	土地第 2 年	土地第 3 年
	J14:WK14	14	开始日期	2025 年 6 月 1 日	2025 年 7 月 1 日
	J15:WK15	15	完成日期	2025 年 6 月 30 日	2025 年 7 月 31 日
0	J16:WK16	16	年份坐标	2025	2025
78647.77	J17:WK17	17	年度序号	1	1
78647.77	J18:WK18	18	土地费用总支出	33908.24	33908.24
33631.16	J19:WK19	19	土地取得费	11399.94	11399.94
45016.61	J20:WK20	20	生地变熟地开发费	22508.30	22508.30
32493.88	J21:WK21	21	土地使用权出让金	10831.29	10831.29
974.82	J22:WK22	22	土地交易契税	487.41	487.41
162.47	J23:WK23	23	印花税	81.23	81.23
1861.01	J24:WK24	24	大市政配套	930.51	930.51
2953.99	J25:WK25	25	劳动力安置	1476.99	1476.99
39112.29	J26:WK26	26	搬迁用房安置	19556.15	19556.15
468.98	J27:WK27	27	附着物拆迁补偿	234.49	234.49
620.34	J28:WK28	28	红线外接驳	310.17	310.17

F16:F28 列区间

&. ＝F17－F18

&. ＝SUM(土地开发敏感调整后费用.土地开发费数据智库.tkfsk)

&. ＝SUM(F21:F28)

&. ＝SUM(J19:WK19)

&. ＝SUM(J20:WK20)

&. ＝SUM(J21:WK21)

&. ＝SUM(J22:WK22)

&. ＝SUM(J23:WK23)

&. ＝SUM(J24:WK24)

&. ＝SUM(J25:WK25)

&. ＝SUM(J26:WK26)

&. =SUM(J27:WK27)

&. =SUM(J28:WK28)

G10:G28 列区间

&. =H18

&. =$J$11&G10&":"&H10&H11

&. =$J$11&H12&":"&$H$10&H12

&. =$J$11&H13&":"&$H$10&H13

&. =$J$11&H14&":"&$H$10&H14

&. =$J$11&H15&":"&$H$10&H15

&. =$J$11&H16&":"&$H$10&H16

&. =$J$11&H17&":"&$H$10&H17

&. =$J$11&H18&":"&$H$10&H18

&. =$J$11&H19&":"&$H$10&H19

&. =$J$11&H20&":"&$H$10&H20

&. =$J$11&H21&":"&$H$10&H21

&. =$J$11&H22&":"&$H$10&H22

&. =$J$11&H23&":"&$H$10&H23

&. =$J$11&H24&":"&$H$10&H24

&. =$J$11&H25&":"&$H$10&H25

&. =$J$11&H26&":"&$H$10&H26

&. =$J$11&H27&":"&$H$10&H27

&. =$J$11&H28&":"&$H$10&H28

I11:I28 列区间

&. =SUBSTITUTE(ADDRESS(1,COLUMN(),4),1,)

&. =OFFSET(时间竖坐标算法智库.sszsk!$C$10,COLUMN(A2)-1,)

&. =OFFSET(时间竖坐标算法智库.sszsk!$D$10,COLUMN(A2)-1,)

&. =OFFSET(时间竖坐标算法智库.sszsk!$I$10,COLUMN(A2)-1,)

&. =OFFSET(时间竖坐标算法智库.sszsk!$J$10,COLUMN(A2)-1,)

&. =OFFSET(时间竖坐标算法智库.sszsk!$G$10,COLUMN(A2)-1,)

&. =OFFSET(时间竖坐标算法智库.sszsk!$H$10,COLUMN(A2)-1,)

&. 土地费用总支出(文本型变量,直接输入)

&. 土地取得费(文本型变量,直接输入)

&. 生地变熟地开发费(文本型变量,直接输入)

&. =土地开发费.土地开发费数据智库.tkfsk!G10

&. =土地开发费.土地开发费数据智库.tkfsk!G11

&. =土地开发费.土地开发费数据智库.tkfsk!G12

&. =土地开发费.土地开发费数据智库.tkfsk!G13

&. =土地开发费.土地开发费数据智库.tkfsk!G14

&. =土地开发费.土地开发费数据智库.tkfsk!G15

&. =土地开发费.土地开发费数据智库.tkfsk!G16

&=土地开发费.土地开发费数据智库.tkfsk!G17

O11:O28 行序单元区

&=SUBSTITUTE(ADDRESS(1,COLUMN(),4),1,)

&=OFFSET(时间竖坐标算法智库.sszsk!$C$10,COLUMN(G2)-1,)

&=OFFSET(时间竖坐标算法智库.sszsk!$D$10,COLUMN(G2)-1,)

&=OFFSET(时间竖坐标算法智库.sszsk!$I$10,COLUMN(G2)-1,)

&=OFFSET(时间竖坐标算法智库.sszsk!$J$10,COLUMN(G2)-1,)

&=OFFSET(时间竖坐标算法智库.sszsk!$G$10,COLUMN(G2)-1,)

&=OFFSET(时间竖坐标算法智库.sszsk!$H$10,COLUMN(G2)-1,)

&=SUM(O21:O28)

&=SUM(O21:O23)

&=SUM(O24:O28)

&=土地使用权出让金.土地开发费数据智库.tkfsk*土地使用权出让金.支付进度.总成本支付形象进度算法智库.zczjk

&=土地交易契税.土地开发费数据智库.tkfsk*土地交易契税.支付进度.总成本支付形象进度算法智库.zczjk

&=印花税.土地开发费数据智库.tkfsk*印花税.支付进度.总成本支付形象进度算法智库.zczjk

&=大市政配套.土地开发费数据智库.tkfsk*大市政配套.支付进度.总成本支付形象进度算法智库.zczjk

&=劳动力安置.土地开发费数据智库.tkfsk*劳动力安置.支付进度.总成本支付形象进度算法智库.zczjk

&=搬迁用房安置.土地开发费数据智库.tkfsk*搬迁用房安置.支付进度.总成本支付形象进度算法智库.zczjk

&=附着物拆迁补偿.土地开发费数据智库.tkfsk*附着物拆迁补偿.支付进度.总成本支付形象进度算法智库.zczjk

&=红线外接驳.土地开发费数据智库.tkfsk*红线外接驳.支付进度.总成本支付形象进度算法智库.zczjk

2.2 前期工程费支出数智编程算法

建设项目具备正式开工条件之前，需要可行性研究、勘察、设计、监理、造价等二类技术服务商提供各项技术服务。下面以实例的方式来演示构建"前期工程费支出数智编程算法"的全过程（表6-20）。

实例演示 表6-20

		20	WK			
F	J20:WK38	38		I	V	W
	J12:WK12	12		月度序号	13	14
	J13:WK13	13		土地月度序号	9	10
	J14:WK14	14		开始日期	2026年1月1日	2026年2月1日

续表

	J15:WK15	15	完成日期	2026年1月31日	2026年2月28日
	J16:WK16	16	年份坐标	2026	2026
8729.27	J17:WK17	17	年度序号	2	2
9291.42	J18:WK18	18	前期工程费.含税且含建设单位直采供货的造价	430.74	446.71
9896.43	J19:WK19	19	前期工程费.含税但不含建设单位直采供货的造价	406.35	421.42
87.78	J20:WK20	20	建议书编制	0	0
146.31	J21:WK21	21	可行性研究报告编制	0	0
1676.59	J22:WK22	22	五通一平	0	0
351.13	J23:WK23	23	岩土勘察	0	0
2667.37	J24:WK24	24	建筑设计	387.50	387.50
2662.36	J25:WK25	25	室内设计	18.85	18.85
45.21	J26:WK26	26	施工图审查	0	15.07
90.42	J27:WK27	27	测量测绘	0	0
959.24	J28:WK28	28	施工监理	0	0
605.01	J29:WK29	29	进项税额.前期工程费	24.38	25.29
5.27	J30:WK30	30	建议书编制	0	0
8.78	J31:WK31	31	可行性研究报告编制	0	0
184.42	J32:WK32	32	五通一平	0	0
21.07	J33:WK33	33	岩土勘察	0	0
160.04	J34:WK34	34	建筑设计	23.25	23.25
159.74	J35:WK35	35	室内设计	1.13	1.13
2.71	J36:WK36	36	施工图审查	0	0.90
5.43	J37:WK37	37	测量测绘	0	0
57.55	J38:WK38	38	施工监理	0	0

I11:I38 列区间

&. =SUBSTITUTE(ADDRESS(1,COLUMN(),4),1,)
&. =OFFSET(时间竖坐标算法智库.sszsk!$C$10,COLUMN(A2)-1,)
&. =OFFSET(时间竖坐标算法智库.sszsk!$D$10,COLUMN(A2)-1,)
&. =OFFSET(时间竖坐标算法智库.sszsk!$I$10,COLUMN(A2)-1,)
&. =OFFSET(时间竖坐标算法智库.sszsk!$J$10,COLUMN(A2)-1,)
&. =OFFSET(时间竖坐标算法智库.sszsk!$G$10,COLUMN(A2)-1,)
&. =OFFSET(时间竖坐标算法智库.sszsk!$H$10,COLUMN(A2)-1,)
&. 前期工程费.含税且含建设单位直采供货的造价(文本型变量,直接输入)
&. 前期工程费.含税但不含建设单位直采供货的造价(文本型变量,直接输入)
&. =前期工程费数据智库.rjfsk!C9
&. =前期工程费数据智库.rjfsk!C10
&. =前期工程费数据智库.rjfsk!C11
&. =前期工程费数据智库.rjfsk!C12

- &=前期工程费数据智库.rjfsk!C13
- &=前期工程费数据智库.rjfsk!C14
- &=前期工程费数据智库.rjfsk!C15
- &=前期工程费数据智库.rjfsk!C16
- &=前期工程费数据智库.rjfsk!C17
- &进项税额.前期工程费(文本型变量,直接输入)
- &建议书编制(文本型变量,直接输入)
- &可行性研究报告编制(文本型变量,直接输入)
- &五通一平(文本型变量,直接输入)
- &岩土勘察(文本型变量,直接输入)
- &建筑设计(文本型变量,直接输入)
- &室内设计(文本型变量,直接输入)
- &施工图审查(文本型变量,直接输入)
- &测量测绘(文本型变量,直接输入)
- &施工监理(文本型变量,直接输入)

V11:V38 列区间

- &=OFFSET(时间竖坐标算法智库.sszsk!\$I\$10,COLUMN(N2)-1,)
- &=OFFSET(时间竖坐标算法智库.sszsk!\$J\$10,COLUMN(N2)-1,)
- &=OFFSET(时间竖坐标算法智库.sszsk!\$G\$10,COLUMN(N2)-1,)
- &=OFFSET(时间竖坐标算法智库.sszsk!\$H\$10,COLUMN(N2)-1,)
- &=SUM(V19,V29)
- &=SUM(V20:V28)
- &=(建议书编制.含税且不含建设单位直采供货的造价.前期工程费数据智库.rjfsk*建议书编制.支付进度.总成本支付形象进度算法智库.zczjk)*((1+费用价格年上涨率 jsjdm)^年涨价指数.月度时间横坐标算法智库.yshzk.x)
- &=(可行性研究报告编制.含税且不含建设单位直采供货的造价.前期工程费数据智库.rjfsk*可行性研究报告编制.支付进度.总成本支付形象进度算法智库.zczjk)*((1+费用价格年上涨率 jsjdm)^年涨价指数.月度时间横坐标算法智库.yshzk.x)
- &=(五通一平.含税且不含建设单位直采供货的造价.前期工程费数据智库.rjfsk*五通一平.支付进度.总成本支付形象进度算法智库.zczjk)*((1+费用价格年上涨率 jsjdm)^年涨价指数.月度时间横坐标算法智库.yshzk.x)
- &=(岩土勘察.含税且不含建设单位直采供货的造价.前期工程费数据智库.rjfsk*岩土勘察.支付进度.总成本支付形象进度算法智库.zczjk)*((1+费用价格年上涨率 jsjdm)^年涨价指数.月度时间横坐标算法智库.yshzk.x)
- &=(建筑设计.含税且不含建设单位直采供货的造价.前期工程费数据智库.rjfsk*建筑设计.支付进度.总成本支付形象进度算法智库.zczjk)*((1+费用价格年上涨率 jsjdm)^年涨价指数.月度时间横坐标算法智库.yshzk.x)
- &=(室内设计.含税且不含建设单位直采供货的造价.前期工程费数据智库.rjfsk*室内设计.支付进度.总成本支付形象进度算法智库.zczjk)*((1+费用价格年上涨率 jsjdm)^年涨价指数.月度时间横坐标算法智库.yshzk.x)

第6章 建设工程投资费用数智编程算法

& =(施工图审查.含税且不含建设单位直采供货的造价.前期工程费数据智库.rjfsk*施工图审查.支付进度.总成本支付形象进度算法智库.zczjk)*((1+费用价格年上涨率 jsjdm)^年涨价指数.月度时间横坐标算法智库.yshzk.x)

& =(测量测绘.含税且不含建设单位直采供货的造价.前期工程费数据智库.rjfsk*测量测绘.支付进度.总成本支付形象进度算法智库.zczjk)*((1+费用价格年上涨率 jsjdm)^年涨价指数.月度时间横坐标算法智库.yshzk.x)

& =(施工监理.含税且不含建设单位直采供货的造价.前期工程费数据智库.rjfsk*施工监理.支付进度.总成本支付形象进度算法智库.zczjk)*((1+费用价格年上涨率 jsjdm)^年涨价指数.月度时间横坐标算法智库.yshzk.x)

& =SUM(V30:V38)
& =V20*服务类增值税税率 jsjdm
& =V21*服务类增值税税率 jsjdm
& =V22*施工类增值税税率 jsjdm
& =V23*服务类增值税税率 jsjdm
& =V24*服务类增值税税率 jsjdm
& =V25*服务类增值税税率 jsjdm
& =V26*服务类增值税税率 jsjdm
& =V27*服务类增值税税率 jsjdm
& =V28*服务类增值税税率 jsjdm

2.3 建安工程费支出数智编程算法

建安工程费在建设项目全投资费用构成中所占的比例很大，与现金流量之间的敏感度很高，根据材料设备不同采购模式下工程费支付的规律，利用 EXCEL 通用办公软件来实现自动计算的功能。下面以实例的方式来演示构建"建安工程费支出数智编程算法"的全过程（表6-21）。

实例演示　　　　　　　　　　　　　　　　　　　　　　　表6-21

		27	WK			
F	J27:WK47	47	I		AT	AU
	J12:WK12	12	月度序号		37	38
	J13:WK13	13	土地月度序号		33	34
	J14:WK14	14	开始日期		2028年1月1日	2028年2月1日
	J15:WK15	15	完成日期		2028年1月31日	2028年2月29日
−7050.31	J16:WK16	16	年份坐标		2028	2028
117357.09	J17:WK17	17	年度序号		4	4
91244.56	J18:WK18	18	建筑安装工程费含税但不含建设单位直采供货的造价		8762.84	8655.45
29992.60	J19:WK19	19	公共配套设施费含税但不含建设单位直采供货的造价		744.19	744.19
3170.23	J20:WK20	20	室外工程费含税但不含建设单位直采供货的造价		0	0

					续表
82202.31	J21:WK21	21	建筑安装工程费不含税且不含建设单位直采供货的造价	7894.45	7797.70
27020.36	J22:WK22	22	公共配套设施费不含税且不含建设单位直采供货的造价	670.44	670.44
2856.07	J23:WK23	23	室外工程费不含税且不含建设单位直采供货的造价	0	0
9042.25	J24:WK24	24	进项税额.建筑安装工程费	868.39	857.75
2972.24	J25:WK25	25	进项税额.公共配套设施费	73.75	73.75
314.17	J26:WK26	26	进项税额.室外工程费	0	0
19405.74	J27:WK27	27	土建工程.共有地下室.公建	744.19	744.19
16668.90	J28:WK28	28	土建工程.栋01.建安	0	0
15292.53	J29:WK29	29	土建工程.栋02.建安	0	0
4200.52	J30:WK30	30	土建工程.栋03.建安	0	0
4947.38	J31:WK31	31	土建工程.栋04.建安	0	0
3289.98	J32:WK32	32	外装饰工程.栋01.建安	0	0
2949.90	J33:WK33	33	外装饰工程.栋02.建安	335.36	335.36
941.49	J34:WK34	34	外装饰工程.栋03.建安	107.39	0
931.29	J35:WK35	35	外装饰工程.栋04.建安	0	0
360.29	J36:WK36	36	内装饰工程.共有地下室.公建	0	0
4932.13	J37:WK37	37	内装饰工程.栋01.建安	986.43	986.43
11643.20	J38:WK38	38	内装饰工程.栋02.建安	2910.80	2910.80
975.06	J39:WK39	39	内装饰工程.栋03.建安	196.15	196.15
3800.96	J40:WK40	40	内装饰工程.栋04.建安	0	0
10226.57	J41:WK41	41	安装工程.共有地下室.公建	0	0
9277.87	J42:WK42	42	安装工程.栋01.建安	1855.57	1855.57
8394.26	J43:WK43	43	安装工程.栋02.建安	2098.56	2098.56
1354.89	J44:WK44	44	安装工程.栋03.建安	272.57	272.57
1644.20	J45:WK45	45	安装工程.栋04.建安	0	0
3170.23	J46:WK46	46	室外工程.室外	0	0
0	J47:WK47	47	其他工程费.室外	0	0

I11:I47 列区间

&. =SUBSTITUTE(ADDRESS(1,COLUMN(),4),1,)

&. =OFFSET(时间竖坐标算法智库.sszsk!＄C＄10,COLUMN(A2)－1,)

&. =OFFSET(时间竖坐标算法智库.sszsk!＄D＄10,COLUMN(A2)－1,)

&. =OFFSET(时间竖坐标算法智库.sszsk!＄I＄10,COLUMN(A2)－1,)

&. =OFFSET(时间竖坐标算法智库.sszsk!＄J＄10,COLUMN(A2)－1,)

& =OFFSET(时间竖坐标算法智库.sszsk!＄G＄10,COLUMN(A2)－1,)
& =OFFSET(时间竖坐标算法智库.sszsk!＄H＄10,COLUMN(A2)－1,)
& 建筑安装工程费含税但不含建设单位直采供货的造价(文本型变量,直接输入)
& 公共配套设施费含税但不含建设单位直采供货的造价(文本型变量,直接输入)
& 室外工程费含税但不含建设单位直采供货的造价(文本型变量,直接输入)
& 建筑安装工程费不含税且不含建设单位直采供货的造价(文本型变量,直接输入)
& 公共配套设施费不含税且不含建设单位直采供货的造价(文本型变量,直接输入)
& 室外工程费不含税且不含建设单位直采供货的造价(文本型变量,直接输入)
& 进项税额.建筑安装工程费(文本型变量,直接输入)
& 进项税额.公共配套设施费(文本型变量,直接输入)
& 进项税额.室外工程费(文本型变量,直接输入)
& 土建工程.共有地下室.公建(文本型变量,直接输入)
& 土建工程.栋01.建安(文本型变量,直接输入)
& 土建工程.栋02.建安(文本型变量,直接输入)
& 土建工程.栋03.建安(文本型变量,直接输入)
& 土建工程.栋04.建安(文本型变量,直接输入)
& 外装饰工程.栋01.建安(文本型变量,直接输入)
& 外装饰工程.栋02.建安(文本型变量,直接输入)
& 外装饰工程.栋03.建安(文本型变量,直接输入)
& 外装饰工程.栋04.建安(文本型变量,直接输入)
& 内装饰工程.共有地下室.公建(文本型变量,直接输入)
& 内装饰工程.栋01.建安(文本型变量,直接输入)
& 内装饰工程.栋02.建安(文本型变量,直接输入)
& 内装饰工程.栋03.建安(文本型变量,直接输入)
& 内装饰工程.栋04.建安(文本型变量,直接输入)
& 安装工程.共有地下室.公建(文本型变量,直接输入)
& 安装工程.栋01.建安(文本型变量,直接输入)
& 安装工程.栋02.建安(文本型变量,直接输入)
& 安装工程.栋03.建安(文本型变量,直接输入)
& 安装工程.栋04.建安(文本型变量,直接输入)
& 室外工程.室外(文本型变量,直接输入)
& 其他工程费.室外(文本型变量,直接输入)

AT11:AT47列区间
& =SUBSTITUTE(ADDRESS(1,COLUMN(),4),1,)
& =OFFSET(时间竖坐标算法智库.sszsk!＄C＄10,COLUMN(AL2)－1,)
& =OFFSET(时间竖坐标算法智库.sszsk!＄D＄10,COLUMN(AL2)－1,)
& =OFFSET(时间竖坐标算法智库.sszsk!＄I＄10,COLUMN(AL2)－1,)
& =OFFSET(时间竖坐标算法智库.sszsk!＄J＄10,COLUMN(AL2)－1,)
& =OFFSET(时间竖坐标算法智库.sszsk!＄G＄10,COLUMN(AL2)－1,)
& =OFFSET(时间竖坐标算法智库.sszsk!＄H＄10,COLUMN(AL2)－1,)

- &=SUMIF($I$27:$I$47,"*建安",AT27:AT47)
- &=SUMIF($I$27:$I$47,"*公建",AT27:AT47)
- &=SUMIF($I$27:$I$47,"*室外",AT27:AT47)
- &=AT18/(1＋施工类增值税税率jsjdm)
- &=AT19/(1＋施工类增值税税率jsjdm)
- &=AT20/(1＋施工类增值税税率jsjdm)
- &=AT21*施工类增值税税率jsjdm
- &=AT22*施工类增值税税率jsjdm
- &=AT23*施工类增值税税率jsjdm
- &=(土建工程.共有地下室.公建含税但不含建设单位直采供货的造价fjgf*土建工程.共有地下室.公建.支付进度.总成本支付形象进度算法智库.zczjk)*((1＋费用价格年上涨率jsjdm)^年涨价指数.月度时间横坐标算法智库.yshzk.x)
- &=(土建工程.栋01.建安含税但不含建设单位直采供货的造价fjgf*土建工程.栋01.建安.支付进度.总成本支付形象进度算法智库.zczjk)*((1＋费用价格年上涨率jsjdm)^年涨价指数.月度时间横坐标算法智库.yshzk.x)
- &=(土建工程.栋02.建安含税但不含建设单位直采供货的造价fjgf*土建工程.栋02.建安.支付进度.总成本支付形象进度算法智库.zczjk)*((1＋费用价格年上涨率jsjdm)^年涨价指数.月度时间横坐标算法智库.yshzk.x)
- &=(土建工程.栋03.建安含税但不含建设单位直采供货的造价fjgf*土建工程.栋03.建安.支付进度.总成本支付形象进度算法智库.zczjk)*((1＋费用价格年上涨率jsjdm)^年涨价指数.月度时间横坐标算法智库.yshzk.x)
- &=(土建工程.栋04.建安含税但不含建设单位直采供货的造价fjgf*土建工程.栋04.建安.支付进度.总成本支付形象进度算法智库.zczjk)*((1＋费用价格年上涨率jsjdm)^年涨价指数.月度时间横坐标算法智库.yshzk.x)
- &=(外装饰工程.栋01.建安含税但不含建设单位直采供货的造价fjgf*外装饰工程.栋01.建安.支付进度.总成本支付形象进度算法智库.zczjk)*((1＋费用价格年上涨率jsjdm)^年涨价指数.月度时间横坐标算法智库.yshzk.x)
- &=(外装饰工程.栋02.建安含税但不含建设单位直采供货的造价fjgf*外装饰工程.栋02.建安.支付进度.总成本支付形象进度算法智库.zczjk)*((1＋费用价格年上涨率jsjdm)^年涨价指数.月度时间横坐标算法智库.yshzk.x)
- &=(外装饰工程.栋03.建安含税但不含建设单位直采供货的造价fjgf*外装饰工程.栋03.建安.支付进度.总成本支付形象进度算法智库.zczjk)*((1＋费用价格年上涨率jsjdm)^年涨价指数.月度时间横坐标算法智库.yshzk.x)
- &=(外装饰工程.栋04.建安含税但不含建设单位直采供货的造价fjgf*外装饰工程.栋04.建安.支付进度.总成本支付形象进度算法智库.zczjk)*((1＋费用价格年上涨率jsjdm)^年涨价指数.月度时间横坐标算法智库.yshzk.x)
- &=(内装饰工程.共有地下室.公建含税但不含建设单位直采供货的造价fjgf*内装饰工程.共有地下室.公建.支付进度.总成本支付形象进度算法智库.zczjk)*((1＋费用价格年上涨率jsjdm)^年涨价指数.月度时间横坐标算法智库.yshzk.x)
- &=(内装饰工程.栋01.建安含税但不含建设单位直采供货的造价fjgf*内装饰工程.栋

01.建安.支付进度.总成本支付形象进度算法智库.zczjk)*((1＋费用价格年上涨率jsjdm)^年涨价指数.月度时间横坐标算法智库.yshzk.x)

& =(内装饰工程.栋02.建安含税但不含建设单位直采供货的造价 fjgf*内装饰工程.栋02.建安.支付进度.总成本支付形象进度算法智库.zczjk)*((1＋费用价格年上涨率jsjdm)^年涨价指数.月度时间横坐标算法智库.yshzk.x)

& =(内装饰工程.栋03.建安含税但不含建设单位直采供货的造价 fjgf*内装饰工程.栋03.建安.支付进度.总成本支付形象进度算法智库.zczjk)*((1＋费用价格年上涨率jsjdm)^年涨价指数.月度时间横坐标算法智库.yshzk.x)

& =(内装饰工程.栋04.建安含税但不含建设单位直采供货的造价 fjgf*内装饰工程.栋04.建安.支付进度.总成本支付形象进度算法智库.zczjk)*((1＋费用价格年上涨率jsjdm)^年涨价指数.月度时间横坐标算法智库.yshzk.x)

& =(安装工程.共有地下室.公建含税但不含建设单位直采供货的造价 fjgf*安装工程.共有地下室.公建.支付进度.总成本支付形象进度算法智库.zczjk)*((1＋费用价格年上涨率jsjdm)^年涨价指数.月度时间横坐标算法智库.yshzk.x)

& =(安装工程.栋01.建安含税但不含建设单位直采供货的造价 fjgf*安装工程.栋01.建安.支付进度.总成本支付形象进度算法智库.zczjk)*((1＋费用价格年上涨率jsjdm)^年涨价指数.月度时间横坐标算法智库.yshzk.x)

& =(安装工程.栋02.建安含税但不含建设单位直采供货的造价 fjgf*安装工程.栋02.建安.支付进度.总成本支付形象进度算法智库.zczjk)*((1＋费用价格年上涨率jsjdm)^年涨价指数.月度时间横坐标算法智库.yshzk.x)

& =(安装工程.栋03.建安含税但不含建设单位直采供货的造价 fjgf*安装工程.栋03.建安.支付进度.总成本支付形象进度算法智库.zczjk)*((1＋费用价格年上涨率jsjdm)^年涨价指数.月度时间横坐标算法智库.yshzk.x)

& =(安装工程.栋04.建安含税但不含建设单位直采供货的造价 fjgf*安装工程.栋04.建安.支付进度.总成本支付形象进度算法智库.zczjk)*((1＋费用价格年上涨率jsjdm)^年涨价指数.月度时间横坐标算法智库.yshzk.x)

& =(室外工程.室外含税但不含建设单位直采供货的造价 fjgf*室外工程.室外.支付进度.总成本支付形象进度算法智库.zczjk)*((1＋费用价格年上涨率jsjdm)^年涨价指数.月度时间横坐标算法智库.yshzk.x)

& =(其他工程费.室外含税但不含建设单位直采供货的造价 fjgf*其他工程费.室外.支付进度.总成本支付形象进度算法智库.zczjk)*((1＋费用价格年上涨率jsjdm)^年涨价指数.月度时间横坐标算法智库.yshzk.x)

2.4 直采式购置费支出数智编程算法

在项目建设过程中，材料设备的供应方式与投资决策评价指标之间存在着一定的敏感性，而且供货方式与建设单位的管理构架的设置也存在一定的关联性。因此，有必要在建设项目的投资决策分析时，构建材料设备供应方式的敏感性分析的数智编程算法。利用 ECXEL 通用办公软件，可实现"少人工，多自动"的算法的功能。下面以实例的方式来演示构建"直采式购置费支出数智编程算法"的全过程（表6-22）。

实例演示 表 6-22

F	18 J18:WK24	WK 24	I	Y	Z
	J12:WK12	12	月度序号	16	17
	J13:WK13	13	土地月度序号	12	13
	J14:WK14	14	开始日期	2026年4月1日	2026年5月1日
	J15:WK15	15	完成日期	2026年4月30日	2026年5月31日
−918.63	J16:WK16	16	年份坐标	2026	2026
16910.82	J17:WK17	17	年度序号	2	2
17829.45	J18:WK18	18	建设单位直采供货的购置费	524.65	524.65
15238.85	J19:WK19	19	建设单位直采供货的购置费. 含税且不含建设单位直采供货的造价	448.42	448.42
2590.60	J20:WK20	20	建设单位直采供货的购置费进项税额	76.23	76.23
0	J21:WK21	21	土建工程类建设单位直采供货的购置费	0	0
7717.27	J22:WK22	22	装饰类建设单位直采供货的购置费	448.42	448.42
6760.14	J23:WK23	23	安装工程类建设单位直采供货的购置费	0	0
761.44	J24:WK24	24	市政类建设单位直采供货的购置费	0	0

I11:I24 列区间

&. =SUBSTITUTE(ADDRESS(1,COLUMN(),4),1,)

&. =OFFSET(时间竖坐标算法智库.sszsk!$C$10,COLUMN(A2)−1,)

&. =OFFSET(时间竖坐标算法智库.sszsk!$D$10,COLUMN(A2)−1,)

&. =OFFSET(时间竖坐标算法智库.sszsk!$I$10,COLUMN(A2)−1,)

&. =OFFSET(时间竖坐标算法智库.sszsk!$J$10,COLUMN(A2)−1,)

&. =OFFSET(时间竖坐标算法智库.sszsk!$G$10,COLUMN(A2)−1,)

&. =OFFSET(时间竖坐标算法智库.sszsk!$H$10,COLUMN(A2)−1,)

Y11:Y24 列区间

&. =SUBSTITUTE(ADDRESS(1,COLUMN(),4),1,)

&. =OFFSET(时间竖坐标算法智库.sszsk!$C$10,COLUMN(Q2)−1,)

&. =OFFSET(时间竖坐标算法智库.sszsk!$D$10,COLUMN(Q2)−1,)

&. =OFFSET(时间竖坐标算法智库.sszsk!$I$10,COLUMN(Q2)−1,)

&. =OFFSET(时间竖坐标算法智库.sszsk!$J$10,COLUMN(Q2)−1,)

&. =OFFSET(时间竖坐标算法智库.sszsk!$G$10,COLUMN(Q2)−1,)

&. =OFFSET(时间竖坐标算法智库.sszsk!$H$10,COLUMN(Q2)−1,)

&. =Y19+Y20

&. =SUM(Y21:Y24)

&.＝Y19＊增值税税率.采购 jsjdm

&.＝(土建工程类建设单位直采供货的购置费不含税的造价 jggf＊土建工程类建设单位直采供货的购置费.支付进度.总成本支付形象进度算法智库.zczjk)＊((1＋费用价格年上涨率 jsjdm)^年涨价指数.月度时间横坐标算法智库.yshzk.x)

&.＝(装饰类建设单位直采供货的购置费不含税的造价 jggf＊装饰类建设单位直采供货的购置费.支付进度.总成本支付形象进度算法智库.zczjk)＊((1＋费用价格年上涨率 jsjdm)^年涨价指数.月度时间横坐标算法智库.yshzk.x)

&.＝(安装工程类建设单位直采供货的购置费不含税的造价 jggf＊安装工程类建设单位直采供货的购置费.支付进度.总成本支付形象进度算法智库.zczjk)＊((1＋费用价格年上涨率 jsjdm)^年涨价指数.月度时间横坐标算法智库.yshzk.x)

&.＝(市政类建设单位直采供货的购置费不含税的造价 jggf＊市政类建设单位直采供货的购置费.支付进度.总成本支付形象进度算法智库.zczjk)＊((1＋费用价格年上涨率 jsjdm)^年涨价指数.月度时间横坐标算法智库.yshzk.x)

2.5 其他费用支出数智编程算法

利用 EXCEL 通用办公软件，可实现投资费用根据开发计划支出的自动分配的功能，下面以实例的方式来演示构建"其他费用支出数智编程算法"的全过程（表6-23）。

实例演示　　　　　　　　　　　　　　　表 6-23

F	18	SA WK	I	Y	Z
	J18:WK31	31			
	J12:WK12	12	月度序号	16	17
	J13:WK13	13	土地月度序号	12	13
	J14:WK14	14	开始日期	2026年4月1日	2026年5月1日
	J15:WK15	15	完成日期	2026年4月30日	2026年5月31日
	J16:WK16	16	年份坐标	2026	2026
33016.34	J17:WK17	17	年度序号	2	2
33016.34	J18:WK18	18	开发间接费	59.40	59.40
4921.96	J19:WK19	19	建设管理费	47.01	47.01
304.25	J20:WK20	20	永久性经营设施费	12.40	12.40
0	J21:WK21	21	其他间接费	0	0
27790.13	J22:WK22	22	销售费用	263.74	263.74
174.20	J23:WK23	23	临时性经营设施费	0	0
27615.94	J24:WK24	24	销售推广费	263.74	263.74
308.75	J25:WK25	25	进项税额.开发间接费	3.89	3.89
278.60	J26:WK26	26	进项税额.建设管理费	2.66	2.66

续表

30.15	J27:WK27	27	进项税额.永久性经营设施费	1.23	1.23
0	J28:WK28	28	进项税额.其他间接费	0	0
1580.43	J29:WK29	29	进项税额.销售费用	14.93	14.93
17.26	J30:WK30	30	进项税额.临时性经营设施费	0	0
1563.17	J31:WK31	31	进项税额.销售推广费	14.93	14.93

I11:I31 列区间

&. =SUBSTITUTE(ADDRESS(1,COLUMN(),4),1,)
&. =OFFSET(时间竖坐标算法智库.sszsk!＄C＄10,COLUMN(A2)－1,)
&. =OFFSET(时间竖坐标算法智库.sszsk!＄D＄10,COLUMN(A2)－1,)
&. =OFFSET(时间竖坐标算法智库.sszsk!＄I＄10,COLUMN(A2)－1,)
&. =OFFSET(时间竖坐标算法智库.sszsk!＄J＄10,COLUMN(A2)－1,)
&. =OFFSET(时间竖坐标算法智库.sszsk!＄G＄10,COLUMN(A2)－1,)
&. =OFFSET(时间竖坐标算法智库.sszsk!＄H＄10,COLUMN(A2)－1,)

Y11:Y31 列区间

&. =SUBSTITUTE(ADDRESS(1,COLUMN(),4),1,)
&. =OFFSET(时间竖坐标算法智库.sszsk!＄C＄10,COLUMN(Q2)－1,)
&. =OFFSET(时间竖坐标算法智库.sszsk!＄D＄10,COLUMN(Q2)－1,)
&. =OFFSET(时间竖坐标算法智库.sszsk!＄I＄10,COLUMN(Q2)－1,)
&. =OFFSET(时间竖坐标算法智库.sszsk!＄J＄10,COLUMN(Q2)－1,)
&. =OFFSET(时间竖坐标算法智库.sszsk!＄G＄10,COLUMN(Q2)－1,)
&. =OFFSET(时间竖坐标算法智库.sszsk!＄H＄10,COLUMN(Q2)－1,)
&. =SUM(Y19:Y21)
&. =(建设管理费.项目.基准期 zzjs*建设管理费.支付进度.总成本支付形象进度算法智库.zczjk)*((1＋费用价格年上涨率 jsjdm)^年涨价指数.月度时间横坐标算法智库.yshzk.x)
&. =(经营设施费.样板房 ybff*经营设施费.样板房.支付进度.总成本支付形象进度算法智库.zczjk)*((1＋费用价格年上涨率 jsjdm)^年涨价指数.月度时间横坐标算法智库.yshzk.x)
&. =其他间接费.项目.基准期 zzjs*((1＋费用价格年上涨率 jsjdm)^年涨价指数.月度时间横坐标算法智库.yshzk.x)
&. =SUM(Y23:Y24)
&. =IF(总销售面积.经营产品供货量智库.jcgmk<>0,(展示中心的经营设施费 xzsf*展示中心的经营设施费.支付进度.总成本支付形象进度算法智库.zczjk)*((1＋费用价格年上涨率 jsjdm)^年涨价指数.月度时间横坐标算法智库.yshzk.x),0)
&. =(销售推广费.项目.基准期 zzjs*销售费用.支付进度.总成本支付形象进度算法智库.zczjk)*((1＋费用价格年上涨率 jsjdm)^年涨价指数.月度时间横坐标算法智库.yshzk.x)
&. =SUM(Y26:Y28)
&. =Y19/(1＋服务类增值税税率 jsjdm)*服务类增值税税率 jsjdm

&. =Y20/(1+施工类增值税税率 jsjdm)*施工类增值税税率 jsjdm

&. =Y21/(1+服务类增值税税率 jsjdm)*服务类增值税税率 jsjdm

&. =SUM(Y30:Y31)

&. =Y23/(1+施工类增值税税率 jsjdm)*施工类增值税税率 jsjdm

&. =Y24/(1+服务类增值税税率 jsjdm)*服务类增值税税率 jsjdm

2.6 开发销售期总支出数智编程算法

通过建设项目进度管理规律的研究可知：针对经营性房屋的开发，开发销售期是关键的时间坐标区段，期间的现金流支出与投资决策经济评价指标之间存在着一定的敏感度。基于投资决策分析的需要，利用 EXCEL 通用办公软件，进而实现"少人工，多自动"的算法的功能。下面以实例的方式来演示构建"开发销售期总支出数智编程算法"的全过程（表 6-24）。

实例演示　　　　表 6-24

F	J18:WK53	18	WK		
		53	I	Y	
	J12:WK12	12	月度序号	16	
	J13:WK13	13	土地月度序号	12	
	J14:WK14	14	开始日期	2026年4月1日	
	J15:WK15	15	完成日期	2026年4月30日	
	J16:WK16	16	年份坐标	2026	
	J17:WK17	17	年度序号	2	
285269.64	J18:WK18	18	建设投资.融资后	5520.65	
235402.25	J19:WK19	19	建设投资.融资前	5520.65	
264890.08	J20:WK20	20	营业支出	5824.10	
33631.16	J21:WK21	21	土地取得费	0	
201771.09	J22:WK22	22	开发费用	5520.65	
45016.61	J23:WK23	23	生地变熟地开发费	0	
9291.42	J24:WK24	24	前期工程费	67.90	
91244.56	J25:WK25	25	建筑安装工程费	4167.23	
29992.60	J26:WK26	26	公共配套设施费	701.47	
3170.23	J27:WK27	27	室外工程费	0	
17829.45	J28:WK28	28	建设单位直采供货的购置费	524.65	
5226.21	J29:WK29	29	开发间接费	59.40	
4921.96	J30:WK30	30	建设管理费	47.01	
304.25	J31:WK31	31	永久性经营设施费	12.40	
0	J32:WK32	32	其他间接费	0	
79355.21	J33:WK33	33	开发费用	303.45	

				续表
49867.38	J34:WK34	34	开发期利息支出	0
1697.69	J35:WK35	35	其他开发费用	39.71
27790.13	J36:WK36	36	销售费用	263.74
174.20	J37:WK37	37	临时性经营设施费	0
27615.94	J38:WK38	38	销售推广费	263.74
17413.46	J39:WK39	39	进项税额.营业支出	581.38
15833.03	J40:WK40	40	进项税额.建设投资.融资前	566.45
605.01	J41:WK41	41	进项税额.前期工程费	3.84
9042.25	J42:WK42	42	进项税额.建筑安装工程费	412.97
2972.24	J43:WK43	43	进项税额.公共配套设施费	69.51
314.17	J44:WK44	44	进项税额.室外工程费	0
2590.60	J45:WK45	45	进项税额.建设单位直采供货的购置费	76.23
308.75	J46:WK46	46	进项税额.开发间接费	3.89
278.60	J47:WK47	47	进项税额.建设管理费	2.66
30.15	J48:WK48	48	进项税额.永久性经营设施费	1.23
0	J49:WK49	49	进项税额.其他间接费	0
1580.43	J50:WK50	50	进项税额.销售费用	14.93
17.26	J51:WK51	51	进项税额.临时性经营设施费	0
1563.17	J52:WK52	52	进项税额.销售推广费	14.93
314757.46	J53:WK53	53	总支出	5824.10

I11:I53 列区间

&. =SUBSTITUTE(ADDRESS(1,COLUMN(),4),1,)

&. =OFFSET(时间竖坐标算法智库.sszsk!$C$10,COLUMN(A2)-1,)

&. =OFFSET(时间竖坐标算法智库.sszsk!$D$10,COLUMN(A2)-1,)

&. =OFFSET(时间竖坐标算法智库.sszsk!$I$10,COLUMN(A2)-1,)

&. =OFFSET(时间竖坐标算法智库.sszsk!$J$10,COLUMN(A2)-1,)

&. =OFFSET(时间竖坐标算法智库.sszsk!$G$10,COLUMN(A2)-1,)

&. =OFFSET(时间竖坐标算法智库.sszsk!$H$10,COLUMN(A2)-1,)

Y11:Y53 列区间

&. =SUBSTITUTE(ADDRESS(1,COLUMN(),4),1,)

&. =OFFSET(时间竖坐标算法智库.sszsk!$C$10,COLUMN(Q2)-1,)

&. =OFFSET(时间竖坐标算法智库.sszsk!$D$10,COLUMN(Q2)-1,)

&. =OFFSET(时间竖坐标算法智库.sszsk!$I$10,COLUMN(Q2)-1,)

&. =OFFSET(时间竖坐标算法智库.sszsk!$J$10,COLUMN(Q2)-1,)

&. =OFFSET(时间竖坐标算法智库.sszsk!$G$10,COLUMN(Q2)-1,)

&. =OFFSET(时间竖坐标算法智库.sszsk!$H$10,COLUMN(Q2)-1,)

&. =SUM(Y19,Y34)

&. =SUM(Y21:Y22)

&. =SUM(Y21:Y22,Y35:Y36)

第6章 建设工程投资费用数智编程算法

& =土地取得费.支出.土地开发成本算法智库.cdcbk
& =SUM(Y23:Y29)
& =生地变熟地开发费.支出.土地开发成本算法智库.cdcbk
& =前期工程费含税且含建设单位直采供货的造价.支出.前期工程费算法智库.jsfwk
& =建筑安装工程费含税但不含建设单位直采供货的造价.支出.建安工程费算法智库.jqgfk
& =公共配套设施费含税但不含建设单位直采供货的造价.支出.建安工程费算法智库.jqgfk
& =室外工程费含税但不含建设单位直采供货的造价.支出.建安工程费算法智库.jqgfk
& =建设单位直采供货的购置费.支出.建设单位购置费算法智库.jsgzk
& =SUM(Y30:Y32)
& =建设管理费.支出.其他建设费用算法智库.qtfrk
& =永久性经营设施费.支出.其他建设费用算法智库.qtfrk
& =其他间接费.支出.其他建设费用算法智库.qtfrk
& =SUM(Y34:Y36)
& =借款利息偿还.等额本金资金平衡算法智库.dbjpk
& =Y26/(1+服务类增值税税率jsjdm)*服务类增值税税率jsjdm
& =SUM(Y37:Y38)
& =临时性经营设施费.支出.其他建设费用算法智库.qtfrk
& =销售推广费.支出.其他建设费用算法智库.qtfrk
& =SUM(Y40,Y50)
& =SUM(Y41:Y46)
& =进项税额.前期工程费.支出.前期工程费算法智库.jsfwk
& =进项税额.建筑安装工程费.支出.建安工程费算法智库.jqgfk
& =进项税额.公共配套设施费.支出.建安工程费算法智库.jqgfk
& =进项税额.室外工程费.支出.建安工程费算法智库.jqgfk
& =进项税额.建设单位直采供货的购置费.支出.建设单位购置费算法智库.jsgzk
& =SUM(Y47:Y49)
& =进项税额.建设管理费.支出.其他建设费用算法智库.qtfrk
& =进项税额.永久性经营设施费.支出.其他建设费用算法智库.qtfrk
& =进项税额.其他间接费.支出.其他建设费用算法智库.qtfrk
& =SUM(Y51:Y52)
& =进项税额.临时性经营设施费.支出.其他建设费用算法智库.qtfrk
& =进项税额.销售推广费.支出.其他建设费用算法智库.qtfrk
& =Y20+Y34

2.7 开发销售期经营费用数智编程算法

研究经营费用与投资决策评价指标之间的敏感度是必要的。利用EXCEL通用办公软件，可实现开发销售期经营费用在时间坐标中的自动分配支出的功能。下面以实例的方式来演示构建"开发销售期经营费用数智编程算法"的全过程（表6-25）。

实例演示　　　　　　　　　　　　　　　　　　　　表 6-25

F	J18:WK37	18	WK	I	Y
	J18:WK37	37			
	J12:WK12	12		月度序号	16
	J13:WK13	13		土地月度序号	12
	J14:WK14	14		开始日期	2026年4月1日
	J15:WK15	15		完成日期	2026年4月30日
	J16:WK16	16		年份坐标	2026
	J17:WK17	17		年度序号	2
235225.42	J18:WK18	18		经营费用	4838.53
25718.13	J19:WK19	19		土地取得费分摊费	0
154009.00	J20:WK20	20		开发费用分摊费	4311.04
34424.70	J21:WK21	21		土地开发费分摊费	0
7105.25	J22:WK22	22		前期工程费分摊费	51.93
69775.74	J23:WK23	23		建筑安装工程费分摊费	3186.72
22935.68	J24:WK24	24		公共配套设施费分摊费	536.42
2424.31	J25:WK25	25		室外工程费分摊费	0
13634.38	J26:WK26	26		建设单位直采供货的购置费分摊费	401.20
3708.92	J27:WK27	27		开发间接费分摊费	134.77
3476.26	J28:WK28	28		建设管理费	125.29
232.66	J29:WK29	29		永久性经营设施费分摊费	9.48
0	J30:WK30	30		其他间接费	0
105365.68	J31:WK31	31		开发费用分摊费	527.48
49867.38	J32:WK32	32		开发期利息支出	0
27749.15	J33:WK33	33		其他房地产开发费用分摊费	263.74
0	J34:WK34	34		未明列的开发费用分摊费	0
27749.15	J35:WK35	35		销售费用分摊费	263.74
133.21	J36:WK36	36		临时性经营设施费分摊费	0
27615.94	J37:WK37	37		销售推广费	263.74

I11:I37 列区间

&. =SUBSTITUTE(ADDRESS(1,COLUMN(),4),1,)

&. =OFFSET(时间竖坐标算法智库.sszsk!$C$10,COLUMN(A2)−1,)

&. =OFFSET(时间竖坐标算法智库.sszsk!$D$10,COLUMN(A2)−1,)

&. =OFFSET(时间竖坐标算法智库.sszsk!$I$10,COLUMN(A2)−1,)

&. =OFFSET(时间竖坐标算法智库.sszsk!$J$10,COLUMN(A2)−1,)

&. =OFFSET(时间竖坐标算法智库.sszsk!$G$10,COLUMN(A2)−1,)

&. =OFFSET(时间竖坐标算法智库.sszsk!$H$10,COLUMN(A2)−1,)

&. 经营费用(文本型变量,直接输入)

Y11:Y37 列区间

&. =SUBSTITUTE(ADDRESS(1,COLUMN(),4),1,)

&. =OFFSET(时间竖坐标算法智库.sszsk!$C$10,COLUMN(Q2)−1,)

第6章 建设工程投资费用数智编程算法

&. =OFFSET(时间竖坐标算法智库.sszsk!＄D＄10,COLUMN(Q2)－1,)
&. =OFFSET(时间竖坐标算法智库.sszsk!＄I＄10,COLUMN(Q2)－1,)
&. =OFFSET(时间竖坐标算法智库.sszsk!＄J＄10,COLUMN(Q2)－1,)
&. =OFFSET(时间竖坐标算法智库.sszsk!＄G＄10,COLUMN(Q2)－1,)
&. =OFFSET(时间竖坐标算法智库.sszsk!＄H＄10,COLUMN(Q2)－1,)
&. =SUM(Y19:Y20,Y31)－Y32
&. =土地取得费.支出.土地开发成本算法智库.cdcbk*(比例.销售面积.经营产品供货量智库.jcgmk)
&. =SUM(Y21:Y27)
&. =生地变熟地开发费.支出.土地开发成本算法智库.cdcbk*(比例.销售面积.经营产品供货量智库.jcgmk)
&. =前期工程费含税且含建设单位直采供货的造价.支出.前期工程费算法智库.jsfwk*(比例.销售面积.经营产品供货量智库.jcgmk)
&. =建筑安装工程费含税但不含建设单位直采供货的造价.支出.建安工程费算法智库.jqgfk*(比例.销售面积.经营产品供货量智库.jcgmk)
&. =公共配套设施费含税但不含建设单位直采供货的造价.支出.建安工程费算法智库.jqgfk*(比例.销售面积.经营产品供货量智库.jcgmk)
&. =室外工程费含税但不含建设单位直采供货的造价.支出.建安工程费算法智库.jqgfk*(比例.销售面积.经营产品供货量智库.jcgmk)
&. =建设单位直采供货的购置费.支出.建设单位购置费算法智库.jsgzk*(比例.销售面积.经营产品供货量智库.jcgmk)
&. =SUM(Y28:Y30)
&. =SUM(Y22:Y26)*比例.建设管理费占建设投资 xkzb
&. =永久性经营设施费.支出.其他建设费用算法智库.qtfrk*(比例.销售面积.经营产品供货量智库.jcgmk)
&. 0(数值型变量型,可按需录入)
&. =SUM(Y32:Y35)
&. =借款利息偿还.等额本金资金平衡算法智库.dbjpk
&. =SUM(Y34:Y35)
&. 0(数值型变量型,可按需录入)
&. =SUM(Y36:Y37)
&. =临时性经营设施费.支出.其他建设费用算法智库.qtfrk*(比例.销售面积.经营产品供货量智库.jcgmk)
&. =销售推广费.支出.其他建设费用算法智库.qtfrk

2.8 增值税及附加税总支出数智编程算法

根据我国税法的规定,增值税及附加税也是现金流量中必须计算的科目内容。利用EXCEL通用办公软件,可实现增值税及附加税的"少人工,多自动"的算法及开发计划的自动分配支出的功能。下面以实例的方式来演示构建"增值税及附加税总支出数智编程算法"的全过程(表6-26)。

实例演示 表 6-26

F	J18:WK30	18 WK 30	I	L	M
	J12:WK12	12	月度序号	3	4
	J13:WK13	13	土地月度序号	0	0
	J14:WK14	14	开始日期	2025年3月1日	2025年4月1日
	J15:WK15	15	完成日期	2025年3月31日	2025年4月30日
留抵增值税额	J16:WK16	16	年份坐标	2025	2025
0	J17:WK17	17	年度序号	1	1
667343.93	J18:WK18	18	销售含税收入	0	0
40925.80	J19:WK19	19	销项税额减进项税额	−3.95	−2.19
58339.26	J20:WK20	20	销项税额	0	0
17413.46	J21:WK21	21	进项税额	3.95	2.19
40925.80	J22:WK22	22	增值税计算值	0	0
51183.34	J23:WK23	23	增值税额正值	0	0
−10257.55	J24:WK24	24	增值税额负值	−3.95	−2.19
−10257.55	J25:WK25	25	增值税负值结转	0	0
45836.89	J26:WK26	26	增值税及附加	0	0
40925.80	J27:WK27	27	增值税	0	0
1227.77	J28:WK28	28	教育附加税	0	0
818.52	J29:WK29	29	地方教育附加税	0	0
2864.81	J30:WK30	30	城市维护建设税	0	0

L11:L30 列区间

&. =SUBSTITUTE(ADDRESS(1,COLUMN(),4),1,)
&. =OFFSET(时间竖坐标算法智库.sszsk!$C$10,COLUMN(A2)−1,)
&. =OFFSET(时间竖坐标算法智库.sszsk!$D$10,COLUMN(A2)−1,)
&. =OFFSET(时间竖坐标算法智库.sszsk!$I$10,COLUMN(A2)−1,)
&. =OFFSET(时间竖坐标算法智库.sszsk!$J$10,COLUMN(A2)−1,)
&. =OFFSET(时间竖坐标算法智库.sszsk!$G$10,COLUMN(A2)−1,)
&. =OFFSET(时间竖坐标算法智库.sszsk!$H$10,COLUMN(A2)−1,)

M11:M30 列区间

&. =SUBSTITUTE(ADDRESS(1,COLUMN(),4),1,)
&. =OFFSET(时间竖坐标算法智库.sszsk!$C$10,COLUMN(D2)−1,)
&. =OFFSET(时间竖坐标算法智库.sszsk!$D$10,COLUMN(D2)−1,)
&. =OFFSET(时间竖坐标算法智库.sszsk!$I$10,COLUMN(D2)−1,)
&. =OFFSET(时间竖坐标算法智库.sszsk!$J$10,COLUMN(D2)−1,)
&. =OFFSET(时间竖坐标算法智库.sszsk!$G$10,COLUMN(D2)−1,)
&. =OFFSET(时间竖坐标算法智库.sszsk!$H$10,COLUMN(D2)−1,)
&. =含税销售总收入.交易期销售收入算法智库.jysrk
&. =L20−L21
&. =销项税额.销售.合计.交易期销售收入算法智库.jysrk

&.＝进项税额.营业支出..开发销售期总成本算法智库.kfqck
&.＝L23＋L25
&.＝IF(L19>0,L19,0)
&.＝IF(L19<0,L19,0)
&.＝IF(L23>0,SUM($J$24:$WK$24)*(1/COUNTIF($J$23:$WK$23,">0")),0)
&.＝SUM(L27,L28,L29,L30)
&.＝IF(L22>0,L22,0)
&.＝L27*教育附加税税率jsjdm
&.＝L27*地方教育附加税税率jsjdm
&.＝L27*市区的城市维护建设税税率jsjdm

第7章 建设工程进度计划编码数智编程算法

建设项目投资周期长是其典型特征之一,因此,进度计划的控制是建设项目管理的重要内容。建设项目的进度计划是编制现金流量表的基本前置条件。建设项目进度计划的不确定性导致其变化对建设项目投资决策的经济评价指标有很大的敏感度。

第1节 基于全程路径时间坐标轴的建模

1.1 建设项目全路径 Y 轴时间坐标数智编程算法

建设项目土地的使用年限取决于地块的用途属性,在构成建设项目全路径数智编程算法时,应首先综合考虑地块的使用所限、开发期、经营期、投资回报期等因素。下面以实例的方式来演示构建"建设项目全路径 Y 轴时间坐标数智编程算法"的全过程(表7-1、表7-2)。

实例演示(一) 表7-1

B	C	D	E	F	G
7	600	50			2065
L	C11:C610	D11:D610	E11:E610	F11:F610	G11:G610
B	C	D	E	F	G
610	总月度序号	土地月度序号	土地年度序号	每年月份	年份坐标
11	第1	第0	第0年	1月	2025年
12	第2	第0	第0年	2月	2025年
13	第3	第0	第0年	3月	2025年
14	第4	第0	第0年	4月	2025年
15	第5	第0	第0年	5月	2025年
16	第6	第2	第1年	6月	2025年
31	第21	第17	第2年	9月	2026年
63	第53	第49	第5年	5月	2029年
93	第83	第79	第7年	11月	2031年
94	第84	第80	第7年	12月	2031年
95	第85	第81	第7年	1月	2032年
608	第598	第594	第50年	10月	2074年
609	第599	第595	第50年	11月	2074年
610	第600	第596	第50年	12月	2074年

D7:D610 列区间

&.＝AX(D11:D610)/12

&.＝D9&.＄B＄11&."："&D9&.＄B＄10

&.＝SUBSTITUTE(ADDRESS(1,COLUN( ),4),1,)

&. 土地月度序号

&.＝IF(C11＞＝ONTH(土地使用年限.开始日期.关键节点计划算法智库.gjjsk),ROW(A2)－ONTH(土地使用年限.开始日期.关键节点计划算法智库.gjjsk)＋1,0)

&.＝IF(C12＞＝ONTH(土地使用年限.开始日期.关键节点计划算法智库.gjjsk),ROW(A3)－ONTH(土地使用年限.开始日期.关键节点计划算法智库.gjjsk)＋1,0)

&.＝IF(C13＞＝ONTH(土地使用年限.开始日期.关键节点计划算法智库.gjjsk),ROW(A4)－ONTH(土地使用年限.开始日期.关键节点计划算法智库.gjjsk)＋1,0)

&.＝IF(C610＞＝ONTH(土地使用年限.开始日期.关键节点计划算法智库.gjjsk),ROW(A601)－ONTH(土地使用年限.开始日期.关键节点计划算法智库.gjjsk)＋1,0)

注解：其他区间的相同逻辑关系的单元格内的公式可按上述演示进行相同指令的操作(后文仅列出部分区间的演示，其他区间的设置可参照此注解)。

E8:E610 列区间

&.＝E9&.＄B＄11&."："&E9&.＄B＄10

&.＝SUBSTITUTE(ADDRESS(1,COL UN( ),4),1,)

&. 土地年度序号

&.＝IF(D11＞0,ROUNDDOWN(D10/12＋1,0),0)

&.＝IF(D12＞0,ROUNDDOWN(D11/12＋1,0),0)

……

&.＝IF(D610＞0,ROUNDDOWN(D609/12＋1,0),0)

F8:F610 列区间

&.＝F9&.＄B＄11&."："&F9&.＄B＄10

&.＝SUBSTITUTE(ADDRESS(1,COL UN( ),4),1,)

&. 每年月份

&. 1(起始数值,直接输入)

&.＝IF(F11＋1＝13,1,F11＋1)

&.＝IF(F12＋1＝13,1,F12＋1)

……

&.＝IF(F609＋1＝13,1,F609＋1)

G7:G610 列区间

&.＝AX(G11:G493)

&.＝G9&.＄B＄11&."："&G9&.＄B＄10

&.＝SUBSTITUTE(ADDRESS(1,COL UN( ),4),1,)

&. 年份坐标

&.＝YEAR(I11)

&.＝IF(F11＋1＜13,G11,ID(G11,1,4)＋1)

&.＝IF(F12＋1＜13,G12,ID(G12,1,4)＋1)

...

& =IF(F609+1<13,G609,ID(G609,1,4)+1)

实例演示(二) 表 7-2

B	H	I	J	K	L
7	41	2025年1月1日	2074年12月31日		
L	H11:H610	I11:I610	J11:J610	K11:K610	L11:L610
610	年度序号	开始日期	完成日期	季度编码	年季度编码
11	第1年	2025年01月01日	2025年01月31日	第1季度	第1年第1季度
12	第1年	2025年02月01日	2025年02月28日	第1季度	第1年第1季度
13	第1年	2025年03月01日	2025年03月31日	第1季度	第1年第1季度
14	第1年	2025年04月01日	2025年04月30日	第2季度	第1年第2季度
15	第1年	2025年05月01日	2025年05月31日	第2季度	第1年第2季度
16	第1年	2025年06月01日	2025年06月30日	第2季度	第1年第2季度
31	第2年	2026年09月01日	2026年09月30日	第3季度	第2年第3季度
63	第5年	2029年05月01日	2029年05月31日	第2季度	第5年第2季度
93	第7年	2031年11月01日	2031年11月30日	第4季度	第7年第4季度
94	第7年	2031年12月01日	2031年12月31日	第4季度	第7年第4季度
95	第8年	2032年01月01日	2032年01月31日	第1季度	第8年第1季度
608	第50年	2074年10月01日	2074年10月31日	第4季度	第50年第4季度
609	第50年	2074年11月01日	2074年11月30日	第4季度	第50年第4季度
610	第50年	2074年12月01日	2074年12月31日	第4季度	第50年第4季度

H7:H610 列区间

   & =AX(H11:H493)

   & =H9&$B$11&":"&H9&$B$10

   & =SUBSTITUTE(ADDRESS(1,COLUN(),4),1,)

   & 年度序号

   & 1(起始数值,直接输入)

   & =IF(G12=G11,H11,H11+1)

   & =IF(G13=G12,H12,H12+1)

   ...

   & =IF(G610=G609,H609,H609+1)

I7:I610 列区间

   & =IN(I11:I610)

&. =I9&$B$11&":"&I9&$B$10
&. =SUBSTITUTE(ADDRESS(1,COLUN(),4),1,)
&. 开始日期
&. 2025/1/1(数值型变量,可按需录入)
&. =J11+1
&. =J12+1
     ...
&. =J609+1

J7:J610 列区间

&. =AX(J11:J610)
&. =J9&$B$11&":"&J9&$B$10
&. =SUBSTITUTE(ADDRESS(1,COLUN(),4),1,)
&. 完成日期
&. =EDATE(I11,1)-1
&. =EDATE(I12,1)-1
     ...
&. =EDATE(I610,1)-1

K8:K610 列区间

&. =K9&$B$11&":"&K9&$B$10
&. =SUBSTITUTE(ADDRESS(1,COLUN(),4),1,)
&. 季度编码
&. =LEN(2-ONTH(I11))
&. =LEN(2-ONTH(I12))
     ...
&. =LEN(2-ONTH(I610))

L8:L610 列区间

&. =L9&$B$11&":"&L9&$B$10
&. =SUBSTITUTE(ADDRESS(1,COLUN(),4),1,)
&. 年季度编码
&. ="第"&H11&"年"&"第"&K11&"季度"
&. ="第"&H12&"年"&"第"&K12&"季度"
     ...
&. ="第"&H610&"年"&"第"&K610&"季度"

1.2 建设项目全路径 X 轴时间坐标数智编程算法

基于建设项目的时间管理的需求,土地使用年限、开工日期、市场调研基准期,开发建设期、开发销售期、房开经营期、土地增值税清算期、租金收入期、商业经营期、资产折旧期、残值回收期都是时间坐标管理的科目内容。下面以实例的方式来演示构建"建设项目全路径 X 轴时间坐标数智编程算法"的全过程(表 7-3)。

实例演示　　　　表 7-3

	F	18	WK	I	K	WK
		J18:WK35	35			
		J12:WK12	12	总月度序号	2	600
		J13:WK13	13	土地月度序号	0	596
		J14:WK14	14	开始日期	2025年2月1日	2074年12月1日
		J15:WK15	15	完成日期	2025年2月28日	2074年12月31日
		J16:WK16	16	年份坐标	2025	2074
		J17:WK17	17	年度序号	1	50
49		J18:WK18	18	年度涨价指数	0	49.00
1		J19:WK19	19	市场调研基准期	0	0
480		J20:WK20	20	土地使用年限	0	0
1		J21:WK21	21	正式开工日	0	0
12		J22:WK22	22	栋01销售期	0	0
12		J23:WK23	23	栋02销售期	0	0
12		J24:WK24	24	栋03销售期	0	0
12		J25:WK25	25	栋04销售期	0	0
12		J26:WK26	26	车位销售期	0	0
26		J27:WK27	27	开发建设期	0	0
94		J28:WK28	28	开发销售期	0	0
94		J29:WK29	29	房开经营期	0	0
1		J30:WK30	30	土地增值税清算期	0	0
446		J31:WK31	31	租金收入期	0	0
446		J32:WK32	32	商业经营期	0	0
446		J33:WK33	33	资产折旧期	0	0
1		J34:WK34	34	残值回收期	0	0
486		J35:WK35	35	全生命周期	A	0

F18:F35 列区间

    & ＝AX(J18:WK18)

    & ＝COUNTIF(J19:WK19,"A")

    & ＝COUNTIF(J20:WK20,"A")

    & ＝COUNTIF(J35:WK35,"A")

G10:G35 列区间

    & ＝H18

&. = $J$11&G10&":"&H10&H11

&. = $J$11&H12&":"&$H$10&H12

&. = $J$11&H35&":"&$H$10&H35

I11：I35列区间

&. =SUBSTITUTE(ADDRESS(1,COL UN(),4),1,)

&. =OFFSET(时间竖坐标算法智库.sszsk!$C$10,COLUN(A2)-1,)

&. =OFFSET(时间竖坐标算法智库.sszsk!$D$10,COLUN(A2)-1,)

&. =OFFSET(时间竖坐标算法智库.sszsk!$H$10,COLUN(A2)-1,)

K8：K610列区间

&. =SUBSTITUTE(ADDRESS(1,COL UN(),4),1,)

&. =OFFSET(时间竖坐标算法智库.sszsk!$C$10,COLUN(C2)-1,)

&. =IF(YEAR(市场调研基准期.开始日期.关键节点计划算法智库.gjjsk)<=年份坐标.月度时间横坐标算法智库.yshzk,年份坐标.月度时间横坐标算法智库.yshzk-YEAR(市场调研基准期.开始日期.关键节点计划算法智库.gjjsk),0)

&. =IF(AND(开始日期.月度时间横坐标算法智库.yshzk>=市场调研基准期.开始日期.关键节点计划算法智库.gjjsk,完成日期.月度时间横坐标算法智库.yshzk<=市场调研基准期.完成日期.关键节点计划算法智库.gjjsk),"A",0)

WK11：WK35列区间

&. =SUBSTITUTE(ADDRESS(1,COL UN(),4),1,)

&. =OFFSET(时间竖坐标算法智库.sszsk!$C$10,COLUN(WC2)-1,)

&. =IF(YEAR(市场调研基准期.开始日期.关键节点计划算法智库.gjjsk)<=年份坐标.月度时间横坐标算法智库.yshzk,年份坐标.月度时间横坐标算法智库.yshzk-YEAR(市场调研基准期.开始日期.关键节点计划算法智库.gjjsk),0)

&. =IF(AND(开始日期.月度时间横坐标算法智库.yshzk>=市场调研基准期.开始日期.关键节点计划算法智库.gjjsk,完成日期.月度时间横坐标算法智库.yshzk<=市场调研基准期.完成日期.关键节点计划算法智库.gjjsk),"A",0)

第2节 编制建设项目的开发计划

2.1 建设项目设计时间编码数智编程算法

设计业务是建设项目不可缺少的内容，从建设项目全路径时间管理角度分析，设计时间也是处于关键线路上的业务。下面以实例方式来演示构建"建设项目设计时间编码数智编程算法"的全过程（表7-4、表7-5）。

		实例演示（一）			表7-4
4		分摊的公建	8.34		
5		分摊的精装修面积	0.83		
	C9:C18	D9:D18	E9:E18	F9:F18	G9:G18	H9:H18
B	C	D	E	F	G	H

续表

18	科目	使用功能	建筑面积 （万平方米）	面积比例	分摊后面积 （万平方米）	方案设计
9	建筑设计	功能	21.20		29.54	
10	栋01	办公	7.52	35.46%	10.48	1.50
11	栋02	办公	6.80	32.09%	9.48	1.50
12	栋03	住宅/公寓	3.07	14.47%	4.27	1.25
13	栋04	公寓	3.81	17.98%	5.31	1.25
14	室内设计	功能	14.32		15.15	
15	栋01	办公	2.75	19.19%	2.91	1.25
16	栋02	办公	6.80	47.51%	7.20	1.50
17	栋03	住宅/公寓	0.96	6.67%	1.01	75.00
18	栋04	公寓	3.81	26.63%	4.03	1.25

C6:C18 列区间

&. =CONCATENATE(C7,$B$9,":",C7,$B$8)

&. =SUBSTITUTE(ADDRESS(1,COLUN(),4),1,)

D6:D18 列区间

&. =CONCATENATE(D7,$B$9,":",D7,$B$8)

&. =SUBSTITUTE(ADDRESS(1,COLUN(),4),1,)

E4:E18 列区间

&. 分摊的公建

&. 分摊的精装修面积

&. =CONCATENATE(E7,$B$9,":",E7,$B$8)

&. =SUBSTITUTE(ADDRESS(1,COLUN(),4),1,)

&. 建筑面积(万平方米)

&. =SU(E10:E13)

&. =建筑体型数据智库.jtsjk!G9/10000

&. =建筑体型数据智库.jtsjk!G10/10000

&. =建筑体型数据智库.jtsjk!G11/10000

&. =建筑体型数据智库.jtsjk!G12/10000

&. =SU(E15:E18)

&. =设计面积数据智库.ssjk!10/10000

&. =设计面积数据智库.ssjk!11/10000

&. =设计面积数据智库.ssjk!12/10000

&. =设计面积数据智库.ssjk!13/10000

F4:F18 列区间

&. =SU(建筑面积.地下 sjsj.y)/10000

&. =SU(室内精装修面积.地下 sjsj.y)/10000

&. =CONCATENATE(F7,$B$9,":",F7,$B$8)

&. =SUBSTITUTE(ADDRESS(1,COLUN(),4),1,)

& 面积比例
& 空值
& =E10/＄E＄9
& =E11/＄E＄9
& =E12/＄E＄9
& =E13/＄E＄9
& 空值
& =E15/SU(＄E＄15:＄E＄18)
& =E16/SU(＄E＄15:＄E＄18)
& =E17/SU(＄E＄15:＄E＄18)
& =E18/SU(＄E＄15:＄E＄18)

G6:G18 列区间
   & =CONCATENATE(G7,＄B＄9,":",G7,＄B＄8)
   & =SUBSTITUTE(ADDRESS(1,COL UN(),4),1,)
   & 分摊后面积(万平方米)
   & =SU(G10:G13)
   & =＄F＄4*F10+E10
   & =＄F＄4*F11+E11
   & =＄F＄4*F12+E12
   & =＄F＄4*F13+E13
   & =SU(G15:G18)
   & =E15+F15*＄F＄5
   & =E16+F16*＄F＄5
   & =E17+F17*＄F＄5
   & =E18+F18*＄F＄5

H6:H18 列区间
   & =CONCATENATE(H7,＄B＄9,":",H7,＄B＄8)
   & =SUBSTITUTE(ADDRESS(1,COL UN(),4),1,)
   & 方案设计
   & 空值
   & =LOOKUP(E10,{0.5,0.8,1,2,5,8,10,15},{0.75,75,1,1.25,1.5,2,2,2.25})

实例演示(二)　　　　表 7-5

	C9:C18	D9:D18	I9:I18	J9:J18	K9:K18	L9:L18	M9:M18
B	C	D	I	J	K	L	
18	科目		初步设计	施工图设计	定额周期(月)	市场调整系数	实际周期(月)
9	建筑设计	使用功能					155 天
10	栋 01	办公	1.25	3.00	5.75	0.90	5.18
11	栋 02	办公	1.25	3.00	5.75	0.90	5.18

续表

12	栋03	公寓	1.00	2.00	4.25	0.90	3.83
13	栋04	公寓	1.00	2.00	4.25	0.90	3.83
14	室内设计	使用功能					3681天
15	栋01	办公	1.00	2.00	4.25	0.81	3.44
16	栋02	办公	1.25	3.00	5.75	0.81	4.66
17	栋03	公寓	75.00	1.50	151.50	0.81	122.72
18	栋04	公寓	1.00	2.00	4.25	0.81	3.44

I6:I18 列区间

&. =CONCATENATE(I7,$B$9,":",I7,$B$8)

&. =SUBSTITUTE(ADDRESS(1,COLUMN(),4),1,)

&. 初步设计

&. =空值

&. =LOOKUP(E10,{0.5,0.8,1,2,5,8,10,15},{0.75,75,0.75,1,1.25,1.5,1.75,2})

J6:J18 列区间

&. =CONCATENATE(J7,$B$9,":",J7,$B$8)

&. =SUBSTITUTE(ADDRESS(1,COLUMN(),4),1,)

&. 施工图设计

&. =空值

&. =LOOKUP(E10,{0.5,0.8,1,2,5,8,10,15},{1.25,1.5,1.75,2,3,3.5,3.75,4.25})

K6:K18 列区间

&. =CONCATENATE(K7,$B$9,":",K7,$B$8)

&. =SUBSTITUTE(ADDRESS(1,COLUMN(),4),1,)

&. 定额周期(月)

&. =空值

&. =SU(H10:J10)

&. =SU(H11:J11)

&. =SU(H12:J12)

&. =SU(H13:J13)

&. =空值

&. =SU(H15:J15)

&. =SU(H16:J16)

&. =SU(H17:J17)

&. =SU(H18:J18)

L6:L18 列区间

&. =CONCATENATE(L7,$B$9,":",L7,$B$8)

&. =SUBSTITUTE(ADDRESS(1,COLUMN(),4),1,)

&. 市场调整系数

&. =空值

&. 0.9(个案数值,可按需录入)

- & 0.9(个案数值,可按需录入)
- & 0.9(个案数值,可按需录入)
- & 0.9(个案数值,可按需录入)
- & =空值
- & 0.81(个案数值,可按需录入)
- & 0.81(个案数值,可按需录入)
- & 0.81(个案数值,可按需录入)
- & 0.81(个案数值,可按需录入)

M6:M18 列区间
- & =CONCATENATE(7,$B$9,":",7,$B$8)
- & =SUBSTITUTE(ADDRESS(1,COLUMN(),4),1,)
- & 实际周期(月)
- & =ROUND(AX(10:13)*30,0)
- & =K10*L10
- & =K11*L11
- & =K12*L12
- & =K13*L13
- & =ROUND(AX(15:18)*30,0)
- & =K15*L15
- & =K16*L16
- & =K17*L17
- & =K18*L18

2.2 土建工程编码数智编程算法

根据项目建设的特点分析,土建专业的施工工期属于关键线路工期,是全路径时间管理十分敏感的因素。基于定额工期、企业内部工期或相关专业专著的工期数据的采集,下面以实例的方式来演示构建"土建工程编码数智编程算法"的全过程(表7-6、表7-7)。

实例演示(一) 表7-6

5					295398.90	
K	C9:C13	D9:D13	E9:E13	F9:F13	G9:G13	H9:H13
B	C	D	E	F	G	H
13	土建工程类别	土建工期月数	总层数	单栋建筑面积	单层面积平均值	每层土建工期天数
9	土建.共有地下室.公建	2	3层	83392.20	27797.40	24
10	土建.栋01.建安	13	42层	75184.20	1790.10	9
11	土建.栋02.建安	11	38层	68023.80	1790.10	9
12	土建.栋03.建安	6	23层	30677.40	1333.80	8
13	土建.栋04.建安	6	21层	38121.30	1815.30	8

C6:C13 列区间

 & =CONCATENATE(C7,＄B＄9,":",C7,＄B＄8)
 & =SUBSTITUTE(ADDRESS(1,COL UN(),4),1,)
 & =成本科目数据智库.ckszkE10
 & =成本科目数据智库.ckszkE11
 & =成本科目数据智库.ckszkE12
 & =成本科目数据智库.ckszkE13
 & =成本科目数据智库.ckszkE14
 & =成本科目数据智库.ckszkE15

D6:D13 列区间

 & =CONCATENATE(D7,＄B＄9,":",D7,＄B＄8)
 & =SUBSTITUTE(ADDRESS(1,COL UN(),4),1,)
 & 土建工期月数
 & =IF(ROUND(I9/30,0)=0,1,ROUND(I9/30,0))
 & =IF(ROUND(I10/30,0)=0,1,ROUND(I10/30,0))
 & =IF(ROUND(I11/30,0)=0,1,ROUND(I11/30,0))
 & =IF(ROUND(I12/30,0)=0,1,ROUND(I12/30,0))
 & =IF(ROUND(I13/30,0)=0,1,ROUND(I13/30,0))

E6:E13 列区间

 & =CONCATENATE(E7,＄B＄9,":",E7,＄B＄8)
 & =SUBSTITUTE(ADDRESS(1,COL UN(),4),1,)
 & =建筑体型数据智库.jtsjk!F7
 & =建筑体型数据智库.jtsjk!F8
 & =建筑体型数据智库.jtsjk!F9
 & =建筑体型数据智库.jtsjk!F10
 & =建筑体型数据智库.jtsjk!F11
 & =建筑体型数据智库.jtsjk!F12

F5:F13 列区间

 & =SU(F9:F13)
 & =CONCATENATE(F7,＄B＄9,":",F7,＄B＄8)
 & =SUBSTITUTE(ADDRESS(1,COL UN(),4),1,)
 & =建筑体型数据智库.jtsjk!G7
 & =建筑体型数据智库.jtsjk!G8
 & =建筑体型数据智库.jtsjk!G9
 & =建筑体型数据智库.jtsjk!G10
 & =建筑体型数据智库.jtsjk!G11
 & =建筑体型数据智库.jtsjk!G12

G6:G13 列区间

 & =CONCATENATE(G7,＄B＄9,":",G7,＄B＄8)
 & =SUBSTITUTE(ADDRESS(1,COL UN(),4),1,)

&. 单层面积平均值
&. =F9/E9
&. =F10/E10
&. =F11/E11
&. =F12/E12
&. =F13/E13

H6:H13 列区间
&. =CONCATENATE(H7,$B$9,":",H7,$B$8)
&. =SUBSTITUTE(ADDRESS(1,COLUMN(),4),1,)
&. 每层土建工期完成天数
&. 24(数值型变量,可按需录入)
&. 9(数值型变量,可按需录入)
&. 9(数值型变量,可按需录入)
&. 8(数值型变量,可按需录入)
&. 8(数值型变量,可按需录入)

实例演示(二)　　　　　　　　　　　　　　　　　　　　表7-7

5					预售条件	
K	C9:C13	D9:D13	I9:I13	J9:J13	K9:K13	
B	C	D	I	J	K	
13	土建工程类别	土建工期月数	土建工期天数	预售层数	开工累计至预售的天数	
9	土建.共有地下室.公建	2	72天			
10	土建.栋01.建安	13	378天	28层	324天	
11	土建.栋02.建安	11	342天	25层	300天	
12	土建.栋03.建安	6	184天	15层	195天	
13	土建.栋04.建安	6	168天	14层	184天	

I6:I13 列区间
&. =CONCATENATE(I7,$B$9,":",I7,$B$8)
&. =SUBSTITUTE(ADDRESS(1,COLUMN(),4),1,)
&. 土建工期天数
&. =E9*H9
&. =E10*H10
&. =E11*H11
&. =E12*H12
&. =E13*H13

J5:J13 列区间
&. 预售条件
&. =CONCATENATE(J7,$B$9,":",J7,$B$8)
&. =SUBSTITUTE(ADDRESS(1,COLUMN(),4),1,)
&. 预售层数

& =空值
& =E10*(2/3)
& =E11*(2/3)
& =E12*(2/3)
& =E13*(2/3)

K6:K13 列区间

& =CONCATENATE(K7,＄B＄9,":",K7,＄B＄8)
& =SUBSTITUTE(ADDRESS(1,COLUN(),4),1,)
& 开工累计至预售的天数
& =空值
& =ROUND(＄I＄9+J10*H10,0)
& =ROUND(＄I＄9+J11*H11,0)
& =ROUND(＄I＄9+J12*H12,0)
& =ROUND(＄I＄9+J13*H13,0)

2.3 外立面装饰工程施工工期编码数智编程算法

外立面装饰不同的做法是施工工期的敏感因素之一，施工工期的数据来源将根据相关发布工期定额、企业定额或相关专著等方式采集。下面以实例的方式来演示构建"外立面装饰工程施工工期编码数智编程算法"的全过程（表 7-8、表 7-9）。

实例演示（一）　　　　　　　　　　　　表 7-8

J	C8:C11	D8:D11	E8:E11	F8:F11	G8:G11
B	C	D	E	F	G
11	外立面装饰工程类别	外装饰工期月数	总层数	单栋建筑面积	檐口高度
8	外装饰.栋01.建安	7	42层	75184.20	191.50
9	外装饰.栋02.建安	7	38层	68023.80	165.60
10	外装饰.栋03.建安	6	23层	30677.40	77.60
11	外装饰.栋04.建安	6	21层	38121.30	66.50

C5:C11 列区间

& =CONCATENATE(C6,＄B＄8,":",C6,＄B＄7)
& =SUBSTITUTE(ADDRESS(1,COLUN(),4),1,)
& =成本科目数据智库.ckszkF10
& =成本科目数据智库.ckszkF11
& =成本科目数据智库.ckszkF12
& =成本科目数据智库.ckszkF13
& =成本科目数据智库.ckszkF14

D5:D11 列区间

& =CONCATENATE(D6,＄B＄8,":",D6,＄B＄7)
& =SUBSTITUTE(ADDRESS(1,COLUN(),4),1,)
& 外装饰工期月数
& =IF(ROUND(J8/30,0)=0,1,ROUND(J8/30,0))

&. =IF(ROUND(J9/30,0)=0,1,ROUND(J9/30,0))
&. =IF(ROUND(J10/30,0)=0,1,ROUND(J10/30,0))
&. =IF(ROUND(J11/30,0)=0,1,ROUND(J11/30,0))

E5:E11列区间

&. =CONCATENATE(E6,$B$8,":",E6,$B$7)
&. =SUBSTITUTE(ADDRESS(1,COLUN(),4),1,)
&. =建筑体型数据智库.jtsjk!F7
&. =建筑体型数据智库.jtsjk!F9
&. =建筑体型数据智库.jtsjk!F10
&. =建筑体型数据智库.jtsjk!F11
&. =建筑体型数据智库.jtsjk!F12

F5:F11列区间

&. =CONCATENATE(F6,$B$8,":",F6,$B$7)
&. =SUBSTITUTE(ADDRESS(1,COLUN(),4),1,)
&. =建筑体型数据智库.jtsjk!G7
&. =建筑体型数据智库.jtsjk!G9
&. =建筑体型数据智库.jtsjk!G10
&. =建筑体型数据智库.jtsjk!G11
&. =建筑体型数据智库.jtsjk!G12

G5:G11列区间

&. =CONCATENATE(G6,$B$8,":",G6,$B$7)
&. =SUBSTITUTE(ADDRESS(1,COLUN(),4),1,)
&. 檐口高度
&. =AX(楼标高.栋01sjsj.y)
&. =AX(楼标高.栋02sjsj.y)
&. =AX(楼标高.栋03sjsj.y)
&. =AX(楼标高.栋04sjsj.y)

实例演示(二)　　　　　　　表7-9

J	C8:C11	H8:H11	I8:I11	J8:J11
B	C	H	I	J
11	外立面装饰工程类别	立面数智编程算法面积	装饰做法	外装饰工期天数
8	外装饰.栋01.建安	32409.13	玻璃幕墙	217
9	外装饰.栋02.建安	28025.86	玻璃幕墙	217
10	外装饰.栋03.建安	11336.19	贴外墙砖	181
11	外装饰.栋04.建安	11333.29	贴外墙砖	166

H5:H11列区间

&. =CONCATENATE(H6,$B$8,":",H6,$B$7)
&. =SUBSTITUTE(ADDRESS(1,COLUN(),4),1,)
&. 立面数智编程算法面积
&. =SU(立面数智编程算法面积.栋01.办公.42层.sksjk)
&. =SU(立面数智编程算法面积.栋02.办公.38层.sksjk)

  & =SU(立面数智编程算法面积.栋03.住宅.23层.sksjk)
  & =SU(立面数智编程算法面积.栋04.公寓.21层.sksjk)

I5:I11列区间
  & =CONCATENATE(I6,＄B＄8,":",I6,＄B＄7)
  & =SUBSTITUTE(ADDRESS(1,COL UN(),4),1,)

J5:J11列区间
  & =CONCATENATE(J6,＄B＄8,":",J6,＄B＄7)
  & =SUBSTITUTE(ADDRESS(1,COL UN(),4),1,)
  & 外装饰工期天数(文本型,直接输入)
  & 217(数值型变量,可按需录入)
  & 217(数值型变量,可按需录入)
  & 181(数值型变量,可按需录入)
  & 166(数值型变量,可按需录入)

2.4 内装饰工程施工工期

在编制内装饰工程施工工期计划时应考虑其建筑功能、装修的档次、质量的标准、装修的面积、施工段的划分等因素（表7-10、表7-11）。

实例演示（一）　　　　　　　　　　　　表7-10

C	D	E	F	G	H
	D8:D12	E8:E12	F8:F12	G8:G12	H8:H12
12	室内装饰工程类别	内装饰工期月数	总层数	单栋建筑面积	装修标准
8	内装饰.共有地下室.公建	3	3层	83392.20	一般标准
9	内装饰.栋01.建安	2	42层	75184.20	中级标准
10	内装饰.栋02.建安	3	38层	68023.80	中级标准
11	内装饰.栋03.建安	3	23层	30677.40	中级标准
12	内装饰.栋04.建安	3	21层	38121.30	中级标准

D5:D12列区间
  & =CONCATENATE(D6,＄C＄8,":",D6,＄C＄7)
  & =SUBSTITUTE(ADDRESS(1,COL UN(),4),1,)
  & =内装饰工程费 nzgf.y!C8
  & =内装饰工程费 nzgf.y!C9
  & =内装饰工程费 nzgf.y!C10
  & =内装饰工程费 nzgf.y!C11
  & =内装饰工程费 nzgf.y!C12
  & =内装饰工程费 nzgf.y!C13

E5:E12列区间
  & =CONCATENATE(E6,＄C＄8,":",E6,＄C＄7)
  & =SUBSTITUTE(ADDRESS(1,COL UN(),4),1,)
  & 内装饰工期月数(文本型,直接输入)
  & =IF(ROUND(8/30,0)=0,1,ROUND(8/30,0))

- =IF(ROUND(9/30,0)=0,1,ROUND(9/30,0))
- =IF(ROUND(10/30,0)=0,1,ROUND(10/30,0))
- =IF(ROUND(11/30,0)=0,1,ROUND(11/30,0))
- =IF(ROUND(12/30,0)=0,1,ROUND(12/30,0))

F5:F12 列区间
- =CONCATENATE(F6,$C$8,":",F6,$C$7)
- =SUBSTITUTE(ADDRESS(1,COLUN(),4),1,)
- =建筑体型数据智库.jtsjk!F7
- =建筑体型数据智库.jtsjk!F8
- =建筑体型数据智库.jtsjk!F9
- =建筑体型数据智库.jtsjk!F10
- =建筑体型数据智库.jtsjk!F11
- =建筑体型数据智库.jtsjk!F12

G5:G12 列区间
- =CONCATENATE(G6,$C$8,":",G6,$C$7)
- =SUBSTITUTE(ADDRESS(1,COLUN(),4),1,)
- =建筑体型数据智库.jtsjk!G7
- =建筑体型数据智库.jtsjk!G8
- =建筑体型数据智库.jtsjk!G9
- =建筑体型数据智库.jtsjk!G10
- =建筑体型数据智库.jtsjk!G11
- =建筑体型数据智库.jtsjk!G12

H5:H12 列区间
- =CONCATENATE(H6,$C$8,":",H6,$C$7)
- =SUBSTITUTE(ADDRESS(1,COLUN(),4),1,)

实例演示（二）　　　　　　　　　　表 7-11

	D8:D12	I8:I12	J8:J12	K8:K12	L8:L12	M8:M12
C	D	I	J	K	L	M
12	室内装饰工程类别	室内精装修面积	施工段	施工段面积	面积指标天数	室内装饰工期天数
8	内装饰.共有地下室.公建	8339.22	3 段	2779.74	3.00%	83 天
9	内装饰.栋 01.建安	27478.04	5 段	5495.61	1.00%	55 天
10	内装饰.栋 02.建安	68023.80	7 段	9717.69	1.00%	97 天
11	内装饰.栋 03.建安	9550.01	3 段	3183.34	3.00%	96 天
12	内装饰.栋 04.建安	38121.30	5 段	7624.26	1.00%	76 天

I5:I12 列区间
- =CONCATENATE(I6,$C$8,":",I6,$C$7)
- =SUBSTITUTE(ADDRESS(1,COLUN(),4),1,)
- 室内精装修面积（文本型,直接输入）

&. =SUM(室内精装修面积.地下 sjsj.y)

&. =SUM(室内精装修面积.栋 01sjsj.y)

&. =SUM(室内精装修面积.栋 02sjsj.y)

&. =SUM(室内精装修面积.栋 03sjsj.y)

&. =SUM(室内精装修面积.栋 04sjsj.y)

J5:J12 列区间

&. =CONCATENATE(J6,＄C＄8,":",J6,＄C＄7)

&. =SUBSTITUTE(ADDRESS(1,COL UN(),4),1,)

&. 施工段(文本型,直接输入)

&. 3(数值型,可根据个案实例数据调整填入)

&. 5(数值型,可根据个案实例数据调整填入)

&. 7(数值型,可根据个案实例数据调整填入)

&. 3(数值型,可根据个案实例数据调整填入)

&. 5(数值型,可根据个案实例数据调整填入)

K5:K12 列区间

&. =CONCATENATE(K6,＄C＄8,":",K6,＄C＄7)

&. =SUBSTITUTE(ADDRESS(1,COL UN(),4),1,)

&. 施工段面积

&. =IFERROR(I8/J8,0)

&. =IFERROR(I9/J9,0)

&. =IFERROR(I10/J10,0)

&. =IFERROR(I11/J11,0)

&. =IFERROR(I12/J12,0)

L5:L12 列区间

&. =CONCATENATE(L6,＄C＄8,":",L6,＄C＄7)

&. =SUBSTITUTE(ADDRESS(1,COL UN(),4),1,)

&. 面积天指标

&. =IF(K8＜5000,3％,IF(K8＜20000,1％,IF(K8＜50000,0.8％,IF(K8＞50000,0.5％,0))))

&. =IF(K12＜5000,3％,IF(K12＜20000,1％,IF(K12＜50000,0.8％,IF(K12＞50000,0.5％,0))))

M5:M12 列区间

&. =CONCATENATE(6,＄C＄8,":",6,＄C＄7)

&. =SUBSTITUTE(ADDRESS(1,COL UN(),4),1,)

&. 室内装饰工期天数

&. =ROUND(L8＊K8,0)

&. =ROUND(L9＊K9,0)

&. =ROUND(L10＊K10,0)

&. =ROUND(L11＊K11,0)

&. =ROUND(L12＊K12,0)

2.5 项目开发计划数智编程算法

下面以实例的方式来演示构建"项目开发计划数智编程算法"的全过程（表 7-12、表 7-13）。

实例演示（一） 表 7-12

5		2.08 年		11.00 年
6		25	2025 年 1 月 1 日	2036 年 1 月 8 日
K	C10:C51	D10:D51	E10:E51	G10:G51	H10:H51
B	C	D	E	G	H
51	开发节点	开发科目	天数	开始日期	完成日期
10	立项拿地	建议书编制	60	2025 年 01 月 01 日	2025 年 03 月 01 日
11	立项拿地	可研报告编制	90	2025 年 03 月 02 日	2025 年 05 月 30 日
12	立项拿地	土地使用权出让金	7	2025 年 05 月 31 日	2025 年 06 月 06 日
13	立项拿地	土地交易契税	7	2025 年 06 月 07 日	2025 年 06 月 13 日
14	土地开发	印花税	7	2025 年 06 月 07 日	2025 年 06 月 13 日
15	土地开发	劳动力安置	7	2025 年 06 月 13 日	2025 年 06 月 19 日
16	土地开发	搬迁用房安置	7	2025 年 06 月 13 日	2025 年 06 月 19 日
17	土地开发	附着物拆迁补偿	7	2025 年 06 月 19 日	2025 年 06 月 25 日
18	土地开发	红线外接驳	7	2025 年 06 月 07 日	2025 年 06 月 13 日
19	土地开发	大市政配套	7	2025 年 06 月 07 日	2025 年 06 月 13 日
20	土地开发	五通一平	7	2025 年 06 月 07 日	2025 年 06 月 13 日
21	开工准备	岩土勘察	90	2025 年 06 月 14 日	2025 年 09 月 11 日
22	开工准备	建筑设计	155	2025 年 09 月 12 日	2026 年 02 月 13 日
23	开工准备	室内设计	3681	2025 年 12 月 11 日	2036 年 01 月 08 日
24	开工准备	施工图审查	30	2026 年 02 月 14 日	2026 年 03 月 15 日
25	开工准备	测量测绘	45	2026 年 03 月 16 日	2026 年 04 月 29 日
26	施工建造	土建.共有地下室.公建	72	2026 年 03 月 16 日	2026 年 05 月 26 日
27	施工建造	土建.栋01.建安	378	2026 年 05 月 27 日	2027 年 06 月 08 日
28	施工建造	土建.栋02.建安	342	2026 年 05 月 27 日	2027 年 05 月 03 日
29	施工建造	土建.栋03.建安	184	2026 年 05 月 27 日	2026 年 11 月 26 日
30	施工建造	土建.栋04.建安	168	2026 年 05 月 27 日	2026 年 11 月 10 日
31	施工建造	外装饰.栋01.建安	217	2027 年 06 月 09 日	2028 年 01 月 11 日
32	施工建造	外装饰.栋02.建安	217	2027 年 05 月 04 日	2027 年 12 月 06 日
33	施工建造	外装饰.栋03.建安	181	2026 年 11 月 27 日	2027 年 05 月 26 日
34	施工建造	外装饰.栋04.建安	166	2026 年 11 月 11 日	2027 年 04 月 25 日
35	施工建造	内装饰.共有地下室.公建	83	2028 年 01 月 12 日	2028 年 04 月 03 日
36	施工建造	内装饰.栋01.建安	55	2028 年 01 月 12 日	2028 年 03 月 06 日
37	施工建造	内装饰.栋02.建安	97	2027 年 12 月 07 日	2028 年 03 月 12 日
38	施工建造	内装饰.栋03.建安	96	2027 年 05 月 27 日	2027 年 08 月 30 日
39	施工建造	内装饰.栋04.建安	76	2027 年 04 月 26 日	2027 年 07 月 10 日
40	施工建造	安装.共有地下室.公建	83	2028 年 01 月 12 日	2028 年 04 月 03 日
41	施工建造	安装.栋01.建安	55	2028 年 01 月 12 日	2028 年 03 月 06 日

42	施工建造	安装.栋02.建安	97	2027年12月07日	2028年03月12日
43	施工建造	安装.栋03.建安	96	2027年05月27日	2027年08月30日
44	施工建造	安装.栋04.建安	76	2027年04月26日	2027年07月10日
45	施工建造	小市政.基施	60	2028年01月12日	2028年03月11日
46	施工建造	其他工程费.基施	60	2028年01月12日	2028年03月11日
47	施工建造	土建类建设单位直采购置	449	2026年03月16日	2027年06月08日
48	施工建造	装饰类建设单位直采购置	509	2026年11月11日	2028年04月03日
49	施工建造	安装类建设单位直采购置	321	2027年04月26日	2028年03月12日
50	施工建造	市政类建设单位直采购置	59	2028年01月12日	2028年03月11日
51	施工建造	施工监理	749	2026年03月16日	2028年04月03日

C7:C51列区间

&. =CONCATENATE(C8,＄B＄10,":",C8,＄B＄9)

&. =SUBSTITUTE(ADDRESS(1,COL UN(),4),1,)

&. 开发节点

D7:D51列区间

&. =CONCATENATE(D8,＄B＄10,":",D8,＄B＄9)

&. =SUBSTITUTE(ADDRESS(1,COL UN(),4),1,)

&. 开发科目(文本型,直接输入)

&. =前期工程费数据智库.rjfsk!C9

&. =前期工程费数据智库.rjfsk!C10

&. =前期工程费数据智库.rjfsk!C17

E5:E51列区间

&. =E6/12

&. =DATEDIF(IN(G26:G44),AX(H26:H44),"")+1

&. =CONCATENATE(E8,＄B＄10,":",E8,＄B＄9)

&. =SUBSTITUTE(ADDRESS(1,COL UN(),4),1,)

&. 天数(文本型,直接输入)

&. 60(数值型变量,可按需录入)

&. 90(数值型变量,可按需录入)

&. 7(数值型变量,可按需录入)

&. 7(数值型变量,可按需录入)

&. 7(数值型变量,可按需录入)

&. 7(数值型变量,可按需录入)

&. 7(数值型变量,可按需录入)

&. 7(数值型变量,可按需录入)

&. 7(数值型变量,可按需录入)

&. 7(数值型变量,可按需录入)

&. 90(数值型变量,可按需录入)

&=建筑设计周期 jzsjzq

&=室内设计周期 jzsjzq

&.30(数值型变量,可按需录入)

&.45(数值型变量,可按需录入)

&=结构工程施工工期算法智库.jgsgkI9

&=结构工程施工工期算法智库.jgsgkI10

&=结构工程施工工期算法智库.jgsgkI11

&=结构工程施工工期算法智库.jgsgkI12

&=结构工程施工工期算法智库.jgsgkI13

&=外立面装饰施工工期算法智库.wzgskJ8

&=外立面装饰施工工期算法智库.wzgskJ9

&=外立面装饰施工工期算法智库.wzgskJ10

&=外立面装饰施工工期算法智库.wzgskJ11

&=室内装饰施工工期算法智库.szgsk8

&=室内装饰施工工期算法智库.szgsk9

&=室内装饰施工工期算法智库.szgsk10

&=室内装饰施工工期算法智库.szgsk11

&=室内装饰施工工期算法智库.szgsk12

&.=E35

&.=E36

&.=E37

&.=E38

&.=E39

&.60(数值型变量,可按需录入)

&.60(数值型变量,可按需录入)

&.=H47－G47

&.=H48－G48

&.=H49－G49

&.=H50－G50

&.=H51－G51

G6:G51列区间

&.=IN(G10:G50)

&.=CONCATENATE(G8,$B$10,":",G8,$B$9)

&.=SUBSTITUTE(ADDRESS(1,COLUMN(),4),1,)

&.开始日期(文本型,直接输入)

&.=时间竖坐标算法智库.sszsk!I11

&.=H10+1

&.=H11+1

&.=H12+1

&.=G13

&.=H13

&.=H13

&. ＝H16
&. ＝H12＋1
&. ＝G18
&. ＝G19
&. ＝H13＋1
&. ＝H21＋1
&. ＝G22＋90
&. ＝H22＋1
&. ＝H24＋1
&. ＝H24＋1
&. ＝H26＋1
&. ＝H26＋1
&. ＝H26＋1
&. ＝H26＋1
&. ＝H27＋1
&. ＝H28＋1
&. ＝H29＋1
&. ＝H30＋1
&. ＝AX(H31:H34)＋1
&. ＝H31＋1
&. ＝H32＋1
&. ＝H33＋1
&. ＝H34＋1
&. ＝G35
&. ＝G36
&. ＝G37
&. ＝G38
&. ＝G39
&. ＝AX(H30:H34)＋1
&. ＝G45
&. ＝IN(G26:G30)
&. ＝IN(G31:G39)
&. ＝IN(G41:G44)
&. ＝IN(G45:G46)
&. ＝IN(G26:G50)

H5:H51 列区间

&. ＝F6/12
&. ＝AX(H10:H50)
&. ＝CONCATENATE(H8,＄B＄10,":",H8,＄B＄9)
&. ＝SUBSTITUTE(ADDRESS(1,COL UN(),4),1,)

& 完成日期(文本型,直接输入)
& =IF(E10>0,G10+E10-1,EDATE(G10,F10)-1)
& =AX(H26:H50)

实例演示(二)　　　　　　　　　　　　　　　　　　　　表 7-13

5		2.08 年			
6		25			
K	D10:D51	E10:E51	I10:I51	J10:J51	K10:K51
B	D	E	I	J	K
51	开发科目	天数	开始月份	完成月份	工期月数
10	建议书编制	60	2025年01月01日	2025年03月31日	3
11	可研报告编制	90	2025年03月01日	2025年05月31日	3
12	土地使用权出让金	7	2025年05月01日	2025年06月30日	2
13	土地交易契税	7	2025年06月01日	2025年06月30日	1
14	印花税	7 天	2025年06月01日	2025年06月30日	1
15	劳动力安置	7	2025年06月01日	2025年06月30日	1
16	搬迁用房安置	7	2025年06月01日	2025年06月30日	1
17	附着物拆迁补偿	7	2025年06月01日	2025年06月30日	1
18	红线外接驳	7	2025年06月01日	2025年06月30日	1
19	大市政配套	7	2025年06月01日	2025年06月30日	1
20	五通一平	7	2025年06月01日	2025年06月30日	1
21	岩土勘察	90	2025年06月01日	2025年09月30日	4
22	建筑设计	155	2025年09月01日	2026年02月28日	6
23	室内设计	3681	2025年12月01日	2036年01月31日	122
24	施工图审查	30	2026年02月01日	2026年03月31日	
25	测量测绘	45	2026年03月01日	2026年04月30日	2
26	土建.共有地下室.公建	72	2026年03月01日	2026年05月31日	3
27	土建.栋01.建安	378	2026年05月01日	2027年06月30日	14
28	土建.栋02.建安	342	2026年05月01日	2027年05月31日	13
29	土建.栋03.建安	184	2026年05月01日	2026年11月30日	7
30	土建.栋04.建安	168	2026年05月01日	2026年11月30日	7
31	外装饰.栋01.建安	217	2027年06月01日	2028年01月31日	8
32	外装饰.栋02.建安	217	2027年05月01日	2027年12月31日	8
33	外装饰.栋03.建安	181	2026年11月01日	2027年05月31日	7
34	外装饰.栋04.建安	166	2026年11月01日	2027年04月30日	6
35	内装饰.共有地下室.公建	83	2028年01月01日	2028年04月30日	4
36	内装饰.栋01.建安	55	2028年01月01日	2028年03月31日	3
37	内装饰.栋02.建安	97	2027年12月01日	2028年03月31日	4
38	内装饰.栋03.建安	96	2027年05月01日	2027年08月31日	4
39	内装饰.栋04.建安	76	2027年04月01日	2027年07月31日	4

续表

40	安装.共有地下室.公建	83	2028年01月01日	2028年04月30日	4
41	安装.栋01.建安	55	2028年01月01日	2028年03月31日	3
42	安装.栋02.建安	97	2027年12月01日	2028年03月31日	4
43	安装.栋03.建安	96	2027年05月01日	2027年08月31日	4
44	安装.栋04.建安	76	2027年04月01日	2027年07月31日	4
45	小市政.基施	60	2028年01月01日	2028年03月31日	3
46	其他工程费.基施	60	2028年01月01日	2028年03月31日	3
47	土建类建设单位直采购置费	449	2026年03月01日	2027年06月30日	16
48	装饰类建设单位直采购置费	509	2026年11月01日	2028年04月30日	18
49	安装类建设单位直采购置费	321	2027年04月01日	2028年03月31日	12
50	市政类建设单位直采购置费	59	2028年01月01日	2028年03月31日	3
51	施工监理	749	2026年03月01日	2028年04月30日	26

I7：I51列区间

&. =CONCATENATE(I8,$B$10,":",I8,$B$9)

&. =SUBSTITUTE(ADDRESS(1,COL UN( ),4),1,)

&. 开始月份(文本型,直接输入)

&. =EOONTH(G10,－1)+1

&. =EOONTH(G11,－1)+1

&. =EOONTH(G51,－1)+1

J7：J51列区间

&. =CONCATENATE(J8,$B$10,":",J8,$B$9)

&. =SUBSTITUTE(ADDRESS(1,COL UN( ),4),1,)

&. 完成月份(文本型,直接输入)

&. =DATE(YEAR(H10),ONTH(H10)+1,1)－1

&. =DATE(YEAR(H11),ONTH(H11)+1,1)－1

&. =DATE(YEAR(H51),ONTH(H51)+1,1)－1

K7：K51列区间

&. =CONCATENATE(K8,$B$10,":",K8,$B$9)

&. =SUBSTITUTE(ADDRESS(1,COL UN( ),4),1,)

&. 工期月数(文本型,直接输入)

&. =DATEDIF(I10,J10,"")+1

&. =DATEDIF(I11,J11,"")+1

&. =DATEDIF(I51,J51,"")+1

2.6 开发里程碑节点数智编程算法

利用 ECXEL 通用办公软件，将项目开发计划明细的时间节点整合成现金流量编制所需要的里程碑节点。下面以实例的方式来演示构建"开发里程碑节点数智编程算法"的全过程（表7-14、表7-15）。

第7章 建设工程进度计划编码数智编程算法

实例演示（一） 表7-14

B	C	D	E	F	G
7				2025年1月1日	2065年7月12日
L	C11:C27	D11:D27	E11:E27	F11:F27	G11:G27
	C	D	E	F	G
27	节点科目	工期天数	工期月数	开始时间	完成时间
11	市场调研基准期	7天		2025年01月01日	2025年01月07日
12	土地使用年限		480	2025年06月14日	2065年06月13日
13	正式开工日	1天		2026年03月16日	2026年03月16日
14	栋01销售期		12	2027年02月03日	2028年02月02日
15	栋02销售期		12	2028年11月28日	2029年11月27日
16	栋03销售期		12	2030年06月10日	2031年06月09日
17	栋04销售期		12	2031年12月10日	2032年12月09日
18	车位销售期		12	2032年12月10日	2033年12月09日
19	开发建设期			2026年03月16日	2028年04月03日
20	开发销售期			2026年03月16日	2033年12月09日
21	房开经营期			2026年03月16日	2033年12月09日
22	土地增值税清算期		1	2034年01月08日	2034年02月07日
23	租金收入期			2028年04月04日	2065年06月13日
24	商业经营期			2028年04月04日	2065年06月13日
25	资产折旧期			2028年04月04日	2065年06月13日
26	残值回收期		1	2065年06月13日	2065年07月12日
27	全生命周期			2025年01月01日	2065年06月13日

C8:C27列区间

&．=C9&＄B＄11&"："&C9&＄B＄10

&．=SUBSTITUTE(ADDRESS(1,COLUN(),4),1,)

&．节点科目（文本型，直接输入）

E8:E27列区间

&．=E9&＄B＄11&"："&E9&＄B＄10

&．=SUBSTITUTE(ADDRESS(1,COLUN(),4),1,)

&．工期月数（文本型，直接输入）

&．=空值

&．=40*12

&．=空值

&．=销售周期月数.栋01sxbm

&．=销售周期月数.栋02sxbm

&．=销售周期月数.栋03sxbm

&．=销售周期月数.栋04sxbm

&．=销售周期月数.车位sxbm

&．=空值

&．=空值

&．=空值

193

&．1
&．＝空值
&．＝空值
&．＝空值
&．1
&．＝空值

F7：F27 列区间

&．＝IN(F11：F27)
&．＝F9&＄B＄11&":"&F9&＄B＄10
&．＝SUBSTITUTE(ADDRESS(1,COLUN(),4),1,)
&．开始时间(文本型,直接输入)
&．＝开发计划.开发项目建设计划算法智库.xjjsk!G10
&．＝开发计划.开发项目建设计划算法智库.xjjsk!H13＋1
&．＝开发计划.开发项目建设计划算法智库.xjjsk!G26
&．＝G13＋结构工程施工工期算法智库.jgsgkK10
&．＝G14＋结构工程施工工期算法智库.jgsgkK11
&．＝G15＋结构工程施工工期算法智库.jgsgkK12
&．＝G16＋结构工程施工工期算法智库.jgsgkK13
&．＝AX(G14：G17)＋1
&．＝F13
&．＝F19
&．＝F19
&．＝G21＋30
&．＝G19＋1
&．＝G19＋1
&．＝G19＋1
&．＝G12
&．＝开发计划.开发项目建设计划算法智库.xjjsk!G10

G7：G27 列区间

&．＝AX(G11：G27)
&．＝G9&＄B＄11&":"&G9&＄B＄10
&．＝SUBSTITUTE(ADDRESS(1,COLUN(),4),1,)
&．完成时间(文本型,直接输入)
&．＝IF(D11＞0,F11＋D11－1,EDATE(F11,E11)－1)
&．＝IF(D12＞0,F12＋D12－1,EDATE(F12,E12)－1)
&．＝IF(D13＞0,F13＋D13－1,EDATE(F13,E13)－1)
&．＝IF(D14＞0,F14＋D14－1,EDATE(F14,E14)－1)
&．＝IF(D15＞0,F15＋D15－1,EDATE(F15,E15)－1)
&．＝IF(D16＞0,F16＋D16－1,EDATE(F16,E16)－1)
&．＝IF(D17＞0,F17＋D17－1,EDATE(F17,E17)－1)

&. =IF(D18>0,F18+D18-1,EDATE(F18,E18)-1)
&. =开发计划.开发项目建设计划算法智库.xjjsk!H51
&. =AX(G14:G18)
&. =AX(G14:G20)
&. =IF(D22>0,F22+D22-1,EDATE(F22,E22)-1)
&. =G12
&. =G12
&. =G12
&. =IF(D26>0,F26+D26-1,EDATE(F26,E26)-1)
&. =G12

实例演示（二） 表 7-15

L	C11:C27	H11:HB27	I11:I27	J11:J27	K11:KB27	L11:LB27
B	C	H	I	J	K	L
27	科目内容	月数	开始月份	完成月份	开始月序	完成月序
11	市场调研基准期	1	2025年01月01日	2025年01月31日	第1	第1
12	土地使用年限	480	2025年06月01日	2065年06月30日	第6	第486
13	正式开工日	1	2026年03月01日	2026年03月31日	第15	第15
14	栋01销售期	12	2027年02月01日	2028年02月29日	第26	第38
15	栋02销售期	12	2028年11月01日	2029年11月30日	第47	第59
16	栋03销售期	12	2030年06月01日	2031年06月30日	第66	第78
17	栋04销售期	12	2031年12月01日	2032年12月31日	第84	第96
18	车位销售期	12	2032年12月01日	2033年12月31日	第96	第108
19	开发建设期	25	2026年03月01日	2028年04月30日	第15	第40
20	开发销售期	93	2026年03月01日	2033年12月31日	第15	第108
21	房开经营期	93	2026年03月01日	2033年12月31日	第15	第108
22	土地增值税清算期	1	2034年01月01日	2034年02月28日	第109	第110
23	租金收入期	447	2028年04月01日	2065年06月30日	第40	第486
24	商业经营期	447	2028年04月01日	2065年06月30日	第40	第486
25	资产折旧期	447	2028年04月01日	2065年06月30日	第40	第486
26	残值回收期	1	2065年06月01日	2065年07月31日	第486	第487
27	全生命周期	486	2025年01月01日	2065年06月30日	第1	第486

H8:HB27 列区间

&. =CONCATENATE(H9,$B$10,":",H9,$B$9)

&. =SUBSTITUTE(ADDRESS(1,COLUN(),4),1,)

&. 月数（文本型，直接输入）

&. =DATEDIF(F11,G11,"")+1

&. =DATEDIF(F12,G12,"")+1

&. =DATEDIF(F27,G27,"")+1

D8:D27 列区间

&. =D9&$B$11&":"&D9&$B$10

- &=SUBSTITUTE(ADDRESS(1,COL UN(),4),1,)
- &工期天数(文本型,直接输入)
- &7(数值型变量,可按需录入)
- &=空值
- &1(数值型变量,可按需录入)
- &=空值

I8:I27 列区间
- &=I9&﹩B﹩11&":"&I9&﹩B﹩10
- &=SUBSTITUTE(ADDRESS(1,COL UN(),4),1,)
- &开始月份(文本型,直接输入)
- &=EOONTH(F11,−1)+1
- &=EOONTH(F12,−1)+1
- &=EOONTH(F27,−1)+1

J8:J27 列区间
- &=J9&﹩B﹩11&":"&J9&﹩B﹩10
- &=SUBSTITUTE(ADDRESS(1,COL UN(),4),1,)
- &完成月份(文本型,直接输入)
- &=DATE(YEAR(G11),ONTH(G11)+1,1)−1
- &=DATE(YEAR(G12),ONTH(G12)+1,1)−1
- &=DATE(YEAR(G27),ONTH(G27)+1,1)−1

K8:KB27 列区间
- &=CONCATENATE(K9,﹩B﹩10,":",K9,﹩B﹩9)
- &=SUBSTITUTE(ADDRESS(1,COLUN(),4),1,)
- &开始月序(文本型,直接输入)
- &=LOOKUP(I11,开始日期 qczx.yb.y,总月度序号 qczx.yb.y)
- &=LOOKUP(I12,开始日期 qczx.yb.y,总月度序号 qczx.yb.y)
- &=LOOKUP(I27,开始日期 qczx.yb.y,总月度序号 qczx.yb.y)

L8:LB27 列区间
- &=CONCATENATE(L9,﹩B﹩10,":",L9,﹩B﹩9)
- &=SUBSTITUTE(ADDRESS(1,COLUN(),4),1,)
- &完成月序(文本型,直接输入)
- &=LOOKUP(J11,完成日期 qczx.yb.y,总月度序号 qczx.yb.y)
- &=LOOKUP(J12,完成日期 qczx.yb.y,总月度序号 qczx.yb.y)
- &=LOOKUP(J27,完成日期 qczx.yb.y,总月度序号 qczx.yb.y)

第3节　房地产建设项目的营销计划

3.1　销售交易时间数智编程算法

建设项目从具备销售条件开始到销售结束时段对建设项目投资决策分析的经济评价指

标具有一定的敏感度，利用EXCEL通用办公软件，来演示构建"销售交易时间数智编程算法"的全过程（表7-16）。

实例演示 表7-16

5				12		
H	C9:C13	D9:D13	E9:E13	F9:F13	G9:G13	H9:H13
B	C	D	E	F	G	H
13	科目	建筑功能	经营模式	销售交易月数	销售产权面积	销售节奏
9	栋01	办公	经营销售	12	70424.17	5868.68
10	栋02	办公	经营出租	12	61376.10	5114.68
11	栋03	住宅/公寓	经营销售	12	30976.27	2581.36
12	栋04	公寓	经营出租	12	0	0
13	车位	车位	混合营销	12	7807.50	650.63

C6:C13 列区间
&. =CONCATENATE(C7,$B$13,":",C7,$B$8)
&. =SUBSTITUTE(ADDRESS(1,COLUN(),4),1,)
&. 科目（文本型,直接输入）

D6:D13 列区间
&. =CONCATENATE(D7,$B$13,":",D7,$B$8)
&. =SUBSTITUTE(ADDRESS(1,COLUN(),4),1,)
&. 建筑功能（文本型,直接输入）

E6:E13 列区间
&. =CONCATENATE(E7,$B$13,":",E7,$B$8)
&. =SUBSTITUTE(ADDRESS(1,COLUN(),4),1,)
&. 经营模式（文本型,直接输入）

F5:F13 列区间
&. =AVERAGE(F9:F13)
&. =CONCATENATE(F7,$B$13,":",F7,$B$8)
&. =SUBSTITUTE(ADDRESS(1,COL UN(),4),1,)
&. 销售周期月数（文本型,直接输入）
&. =12*敏感系数.销售节奏 xsd
&. =12*敏感系数.销售节奏 xsd
&. =12*敏感系数.销售节奏 xsd
&. =12*敏感系数.销售节奏 xsd
&. =12*敏感系数.销售节奏 xsd

G6:G13 列区间
&. =CONCATENATE(G7,$B$13,":",G7,$B$8)
&. =SUBSTITUTE(ADDRESS(1,COL UN(),4),1,)
&. 销售产权面积

&. ＝SU(销售产权面积.栋01经营产品供货量智库.jcgmk)
&. ＝SU(销售产权面积.栋02经营产品供货量智库.jcgmk)
&. ＝SU(销售产权面积.栋03经营产品供货量智库.jcgmk)
&. ＝SU(销售产权面积.栋04经营产品供货量智库.jcgmk)
&. ＝SU(可销售套内面积.车位经营产品供货量智库.jcgmk)

H6：H13 列区间

&. ＝CONCATENATE(H7,＄B＄13,"：",H7,＄B＄8)
&. ＝SUBSTITUTE(ADDRESS(1,COLUN(),4),1,)
&. 销售节奏(文本型,直接输入)
&. ＝G9/F9
&. ＝G10/F10
&. ＝G11/F11
&. ＝G12/F12
&. ＝G13/F13

3.2 营销设施计划数智编程算法

针对经营性建设项目的开发建设，建造展示中心或样板房是基本的营销手段。营销设计的计划管理对建设项目投资决策分析的经济评价指标是否有一定的影响，需要通过构建营销设施计划与投资决策经济评价指标之间的内在逻辑关系进行判断。下面以实例方式来演示构建"营销设施计划数智编程算法"的全过程(表7-17、表7-18)。

实例演示(一) 表7-17

7				2025年6月2日	2028年3月11日
J	C11：C20	D11：D20	E11：E20	F11：F20	G11：G20
B	C	D	E	F	G
20	节点科目	工期天数	工期月数	开始时间	完成时间
11	营销设施.展示中心			2025年06月02日	2025年10月21日
12	建筑设计		1	2025年06月02日	2025年07月01日
13	室内设计		2	2025年07月02日	2025年09月01日
14	室内装修	50		2025年09月02日	2025年10月21日
15	营销设施.样板房			2026年04月30日	2028年03月11日
16	室内设计		2	2026年04月30日	2026年06月29日
17	室内装修施工.栋01	60		2028年01月12日	2028年03月11日
18	室内装修施工.栋02	60		2027年12月07日	2028年02月04日
19	室内装修施工.栋03	60		2027年05月27日	2027年07月25日
20	室内装修施工.栋04	60		2027年04月26日	2027年06月24日

C8：C20 列区间

&. ＝C9&．＄B＄12&"："&C9&．＄B＄10
&. ＝SUBSTITUTE(ADDRESS(1,COLUN(),4),1,)
&. 节点科目(文本型,直接输入)

D8:D20 列区间
    &. =D9&＄B＄12&":"&D9&＄B＄10
    &. =SUBSTITUTE(ADDRESS(1,COLUN(),4),1,)
    &. 工期天数(文本型,直接输入)
    &. =空值
    &. =空值
    &. =空值
    &. 50(数值型变量,可按需录入)
    &. =空值
    &. =空值
    &. 60(数值型变量,可按需录入)
    &. 60(数值型变量,可按需录入)
    &. 60(数值型变量,可按需录入)
    &. 60(数值型变量,可按需录入)

E8:E20 列区间
    &. =E9&＄B＄12&":"&E9&＄B＄10
    &. =SUBSTITUTE(ADDRESS(1,COLUN(),4),1,)
    &. 工期月数(文本型,直接输入)
    &. =空值
    &. 1(数值型变量,可按需录入)
    &. 2(数值型变量,可按需录入)
    &. =空值
    &. =空值
    &. 2(数值型变量,可按需录入)
    &. =空值
    &. =空值
    &. =空值

F7:F20 列区间
    &. =IN(F12:F20)
    &. =F9&＄B＄12&":"&F9&＄B＄10
    &. =SUBSTITUTE(ADDRESS(1,COLUN(),4),1,)
    &. 开始时间(文本型,直接输入)
    &. =IN(F12:F14)
    &. =开发计划.开发项目建设计划算法智库.xjjsk!I14+1
    &. =G12+1
    &. =G13+1
    &. =IN(F16:F20)
    &. =开发计划.开发项目建设计划算法智库.xjjsk!H25+1
    &. =AX(＄G＄16,开发计划.开发项目建设计划算法智库.xjjsk!G36)
    &. =AX(＄G＄16,开发计划.开发项目建设计划算法智库.xjjsk!G37)

&. =AX($G$16,开发计划.开发项目建设计划算法智库.xjjsk!G38)

&. =AX($G$16,开发计划.开发项目建设计划算法智库.xjjsk!G39)

G7:G20 列区间

&. =AX(G12:G20)

&. =G9&$B$12&":"&G9&$B$10

&. =SUBSTITUTE(ADDRESS(1,COLUN(),4),1,)

&. 完成时间(文本型,直接输入)

&. =AX(G12:G14)

&. =IF(D12>0,F12+D12-1,EDATE(F12,E12)-1)

&. =IF(D13>0,F13+D13-1,EDATE(F13,E13)-1)

&. =IF(D14>0,F14+D14-1,EDATE(F14,E14)-1)

&. =AX(G16:G20)

&. =IF(D16>0,F16+D16-1,EDATE(F16,E16)-1)

&. =IF(D17>0,F17+D17-1,EDATE(F17,E17)-1)

&. =IF(D18>0,F18+D18-1,EDATE(F18,E18)-1)

&. =IF(D19>0,F19+D19-1,EDATE(F19,E19)-1)

&. =IF(D20>0,F20+D20-1,EDATE(F20,E20)-1)

实例演示(二)　　　　　　　表 7-18

J	C11:C12	E11:E12	H11:H12	I11:I12	J11:J20
B	C	E	H	I	J
20	节点科目	工期月数	开始月份	完成月份	工期月数
11	营销设施.展示中心		2025年06月01日	2025年10月31日	5
12	建筑设计	1	2025年06月01日	2025年07月31日	2
13	室内设计	2	2025年07月01日	2025年09月30日	3
14	室内装修		2025年09月01日	2025年10月31日	2
15	营销设施.样板房		2026年04月01日	2028年03月31日	24
16	室内设计	2	2026年04月01日	2026年06月30日	3
17	室内装修施工.栋01		2028年01月01日	2028年03月31日	3
18	室内装修施工.栋02		2027年12月01日	2028年02月29日	3
19	室内装修施工.栋03		2027年05月01日	2027年07月31日	3
20	室内装修施工.栋04		2027年04月01日	2027年06月30日	3

H8:H20 列区间

&. =H9&$B$12&":"&H9&$B$10

&. =SUBSTITUTE(ADDRESS(1,COLUN(),4),1,)

&. 开始月份(文本型,直接输入)

&. =IN(H12:H14)

&. =EOONTH(F12,-1)+1

&. =EOONTH(F13,-1)+1

&. =EOONTH(F14,-1)+1
&. =IN(H16:H20)
&. =EOONTH(F16,-1)+1
&. =EOONTH(F17,-1)+1
&. =EOONTH(F18,-1)+1
&. =EOONTH(F19,-1)+1
&. =EOONTH(F20,-1)+1

I8:I20 列区间
&. =I9&$B$12&":"&I9&$B$10
&. =SUBSTITUTE(ADDRESS(1,COL UN(),4),1,)
&. 完成月份(文本型,直接输入)
&. =AX(I12:I14)
&. =DATE(YEAR(G12),ONTH(G12)+1,1)-1
&. =DATE(YEAR(G13),ONTH(G13)+1,1)-1
&. =DATE(YEAR(G14),ONTH(G14)+1,1)-1
&. =AX(I16:I20)
&. =DATE(YEAR(G16),ONTH(G16)+1,1)-1
&. =DATE(YEAR(G17),ONTH(G17)+1,1)-1
&. =DATE(YEAR(G18),ONTH(G18)+1,1)-1
&. =DATE(YEAR(G19),ONTH(G19)+1,1)-1
&. =DATE(YEAR(G20),ONTH(G20)+1,1)-1

J8:J20 列区间
&. =CONCATENATE(J9,$B$10,":",J9,$B$9)
&. =SUBSTITUTE(ADDRESS(1,COL UN(),4),1,)
&. 工期月数(文本型,直接输入)
&. =DATEDIF(H11,I11,"")+1
&. =DATEDIF(H12,I12,"")+1
&. =DATEDIF(H13,I13,"")+1
&. =DATEDIF(H14,I14,"")+1
&. =DATEDIF(H15,I15,"")+1
&. =DATEDIF(H16,I16,"")+1
&. =DATEDIF(H17,I17,"")+1
&. =DATEDIF(H18,I18,"")+1
&. =DATEDIF(H19,I19,"")+1
&. =DATEDIF(H20,I20,"")+1

第4节 建设项目的支付计划

开发计划是支付计划的基准坐标线,但其编程算法有别于开发计划。根据开发计划与支付计划之间的相对关系,可将支付计划细分为正常支付、垫资支付。本章所表述的内容是正常支付，即当工程产值完成后，按正常的时间支付完成相应产值对应的价款。

4.1 基于不同情形的支付计划

建立垫资时间与经济评价指标之间的关系（表7-19、表7-20）。

实例演示（一）   表 7-19

6				延迟支付天数	延迟支付月数
7				0	0
J		C11:C54	D11:D54	E11:E54	F11:F54	G11:G54
B	C	D	E	F	G
54	支付节点	工期天数	工期月数	开始时间	完成时间
11	建议书编制		3	2025年01月01日	2025年03月31日
12	可研报告编制		3	2025年03月02日	2025年06月01日
13	土地使用权出让金		2	2025年05月31日	2025年07月30日
14	土地交易契税		1	2025年06月07日	2025年07月06日
15	印花税		1	2025年06月07日	2025年07月06日
16	劳动力安置		1	2025年06月13日	2025年07月12日
17	搬迁用房安置		1	2025年06月13日	2025年07月12日
18	附着物拆迁补偿		1	2025年06月19日	2025年07月18日
19	红线外接驳		1	2025年06月07日	2025年07月06日
20	大市政配套		1	2025年06月07日	2025年07月06日
21	五通一平		1	2025年06月07日	2025年07月06日
22	岩土勘察		4	2025年06月14日	2025年10月13日
23	建筑设计		6	2025年09月12日	2026年03月11日
24	室内设计		122	2025年12月11日	2036年02月10日
25	施工图审查		2	2026年02月14日	2026年04月13日
26	测量测绘		2	2026年03月16日	2026年05月15日
27	土建.共有地下室.公建		3	2026年03月16日	2026年06月15日
28	土建.栋01.建安		14	2026年05月27日	2027年07月26日
29	土建.栋02.建安		13	2026年05月27日	2027年06月26日
30	土建.栋03.建安		7	2026年05月27日	2026年12月26日
31	土建.栋04.建安		7	2026年05月27日	2026年12月26日
32	外装饰.栋01.建安		8	2027年06月09日	2028年02月08日
33	外装饰.栋02.建安		8	2027年05月04日	2028年01月03日
34	外装饰.栋03.建安		7	2026年11月27日	2027年06月26日
35	外装饰.栋04.建安		6	2026年11月11日	2027年05月10日
36	内装饰.共有地下室.公建		4	2028年01月12日	2028年05月11日
37	内装饰.栋01.建安		3	2028年01月12日	2028年04月11日
38	内装饰.栋02.建安		4	2027年12月07日	2028年04月06日
39	内装饰.栋03.建安		4	2027年05月27日	2027年09月26日
40	内装饰.栋04.建安		4	2027年04月26日	2027年08月25日
41	安装.共有地下室.公建		4	2028年01月12日	2028年05月11日

续表

42	安装.栋01.建安	3	2028年01月12日	2028年04月11日
43	安装.栋02.建安	4	2027年12月07日	2028年04月06日
44	安装.栋03.建安	4	2027年05月27日	2027年09月26日
45	安装.栋04.建安	4	2027年04月26日	2027年08月25日
46	小市政.基施	3	2028年01月12日	2028年04月11日
47	其他工程费.基施	3	2028年01月12日	2028年04月11日
48	土建类建设单位直采购置费	16	2026年03月16日	2027年07月15日
49	装饰类建设单位直采购置费	18	2026年11月11日	2028年05月10日
50	安装类建设单位直采购置费	12	2027年04月26日	2028年04月25日
51	市政类建设单位直采购置费	3	2028年01月12日	2028年04月11日
52	施工监理	26	2026年03月16日	2028年05月15日
53	展示中心的营造设施费	5	2025年06月02日	2025年10月21日
54	建造设施费.样板房	24	2026年04月30日	2028年03月11日

C8:C54 列区间

&. =CONCATENATE(C9,$B$13,":",C9,$B$10)

&. =SUBSTITUTE(ADDRESS(1,COLUMN(),4),1,)

&. 支付节点

&. =开发计划.开发 kfjh.y!D10

注解：其他区间相同逻辑关系的单元格可按上述演示的公式进行相同指令的操作。

D8:D54 列区间

&. =CONCATENATE(C9,$B$13,":",C9,$B$10)

&. =SUBSTITUTE(ADDRESS(1,COLUN(),4),1,)

&. =工期天数（文本型，直接输入）

&. 文本型数值，根据项目的工期测算直接输入，以此类推

注解：其他区间相同逻辑关系的单元格可按上述演示的公式进行相同指令的操作。

E8:E54 列区间

&. 工期月数

&. =开发计划.开发项目建设计划算法智库.xjjsk!K10

&. =开发计划.开发项目建设计划算法智库.xjjsk!K48

&. =开发计划.开发项目建设计划算法智库.xjjsk!K49

&. =经营设施时间算法智库.jsjsk!J11

&. =经营设施时间算法智库.jsjsk!J15

注解：其他区间相同逻辑关系的单元格可按上述演示的公式进行相同指令的操作。

F6:F54 列区间

&. 延迟支付天数（文本型，直接输入）

&. =G7*30

&. =CONCATENATE(F9,$B$13,":",F9,$B$10)

&. =SUBSTITUTE(ADDRESS(1,COLUN(),4),1,)

&. 开始时间（文本型，直接输入）

&. =开发计划.开发项目建设计划算法智库.xjjsk!G10

&. =开发计划.开发项目建设计划算法智库.xjjsk!G11

&. =开发计划.开发项目建设计划算法智库.xjjsk!G51＋＄F＄7

&. =经营设施时间算法智库.jsjsk!F11

&. =经营设施时间算法智库.jsjsk!F15

注解:其他区间相同逻辑关系的单元格可按上述演示的公式进行相同指令的操作。

G6:G54 列区间

&. 延迟支付月数(文本型,直接输入)

&. 0(数值型变量,可按需录入)

&. =CONCATENATE(G9,＄B＄13,":",G9,＄B＄10)

&. =SUBSTITUTE(ADDRESS(1,COLUN(),4),1,)

&. 完成时间(文本型,直接输入)

&. =IF(D11＞0,F11＋D11－1,EDATE(F11,E11)－1)

&. =IF(D47＞0,F47＋D47－1,EDATE(F47,E47)－1)

&. =IF(D48＞0,F48＋D48－1,EDATE(F48,E48)－1)

&. 经营设施时间算法智库.jsjsk!G11

&. 经营设施时间算法智库.jsjsk!G15

注解:其他区间相同逻辑关系的单元格可按上述演示的公式进行相同指令的操作。

实例演示(二)　　　　　　　　　　　　　　表 7-20

7			2025 年 1 月 1 日	2036 年 2 月 29 日	
J		C11:C54	E11:E54	H11:H54	I11:I54	J11:J54
B		C	E	H	I	J
54		支付节点	工期月数	开始月份	完成月份	整月数
11		建议书编制	3	2025 年 01 月 01 日	2025 年 03 月 31 日	3
12		可研报告编制	3	2025 年 03 月 01 日	2025 年 06 月 30 日	4
13		土地使用权出让金	2	2025 年 05 月 01 日	2025 年 07 月 31 日	3
14		土地交易契税	1	2025 年 06 月 01 日	2025 年 07 月 31 日	2
15		印花税	1	2025 年 06 月 01 日	2025 年 07 月 31 日	2
16		劳动力安置	1	2025 年 06 月 01 日	2025 年 07 月 31 日	2
17		搬迁用房安置	1	2025 年 06 月 01 日	2025 年 07 月 31 日	2
18		附着物拆迁补偿	1	2025 年 06 月 01 日	2025 年 07 月 31 日	2
19		红线外接驳	1	2025 年 06 月 01 日	2025 年 07 月 31 日	2
20		大市政配套	1	2025 年 06 月 01 日	2025 年 07 月 31 日	2
21		五通一平	1	2025 年 06 月 01 日	2025 年 07 月 31 日	2
22		岩土勘察	4	2025 年 06 月 01 日	2025 年 10 月 31 日	5
23		建筑设计	6	2025 年 09 月 01 日	2026 年 03 月 31 日	7
24		室内设计	122	2025 年 12 月 01 日	2036 年 02 月 29 日	123
25		施工图审查	2	2026 年 02 月 01 日	2026 年 04 月 30 日	3
26		测量测绘	2	2026 年 03 月 01 日	2026 年 05 月 31 日	3
27		土建.共有地下室.公建	3	2026 年 03 月 01 日	2026 年 06 月 30 日	4
28		土建.栋 01.建安	14	2026 年 05 月 01 日	2027 年 07 月 31 日	15

续表

29	土建.栋02.建安	13	2026年05月01日	2027年06月30日	14
30	土建.栋03.建安	7	2026年05月01日	2026年12月31日	8
31	土建.栋04.建安	7	2026年05月01日	2026年12月31日	8
32	外装饰.栋01.建安	8	2027年06月01日	2028年02月29日	9
33	外装饰.栋02.建安	8	2027年05月01日	2028年01月31日	9
34	外装饰.栋03.建安	7	2026年11月01日	2027年06月30日	8
35	外装饰.栋04.建安	6	2026年11月01日	2027年05月31日	7
36	内装饰.共有地下室.公建	4	2028年01月01日	2028年05月31日	5
37	内装饰.栋01.建安	3	2028年01月01日	2028年04月30日	4
38	内装饰.栋02.建安	4	2027年12月01日	2028年04月30日	5
39	内装饰.栋03.建安	4	2027年05月01日	2027年09月30日	5
40	内装饰.栋04.建安	4	2027年04月01日	2027年08月31日	5
41	安装.共有地下室.公建	4	2028年01月01日	2028年05月31日	5
42	安装.栋01.建安	3	2028年01月01日	2028年04月30日	4
43	安装.栋02.建安	4	2027年12月01日	2028年04月30日	5
44	安装.栋03.建安	4	2027年05月01日	2027年09月30日	5
45	安装.栋04.建安	4	2027年04月01日	2027年08月31日	5
46	小市政.基施	3	2028年01月01日	2028年04月30日	4
47	其他工程费.基施	3	2028年01月01日	2028年04月30日	4
48	土建类建设单位直采购置费	16	2026年03月01日	2027年07月31日	17
49	装饰类建设单位直采购置费	18	2026年11月01日	2028年05月31日	19
50	安装类建设单位直采购置费	12	2027年04月01日	2028年04月30日	13
51	市政类建设单位直采购置费	3	2028年01月01日	2028年04月30日	4
52	施工监理	26	2026年03月01日	2028年05月31日	27
53	展示中心的营造设施费	5	2025年06月01日	2025年10月31日	5
54	建造设施费.样板房	24	2026年04月01日	2028年03月31日	24

H7:H54 列区间

&. =IN(H11:H54)

&. =CONCATENATE(H9,$B$13,":",H9,$B$10)

&. =SUBSTITUTE(ADDRESS(1,COL UN(),4),1,)

&. 开始月份

&. =EOONTH(F11,-1)+1

&. =EOONTH(F12,-1)+1

&. =EOONTH(F54,-1)+1

I7:I54 列区间

&. =AX(I11:I54)

&. =CONCATENATE(I9,$B$13,":",I9,$B$10)

&. =SUBSTITUTE(ADDRESS(1,COL UN(),4),1,)

&. 完成月份(文本型,直接输入)

&. =DATE(YEAR(G11),ONTH(G11)+1,1)-1

J8:J54 列区间

&. =DATE(YEAR(G12),ONTH(G12)+1,1)-1
&. =DATE(YEAR(G54),ONTH(G54)+1,1)-1
&. =CONCATENATE(J9,$B$13,":",J9,$B$10)
&. =SUBSTITUTE(ADDRESS(1,COL UN(),4),1,)
&. 整月数(文本型,直接输入)
&. =DATEDIF(H11,I11,"")+1
&. =DATEDIF(H12,I12,"")+1
&. =DATEDIF(H54,I54,"")+1

4.2 支付进度比例的联动算法

为了数智编程算法视图阅读的便利性,将"纵向月时间轴"自动转换为"横向月时间轴"是十分必要的数智编程算法技巧(表 7-21)。

实例演示 表 7-21

10	18	WK			
F	J18:WK63	63	I	P	AP
	J12:WK12	12	总月度序号	7	33
	J13:WK13	13	土地月度序号	3	29
	J14:WK14	14	开始日期	2025年7月1日	2027年9月1日
	J15:WK15	15	完成日期	2025年7月31日	2027年9月30日
	J16:WK16	16	年份坐标	2025	2027
	J17:WK17	17	年度序号	1	3
1.00	J18:WK18	18	建议书编制	0	0
1.00	J19:WK19	19	可研报告编制	0	0
1.00	J20:WK20	20	土地使用权出让金	33.33%	0
1.00	J21:WK21	21	土地交易契税	50.00%	0
1.00	J22:WK22	22	印花税	50.00%	0
1.00	J23:WK23	23	劳动力安置	50.00%	0
1.00	J24:WK24	24	搬迁用房安置	50.00%	0
1.00	J25:WK25	25	附着物拆迁补偿	50.00%	0
1.00	J26:WK26	26	红线外接驳	50.00%	0
1.00	J27:WK27	27	大市政配套	50.00%	0
1.00	J28:WK28	28	五通一平	50.00%	0
1.00	J29:WK29	29	岩土勘察	20.00%	0
1.00	J30:WK30	30	建筑设计	0	0
1.00	J31:WK31	31	室内设计	0	0.81%
1.00	J32:WK32	32	施工图审查	0	0
1.00	J33:WK33	33	测量测绘	0	0
1.00	J34:WK34	34	土建.共有地下室.公建	0	3.70%
1.00	J35:WK35	35	土建.栋01.建安	0	0
1.00	J36:WK36	36	土建.栋02.建安	0	0

续表

1.00	J37:WK37	37	土建.栋03.建安		0	0
1.00	J38:WK38	38	土建.栋04.建安		0	0
1.00	J39:WK39	39	外装饰.栋01.建安		0	0
1.00	J40:WK40	40	外装饰.栋02.建安		0	11.11%
1.00	J41:WK41	41	外装饰.栋03.建安		0	11.11%
1.00	J42:WK42	42	外装饰.栋04.建安		0	0
1.00	J43:WK43	43	内装饰.共有地下室.公建		0	0
1.00	J44:WK44	44	内装饰.栋01.建安		0	0
1.00	J45:WK45	45	内装饰.栋02.建安		0	0
1.00	J46:WK46	46	内装饰.栋03.建安		0	0
1.00	J47:WK47	47	内装饰.栋04.建安		0	20.00%
1.00	J48:WK48	48	安装.共有地下室.公建		0	0
1.00	J49:WK49	49	安装.栋01.建安		0	0
1.00	J50:WK50	50	安装.栋02.建安		0	0
1.00	J51:WK51	51	安装.栋03.建安		0	0
1.00	J52:WK52	52	安装.栋04.建安		0	20.00%
1.00	J53:WK53	53	小市政.基施		0	0
1.00	J54:WK54	54	其他工程费.基施		0	0
1.00	J55:WK55	55	土建类建设单位直采购置费		0	0
1.00	J56:WK56	56	装饰类建设单位直采购置费		0	0
1.00	J57:WK57	57	安装类建设单位直采购置费		0	5.26%
1.00	J58:WK58	58	市政类建设单位直采购置费		0	7.69%
1.00	J59:WK59	59	施工监理		0	0
1.00	J60:WK60	60	营销设施费.展示中心	20.00%	0	
1.00	J61:WK61	61	营销设施费.样板房		0	4.17%
1.00	J62:WK62	62	建设管理费		0	1.06%
1.00	J63:WK63	63	销售费用		0	1.06%

I11:I63 列区间

&．=SUBSTITUTE(ADDRESS(1,COLUN(),4),1,)

&．=OFFSET(时间竖坐标算法智库.sszsk!$C$10,COLUN(A2)-1,)

&．=OFFSET(时间竖坐标算法智库.sszsk!$D$10,COLUN(A2)-1,)

&．=OFFSET(时间竖坐标算法智库.sszsk!$I$10,COLUN(A2)-1,)

&．=OFFSET(时间竖坐标算法智库.sszsk!$J$10,COLUN(A2)-1,)

&．=OFFSET(时间竖坐标算法智库.sszsk!$G$10,COLUN(A2)-1,)

&．OFFSET(时间竖坐标算法智库.sszsk!$H$10,COLUN(A2)-1,)

P11:P63 列区间

&．=SUBSTITUTE(ADDRESS(1,COLUN(),4),1,)

&．=OFFSET(时间竖坐标算法智库.sszsk!$C$10,COLUN(H2)-1,)

&．=OFFSET(时间竖坐标算法智库.sszsk!$D$10,COLUN(H2)-1,)

&. =IF(AND(开始日期.月度时间横坐标算法智库.yshzk>建议书编制.开始日期.支付.成本支出计划算法智库.czjsk,完成日期.月度时间横坐标算法智库.yshzk<建议书编制.完成日期.支付.成本支出计划算法智库.czjsk),1/建议书编制.月数.支付.成本支出计划算法智库.czjsk,0)

&. =IF(AND(开始日期.月度时间横坐标算法智库.yshzk>营销设施费.样板房.开始日期.支付.成本支出计划算法智库.czjsk,完成日期.月度时间横坐标算法智库.yshzk<营销设施费.样板房.完成日期.支付.成本支出计划算法智库.czjsk),1/营销设施费.样板房.月数.支付.成本支出计划算法智库.czjsk,0)

&. =IF(房开经营期.月度时间横坐标算法智库.yshzk"A",1数.房开经营期 qchy.yb,0)

&. =IF(开发销售期.月度时间横坐标算法智库.yshzk"A",1数.开发销售期 qchy.yb,0)

第5节　编制建设工程开发的形象进度

5.1　车位的售租的形象进度

在取得项目用地阶段，可根据本节编辑的逻辑公式自动生成车位的销售比例。此销售比例是以销售周期平均销售的速度为假设前提的。在项目的实施阶段，可根据实际销售进度分别填入"时间月轴"对应的单元格内（表7-22）。

表7-22

		18	WK			
F	J18:WK24	24		I	DB	DC
	J12:WK12	12		总月度序号	97	98
	J13:WK13	13		土地月度序号	93	94
	J14:WK14	14		开始日期	2033年1月1日	2033年2月1日
	J15:WK15	15		完成日期	2033年1月31日	2033年2月28日
	J16:WK16	16		年份坐标	2033	2033
	J17:WK17	17		年度序号	9	9
1.00	J18:WK18	18		用于经营的人防区普通车位	8.33%	8.33%
1.00	J19:WK19	19		非用于经营的人防区普通车位	8.33%	8.33%
1.00	J20:WK20	20		用于经营的微型车位	8.33%	8.33%
0	J21:WK21	21		用于持有的子母型车位	0	0
0	J22:WK22	22		用于持有的无障碍型车位	0	0
0	J23:WK23	23		用于持有的货车型车位	0	0
0	J24:WK24	24		用于持有的机械车位	0	0

I11:I24 列区间

&. =SUBSTITUTE(ADDRESS(1,COLUN(),4),1,)

&. =OFFSET(时间竖坐标算法智库.sszsk!＄C＄10,COLUN(A2)－1,)

DB11:DC24 列区间

&. =SUBSTITUTE(ADDRESS(1,COLUN(),4),1,)

& =OFFSET(时间竖坐标算法智库.sszsk!＄C＄10,COLUN(CT2)－1,)

& =IF(AND(人防区普通车位.经营模式.车位经营产品供货量智库.jcgmk="经营",车位销售.月度时间横坐标算法智库.yshzk="A"),1/销售周期月数.车位 sxbm,0)

& =IF(AND(机械车位.经营模式.车位经营产品供货量智库.jcgmk="经营",车位销售期.月度时间横坐标算法智库.yshzk="A"),1/销售周期月数.车位 xszq,0)

5.2　一号楼售租产品的形象进度

如表 7-23 所示。

实例演示　　　　　　　　　　　　　　　表 7-23

F	18	SA WK 68	I	AJ	AK	AL
F	J18:WK68	68	I	AJ	AK	AL
	J12:WK12	12	总月度序号	27	28	29
	J13:WK13	13	土地月度序号	23	24	25
	J14:WK14	14	开始日期	2027年3月1日	2027年4月1日	2027年5月1日
	J15:WK15	15	完成日期	2027年3月31日	2027年4月30日	2027年5月31日
	J16:WK16	16	年份坐标	2027	2027	2027
	J17:WK17	17	年度序号	3	3	3
0	J18:WK18	18	第1层大堂公有面积	0	0	0
1.00	J19:WK19	19	第2层办公经营销售	8.33%	8.33%	8.33%
1.00	J20:WK20	20	第3层办公经营销售	8.33%	8.33%	8.33%
1.00	J21:WK21	21	第4层办公经营销售	8.33%	8.33%	8.33%
1.00	J22:WK22	22	第5层办公经营销售	8.33%	8.33%	8.33%
1.00	J23:WK23	23	第6层办公经营销售	8.33%	8.33%	8.33%
1.00	J24:WK24	24	第7层办公经营销售	8.33%	8.33%	8.33%
1.00	J25:WK25	25	第8层办公经营销售	8.33%	8.33%	8.33%
1.00	J26:WK26	26	第9层办公经营销售	8.33%	8.33%	8.33%
1.00	J27:WK27	27	第10层办公经营销售	8.33%	8.33%	8.33%
0	J28:WK28	28	第11层避难公有面积	0	0	0
1.00	J29:WK29	29	第12层办公经营销售	8.33%	8.33%	8.33%
1.00	J30:WK30	30	第13层办公经营销售	8.33%	8.33%	8.33%
1.00	J31:WK31	31	第14层办公经营销售	8.33%	8.33%	8.33%
1.00	J32:WK32	32	第15层办公经营销售	8.33%	8.33%	8.33%
1.00	J33:WK33	33	第16层办公经营销售	8.33%	8.33%	8.33%
1.00	J34:WK34	34	第17层办公经营销售	8.33%	8.33%	8.33%
1.00	J35:WK35	35	第18层办公经营销售	8.33%	8.33%	8.33%
1.00	J36:WK36	36	第19层办公经营销售	8.33%	8.33%	8.33%
1.00	J37:WK37	37	第20层办公经营销售	8.33%	8.33%	8.33%
1.00	J38:WK38	38	第21层办公经营销售	8.33%	8.33%	8.33%
1.00	J39:WK39	39	第22层办公经营销售	8.33%	8.33%	8.33%
0	J40:WK40	40	第23层避难公有面积	0	0	0

续表

1.00	J41:WK41	41	第24层办公经营销售	8.33%	8.33%	8.33%
1.00	J42:WK42	42	第25层办公经营销售	8.33%	8.33%	8.33%
1.00	J43:WK43	43	第26层办公经营销售	8.33%	8.33%	8.33%
1.00	J44:WK44	44	第27层办公经营销售	8.33%	8.33%	8.33%
1.00	J45:WK45	45	第28层办公经营销售	8.33%	8.33%	8.33%
1.00	J46:WK46	46	第29层办公经营销售	8.33%	8.33%	8.33%
1.00	J47:WK47	47	第30层办公经营销售	8.33%	8.33%	8.33%
1.00	J48:WK48	48	第31层办公经营销售	8.33%	8.33%	8.33%
1.00	J49:WK49	49	第32层办公经营销售	8.33%	8.33%	8.33%
1.00	J50:WK50	50	第33层办公经营销售	8.33%	8.33%	8.33%
1.00	J51:WK51	51	第34层办公经营销售	8.33%	8.33%	8.33%
0	J52:WK52	52	第35层避难公有面积	0	0	0
1.00	J53:WK53	53	第36层办公经营销售	8.33%	8.33%	8.33%
1.00	J54:WK54	54	第37层办公经营销售	8.33%	8.33%	8.33%
1.00	J55:WK55	55	第38层办公经营销售	8.33%	8.33%	8.33%
1.00	J56:WK56	56	第39层办公经营销售	8.33%	8.33%	8.33%
1.00	J57:WK57	57	第40层办公经营销售	8.33%	8.33%	8.33%
1.00	J58:WK58	58	第41层办公经营销售	8.33%	8.33%	8.33%
1.00	J59:WK59	59	第42层办公经营销售	8.33%	8.33%	8.33%

I11:I59 列区间

&＝SUBSTITUTE(ADDRESS(1,COLUN(),4),1,)

&＝OFFSET(时间竖坐标算法智库.sszsk!＄C＄10,COLUN(A2)－1,)

&＝经营供货量.栋01经营产品供货量智库.jcgmk!F9

&＝经营供货量.栋01经营产品供货量智库.jcgmk!F20

AJ11:AJ59 列区间

&＝SUBSTITUTE(ADDRESS(1,COLUN(),4),1,)

&＝OFFSET(时间竖坐标算法智库.sszsk!＄C＄10,COLUN(AB2)－1,)

&＝IF(AND(第1层经营模式.栋01经营产品供货量智库.jcgmk＝"经营销售",栋01销售期.月度时间横坐标算法智库.yshzk＝"A"),1数.栋01销售期 qchy.yb,0)

&＝IF(AND(第42层经营模式.栋01经营产品供货量智库.jcgmk＝"经营销售",栋01销售期.月度时间横坐标算法智库.yshzk＝"A"),1数.栋01销售期 qchy.yb,0)

第6节 租售产品的经营面积的自动算量

6.1 车位的销售面积进度的自动算法

如表 7-24 所示。

第7章 建设工程进度计划编码数智编程算法

实例演示　　　　　　　　　　　　　　　　　　　表 7-24

20	WK				
F	J20:WK25	25	I	DC	DD
	J12:WK12	12	总月度序号	98	99
	J13:WK13	13	土地月度序号	94	95
	J14:WK14	14	开始日期	2033年2月1日	2033年3月1日
	J15:WK15	15	完成日期	2033年2月28日	2033年3月31日
	J16:WK16	16	年份坐标	2033	2033
0	J17:WK17	17	年度序号	9	9
7807.50	J18:WK18	18	销售产权面积.车位	650.63	650.63
0	J19:WK19	19	用于经营的人防区普通车位	0	0
6090.00	J20:WK20	20	非用于经营的人防区普通车位	507.50	507.50
1717.50	J21:WK21	21	用于经营的微型车位	143.13	143.13
0	J22:WK22	22	用于持有的子母型车位	0	0
0	J23:WK23	23	用于持有的无障碍型车位	0	0
0	J24:WK24	24	用于持有的货车型车位	0	0
0	J25:WK25	25	用于持有的机械车位	0	0

I11:I25 列区间

&.＝SUBSTITUTE(ADDRESS(1,COLUN(),4),1,)
&.＝OFFSET(时间竖坐标算法智库.sszsk!＄C＄10,COLUN(A2)－1,)
&.＝OFFSET(时间竖坐标算法智库.sszsk!＄D＄10,COLUN(A2)－1,)
&.＝OFFSET(时间竖坐标算法智库.sszsk!＄I＄10,COLUN(A2)－1,)
&.＝OFFSET(时间竖坐标算法智库.sszsk!＄J＄10,COLUN(A2)－1,)
&.＝OFFSET(时间竖坐标算法智库.sszsk!＄G＄10,COLUN(A2)－1,)
&.＝OFFSET(时间竖坐标算法智库.sszsk!＄H＄10,COLUN(A2)－1,)
&.销售产权面积.车位
&.＝经营供货量.车位经营产品供货量智库.jcgmk!G9
&.＝经营供货量.车位经营产品供货量智库.jcgmk!G10
&.＝经营供货量.车位经营产品供货量智库.jcgmk!G11
&.＝经营供货量.车位经营产品供货量智库.jcgmk!G12
&.＝经营供货量.车位经营产品供货量智库.jcgmk!G13
&.＝经营供货量.车位经营产品供货量智库.jcgmk!G14
&.＝经营供货量.车位经营产品供货量智库.jcgmk!G15

DC11:DC25 列区间

&.＝SUBSTITUTE(ADDRESS(1,COLUN(),4),1,)
&.＝OFFSET(时间竖坐标算法智库.sszsk!＄C＄10,COLUN(CU2)－1,)
&.＝SU(DC19:DC25)
&.＝可销售套内面积.车位经营产品供货量智库.jcgmk＊销售进度.车位 x 销售形象进度算法智库.xxjsk

6.2 车位的租赁面积进度的自动算法

如表 7-25 所示。

实例演示 表 7-25

F	20 J20:WK25	WK 25	I	AX	AZ
	J12:WK12	12	总月度序号	41	43
	J13:WK13	13	土地月度序号	37	39
	J14:WK14	14	开始日期	2028年5月1日	2028年7月1日
	J15:WK15	15	完成日期	2028年5月31日	2028年7月31日
	J16:WK16	16	年份坐标	2028	2028
0	J17:WK17	17	年度序号	4	4
13995.00	J18:WK18	18	出租产权面积.车位	13995.00	13995.00
1260.00	J19:WK19	19	用于经营的人防区普通车位	1260.00	1260.00
6090.00	J20:WK20	20	非用于经营的人防区普通车位	6090.00	6090.00
1717.50	J21:WK21	21	用于经营的微型车位	1717.50	1717.50
2295.00	J22:WK22	22	用于持有的子母型车位	2295.00	2295.00
915.00	J23:WK23	23	用于持有的无障碍型车位	915.00	915.00
1717.50	J24:WK24	24	用于持有的货车型车位	1717.50	1717.50
0	J25:WK25	25	用于持有的机械车位	0	0

I11:I25 列区间

&. =SUBSTITUTE(ADDRESS(1,COLUN(),4),1,)

&. =OFFSET(时间竖坐标算法智库.sszsk!＄C＄10,COLUN(A2)－1,)

&. 出租产权面积.车位

&. =经营供货量.车位经营产品供货量智库.jcgmk!G9

AX11:AX25 列区间

&. =SUBSTITUTE(ADDRESS(1,COLUN(),4),1,)

&. =OFFSET(时间竖坐标算法智库.sszsk!＄C＄10,COLUN(AP2)－1,)

&. =SU(AX19:AX25)

&. =IF(租金收入期.月度时间横坐标算法智库.yshzk="A",可租赁套内面积.车位经营产品供货量智库.jcgmk,0)

6.3 一号楼销售面积进度的自动算法

如表 7-26 所示。

实例演示 表 7-26

F	19 J19:WK69	WK 69	I	AJ	AK
	J12:WK12	12	总月度序号	27	28
	J13:WK13	13	土地月度序号	23	24
	J14:WK14	14	开始日期	2027年3月1日	2027年4月1日
	J15:WK15	15	完成日期	2027年3月31日	2027年4月30日
	J16:WK16	16	年份坐标	2027	2027
0	J17:WK17	17	年度序号	3	3

续表

70424.17	J18:WK18	18	销售产权面积.栋01	5868.68	5868.68
0	J19:WK19	19	第1层大堂公有面积	0	0
1853.27	J20:WK20	20	第2层办公经营销售	154.44	154.44
1853.27	J21:WK21	21	第3层办公经营销售	154.44	154.44
1853.27	J22:WK22	22	第4层办公经营销售	154.44	154.44
1853.27	J23:WK23	23	第5层办公经营销售	154.44	154.44
1853.27	J24:WK24	24	第6层办公经营销售	154.44	154.44
1853.27	J25:WK25	25	第7层办公经营销售	154.44	154.44
1853.27	J26:WK26	26	第8层办公经营销售	154.44	154.44
1853.27	J27:WK27	27	第9层办公经营销售	154.44	154.44
1853.27	J28:WK28	28	第10层办公经营销售	154.44	154.44
0	J29:WK29	29	第11层避难公有面积	0	0
1853.27	J30:WK30	30	第12层办公经营销售	154.44	154.44
1853.27	J31:WK31	31	第13层办公经营销售	154.44	154.44
1853.27	J32:WK32	32	第14层办公经营销售	154.44	154.44
1853.27	J33:WK33	33	第15层办公经营销售	154.44	154.44
1853.27	J34:WK34	34	第16层办公经营销售	154.44	154.44
1853.27	J35:WK35	35	第17层办公经营销售	154.44	154.44
1853.27	J36:WK36	36	第18层办公经营销售	154.44	154.44
1853.27	J37:WK37	37	第19层办公经营销售	154.44	154.44
1853.27	J38:WK38	38	第20层办公经营销售	154.44	154.44
1853.27	J39:WK39	39	第21层办公经营销售	154.44	154.44
1853.27	J40:WK40	40	第22层办公经营销售	154.44	154.44
0	J41:WK41	41	第23层避难公有面积	0	0
1853.27	J42:WK42	42	第24层办公经营销售	154.44	154.44
1853.27	J43:WK43	43	第25层办公经营销售	154.44	154.44
1853.27	J44:WK44	44	第26层办公经营销售	154.44	154.44
1853.27	J45:WK45	45	第27层办公经营销售	154.44	154.44
1853.27	J46:WK46	46	第28层办公经营销售	154.44	154.44
1853.27	J47:WK47	47	第29层办公经营销售	154.44	154.44
1853.27	J48:WK48	48	第30层办公经营销售	154.44	154.44
1853.27	J49:WK49	49	第31层办公经营销售	154.44	154.44
1853.27	J50:WK50	50	第32层办公经营销售	154.44	154.44
1853.27	J51:WK51	51	第33层办公经营销售	154.44	154.44
1853.27	J52:WK52	52	第34层办公经营销售	154.44	154.44
0	J53:WK53	53	第35层避难公有面积	0	0
1853.27	J54:WK54	54	第36层办公经营销售	154.44	154.44
1853.27	J55:WK55	55	第37层办公经营销售	154.44	154.44
1853.27	J56:WK56	56	第38层办公经营销售	154.44	154.44
1853.27	J57:WK57	57	第39层办公经营销售	154.44	154.44
1853.27	J58:WK58	58	第40层办公经营销售	154.44	154.44
1853.27	J59:WK59	59	第41层办公经营销售	154.44	154.44
1853.27	J60:WK60	60	第42层办公经营销售	154.44	154.44

I11:I60 列区间

&.＝SUBSTITUTE(ADDRESS(1,COLUN(),4),1,)

&.＝OFFSET(时间竖坐标算法智库.sszsk!＄C＄10,COLUN(A2)－1,)

&.销售产权面积.栋01(文本型,直接输入)

&.＝经营供货量.栋01经营产品供货量智库.jcgmk!F9

&.＝经营供货量.栋01经营产品供货量智库.jcgmk!F50

AJ11:AJ60 列区间

&.＝SUBSTITUTE(ADDRESS(1,COLUN(),4),1,)

&.＝OFFSET(时间竖坐标算法智库.sszsk!＄C＄10,COLUN(AB2)－1,)

&.＝SU(AJ19:AJ69)

&.＝销售产权面积.栋01经营产品供货量智库.jcgmk＊销售进度.栋01销售形象进度算法智库.xxjsk

&.＝销售产权面积.栋01经营产品供货量智库.jcgmk＊销售进度.栋01销售形象进度算法智库.xxjsk

6.4 一号楼租赁面积进度的自动算法

如表 7-27 所示。

实例演示　　　　　　　　　　　　　　　　表 7-27

F		19	WK			
	J19:WK69	69		I	AK	AL
	J12:WK12		12	总月度序号	28	29
	J13:WK13		13	土地月度序号	24	25
	J14:WK14		14	开始日期	2027年4月1日	2027年5月1日
	J15:WK15		15	完成日期	2027年4月30日	2027年5月31日
	J16:WK16		16	年份坐标	2027	2027
0	J17:WK17		17	年度序号	3	3
0	J18:WK18		18	出租产权面积.栋01	0	0
0	J19:WK19		19	第1层大堂公有面积	0	0
0	J20:WK20		20	第2层办公经营销售	0	0
0	J21:WK21		21	第3层办公经营销售	0	0
0	J22:WK22		22	第4层办公经营销售	0	0
0	J23:WK23		23	第5层办公经营销售	0	0
0	J24:WK24		24	第6层办公经营销售	0	0
0	J25:WK25		25	第7层办公经营销售	0	0
0	J26:WK26		26	第8层办公经营销售	0	0
0	J27:WK27		27	第9层办公经营销售	0	0
0	J28:WK28		28	第10层办公经营销售	0	0

续表

0	J29:WK29	29	第11层避难公有面积	0	0
0	J30:WK30	30	第12层办公经营销售	0	0
0	J31:WK31	31	第13层办公经营销售	0	0
0	J32:WK32	32	第14层办公经营销售	0	0
0	J33:WK33	33	第15层办公经营销售	0	0
0	J34:WK34	34	第16层办公经营销售	0	0
0	J35:WK35	35	第17层办公经营销售	0	0
0	J36:WK36	36	第18层办公经营销售	0	0
0	J37:WK37	37	第19层办公经营销售	0	0
0	J38:WK38	38	第20层办公经营销售	0	0
0	J39:WK39	39	第21层办公经营销售	0	0
0	J40:WK40	40	第22层办公经营销售	0	0
0	J41:WK41	41	第23层避难公有面积	0	0
0	J42:WK42	42	第24层办公经营销售	0	0
0	J43:WK43	43	第25层办公经营销售	0	0
0	J44:WK44	44	第26层办公经营销售	0	0
0	J45:WK45	45	第27层办公经营销售	0	0
0	J46:WK46	46	第28层办公经营销售	0	0
0	J47:WK47	47	第29层办公经营销售	0	0
0	J48:WK48	48	第30层办公经营销售	0	0
0	J49:WK49	49	第31层办公经营销售	0	0
0	J50:WK50	50	第32层办公经营销售	0	0
0	J51:WK51	51	第33层办公经营销售	0	0
0	J52:WK52	52	第34层办公经营销售	0	0
0	J53:WK53	53	第35层避难公有面积	0	0
0	J54:WK54	54	第36层办公经营销售	0	0
0	J55:WK55	55	第37层办公经营销售	0	0
0	J56:WK56	56	第38层办公经营销售	0	0
0	J57:WK57	57	第39层办公经营销售	0	0
0	J58:WK58	58	第40层办公经营销售	0	0
0	J59:WK59	59	第41层办公经营销售	0	0
0	J60:WK60	60	第42层办公经营销售	0	0

I11:I60列区间

&.=SUBSTITUTE(ADDRESS(1,COLUN(),4),1,)

&.=OFFSET(时间竖坐标算法智库.sszsk!$C$10,COLUN(A2)-1,)

 & 出租产权面积.栋01(文本型,直接输入)

 & =经营供货量.栋01经营产品供货量智库.jcgmk!F9

 & =经营供货量.栋01经营产品供货量智库.jcgmk!F50

AK11:AK60 列区间

 & =SUBSTITUTE(ADDRESS(1,COLUN(),4),1,)

 & =OFFSET(时间竖坐标算法智库.sszsk!\$C\$10,COLUN(AC2)－1,)

 & =SU(AK19:AK69)

 & =IF(租金收入期.月度时间横坐标算法智库.yshzk="A",出租产权面积.栋01经营产品供货量智库.jcgmk,0)

 & =IF(租金收入期.月度时间横坐标算法智库.yshzk="A",出租产权面积.栋01经营产品供货量智库.jcgmk,0)

第8章 经营产品市场价格数智编程算法

建设项目竣工交付投入使用后,将形成固定资产,根据建设项目的这个特性,再结合建设项目竣工交付使用后的经营模式,可将其分为持有自用、对外出租、市场销售三种方式,从而形成持有自用的房地产项目的价格、房屋出租价格、房屋市场销售的价格三种模式。除了市场调研价格法之外,根据建设项目出租与销售之间的价格内在逻辑关系,还有根据销售价格推导出租价格、根据出租价格推导销售价格等方法。由于房地产项目具有建设周期和全路径开发周期长的特点,房地产经营产品一般采取预售制,因此,房地产项目经营产品价格需要考虑时间因素。基准期价格与交易日价格之间需要进行时间因素的修正,尤其是在建设项目决策阶段,所假设的基准期价格与交易日价格对建设项目投资决策有一定的敏感度。因此,本章将分别演示构建房地产基准期与交易期两个阶段价格的数智编程算法的全过程。

第1节 建设工程产品的基准期价格的采集

1.1 车位收益法数智编程算法

车位是房地产经营产品之一,根据其经营模式可分为持有自用、持有出租、市场销售等。其中,根据出租市场的行情进行收益法价格估算是常用的方法,基于 EXCEL 通用办公软件,下面以实例的方式来演示构建"车位收益法数智编程算法"的全过程(表8-1)。

实例演示 表8-1

N	C11:C23	D11:D23
B	C	D
23	车位基准价格	数据
11	每小时收费	12.00 元/个/小时
12	每天潜在收入	288.00 元/个/天
13	停车数量比例	85%
14	停车时间比例	86%
15	每天的停车收入	0.02 元/个/天
16	每月的停车收入	0.63
17	每月经营费用	0.23
18	每月的停车净收入	0.40
19	每年的停车净收入	0/年
20	投资回收年数	14.20 年
21	每个普通车位的基准价	0.01
22	每个车位使用面积	15.00m²
23	每平方米的车位基准价格	4.52 元/使面 m²

C11:C23 列区间
- &. =CONCATENATE(C9,$B$11,":",C9,$B$10)
- &. =SUBSTITUTE(ADDRESS(1,COLUMN(),4),1,)

D11:D23 列区间
- &. =CONCATENATE(D9,$B$11,":",D9,$B$10)
- &. =SUBSTITUTE(ADDRESS(1,COLUMN(),4),1,)
- &. 数据
- &. 10(数值型变量,可按需录入)
- &. =D11*24
- &. 0.85(数值型变量,可按需录入)
- &. 0.86(数值型变量,可按需录入)
- &. =D12*停车时间比例.车位.基准期销售价格算法智库.车位.jxjsk*停车数量比例.车位.基准期销售价格算法智库.车位.jxjsk*1*1
- &. =D15*30
- &. =D16*比例.用于经营费用比收入.车位xkzb*敏感度调整系数.用于经营费用myyc
- &. =(D16-D17)
- &. =D18*12/10000
- &. =投资回收年数数取值sybs
- &. =每年停车净收入.车位.基准期销售价格算法智库.车位.jxjsk*D20
- &. 15.00(数值型变量,可按需录入)
- &. =D21/D22*10000

1.2 车位基准期价格数智编程算法

车位的类别与车位的价格高低有内在的逻辑关系,根据车位的类别科目,基于 EXCEL 通用办公软件,下面以实例的方式来演示构建"车位基准期价格数智编程算法"的全过程(表 8-2)。

实例演示 表 8-2

N	F11:F17	G11:G17	H11:H17	I11:I17	J11:J17
E	F	G	H	I	J
17	车位类别	销售价格调整系数	出租价格调整系数	每个车位的销售基准价格(万元/个)	每个车位每月租金的基准价格(元/个/月)
11	人防区普通车位	1.00	1.00	56.50	5263.20
12	非人防区普通车位	1.00	1.00	56.50	5263.20
13	微型车位	0.65	0.60	36.73	3157.92
14	子母型车位	0.80	0.80	45.20	4210.56
15	无障碍车位	0.55	0.55	31.08	2894.76
16	货车车位	1.00	1.00	56.50	5263.20
17	机械车位	0.60	0.60	33.90	3157.92

F8:F17 列区间
&. =CONCATENATE(F9,$E$11,":",F9,$E$10)
&. =SUBSTITUTE(ADDRESS(1,COLUMN(),4),1,)

G8:G17 列区间
&. =CONCATENATE(G9,$E$11,":",G9,$E$10)
&. =SUBSTITUTE(ADDRESS(1,COLUMN(),4),1,)
&. 销售价格调整系数
&. 1.00(数值型变量,可按需录入)
&. 1.00(数值型变量,可按需录入)
&. 0.60(数值型变量,可按需录入)
&. 0.80(数值型变量,可按需录入)
&. 0.55(数值型变量,可按需录入)
&. 1.00(数值型变量,可按需录入)
&. 0.60(数值型变量,可按需录入)

H8:H17 列区间
&. =CONCATENATE(H9,$E$11,":",H9,$E$10)
&. =SUBSTITUTE(ADDRESS(1,COLUMN(),4),1,)
&. 出租价格调整系数
&. 1.00(数值型变量,可按需录入)
&. 1.00(数值型变量,可按需录入)
&. 0.60(数值型变量,可按需录入)
&. 0.80(数值型变量,可按需录入)
&. 0.55(数值型变量,可按需录入)
&. 1.00(数值型变量,可按需录入)
&. 0.60(数值型变量,可按需录入)

I8:I17 列区间
&. =CONCATENATE(I9,$E$11,":",I9,$E$10)
&. =SUBSTITUTE(ADDRESS(1,COLUMN(),4),1,)
&. 每个车位的销售基准价格(元/产权面积)
&. =每个普通车位的基准价.车位.基准期销售价格算法智库.车位.jxjsk*G11*敏感度调整系数.销售价格 mgxj
&. =每个普通车位的基准价.车位.基准期销售价格算法智库.车位.jxjsk*G12*敏感度调整系数.销售价格 mgxj
&. =每个普通车位的基准价.车位.基准期销售价格算法智库.车位.jxjsk*G13*敏感度调整系数.销售价格 mgxj
&. =每个普通车位的基准价.车位.基准期销售价格算法智库.车位.jxjsk*G14*敏感度调整系数.销售价格 mgxj
&. =每个普通车位的基准价.车位.基准期销售价格算法智库.车位.jxjsk*G15*敏感度调整系数.销售价格 mgxj

- &=每个普通车位的基准价.车位.基准期销售价格算法智库.车位.jxjsk*G16*敏感度调整系数.销售价格 mgxj
- &=每个普通车位的基准价.车位.基准期销售价格算法智库.车位.jxjsk*G17*敏感度调整系数.销售价格 mgxj

J8:J17 列区间

- &=CONCATENATE(J9,$E$11,":",J9,$E$10)
- &=SUBSTITUTE(ADDRESS(1,COLUMN(),4),1,)
- &每个车位每月租金的基准价格
- &=每月停车收入.车位.基准期销售价格算法智库.车位.jxjsk*H11*敏感度调整系数.租赁价格 mzlj
- &=每月停车收入.车位.基准期销售价格算法智库.车位.jxjsk*H12*敏感度调整系数.租赁价格 mzlj
- &=每月停车收入.车位.基准期销售价格算法智库.车位.jxjsk*H13*敏感度调整系数.租赁价格 mzlj
- &=每月停车收入.车位.基准期销售价格算法智库.车位.jxjsk*H14*敏感度调整系数.租赁价格 mzlj
- &=每月停车收入.车位.基准期销售价格算法智库.车位.jxjsk*H15*敏感度调整系数.租赁价格 mzlj
- &=每月停车收入.车位.基准期销售价格算法智库.车位.jxjsk*H16*敏感度调整系数.租赁价格 mzlj
- &=每月停车收入.车位.基准期销售价格算法智库.车位.jxjsk*H17*敏感度调整系数.租赁价格 mzlj

1.3 一号楼的基准期价格的市场采集

如表 8-3、表 8-4 所示。

实例演示（一） 表 8-3

			办公			
			户内毛坯交付			
			35000.00			
M	C9:C50	D9:D50	E9:E50	F9:F50	G9:G50	H9:H50
B	C	D	E	F	G	H
59	经营方式科目内容	楼层价格级差调整系数	调整前的销售基准价格（元/产权面积）	销售基准价格（元/产权面积）	回收年数	年度出租销售价格之比
9	第1层大堂公有面积	1.000	35100.00	35100.00	14.20 年	7.04%
10	第2层办公用于销售	1.001	35150.00	35150.00	14.20 年	7.04%
11	第3层办公用于销售	1.003	35200.00	35200.00	14.20 年	7.04%
12	第4层办公用于销售	1.003	35200.00	35200.00	14.20 年	7.04%

续表

13	第5层办公用于销售	1.006	35300.00	35300.00	14.20年	7.04%
14	第6层办公用于销售	1.006	35300.00	35300.00	14.20年	7.04%
15	第7层办公用于销售	1.009	35400.00	35400.00	14.20年	7.04%
16	第8层办公用于销售	1.010	35450.00	35450.00	14.20年	7.04%
17	第9层办公用于销售	1.011	35500.00	35500.00	14.20年	7.04%
18	第10层办公用于销售	1.013	35550.00	35550.00	14.20年	7.04%
19	第11层避难公有面积	1.014	35600.00	35600.00	14.20年	7.04%
20	第12层办公用于销售	1.016	35650.00	35650.00	14.20年	7.04%
21	第13层办公用于销售	1.017	35700.00	35700.00	14.20年	7.04%
22	第14层办公用于销售	1.019	35750.00	35750.00	14.20年	7.04%
23	第15层办公用于销售	1.020	35800.00	35800.00	14.20年	7.04%
24	第16层办公用于销售	1.021	35850.00	35850.00	14.20年	7.04%
25	第17层办公用于销售	1.023	35900.00	35900.00	14.20年	7.04%
26	第18层办公用于销售	1.024	35950.00	35950.00	14.20年	7.04%
27	第19层办公用于销售	1.026	36000.00	36000.00	14.20年	7.04%
28	第20层办公用于销售	1.027	36050.00	36050.00	14.20年	7.04%
29	第21层办公用于销售	1.028	36100.00	36100.00	14.20年	7.04%
30	第22层办公用于销售	1.030	36150.00	36150.00	14.20年	7.04%
31	第23层避难公有面积	1.031	36200.00	36200.00	14.20年	7.04%
32	第24层办公用于销售	1.033	36250.00	36250.00	14.20年	7.04%
33	第25层办公用于销售	1.034	36300.00	36300.00	14.20年	7.04%
34	第26层办公用于销售	1.036	36350.00	36350.00	14.20年	7.04%
35	第27层办公用于销售	1.037	36400.00	36400.00	14.20年	7.04%
36	第28层办公用于销售	1.038	36450.00	36450.00	14.20年	7.04%
37	第29层办公用于销售	1.040	36500.00	36500.00	14.20年	7.04%
38	第30层办公用于销售	1.041	36550.00	36550.00	14.20年	7.04%
39	第31层办公用于销售	1.043	36600.00	36600.00	14.20年	7.04%
40	第32层办公用于销售	1.044	36650.00	36650.00	14.20年	7.04%
41	第33层办公用于销售	1.046	36700.00	36700.00	14.20年	7.04%
42	第34层办公用于销售	1.047	36750.00	36750.00	14.20年	7.04%
43	第35层避难公有面积	1.048	36800.00	36800.00	14.20年	7.04%
44	第36层办公用于销售	1.050	36850.00	36850.00	14.20年	7.04%
45	第37层办公用于销售	1.051	36900.00	36900.00	14.20年	7.04%
46	第38层办公用于销售	1.053	36950.00	36950.00	14.20年	7.04%
47	第39层办公用于销售	1.054	37000.00	37000.00	14.20年	7.04%
48	第40层办公用于销售	1.056	37050.00	37050.00	14.20年	7.04%
49	第41层办公用于销售	1.057	37100.00	37100.00	14.20年	7.04%
50	第42层办公用于销售	1.058	37150.00	37150.00	14.20年	7.04%

C6:C50 列区间
    &. =CONCATENATE (C7,＄B＄9,":",C7,＄B＄8)
    &. =SUBSTITUTE(ADDRESS(1,COLUMN(),4),1,)
    &. =经营产品供货量智库.01栋.办公.42层.jcgmk!F8
    &. =经营产品供货量智库.01栋.办公.42层.jcgmk!F9
    &. =经营产品供货量智库.01栋.办公.42层.jcgmk!F10
        …
    &. =经营产品供货量智库.01栋.办公.42层.jcgmk!F50
注解：其他区间的相同逻辑关系的单元格内的公式可按上述演示进行相同指令的操作（后文仅列出部分区间的演示，其他区间的设置可参照此注解）。

D6:D50 列区间
    &. =CONCATENATE (D7,＄B＄9,":",D7,＄B＄8)
    &. =SUBSTITUTE(ADDRESS(1,COLUMN(),4),1,)
    &. 楼层价格级差调整系数
    &. 1.00（数值型变量，可按需录入）
    &. =E10/＄E＄9
        …
    &. =E50/＄E＄9

E4:E50 列区间
    &. =地上空间数据智库.01栋.办公.42层.sksjk!E10
    &. =地上空间数据智库.01栋.办公.42层.sksjk!X10
    &. 35100.00（数值型变量，可按需录入）
    &. =CONCATENATE(E7,＄B＄9,":",E7,＄B＄8)
    &. =SUBSTITUTE(ADDRESS(1,COL UMN(),4),1,)
    &. 调整前的销售基准价格（元/产权面积）
    &. =＄E＄5+ROW(2:2)*50
        …
    &. =＄E＄5+ROW(43:43)*50

F6:F50 列区间
    &. =CONCATENATE(F7,＄B＄9,":",F7,＄B＄8)
    &. =SUBSTITUTE(ADDRESS(1,COL UMN(),4),1,)
    &. 销售基准价格（元/产权面积）
    &. =E9*敏感度调整系数.销售价格 mgxj
    &. =E10*敏感度调整系数.销售价格 mgxj
        …
    &. =E50*敏感度调整系数.销售价格 mgxj

G6:G50 列区间
    &. =CONCATENATE(G7,＄B＄9,":",G7,＄B＄8)
    &. =SUBSTITUTE(ADDRESS(1,COL UMN(),4),1,)
    &. 回收年数
    &. =投资回收年数数取值 sybs

H6:H50 列区间

&. =CONCATENATE(H7,$B$9,":",H7,$B$8)

&. =SUBSTITUTE(ADDRESS(1,COLUMN(),4),1,)

&. 年度出租销售价格之比

&. =IFERROR(1/G9,0)

&. =IFERROR(1/G10,0)

......

&. =IFERROR(1/G50,0)

实例演示（二） 表 8-4

M	C9:C50	I9:I50	J9:J50	K9:K50
B	C	I	J	K
59	经营方式科目内容	出租基准价格 （元/月/产权面积）	出租基准价格 （元/月/套内面积）	租金基准价格 （元/月/使用面积）
9	第1层大堂公有面积	205.99	274.65	295.32
10	第2层办公用于销售	206.28	275.04	295.74
11	第3层办公用于销售	206.57	275.43	296.16
12	第4层办公用于销售	206.57	275.43	296.16
13	第5层办公用于销售	207.16	276.21	297.00
14	第6层办公用于销售	207.16	276.21	297.00
15	第7层办公用于销售	207.75	277.00	297.84
16	第8层办公用于销售	208.04	277.39	298.27
17	第9层办公用于销售	208.33	277.78	298.69
18	第10层办公用于销售	208.63	278.17	299.11
19	第11层避难公有面积	208.92	278.56	299.53
20	第12层办公用于销售	209.21	278.95	299.95
21	第13层办公用于销售	209.51	279.34	300.37
22	第14层办公用于销售	209.80	279.73	300.79
23	第15层办公用于销售	210.09	280.13	301.21
24	第16层办公用于销售	210.39	280.52	301.63
25	第17层办公用于销售	210.68	280.91	302.05
26	第18层办公用于销售	210.97	281.30	302.47
27	第19层办公用于销售	211.27	281.69	302.89
28	第20层办公用于销售	211.56	282.08	303.31
29	第21层办公用于销售	211.85	282.47	303.73
30	第22层办公用于销售	212.15	282.86	304.15
31	第23层避难公有面积	212.44	283.26	304.58

续表

32	第24层办公用于销售	212.73	283.65	305.00
33	第25层办公用于销售	213.03	284.04	305.42
34	第26层办公用于销售	213.32	284.43	305.84
35	第27层办公用于销售	213.62	284.82	306.26
36	第28层办公用于销售	213.91	285.21	306.68
37	第29层办公用于销售	214.20	285.60	307.10
38	第30层办公用于销售	214.50	285.99	307.52
39	第31层办公用于销售	214.79	286.38	307.94
40	第32层办公用于销售	215.08	286.78	308.36
41	第33层办公用于销售	215.38	287.17	308.78
42	第34层办公用于销售	215.67	287.56	309.20
43	第35层避难公有面积	215.96	287.95	309.62
44	第36层办公用于销售	216.26	288.34	310.04
45	第37层办公用于销售	216.55	288.73	310.46
46	第38层办公用于销售	216.84	289.12	310.89
47	第39层办公用于销售	217.14	289.51	311.31
48	第40层办公用于销售	217.43	289.91	311.73
49	第41层办公用于销售	217.72	290.30	312.15
50	第42层办公用于销售	218.02	290.69	312.57

I6:I50 列区间

&. =CONCATENATE(I7,＄B＄9,":",I7,＄B＄8)

&. =SUBSTITUTE(ADDRESS(1,COLUMN(),4),1,)

&. 出租基准价格(元/月/产权面积)

&. =IFERROR(E9*H9/12*敏感度调整系数.租赁价格 mzlj,0)

&. =IFERROR(E10*H10/12*敏感度调整系数.租赁价格 mzlj,0)

&. =IFERROR(E50*H50/12*敏感度调整系数.租赁价格 mzlj,0)

J6:J50 列区间

&. =CONCATENATE(J7,＄B＄9,":",J7,＄B＄8)

&. =SUBSTITUTE(ADDRESS(1,COLUMN(),4),1,)

&. 出租基准价格(元/月/套内面积)

&. =IFERROR(出租基准价格(元/月/产权面积).销售价格法.基准期销售价格算法智库.01栋.办公.42层.jxjsk/户内面积比例.地上空间数据智库.01栋.办公.42层.sksjk,0)

K6:K50 列区间

&. =CONCATENATE(K7,＄B＄9,":",K7,＄B＄8)

&. =SUBSTITUTE(ADDRESS(1,COLUMN(),4),1,)

&. 租金基准价格(元/月/使用面积)

&. =IFERROR(出租基准价格(元/月/套内面积).销售价格法.基准期销售价格算法智库.01栋.办公.42层.jxjsk/使用面积调整系数.地上空间数据智库.01栋.办公.42层.sksjk,0)

第2节 建设工程的交易期价格的套价算法

2.1 车位的交易期价格的自动套价

根据构建的建设项目全路径时间坐标数智编程算法,将车位的基准期价格与交易期价格用EXCEL通用办公软件的函数建立其间的逻辑算法(表8-5)。

实例演示　　　　　　　　　　　　　　　　　　　表8-5

		19	WK			
F	J19:WK24	24	I		L	M
	J12:WK12	12		总月度序号	3	4
	J13:WK13	13		土地总月度序号	0	0
	J14:WK14	14		开始日期	2025年3月1日	2025年4月1日
	J15:WK15	15		完成日期	2025年3月31日	2025年4月30日
	J16:WK16	16		年份编号	2025	2025
	J17:WK17	17		年度序号	1	1
4.26	J18:WK18	18		人防区普通车位.用于经营	56.50	56.50
4.26	J19:WK19	19		非人防区普通车位.用于经营	56.50	56.50
4.26	J20:WK20	20		微型车位.用于经营	36.73	36.73
4.26	J21:WK21	21		子母型车位.产权持有	45.20	45.20
4.26	J22:WK22	22		无障碍车位.产权持有	31.08	31.08
4.26	J23:WK23	23		货车车位.产权持有	56.50	56.50
4.26	J24:WK24	24		机械车位.产权持有	33.90	33.90

I11:I24列区间

&. =SUBSTITUTE(ADDRESS(1,COLUMN(),4),1,)

&. =OFFSET(.时间竖坐标算法智库.sszsk!$C$10,COLUMN(A2)-1,)

&. =经营产品供货量智库.车位.jcgmk!C9&"."&经营产品供货量智库.车位.jcgmk!F9

&. =经营产品供货量智库.车位.jcgmk!C15&"."&经营产品供货量智库.车位.jcgmk!F15

L11:L24列区间

&. =SUBSTITUTE(ADDRESS(1,COLUMN(),4),1,)

&. =OFFSET(.时间竖坐标算法智库.sszsk!$C$10,COLUMN(D2)-1,)

&. =IF(开始日期.月度时间横坐标算法智库.yshzk>=市场调研期.开始日期.关键节点计划算法智库.gjjsk,每个的销售基准价格(元/产权面积).车位.基准期销售价格算法智库.车位.jxjsk.y*(1+销售价格年增长率.车位.年度涨价指数数据智库.nzzsk)^年涨价指数.月度时间横坐标算法智库.yshzk,0)

2.2 一号楼的交易期价格的自动套价

如表8-6所示。

实例演示

表 8-6

		18	WK			
	F	J18:WK68	68	I	L	M
		J12:WK12	12	总月度序号	3	4
		J13:WK13	13	土地总月度序号	0	0
		J14:WK14	14	开始日期	2025年3月1日	2025年4月1日
		J15:WK15	15	完成日期	2025年3月31日	2025年4月30日
		J16:WK16	16	年份编号	2025	2025
		J17:WK17	17	年度序号	1	1
4.26		J18:WK18	18	第1层大堂公有面积	35100.00	35100.00
4.26		J19:WK19	19	第2层办公用于销售	35150.00	35150.00
4.26		J20:WK20	20	第3层办公用于销售	35200.00	35200.00
4.26		J21:WK21	21	第4层办公用于销售	35200.00	35200.00
4.26		J22:WK22	22	第5层办公用于销售	35300.00	35300.00
4.26		J23:WK23	23	第6层办公用于销售	35300.00	35300.00
4.26		J24:WK24	24	第7层办公用于销售	35400.00	35400.00
4.26		J25:WK25	25	第8层办公用于销售	35450.00	35450.00
4.26		J26:WK26	26	第9层办公用于销售	35500.00	35500.00
4.26		J27:WK27	27	第10层办公用于销售	35550.00	35550.00
4.26		J28:WK28	28	第11层避难公有面积	35600.00	35600.00
4.26		J29:WK29	29	第12层办公用于销售	35650.00	35650.00
4.26		J30:WK30	30	第13层办公用于销售	35700.00	35700.00
4.26		J31:WK31	31	第14层办公用于销售	35750.00	35750.00
4.26		J32:WK32	32	第15层办公用于销售	35800.00	35800.00
4.26		J33:WK33	33	第16层办公用于销售	35850.00	35850.00
4.26		J34:WK34	34	第17层办公用于销售	35900.00	35900.00
4.26		J35:WK35	35	第18层办公用于销售	35950.00	35950.00
4.26		J36:WK36	36	第19层办公用于销售	36000.00	36000.00
4.26		J37:WK37	37	第20层办公用于销售	36050.00	36050.00
4.26		J38:WK38	38	第21层办公用于销售	36100.00	36100.00
4.26		J39:WK39	39	第22层办公用于销售	36150.00	36150.00
4.26		J40:WK40	40	第23层避难公有面积	36200.00	36200.00
4.26		J41:WK41	41	第24层办公用于销售	36250.00	36250.00
4.26		J42:WK42	42	第25层办公用于销售	36300.00	36300.00
4.26		J43:WK43	43	第26层办公用于销售	36350.00	36350.00
4.26		J44:WK44	44	第27层办公用于销售	36400.00	36400.00
4.26		J45:WK45	45	第28层办公用于销售	36450.00	36450.00
4.26		J46:WK46	46	第29层办公用于销售	36500.00	36500.00
4.26		J47:WK47	47	第30层办公用于销售	36550.00	36550.00
4.26		J48:WK48	48	第31层办公用于销售	36600.00	36600.00
4.26		J49:WK49	49	第32层办公用于销售	36650.00	36650.00

续表

4.26	J50:WK50	50	第33层办公用于销售	36700.00	36700.00
4.26	J51:WK51	51	第34层办公用于销售	36750.00	36750.00
4.26	J52:WK52	52	第35层避难公有面积	36800.00	36800.00
4.26	J53:WK53	53	第36层办公用于销售	36850.00	36850.00
4.26	J54:WK54	54	第37层办公用于销售	36900.00	36900.00
4.26	J55:WK55	55	第38层办公用于销售	36950.00	36950.00
4.26	J56:WK56	56	第39层办公用于销售	37000.00	37000.00
4.26	J57:WK57	57	第40层办公用于销售	37050.00	37050.00
4.26	J58:WK58	58	第41层办公用于销售	37100.00	37100.00
4.26	J59:WK59	59	第42层办公用于销售	37150.00	37150.00

I11:L59列区间

&. =SUBSTITUTE(ADDRESS(1,COLUMN(),4),1,)
&. =OFFSET(.时间竖坐标算法智库.sszsk!\$C\$10,COLUMN(A2)-1,)
&. =经营产品供货量智库.01栋.办公.42层.jcgmk!F9
&. =经营产品供货量智库.01栋.办公.42层.jcgmk!F50

L11:L59列区间

&. =SUBSTITUTE(ADDRESS(1,COLUMN(),4),1,)
&. =OFFSET(.时间竖坐标算法智库.sszsk!\$C\$10,COLUMN(D2)-1,)
&. =IF(开始日期.月度时间横坐标算法智库.yshzk>=市场调研期.开始日期.关键节点计划算法智库.gjjsk,销售基准价格(元/产权面积).销售价格法.基准期销售价格算法智库.01栋.办公.42层.jxjsk*(1+销售价格年增长率.办公.年度涨价指数数据智库.nzzsk)^年涨价指数.月度时间横坐标算法智库.yshzk,0)
&. =IF(开始日期.月度时间横坐标算法智库.yshzk>=市场调研期.开始日期.关键节点计划算法智库.gjjsk,销售基准价格(元/产权面积).销售价格法.基准期销售价格算法智库.01栋.办公.42层.jxjsk*(1+销售价格年增长率.办公.年度涨价指数数据智库.nzzsk)^年涨价指数.月度时间横坐标算法智库.yshzk,0)

第9章 经营产品的营业收入数智编程算法

根据建设项目竣工验收交付使用的类别,可将其分为持有自用、持有出租、市场销售三大类别,针对有经营活动的建设项目的投资,在建设项目投资决策分析时,计算营业收入是不可缺少的业务内容。

第1节 基准期营业收入的自动算价

1.1 车位的基准期收入数智编程算法

根据车位产品的经营方式的敏感性分析需求,基于EXCEL通用办公软件,下面以实例的方式来演示构建"车位的基准期收入数智编程算法"的全过程(表9-1)。

实例演示　　　　　　　　　　　　　　　　　　　　　表9-1

			27144.74		436.40	194633.61
H	C10:C16	D10:D16	E10:E16	F10:F16	G10:G16	H10:H16
B	C	D	E	F	G	H
16	车位类别	销售量比例	含税销售收入	房屋出租比例	出租费月收入	出租费年收入
10	人防区普通车位.用于经营	100%	0	100%	44.21	19718.05
11	非人防区普通车位.用于经营	100%	22939.61	100%	213.69	95303.92
12	微型车位.用于经营	100%	4205.12	100%	36.16	16126.55
13	子母车位.持有产权	100%	0	100%	64.42	28732.02
14	无障碍车位.持有产权	100%	0	100%	17.66	7875.48
15	货车车位.持有产权	100%	0	100%	60.26	26877.58
16	机械车位.持有产权	100%	0	100%	0	0

C7:C16 列区间

    & =CONCATENATE(C8,$B$10,":",C8,$B$9)

    & =SUBSTITUTE(ADDRESS(1,COLUMN(),4),1,)

    & 车位类别

    & =经营产品供货量智库.jcgmk!G9

    & =经营产品供货量智库.jcgmk!G10

注解:其他区间的相同逻辑关系的单元格内的公式可按上述演示进行相同指令的操作(后文仅列出部分区间的演示,其他区间的设置可参照此注解)。

D7:D16 列区间

&．=CONCATENATE(D8,$B$10,":",D8,$B$9)

&．=SUBSTITUTE(ADDRESS(1,COLUMN(),4),1,)

&．销售量比例

&．=销售量比例．车位．用于经营市场交易数据智库．jsjsk

E6:E16 列区间

&．=SUM(E10:E16)

&．=CONCATENATE(E8,$B$10,":",E8,$B$9)

&．=SUBSTITUTE(ADDRESS(1,COLUMN(),4),1,)

&．含税销售收入

&．=销售量．用于经营产品供货量智库．车位．jcgmk*基准期销售单价．基准期销售价格算法智库．车位．jxjsk*销售量比例．基准期销售价格算法智库．车位．jxjsk

F7:F16 列区间

&．=CONCATENATE(F8,$B$10,":",F8,$B$9)

&．=SUBSTITUTE(ADDRESS(1,COLUMN(),4),1,)

&．房屋出租比例

&．=基准期房屋出租比例．车位．用于经营市场交易数据智库．jsjsk

G6:G16 列区间

&．=SUM(G10:G16)

&．=CONCATENATE(G8,$B$10,":",G8,$B$9)

&．=SUBSTITUTE(ADDRESS(1,COLUMN(),4),1,)

&．出租费月收入

&．=出租的数量．用于经营产品供货量智库．车位．jcgmk*出租基准单价．车位基准期销售价格算法智库．车位．jxjsk*房屋出租比例．车位．基准期．基准期销售价格算法智库．车位．jxjsk/10000

H6:H16 列区间

&．=SUM(H10:H16)

&．=CONCATENATE(H8,$B$10,":",H8,$B$9)

&．=SUBSTITUTE(ADDRESS(1,COLUMN(),4),1,)

&．出租费年收入

&．=G10*月数．租金收入期．月度时间横坐标算法智库．yshzk

&．=G11*月数．租金收入期．月度时间横坐标算法智库．yshzk

……

1.2 一号楼的基准期收入算法

如表 9-2 所示。

表 9-2

		实例演示				
		254537.06			0	0
I	D9:D50	E9:E50	F9:F50	G9:G50	H9:H50	I9:I50

续表

C	D	E	F	G	H	I
59	经营方式科目内容	销售量比例	含税销售收入	房屋出租比例	出租费月收入	出租费年收入
9	第1层大堂公有面积	100%	0	100%	0	0
10	第2层办公用于销售	100%	6514.24	100%	0	0
11	第3层办公用于销售	100%	6523.50	100%	0	0
12	第4层办公用于销售	100%	6523.50	100%	0	0
13	第5层办公用于销售	100%	6542.04	100%	0	0
14	第6层办公用于销售	100%	6542.04	100%	0	0
15	第7层办公用于销售	100%	6560.57	100%	0	0
16	第8层办公用于销售	100%	6569.83	100%	0	0
17	第9层办公用于销售	100%	6579.10	100%	0	0
18	第10层办公用于销售	100%	6588.37	100%	0	0
19	第11层避难公有面积	100%	0	100%	0	0
20	第12层办公用于销售	100%	6606.90	100%	0	0
21	第13层办公用于销售	100%	6616.17	100%	0	0
22	第14层办公用于销售	100%	6625.43	100%	0	0
23	第15层办公用于销售	100%	6634.70	100%	0	0
24	第16层办公用于销售	100%	6643.96	100%	0	0
25	第17层办公用于销售	100%	6653.23	100%	0	0
26	第18层办公用于销售	100%	6662.50	100%	0	0
27	第19层办公用于销售	100%	6671.76	100%	0	0
28	第20层办公用于销售	100%	6681.03	100%	0	0
29	第21层办公用于销售	100%	6690.30	100%	0	0
30	第22层办公用于销售	100%	6699.56	100%	0	0
31	第23层避难公有面积	100%	0	100%	0	0
32	第24层办公用于销售	100%	6718.10	100%	0	0
33	第25层办公用于销售	100%	6727.36	100%	0	0
34	第26层办公用于销售	100%	6736.63	100%	0	0
35	第27层办公用于销售	100%	6745.89	100%	0	0
36	第28层办公用于销售	100%	6755.16	100%	0	0
37	第29层办公用于销售	100%	6764.43	100%	0	0
38	第30层办公用于销售	100%	6773.69	100%	0	0
39	第31层办公用于销售	100%	6782.96	100%	0	0
40	第32层办公用于销售	100%	6792.23	100%	0	0
41	第33层办公用于销售	100%	6801.49	100%	0	0

续表

42	第34层办公用于销售	100%	6810.76	100%	0	0
43	第35层避难公有面积	100%	0	100%	0	0
44	第36层办公用于销售	100%	6829.29	100%	0	0
45	第37层办公用于销售	100%	6838.56	100%	0	0
46	第38层办公用于销售	100%	6847.82	100%	0	0
47	第39层办公用于销售	100%	6857.09	100%	0	0
48	第40层办公用于销售	100%	6866.36	100%	0	0
49	第41层办公用于销售	100%	6875.62	100%	0	0
50	第42层办公用于销售	100%	6884.89	100%	0	0

D6:D50列区间
&.=CONCATENATE(D7,$C$9,":",D7,$C$8)
&.=SUBSTITUTE(ADDRESS(1,COLUMN(),4),1,)
&.=栋01.用于经营产品供货量智库.jcgmk!F8
&.=栋01.用于经营产品供货量智库.jcgmk!F9
&.=栋01.用于经营产品供货量智库.jcgmk!F10
&.=栋01.用于经营产品供货量智库.jcgmk!F50

E6:E50列区间
&.=CONCATENATE(E7,$C$9,":",E7,$C$8)
&.=SUBSTITUTE(ADDRESS(1,COLUMN(),4),1,)
&.销售量比例
&.=销售量比例.办公.用于经营市场交易数据智库.jsjsk

F5:F50列区间
&.=SUM(F9:F59)
&.=CONCATENATE(F7,$C$9,":",F7,$C$8)
&.=SUBSTITUTE(ADDRESS(1,COLUMN(),4),1,)
&.含税销售收入
&.=销售产权面积.用于经营产品供货量智库.jcgmk经营产品供货量智库.jcgmk*基准期销售单价.销售定价法.栋01xdjf.y*销售量比例.栋01.基准期.基准期销售价格算法智库.车位.jxjsk/10000

G6:G50列区间
&.=CONCATENATE(G7,$C$9,":",G7,$C$8)
&.=SUBSTITUTE(ADDRESS(1,COLUMN(),4),1,)
&.房屋出租比例
&.=基准期房屋出租比例.办公.用于经营市场交易数据智库.jsjsk

H5:H50列区间
&.=SUM(H9:H59)
&.=CONCATENATE(H7,$C$9,":",H7,$C$8)

- & =SUBSTITUTE(ADDRESS(1,COLUMN(),4),1,)
- & 出租费月收入
- & =每月租金基准价.基准期出租价格算法智库.01栋.办公.42层.jcjsk*出租的产权面积.用于经营产品供货量智库.jcgmk经营产品供货量智库.jcgmk*房屋出租比例.栋01.基准期.基准期销售价格算法智库.车位.jxjsk/10000

I5:I50 列区间
- & =SUM(I9:I59)
- & =CONCATENATE(I7,$C$9,":",I7,$C$8)
- & =SUBSTITUTE(ADDRESS(1,COLUMN(),4),1,)
- & 出租费年收入
- & =H9*月数.租金收入期.月度时间横坐标算法智库.yshzk
- & =H10*月数.租金收入期.月度时间横坐标算法智库.yshzk

...

第2节 交易期销售收入的自动算价

建设项目在投资决策阶段的市场调研期（基准期）与实际交易日（交易期）之间有较长的时间差，考虑到期间的市场行情的变化，需要对基准期定价数据进行修正调整，本节将基于EXCEL通用办公软件，以实例的方式演示构建整个建设项目各楼栋在交易期的销售收入数智编程算法的全过程。

2.1 车位在交易期的销售收入的数智编程算法

根据建设项目实例的设计内容，车位在投资决策阶段的经营模式需要进行出租或销售的敏感性分析，基于EXCEL通用办公软件，下面以实例的方式来演示构建"车位在交易期的销售收入的数智编程算法"的全过程（表9-3）。

实例演示　　　　　　　　　　表9-3

	24	WK			
F	J24:WK29	29	I	DB	DC
	J12:WK12	12	总月度序号	97	98
	J13:WK13	13	土地总月度序号	93	94
	J14:WK14	14	开始日期	2033年1月1日	2033年2月1日
	J15:WK15	15	完成日期	2033年1月31日	2033年2月28日
	J16:WK16	16	年份号	2033	2033
	J17:WK17	17	年序号	9	9
34386.14	J18:WK18	18	销售收入.车位	2865.51	2865.51
3599.65	J19:WK19	19	销售抵扣土地费用.车位	299.97	299.97
30786.49	J20:WK20	20	销售含税毛收入.车位	2565.54	2565.54
27735.58	J21:WK21	21	销售除税毛收入.车位	2311.30	2311.30

续表

3050.91	J22:WK22	22	销项税额.销售.车位	254.24	254.24
0	J23:WK23	23	人防区普通车位.用于经营	0	0
29059.21	J24:WK24	24	非人防区普通车位.用于经营	2421.60	2421.60
5326.93	J25:WK25	25	微型车位.用于经营	443.91	443.91
0	J26:WK26	26	子母车位.持有产权	0	0
0	J27:WK27	27	无障碍车位.持有产权	0	0
0	J28:WK28	28	货车车位.持有产权	0	0
0	J29:WK29	29	机械车位.持有产权	0	0

I11:I29 列区间

&. =SUBSTITUTE(ADDRESS(1,COLUMN(),4),1,)
&. =OFFSET(时间竖坐标算法智库.sszsk!＄C＄10,COLUMN(A2)－1,)
&. =OFFSET(时间竖坐标算法智库.sszsk!＄D＄10,COLUMN(A2)－1,)
&. =OFFSET(时间竖坐标算法智库.sszsk!＄I＄10,COLUMN(A2)－1,)
&. =OFFSET(时间竖坐标算法智库.sszsk!＄J＄10,COLUMN(A2)－1,)
&. =OFFSET(时间竖坐标算法智库.sszsk!＄G＄10,COLUMN(A2)－1,)
&. =OFFSET(时间竖坐标算法智库.sszsk!＄H＄10,COLUMN(A2)－1,)
&. 销售收入.车位
&. 销售抵扣土地费用.车位
&. 销售含税毛收入.车位
&. 销售除税毛收入.车位
&. 销项税额.销售.车位
&. =经营产品供货量智库.jcgmk!G9
&. =经营产品供货量智库.jcgmk!G10
&. =经营产品供货量智库.jcgmk!G11
&. =经营产品供货量智库.jcgmk!G12
&. =经营产品供货量智库.jcgmk!G13
&. =经营产品供货量智库.jcgmk!G14
&. =经营产品供货量智库.jcgmk!G15

DB11:DB29 列区间

&. =SUBSTITUTE(ADDRESS(1,COLUMN(),4),1,)
&. =OFFSET(时间竖坐标算法智库.sszsk!＄C＄10,COLUMN(CT2)－1,)
&. =OFFSET(时间竖坐标算法智库.sszsk!＄D＄10,COLUMN(CT2)－1,)
&. =OFFSET(时间竖坐标算法智库.sszsk!＄I＄10,COLUMN(CT2)－1,)
&. =OFFSET(时间竖坐标算法智库.sszsk!＄J＄10,COLUMN(CT2)－1,)
&. =OFFSET(时间竖坐标算法智库.sszsk!＄G＄10,COLUMN(CT2)－1,)
&. =OFFSET(时间竖坐标算法智库.sszsk!＄H＄10,COLUMN(CT2)－1,)
&. =SUM(DB23:DB29)
&. =IF(DB18＞0,单方土地费用_销售产权面积.土地开发费数据智库.tkfsk*销售产权面

积.车位 xxmj/10000,0)
- &. =IF(DB18＞DB19,DB18－DB19,0)
- &. =DB20/(1＋增值税税率.房屋销售或出租.项目经营基本数据智库.xjjsk)
- &. =DB21*增值税税率.房屋销售或出租.项目经营基本数据智库.xjjsk
- &. =销售量.用于经营产品供货量智库.车位.jcgmk*销售单价.车位交易期销售价格算法智库.jcjsk*销售进度.车位 xsjd.yb.x*销售量比例.车位.用于经营市场交易数据智库.jsjsk
- &. =销售量.用于经营产品供货量智库.车位.jcgmk*销售单价.车位交易期销售价格算法智库.jcjsk*销售进度.车位 xsjd.yb.x*销售量比例.车位.用于经营市场交易数据智库.jsjsk
- &. =销售量.用于经营产品供货量智库.车位.jcgmk*销售单价.车位交易期销售价格算法智库.jcjsk*销售进度.车位 xsjd.yb.x*销售量比例.车位.用于经营市场交易数据智库.jsjsk
- &. =销售量.用于经营产品供货量智库.车位.jcgmk*销售单价.车位交易期销售价格算法智库.jcjsk*销售进度.车位 xsjd.yb.x*销售量比例.车位.用于经营市场交易数据智库.jsjsk
- &. =销售量.用于经营产品供货量智库.车位.jcgmk*销售单价.车位交易期销售价格算法智库.jcjsk*销售进度.车位 xsjd.yb.x*销售量比例.车位.用于经营市场交易数据智库.jsjsk
- &. =销售量.用于经营产品供货量智库.车位.jcgmk*销售单价.车位交易期销售价格算法智库.jcjsk*销售进度.车位 xsjd.yb.x*销售量比例.车位.用于经营市场交易数据智库.jsjsk
- &. =销售量.用于经营产品供货量智库.车位.jcgmk*销售单价.车位交易期销售价格算法智库.jcjsk*销售进度.车位 xsjd.yb.x*销售量比例.车位.用于经营市场交易数据智库.jsjsk

DC11:DC29 列区间
- &. =CONCATENATE(H18,$C$9,":",H18,$C$8)
- &. =SUBSTITUTE(ADDRESS(1,COLUMN(),4),1,)
- &. 含税租金收入.住宅/公寓
- &. =空值
- &. =SUMIFS(含税租金总收入.栋01.基准期.基准期销售价格算法智库.车位.jxjsk,功能.栋01sjsj.y,"住宅/公寓")
- &. =SUMIFS(含税租金总收入.栋02.基准期.基准期销售价格算法智库.车位.jxjsk,功能.栋01sjsj.y,"住宅/公寓")
- &. =SUMIFS(含税租金总收入.栋03.基准期.基准期销售价格算法智库.车位.jxjsk,功能.栋03sjsj.y,"住宅/公寓")
- &. =SUMIFS(含税租金总收入.栋04.基准期.基准期销售价格算法智库.车位.jxjsk,功能.栋04sjsj.y,"住宅/公寓")
- &. =SUM(H20:H24)

G17:G25 列区间
- &. =CONCATENATE(G18,$C$9,":",G18,$C$8)

& =SUBSTITUTE(ADDRESS(1,COLUMN( ),4),1,)

& 含税租金收入.办公

& =空值

& =SUMIFS(含税租金总收入.栋01.基准期.基准期销售价格算法智库.车位.jxjsk,功能.栋01sjsj.y,"办公")

& =SUMIFS(含税租金总收入.栋02.基准期.基准期销售价格算法智库.车位.jxjsk,功能.栋01sjsj.y,"办公")

& =SUMIFS(含税租金总收入.栋03.基准期.基准期销售价格算法智库.车位.jxjsk,功能.栋03sjsj.y,"办公")

& =SUMIFS(含税租金总收入.栋04.基准期.基准期销售价格算法智库.车位.jxjsk,功能.栋04sjsj.y,"办公")

& =SUM(G20:G24)

2.2 一号楼的交易期销售收入算法

如表 9-4 所示。

实例演示　　　　　　　　　　　　　　表 9-4

F		23	WK			
	J23:WK73	73		I	AK	AL
	J12:WK12	12		总月度序号	28	29
	J13:WK13	13		土地总月度序号	24	25
	J14:WK14	14		开始日期	2027年4月1日	2027年5月1日
	J15:WK15	15		完成日期	2027年4月30日	2027年5月31日
	J16:WK16	16		年份号	2027	2027
	J17:WK17	17		年序号	3	3
271388.56	J18:WK18	18		销售收入.栋01	22503.20	22503.20
32469.06	J19:WK19	19		销售抵扣土地费用.栋01	2705.76	2705.76
238919.49	J20:WK20	20		销售含税毛收入.栋01	19797.44	19797.44
215242.79	J21:WK21	21		销售除税毛收入.栋01	17835.53	17835.53
23676.71	J22:WK22	22		销项税额.销售.栋01	1961.91	1961.91
0	J23:WK23	23		第1层大堂公有面积	0	0
6945.51	J24:WK24	24		第2层办公用于销售	575.91	575.91
6955.39	J25:WK25	25		第3层办公用于销售	576.73	576.73
6955.39	J26:WK26	26		第4层办公用于销售	576.73	576.73
6975.15	J27:WK27	27		第5层办公用于销售	578.37	578.37
6975.15	J28:WK28	28		第6层办公用于销售	578.37	578.37
6994.91	J29:WK29	29		第7层办公用于销售	580.01	580.01
7004.79	J30:WK30	30		第8层办公用于销售	580.83	580.83
7014.67	J31:WK31	31		第9层办公用于销售	581.65	581.65
7024.55	J32:WK32	32		第10层办公用于销售	582.47	582.47

续表

0	J33:WK33	33	第11层避难公有面积	0	0
7044.31	J34:WK34	34	第12层办公用于销售	584.10	584.10
7054.19	J35:WK35	35	第13层办公用于销售	584.92	584.92
7064.07	J36:WK36	36	第14层办公用于销售	585.74	585.74
7073.95	J37:WK37	37	第15层办公用于销售	586.56	586.56
7083.83	J38:WK38	38	第16层办公用于销售	587.38	587.38
7093.71	J39:WK39	39	第17层办公用于销售	588.20	588.20
7103.58	J40:WK40	40	第18层办公用于销售	589.02	589.02
7113.46	J41:WK41	41	第19层办公用于销售	589.84	589.84
7123.34	J42:WK42	42	第20层办公用于销售	590.66	590.66
7133.22	J43:WK43	43	第21层办公用于销售	591.48	591.48
7143.10	J44:WK44	44	第22层办公用于销售	592.30	592.30
0	J45:WK45	45	第23层避难公有面积	0	0
7162.86	J46:WK46	46	第24层办公用于销售	593.94	593.94
7172.74	J47:WK47	47	第25层办公用于销售	594.75	594.75
7182.62	J48:WK48	48	第26层办公用于销售	595.57	595.57
7192.50	J49:WK49	49	第27层办公用于销售	596.39	596.39
7202.38	J50:WK50	50	第28层办公用于销售	597.21	597.21
7212.26	J51:WK51	51	第29层办公用于销售	598.03	598.03
7222.14	J52:WK52	52	第30层办公用于销售	598.85	598.85
7232.02	J53:WK53	53	第31层办公用于销售	599.67	599.67
7241.90	J54:WK54	54	第32层办公用于销售	600.49	600.49
7251.78	J55:WK55	55	第33层办公用于销售	601.31	601.31
7261.66	J56:WK56	56	第34层办公用于销售	602.13	602.13
0	J57:WK57	57	第35层避难公有面积	0	0
7281.42	J58:WK58	58	第36层办公用于销售	603.77	603.77
7291.30	J59:WK59	59	第37层办公用于销售	604.59	604.59
7301.18	J60:WK60	60	第38层办公用于销售	605.40	605.40
7311.06	J61:WK61	61	第39层办公用于销售	606.22	606.22
7320.94	J62:WK62	62	第40层办公用于销售	607.04	607.04
7330.82	J63:WK63	63	第41层办公用于销售	607.86	607.86
7340.70	J64:WK64	64	第42层办公用于销售	608.68	608.68

I11:I64 列区间

&. =SUBSTITUTE(ADDRESS(1,COLUMN(),4),1,)
&. =OFFSET(时间竖坐标算法智库.sszsk!＄C＄10,COLUMN(A2)－1,)
&. =OFFSET(时间竖坐标算法智库.sszsk!＄D＄10,COLUMN(A2)－1,)
&. =OFFSET(时间竖坐标算法智库.sszsk!＄I＄10,COLUMN(A2)－1,)
&. =OFFSET(时间竖坐标算法智库.sszsk!＄J＄10,COLUMN(A2)－1,)
&. =OFFSET(时间竖坐标算法智库.sszsk!＄G＄10,COLUMN(A2)－1,)
&. =OFFSET(时间竖坐标算法智库.sszsk!＄H＄10,COLUMN(A2)－1,)
&. 销售收入.栋01

- & 销售抵扣土地费用.栋01
- & 销售含税毛收入.栋01
- & 销售除税毛收入.栋01
- & 销项税额.销售.栋01
- & =经营产品供货量智库.jcgmk!F9
- & =经营产品供货量智库.jcgmk!F10
  …
- & =经营产品供货量智库.jcgmk!F50

AK11：AK64 列区间

- & =SUBSTITUTE(ADDRESS(1,COLUMN(),4),1,)
- & =OFFSET(时间竖坐标算法智库.sszsk!＄C＄10,COLUMN(AC2)－1,)
- & =SUM(AK23：AK73)
- & =IF(AK18＞0,单方土地费用_销售产权面积.土地开发费数据智库.tkfsk＊销售产权面积.栋01xcjm.yb.x/10000,0)
- & =IF(AK18＞AK19,AK18－AK19,0)
- & =AK20/(1＋增值税税率.房屋销售或出租.项目经营基本数据智库.xjjsk)
- & =AK21＊增值税税率.房屋销售或出租.项目经营基本数据智库.xjjsk
- & =销售产权面积.用于经营产品供货量智库.jcgmk经营产品供货量智库.jcgmk＊销售单价.栋01交易期销售价格算法智库.jcjsk＊销售进度.栋01sjd.yb.x＊销售量比例.办公.用于经营市场交易数据智库.jsjsk/10000

第3节　交易期租金收入自动算价

根据本书其他章节已构建的建设项目的全路径周期的时间坐标数智编程算法，利用 ECXEL 通用办公软件，在基准期与交易期之间实现了数据的智能转换，本节将以建设项目的实例来演示构建交易期租金收入数智编程算法的全过程。

3.1　车位在交易期的租金收入的数智编程算法

如表9-5所示。

实例演示　　　　　　　　　　　　　　　　　表9-5

F		24	WK			
	J24：WK29	29		I	AY	AZ
	J12：WK12	12		总月度序号	42	43
	J13：WK13	13		土地总月度序号	38	39
	J14：WK14	14		开始日期	2028年6月1日	2028年7月1日
	J15：WK15	15		完成日期	2028年6月30日	2028年7月31日
	J16：WK16	16		年份号	2028	2028
	J17：WK17	17		年序号	4	4
431484.29	J18：WK18	18		含税租金收入.车位	338.69	338.69
20970.90	J19：WK19	19		出租抵扣土地费用.车位	47.02	47.02

续表

410513.38	J20:WK20	20	含税租金毛收入.车位	291.67	291.67
369831.88	J21:WK21	21	除税租金毛收入.车位	262.77	262.77
40681.51	J22:WK22	22	销项税额.出租.车位	28.90	28.90
43713.06	J23:WK23	23	人防区普通车位.用于经营	34.31	34.31
211279.77	J24:WK24	24	非人防区普通车位.用于经营	165.84	165.84
35751.03	J25:WK25	25	微型车位.用于经营	28.06	28.06
63696.17	J26:WK26	26	子母车位.持有产权	50.00	50.00
17459.20	J27:WK27	27	无障碍车位.持有产权	13.70	13.70
59585.06	J28:WK28	28	货车车位.持有产权	46.77	46.77
0	J29:WK29	29	机械车位.持有产权	0	0

I11:I29 列区间

&. =SUBSTITUTE(ADDRESS(1,COLUMN(),4),1,)
&. =OFFSET(时间竖坐标算法智库.sszsk!＄C＄10,COLUMN(A2)－1,)
&. =OFFSET(时间竖坐标算法智库.sszsk!＄D＄10,COLUMN(A2)－1,)
&. =OFFSET(时间竖坐标算法智库.sszsk!＄I＄10,COLUMN(A2)－1,)
&. =OFFSET(时间竖坐标算法智库.sszsk!＄J＄10,COLUMN(A2)－1,)
&. =OFFSET(时间竖坐标算法智库.sszsk!＄G＄10,COLUMN(A2)－1,)
&. =OFFSET(时间竖坐标算法智库.sszsk!＄H＄10,COLUMN(A2)－1,)
&. 含税租金收入.车位
&. 出租抵扣土地费用.车位
&. 含税租金毛收入.车位
&. 除税租金毛收入.车位
&. 销项税额.出租.车位
&. =经营产品供货量智库.jcgmk!C9&"."&经营产品供货量智库.jcgmk!F9
&. =经营产品供货量智库.jcgmk!C10&"."&经营产品供货量智库.jcgmk!F10
&. =经营产品供货量智库.jcgmk!C11&"."&经营产品供货量智库.jcgmk!F11
&. =经营产品供货量智库.jcgmk!C12&"."&经营产品供货量智库.jcgmk!F12
&. =经营产品供货量智库.jcgmk!C13&"."&经营产品供货量智库.jcgmk!F13
&. =经营产品供货量智库.jcgmk!C14&"."&经营产品供货量智库.jcgmk!F14
&. =经营产品供货量智库.jcgmk!C15&"."&经营产品供货量智库.jcgmk!F15

AY11:AY29 列区间

&. =SUBSTITUTE(ADDRESS(1,COLUMN(),4),1,)
&. =OFFSET(时间竖坐标算法智库.sszsk!＄C＄10,COLUMN(AQ2)－1,)
&. =SUM(AY23:AY29)
&. =IF(租金收入期.月度时间横坐标算法智库.yshzk.x="A",单方土地费用_可租产权面积.月.土地开发费数据智库.tkfsk*出租的产权面积.车位 zcjm.yb.x/10000,0)
&. =IF(AY18＞AY19,AY18－AY19,0)
&. =AY20/(1＋增值税税率.房屋销售或出租.项目经营基本数据智库.xjjsk)
&. =AY21*增值税税率.房屋销售或出租.项目经营基本数据智库.xjjsk

8. ＝IF(租金收入期.月度时间横坐标算法智库.yshzk. x＝"A",租金单价.车位租金单价出租价格算法智库.车位.jysjk*出租的数量.用于经营产品供货量智库.车位.jcgmk*动态房屋出租比例.车位dczl. yb. x/10000,0)

3.2 一号楼的交易期租金收入算法

如表9-6所示。

实例演示　　　　　　　　　　　　　　　　　　　　　　　　表9-6

		24	WK			
F		J24:WK73	73	I	L	M
		J12:WK12	12	总月度序号	3	4
		J13:WK13	13	土地总月度序号	0	0
		J14:WK14	14	开始日期	2025年3月1日	2025年4月1日
		J15:WK15	15	完成日期	2025年3月31日	2025年4月30日
		J16:WK16	16	年份号	2025	2025
		J17:WK17	17	年序号	1	1
0		J18:WK18	18	含税租金收入.栋01	0	0
0		J19:WK19	19	出租抵扣土地费用.栋01	0	0
0		J20:WK20	20	含税租金毛收入.栋01	0	0
0		J21:WK21	21	除税租金毛收入.栋01	0	0
0		J22:WK22	22	销项税额.出租.栋01	0	0
0		J23:WK23	23	第1层大堂公有面积	0	0
0		J24:WK24	24	第2层办公用于销售	0	0
0		J25:WK25	25	第3层办公用于销售	0	0
0		J26:WK26	26	第4层办公用于销售	0	0
0		J27:WK27	27	第5层办公用于销售	0	0
0		J28:WK28	28	第6层办公用于销售	0	0
0		J29:WK29	29	第7层办公用于销售	0	0
0		J30:WK30	30	第8层办公用于销售	0	0
0		J31:WK31	31	第9层办公用于销售	0	0
0		J32:WK32	32	第10层办公用于销售	0	0
0		J33:WK33	33	第11层避难公有面积	0	0
0		J34:WK34	34	第12层办公用于销售	0	0
0		J35:WK35	35	第13层办公用于销售	0	0
0		J36:WK36	36	第14层办公用于销售	0	0
0		J37:WK37	37	第15层办公用于销售	0	0
0		J38:WK38	38	第16层办公用于销售	0	0
0		J39:WK39	39	第17层办公用于销售	0	0
0		J40:WK40	40	第18层办公用于销售	0	0
0		J41:WK41	41	第19层办公用于销售	0	0

0	J42:WK42	42	第20层办公用于销售	0	0
0	J43:WK43	43	第21层办公用于销售	0	0
0	J44:WK44	44	第22层办公用于销售	0	0
0	J45:WK45	45	第23层避难公有面积	0	0
0	J46:WK46	46	第24层办公用于销售	0	0
0	J47:WK47	47	第25层办公用于销售	0	0
0	J48:WK48	48	第26层办公用于销售	0	0
0	J49:WK49	49	第27层办公用于销售	0	0
0	J50:WK50	50	第28层办公用于销售	0	0
0	J51:WK51	51	第29层办公用于销售	0	0
0	J52:WK52	52	第30层办公用于销售	0	0
0	J53:WK53	53	第31层办公用于销售	0	0
0	J54:WK54	54	第32层办公用于销售	0	0
0	J55:WK55	55	第33层办公用于销售	0	0
0	J56:WK56	56	第34层办公用于销售	0	0
0	J57:WK57	57	第35层避难公有面积	0	0
0	J58:WK58	58	第36层办公用于销售	0	0
0	J59:WK59	59	第37层办公用于销售	0	0
0	J60:WK60	60	第38层办公用于销售	0	0
0	J61:WK61	61	第39层办公用于销售	0	0
0	J62:WK62	62	第40层办公用于销售	0	0
0	J63:WK63	63	第41层办公用于销售	0	0
0	J64:WK64	64	第42层办公用于销售	0	0

I11:I64 列区间

&. =SUBSTITUTE(ADDRESS(1,COLUMN(),4),1,)

&. =OFFSET(时间竖坐标算法智库.sszsk!\$C\$10,COLUMN(A2)-1,)

&. =OFFSET(时间竖坐标算法智库.sszsk!\$D\$10,COLUMN(A2)-1,)

&. =OFFSET(时间竖坐标算法智库.sszsk!\$I\$10,COLUMN(A2)-1,)

&. =OFFSET(时间竖坐标算法智库.sszsk!\$J\$10,COLUMN(A2)-1,)

&. =OFFSET(时间竖坐标算法智库.sszsk!\$G\$10,COLUMN(A2)-1,)

&. =OFFSET(时间竖坐标算法智库.sszsk!\$H\$10,COLUMN(A2)-1,)

&. 含税租金收入.栋01

&. 出租抵扣土地费用.栋01

&. 含税租金毛收入.栋01

&. 除税租金毛收入.栋01

&. 销项税额.出租.栋01

&. =经营产品供货量智库.jcgmk!F9

&. =经营产品供货量智库.jcgmk!F10

    ...

&. =经营产品供货量智库.jcgmk!F50

L11：L64 列区间

- &＝SUBSTITUTE(ADDRESS(1,COLUMN( ),4),1,)
- &＝OFFSET(时间竖坐标算法智库.sszsk!＄C＄10,COLUMN(D2)－1,)
- &＝SUM(L23:L73)
- &＝IF(租金收入期.月度时间横坐标算法智库.yshzk.x＝"A",单方土地费用_可租产权面积.月.土地开发费数据智库.tkfsk*出租的产权面积.栋01zcjm.yb.x/10000,0)
- &＝IF(L18＞L19,L18－L19,0)
- &＝L20/(1＋增值税税率.房屋销售或出租.项目经营基本数据智库.xjjsk)
- &＝L21*增值税税率.房屋销售或出租.项目经营基本数据智库.xjjsk
- &＝IF(租金收入期.月度时间横坐标算法智库.yshzk.x＝"A",租金单价.栋01租金单价出租价格算法智库.车位.jysjk*出租的产权面积.用于经营产品供货量智库.jcgmk经营产品供货量智库.jcgmk*动态房屋出租比例.办公dczl.yb.x/10000,0)

第10章 建设项目融资方案数智编程算法

建设项目投资的一般性特点是额度巨大、建设周期长，因此，建设项目的融资业务是投资活动最重要的内容。其中，在融资成本与建设项目投资分析的评价指标之间构建融资数智编程算法是必要的分析技术。

第1节 融资方案要素信息的采集

1.1 融资关键业务的数据采集

借款名义年利率、计息周期分类、每年计息次数、平均周期利率、指数周期利率、利率选用、借款周期利率、有效年利率、建设期放款系数、运营期放款系数等内容都是建设项目融资业务最关键的内容，下面以实例的方式来演示构建"融资关键业务的数据采集的数智编制算法"的全过程（表10-1）。

实例演示　　　　　　　　　　　　　　　表10-1

D	C8:C17	D8:D17
B	C	D
17	融资科目内容	数据
8	借款名义年利率	8%
9	计息周期分类	月
10	每年计息次数	12个月
11	平均周期利率	0.667%
12	指数周期利率	0.643%
13	利率选用	平均周期利率
14	借款周期利率	0.6667%
15	有效年利率	8.300%
16	建设期放款系数	1.0
17	运营期放款系数	1.0

C5:C17列区间

&　=C6&\$B\$8&":"&C6&\$B\$7

&　=SUBSTITUTE(ADDRESS(1,COLUMN(),4),1,)

&　融资科目内容（文本型表头）

D5:D17列区间

&　=D6&\$B\$8&":"&D6&\$B\$7

&　=SUBSTITUTE(ADDRESS(1,COLUMN(),4),1,)

- 数据（文本型表头）
- ＝资金渠道数智库.zxdsk!L9
- 月（文本型变量，可按需录入）
- ＝IF（计息周期分类.融资方案基数智库.rfajk="年",1,IF（计息周期分类.融资方案基数智库.rfajk="半年",2,IF（计息周期分类.融资方案基数智库.rfajk="季度",4,IF（计息周期分类.融资方案基数智库.rfajk="月",12,0))))
- ＝名义年利率.融资方案基数智库.rfajk/每年计息次数.融资方案基数智库.rfajk
- ＝(1＋名义年利率.融资方案基数智库.rfajk)^(1/每年计息次数.融资方案基数智库.rfajk)－1
- ＝C11
- ＝IF(利率选用.融资方案基数智库.rfajk="平均周期利率",平均周期利率.融资方案基数智库.rfajk,指数周期利率.融资方案基数智库.rfajk)
- ＝(1＋平均周期利率.融资方案基数智库.rfajk)^每年计息次数.融资方案基数智库.rfajk－1
- 1.0(数值型变量,可按需录入)
- 1.0(数值型变量,可按需录入)

1.2 资金来源与需求业务的数据采集

资金来源与需求是建设项目资金管理最基本的业务，也是融资分析最基本的工作，下面以实例的方式来演示构建"资金来源与需求业务的数据采集的数智编程算法"的全过程（表10-2～表10-4）。

实例演示（一）　　　　　　　　表10-2

E	F	G	H	I	J
5				.	12176.74
6	F8:F13	G8:G13	6	I8:I17	J8:J17
E	F	G	H	I	J
8	等额本金方式的借款余额	可行	8	账户余额.资金.等额本金	可行
9	等额本息方式的借款余额	可行	9	账户余额.资金.等额本息	可行
10	等额本金方式的资金余额	可行	10	现金流回正总月度编号	第26个月
11	等额本息方式的资金余额	可行	11	放款开始总月度编号	第7个月
12	偿债备付率.等额本金方式	1.45	12	放款周期月数	12个月
13	利息备付率.等额本金方式	9.66	13	放款结束总月度编号	第18个月
			14	自有资金比例	35.00%
			H	自有资金额	105441.46
			16	借款金额	195819.85
			17	资金需求总额	301261.31

F6:F13 列区间
- ＝CONCATENATE(F7,＄E＄8,":",F7,＄E＄13)
- ＝SUBSTITUTE(ADDRESS(1,COLUMN(),4),1,)

G6:G13 列区间
- ＝CONCATENATE(G7,＄E＄8,":",G7,＄E＄13)

& =SUBSTITUTE(ADDRESS(1,COLUMN(),4),1,)

& =IF(ROUND(.等额本金利息算法智库.dbjlk!K12,0)=0,"可行",0)

& =IF(ROUND(.等额本金利息算法智库.dbjlk!K13,0)=0,"可行",0)

& =IF(等额本金资金平衡算法智库.dbjpk!F30>=0,"可行","不可行")

& =IF(等额本息资金平衡算法智库.dbxpk!F30>=0,"可行","不可行")

& =偿债备付率.等额本金方式偿债能力指标归集智库.cnzgk

& =利息备付率.等额本金方式偿债能力指标归集智库.cnzgk

I6:I17 列区间

& =CONCATENATE(I7,$H$8,":",I7,$H$17)

& =SUBSTITUTE(ADDRESS(1,COLUMN(),4),1,)

J5:J17 列区间

& =INDEX(F25:F624,MATCH(,0/(F25:F624>0),))

& =CONCATENATE(J7,$H$8,":",J7,$H$17)

& =SUBSTITUTE(ADDRESS(1,COLUMN(),4),1,)

& =IF(账户累计余额.等额本金方式 zjph.yb.x>0,"可行","不可行")

& =IF(账户累计余额.等额本息 zjph.yb.x>0,"可行","不可行")

& =LOOKUP(1,0/(J5=F25:F624),C25:C624)

& 7(数值型变量,可按需录入)

& 12(数值型变量,可按需录入)

& =放款开始总月度编号.资金渠道数智库.zxdsk+J12-1

& 0.35(数值型变量,可按需录入)

& =-F21*J14

& =-F21-自有资金额.资金渠道数智库.zxdsk

& =SUM(J15:J16)

实例演示(二) 表10-3

20				-112816.07 元/m²	-10198.46 元/m²	3569.46 元/m²
21				-3332574.44 万元	-301261.31 万元	105441.46
L		C25:C624	D25:D624	E25:E624	F25:F624	G25:G624
B		C	D	E	F	G
624		总月度编号	租金收入期	-28.99	-31	自有资金金额
25		1	0	-57.98 万元	-31.02 万元	105441.46
26		2	0	-123.20 万元	-69.79 万元	
27		3	0	-159.43 万元	-38.77 万元	
28		4	0	-10318.37 万元	-10870.06 万元	
29		5	0	-43016.31 万元	-34986.80 万元	
30		6	0	-75678.02 万元	-34948.03 万元	
31		7	0	-75780.15 万元	-109.28 万元	
32		8	0	-76254.98 万元	-508.07 万元	
33		9	0	-76729.81 万元	-508.07 万元	
34		10	0	-77102.51 万元	-398.79 万元	

续表

35	11	0	−77493.34 万元	−418.19 万元
36	12	0	−77869.56 万元	−430.74 万元
622	598	0	166790.00	0
623	599	0	166790.00	0
624	600	0	0	0

C22:C624 列区间

&. =CONCATENATE(C23,$B$25,":",C23,$B$24)

&. =SUBSTITUTE(ADDRESS(1,COLUMN(),4),1,)

&. =时间竖坐标算法智库.sszsk!C10

...

&. =时间竖坐标算法智库.sszsk!C610

注解：其他区间的相同逻辑关系的单元格内的公式可按上述演示进行相同指令的操作（后文仅列出部分区间的演示，其他区间的设置可参照此注解）。

D22:D624 列区间

&. =CONCATENATE(D23,$B$25,":",D23,$B$24)

&. =SUBSTITUTE(ADDRESS(1,COLUMN(),4),1,)

&. =OFFSET(月度时间横坐标算法智库.yshzk!$H$31,,ROW(A1))

&. =OFFSET(月度时间横坐标算法智库.yshzk!$H$31,,ROW(A2))

&. =OFFSET(月度时间横坐标算法智库.yshzk!$H$31,,ROW(A3))

...

&. =OFFSET(月度时间横坐标算法智库.yshzk!$H$31,,ROW(A601))

E20:E624 列区间

&. =E21/总建筑面积.规划设计数据智库.gssjk*10000

&. =SUMIFS($E$25:$E$624,$E$25:$E$624,"<0")

&. =CONCATENATE(E23,$B$25,":",E23,$B$24)

&. =SUBSTITUTE(ADDRESS(1,COLUMN(),4),1,)

&. =OFFSET(融资前月度现金流量投资算法智库.qsjtk!$H$57,,ROW(A2))

&. =OFFSET(融资前月度现金流量投资算法智库.qsjtk!$H$57,,ROW(A3))

...

&. =OFFSET(融资前月度现金流量投资算法智库.qsjtk!$H$57,,ROW(A602))

F20:F624 列区间

&. =F21/总建筑面积.规划设计数据智库.gssjk*10000

&. =SUMIFS($F$25:$F$624,$F$25:$F$624,"<0")

&. =CONCATENATE(F23,$B$25,":",F23,$B$24)

&. =SUBSTITUTE(ADDRESS(1,COLUMN(),4),1,)

&. =OFFSET(融资前月度现金流量投资算法智库.qsjtk!$H$51,,ROW(A2))

&. =OFFSET(融资前月度现金流量投资算法智库.qsjtk!$H$51,,ROW(A3))

...

&. =OFFSET(融资前月度现金流量投资算法智库.qsjtk!$H$51,,ROW(A602))

G20:G624 列区间

& ＝G21/总建筑面积.规划设计数据智库.gssjk*10000

& ＝SUM(G25:G624)

& ＝CONCATENATE(G23,$B$25,":",G23,$B$24)

& ＝SUBSTITUTE(ADDRESS(1,COLUMN(),4),1,)

& 自有资金

& ＝自有资金额.资金渠道数智库.zxdsk

实例演示（三）　　　　　　　　　　　　　表10-4

				等额本金方式	等额本息
				等额本金方式	等额本息方式
20	6629.00 元/m²				
21	195819.85	−132723.51 万元	24497.00	0	0
L	H25:H624	I25:I624	J25:J624	K25:K624	L25:L624
B	H	I	J	K	L
624	当期新增借款	当期账户余额	账户累计余额	资金余额 等额本金方式	资金余额 等额本息方式
25	0	105410.44	105410.44	105379.42	105379.42
26	0	−69.79 万元	105340.65	56993.34	56993.34
27	0	−38.77 万元	105301.88	72803.59	72803.59
28	0	−10870.06 万元	94431.82	88613.85	88613.85
29	0	−34986.80 万元	59445.02	104533.38	104533.38
30	0	−34948.03 万元	24497.00	120433.51	120433.51
31	16318.32	16209.04	40706.04	136321.10	136321.10
32	16318.32	15810.25	56516.29	152192.71	152192.71
33	16318.32	15810.25	72326.54	162275.89	162275.89
34	16318.32	15919.53	88246.08	172757.44	172757.44
35	16318.32	15900.13	104146.21	180923.63	180923.63
36	16318.32	15887.59	120033.79	189121.77	189121.77
622	0	0	860947.24	0	0
623	0	0	860947.24	0	0
624	0	0	860947.24	0	0

H20:H624 列区间

& ＝H21/总建筑面积.规划设计数据智库.gssjk*10000

& ＝SUM(H25:H624)

& ＝CONCATENATE(H23,$B$25,":",H23,$B$24)

& ＝SUBSTITUTE(ADDRESS(1,COLUMN(),4),1,)

& 当期新增借款

& ＝IF(AND(C25＞=放款开始总月度编号.资金渠道数智库.zxdsk,C25＜=放款结束总月度编号.资金渠道数智库.zxdsk),(1/放款周期月数.资金渠道数智库.zxdsk*借款金额.资金渠道数智库.zxdsk,0)

……

& ＝IF(AND(C32＞=放款开始总月度编号.资金渠道数智库.zxdsk,C32＜=放款结束总月度编号.资金渠道数智库.zxdsk),(1/放款周期月数.资金渠道数智库.zxdsk*借款金额.资金渠道数智库.zxdsk,0)

&. =IF(AND(C624>=放款开始总月度编号.资金渠道数智库.zxdsk,C624<=放款结束总月度编号.资金渠道数智库.zxdsk),(1/放款周期月数.资金渠道数智库.zxdsk)*借款金额.资金渠道数智库.zxdsk,0)

I21:I624 列区间

&. =MIN(I25:I624)

&. =CONCATENATE(I23,$B$25,":",I23,$B$24)

&. =SUBSTITUTE(ADDRESS(1,COLUMN(),4),1,)

&. 当期账户余额

&. =G25+H25+F25

...

&. =G624+H624+F624

J21:J624 列区间

&. =MIN(J25:J624)

&. =CONCATENATE(J23,$B$25,":",J23,$B$24)

&. =SUBSTITUTE(ADDRESS(1,COLUMN(),4),1,)

&. 账户累计余额

&. =SUM($I$25:I25)

&. =SUM($I$25:I26)

...

K19:K624 列区间

&. 等额本金方式

&. 等额本金法

&. =MIN(K25:K624)

&. =K23&$B$21&":"&K23&$B$20

&. =SUBSTITUTE(ADDRESS(1,COLUMN(),4),1,)

&. 资金余额.等额本金

&. =OFFSET(等额本金资金平衡算法智库.dbjpk!$I$30,,ROW(A2))

&. =OFFSET(等额本金资金平衡算法智库.dbjpk!$I$30,,ROW(A8))

...

&. =OFFSET(等额本金资金平衡算法智库.dbjpk!$I$30,,ROW(A606))

L19:L624 列区间

&. 等额本息

&. 等额本息法

&. =MIN(L25:L624)

&. =L23&$B$21&":"&L23&$B$20

&. =SUBSTITUTE(ADDRESS(1,COLUMN(),4),1,)

&. 资金余额.等额本息

&. =OFFSET(等额本息资金平衡算法智库.dbxpk!$I$30,,ROW(A2))

...

&. ＝OFFSET(等额本息资金平衡算法智库.dbxpk!＄I＄30,,ROW(A8))

...

&. ＝OFFSET(等额本息资金平衡算法智库.dbxpk!＄I＄30,,ROW(A606))

1.3 融资时间的月度坐标数智编程算法

时间因素对融资的结果将产生重大的影响，因此，基于EXCEL通用办公软件构建融资时间坐标体系是必要的。下面以实例的方式来演示构建"融资时间的月度坐标数智编程算法"的全过程（表10-5）。

实例演示　　　　　　　　　　　　　　表10-5

E	F				I	P	Q
			18	WK			
		J18:WK20	20		I	P	Q
		J12:WK12	12		总月度编号	7	8
		J13:WK13	13		土地总月度编号	3	4
		J14:WK14	14		开始日期	2025年7月1日	2025年8月1日
		J15:WK15	15		完成日期	2025年7月31日	2025年8月31日
		J16:WK16	16		年度坐标	2025	2025
		J17:WK17	17		年份序号	1	1
0	12个月	J18:SA18	18		放款周期	A	A
0	72个月	J19:SA19	19		还款期.等额本金方式	0	0
0	72个月	J20:SA20	20		还款期.等额本息方式	0	0

F18:F20列区间

&. ＝COUNTIF(J18:WK18,"A")

&. ＝COUNTIF(J19:WK19,"A")

&. ＝COUNTIF(J20:WK20,"A")

I11:I20列区间

&. ＝SUBSTITUTE(ADDRESS(1,COLUMN(),4),1,)

&. ＝OFFSET(时间竖坐标算法智库.sszsk!＄C＄10,COLUMN(A2)－1,)

&. ＝OFFSET(时间竖坐标算法智库.sszsk!＄D＄10,COLUMN(A2)－1,)

&. ＝OFFSET(时间竖坐标算法智库.sszsk!＄I＄10,COLUMN(A2)－1,)

&. ＝OFFSET(时间竖坐标算法智库.sszsk!＄J＄10,COLUMN(A2)－1,)

&. ＝OFFSET(时间竖坐标算法智库.sszsk!＄G＄10,COLUMN(A2)－1,)

&. ＝OFFSET(时间竖坐标算法智库.sszsk!＄H＄10,COLUMN(A2)－1,)

&. 放款周期

&. 还款期.等额本金方式

&. 还款期.等额本息方式

P11:P20列区间

&. ＝SUBSTITUTE(ADDRESS(1,COLUMN(),4),1,)

&. ＝OFFSET(时间竖坐标算法智库.sszsk!＄C＄10,COLUMN(G2)－1,)

&. ＝OFFSET(时间竖坐标算法智库.sszsk!＄D＄10,COLUMN(G2)－1,)

&. ＝OFFSET(时间竖坐标算法智库.sszsk!＄I＄10,COLUMN(G2)－1,)

- & =OFFSET(时间竖坐标算法智库.sszsk!＄J＄10,COLUMN(G2)－1,)
- & =OFFSET(时间竖坐标算法智库.sszsk!＄G＄10,COLUMN(G2)－1,)
- & =OFFSET(时间竖坐标算法智库.sszsk!＄H＄10,COLUMN(G2)－1,)
- & =IF(AND(总月度编号.月度时间横坐标算法智库.yshzk>=放款开始总月度编号.资金渠道数智库.zxdsk,总月度编号.月度时间横坐标算法智库.yshzk<=放款结束总月度编号.资金渠道数智库.zxdsk),"A",0)
- & =IF(AND(总月度编号.月度时间横坐标算法智库.yshzk>=还款开始总月度编号.等额本金方式等额本息利息算法智库.dbxlk,总月度编号.月度时间横坐标算法智库.yshzk<=还款结束总月度编号.等额本金方式等额本息利息算法智库.dbxlk),"A",0)
- & =IF(AND(总月度编号.月度时间横坐标算法智库.yshzk>=还款开始总月度编号.等额本息利息算法智库.dbxlk,总月度编号.月度时间横坐标算法智库.yshzk<=还款结束总月度编号.等额本息利息算法智库.dbxlk),"A",0)

第2节 基于不同还款方式的利息自动算法

融资还款方式的不同对融资成本、现金流量都有着重要的权重影响,因此,在建设项目投资决策分析时,基于不同的还款方式对融资成本与现金流量进行敏感性分析是必要的业务环节。限于篇幅,本节仅以两种还款方式(等额本金还款、等额本息还款)来阐述基于不同还款方式的数智编程算法。

2.1 等额本金还款的竖向算法

当融资方案采用等额本金还款方式时,可采用EXCEL通用办公软件构建等额本金还款的数智编程算法(表10-6~表10-8)。

实例演示(一)　　　　　　　　　　　　　　　表10-6

3	G5:G9	H5:H9
4	G	H
5	现金流回正总月度编号	第26个月
6	还款年限	6.00年
7	还款月数	72个月
8	还款开始总月度编号	第26个月
9	还款结束总月度编号	第97个月

G3:G9列区间

- & =CONCATENATE(G4,＄F＄5,":",G4,＄F＄9)
- & =SUBSTITUTE(ADDRESS(1,COLUMN(),4),1,)
- & 现金流回正总月度编号
- & 还款年限
- & 还款月数
- & 还款开始总月度编号
- & 还款结束总月度编号

H3:H9 列区间

- & =CONCATENATE(H4,$F$5,":",H4,$F$9)
- & =SUBSTITUTE(ADDRESS(1,COLUMN(),4),1,)
- & =现金流回正总月度编号.资金渠道数智库.zxdsk
- & =6(数值型变量,可按需录入)
- & =H6*12
- & =现金流回正总月度编号.资金渠道数智库.zxdsk
- & =H8+H7-1

实例演示（二） 表 10-7

11			7253.02 元/m²	6629.00 元/m²		2388.92 元/m²
12			214253.41	195819.85		70568.56
K	C16:C615	D16:D615	E16:E615	F16:F615		G16:G615
B	C	D	E	F		G
615	总月度编号	租金收入期	期初借款余额	当期新增借款		应计利息
16	1	0	0	0		0
17	2	0	0	0		0
18	3	0	0	0		0
19	4	0	0	0		0
20	5	0	0	0		0
21	6	0	0	0		0
22	7	0	0	16318.32		108.79
23	8	0	16427.11	16318.32		218.30
24	9	0	32963.73	16318.32		328.55
67	52	A	136884.12	0		912.56
68	53	A	133908.38	0		892.72
69	54	A	130932.64	0		872.88
70	55	A	127956.90	0		853.05
71	56	A	124981.16	0		833.21
72	57	A	122005.41	0		813.37
73	58	A	119029.67	0		793.53
74	59	A	116053.93	0		773.69
614	599	0	0	0		0
615	600	0	0	0		0

C13:C615 列区间

- & =CONCATENATE(C14,$B$16,":",C14,$B$15)
- & =SUBSTITUTE(ADDRESS(1,COLUMN(),4),1,)
- & =.资金渠道数智库!C24

  ...

- & =.资金渠道数智库.zxdsk!C624

D13:D615 列区间

    &.＝CONCATENATE(D14,＄B＄16,":",D14,＄B＄15)

    &.＝SUBSTITUTE(ADDRESS(1,COLUMN(),4),1,)

    &.＝.资金渠道数智库.zxdsk!D24

        ...

    &.＝.资金渠道数智库.zxdsk!D624

E11:E615 列区间

    &.＝E12/总建筑面积.规划设计数据智库.gssjk*10000

    &.＝MAX(E16:E615)

    &.＝CONCATENATE(E14,＄B＄16,":",E14,＄B＄15)

    &.＝SUBSTITUTE(ADDRESS(1,COLUMN(),4),1,)

    &.期初借款余额

    &.0(数值型变量,可按需录入)

    &.＝K16

    &.＝K17

        ...

    &.＝K614

F11:F615 列区间

    &.＝F12/总建筑面积.规划设计数据智库.gssjk*10000

    &.＝SUM(F16:F615)

    &.＝CONCATENATE(F14,＄B＄16,":",F14,＄B＄15)

    &.＝SUBSTITUTE(ADDRESS(1,COLUMN(),4),1,)

    &.＝.资金渠道数智库.zxdsk!H24

    &.＝.资金渠道数智库.zxdsk!H25

        ...

    &.＝.资金渠道数智库.zxdsk!H624

G11:G615 列区间

    &.＝G12/总建筑面积.规划设计数据智库.gssjk*10000

    &.＝SUM(G16:G615)

    &.＝CONCATENATE(G14,＄B＄16,":",G14,＄B＄15)

    &.＝SUBSTITUTE(ADDRESS(1,COLUMN(),4),1,)

    &.应计利息

    &.＝E16*借款周期利率.融资方案基数智库.rfajk＋F16*借款周期利率.融资方案基数智库.rfajk

    &.＝E17*借款周期利率.融资方案基数智库.rfajk＋F17*借款周期利率.融资方案基数智库.rfajk

        ...

    &.＝E615*借款周期利率.融资方案基数智库.rfajk＋F615*借款周期利率.融资方案基数智库.rfajk

实例演示（三） 表 10-8

B	H	I	J	K
11	1764.90 元/m²	7253.02 元/m²	9017.92 元/m²	
12	52135.00	214253.41	266388.41	0
K	H16:H615	I16:I615	J16:J615	K16:K615
B	H	I	J	K
615	利息支出	借款余额支出	本息总支出	期末借款余额
16	0	0	0	0
17	0	0	0	0
18	0	0	0	0
19	0	0	0	0
20	0	0	0	0
21	0	0	0	0
22	0	0	0	16427.11
23	0	0	0	32963.73
24	0	0	0	49610.60
67	912.56	2975.74	3888.30	133908.38
68	892.72	2975.74	3868.46	130932.64
69	872.88	2975.74	3848.63	127956.90
70	853.05	2975.74	3828.79	124981.16
71	833.21	2975.74	3808.95	122005.41
72	813.37	2975.74	3789.11	119029.67
73	793.53	2975.74	3769.27	116053.93
74	773.69	2975.74	3749.43	113078.19
614	0	0	0	0
615	0	0	0	0

H11:H615 列区间

&. ＝H12/总建筑面积.规划设计数据智库.gssjk*10000

&. ＝SUM(H16:H615)

&. ＝CONCATENATE(H14,＄B＄16,":",H14,＄B＄15)

&. ＝SUBSTITUTE(ADDRESS(1,COLUMN(),4),1,)

&. 利息支出

&. ＝IF(AND(还款开始总月度编号.等额本金方式等额本息利息算法智库.dbxlk＜＝C16,C16＜＝还款结束总月度编号.等额本金方式等额本息利息算法智库.dbxlk),G16,0)

&. ＝IF(AND(还款开始总月度编号.等额本金方式等额本息利息算法智库.dbxlk＜＝C17,C17＜＝还款结束总月度编号.等额本金方式等额本息利息算法智库.dbxlk),G17,0)

...

&. ＝IF(AND(还款开始总月度编号.等额本金方式等额本息利息算法智库.dbxlk＜＝C615,C615＜＝还款结束总月度编号.等额本金方式等额本息利息算法智库.dbxlk),G615,0)

I11:I615 列区间

&. ＝I12/总建筑面积.规划设计数据智库.gssjk*10000

&.＝SUM(I16:I615)

&.＝CONCATENATE(I14,＄B＄16,":",I14,＄B＄15)

&.＝SUBSTITUTE(ADDRESS(1,COLUMN(),4),1,)

&.借款余额支出

&.＝IF(AND(还款开始总月度编号.等额本金方式等额本息利息算法智库.dbxlk＜＝C16,C16＜＝还款结束总月度编号.等额本金方式等额本息利息算法智库.dbxlk),LOOKUP(还款开始总月度编号.等额本金方式等额本息利息算法智库.dbxlk－1,总月度编号.时间竖坐标算法智库.sszsk,期末等额本金方式的借款余额等额本金利息算法智库.dbjlk)/还款月数.等额本金方式等额本息利息算法智库.dbxlk,0)

...

J11:J615 列区间

&.＝J12/总建筑面积.规划设计数据智库.gssjk＊10000

&.＝SUM(J16:J615)

&.＝CONCATENATE(J14,＄B＄16,":",J14,＄B＄15)

&.＝SUBSTITUTE(ADDRESS(1,COLUMN(),4),1,)

&.本息总支出

&.＝SUM(H16,I16)

&.＝SUM(H17,I17)

...

&.＝SUM(H615,I615)

K12:K615 列区间

&.＝LOOKUP(还款结束总月度编号.等额本金方式等额本息利息算法智库.dbx lk,总月度编号.时间竖坐标算法智库.sszsk,期末等额本金方式的借款余额等额本金利息算法智库.dbjlk)

&.＝CONCATENATE(K14,＄B＄16,":",K14,＄B＄15)

&.＝SUBSTITUTE(ADDRESS(1,COLUMN(),4),1,)

&.期末借款余额

&.＝E16＋F16＋G16－H16－I16

&.＝E17＋F17＋G17－H17－I17

...

&.＝E615＋F615＋G615－H615－I615

2.2 等额本金还款的资金平衡分析

建设项目的资金来源可分为自有资金与借款，根据自有资金及建设项目的投资资金需求量进行资金的平衡分析是建设项目投资决策分析的基本内容（表10-9）。

实例演示　　　　　　　　　　　　　表10-9

		18	WK		
F		J18:WK30	30	I	N
		J12:WK12	12	总月度编号	5

续表

				续表
	J13:WK13	13	土地总月度编号	0
	J14:WK14	14	开始日期	2025年5月1日
	J15:WK15	15	完成日期	2025年5月31日
账户累计余额	J16:WK16	16	年度坐标	2025
大于零	J17:WK17	17	年份序号	1
2240718.14	J18:WK18	18	资金来源	0
105441.46	J19:WK19	19	自有资金	0
195819.85	J20:WK20	20	当期借款流入	0
701725.94	J21:WK21	21	销售含税收入	0
1237730.89	J22:WK22	22	租赁含税收入	0
1646190.33	J23:WK23	23	资金运用	10870.06
484437.53	J24:WK24	24	息税前总支出.建设销售期	10870.06
608381.97	J25:WK25	25	息税前总支出.出租经营期	0
286982.41	J26:WK26	26	企业所得税	0
214253.41	J27:WK27	27	借款本金偿还	0
52135.00	J28:WK28	28	借款利息偿还	0
—132723.51万元	J29:WK29	29	账户当期余额	—10870.06万元
40784.30	J30:WK30	30	账户累计余额	94400.80

F16:F30 列区间

  & 账户累计余额

  & =IF(F30>=0,"大于零","小于零")

  & =SUM(J18:WK18)

  & =SUM(J19:WK19)

    ...

  & =MIN(J30:WK30)

I11:I30 列区间

  & =SUBSTITUTE(ADDRESS(1,COLUMN(),4),1,)

  & =OFFSET(时间竖坐标算法智库.sszsk!$C$10,COLUMN(A2)-1,)

  & =OFFSET(时间竖坐标算法智库.sszsk!$D$10,COLUMN(A2)-1,)

  & =OFFSET(时间竖坐标算法智库.sszsk!$I$10,COLUMN(A2)-1,)

  & =OFFSET(时间竖坐标算法智库.sszsk!$J$10,COLUMN(A2)-1,)

  & =OFFSET(时间竖坐标算法智库.sszsk!$G$10,COLUMN(A2)-1,)

  & =OFFSET(时间竖坐标算法智库.sszsk!$H$10,COLUMN(A2)-1,)

  & 资金来源

N11:N30 列区间

  & =SUBSTITUTE(ADDRESS(1,COLUMN(),4),1,)

  & =OFFSET(时间竖坐标算法智库.sszsk!$C$10,COLUMN(B2)-1,)

  & =OFFSET(时间竖坐标算法智库.sszsk!$D$10,COLUMN(B2)-1,)

& =OFFSET(时间竖坐标算法智库.sszsk!$I$10,COLUMN(B2)-1,)
& =OFFSET(时间竖坐标算法智库.sszsk!$J$10,COLUMN(B2)-1,)
& =OFFSET(时间竖坐标算法智库.sszsk!$G$10,COLUMN(B2)-1,)
& =OFFSET(时间竖坐标算法智库.sszsk!$H$10,COLUMN(B2)-1,)
& =SUM(J19:J22)
& =OFFSET(.资金渠道数智库.zxdsk!$G$25,COLUMN(A2)-1,)
& =OFFSET(.资金渠道数智库.zxdsk!$H$25,COLUMN(A2)-1,)
& =含税销售总收入.交易期销售收入算法智库.jysrk
& =含税租金总收入.交易期租金收入算法智库.jyzrk
& =SUM(J24:J28)
& =税前总现金流出.建设销售期.融资前流量.投资.项目lrzq.yb.x-利息支出.开发销售期.融资前流量.投资.项目lrzq.yb.x
& =税前现金总流出.出租经营期.融资前流量.投资.项目lrzq.yb.x-利息支出.出租经营期.融资前流量.投资.项目lrzq.yb.x
& =企业所得税.融资前流量.投资.项目lrzq.yb.x
& =OFFSET(.等额本金利息算法智库.dbjlk!$I$16,COLUMN(A2)-1,)
& =OFFSET(.等额本金利息算法智库.dbjlk!$H$16,COLUMN(A2)-1,)
& =J18-J23
& =SUM($J$29:J29)

2.3 等额本息还款的竖向算法

根据融资的渠道、融资的还款方式、还款的利率、贷款的时间等计算出应付利息是融资业务的基本内容（表10-10、表10-11）。

实例演示（一） 表10-10

3	F5:F9	G5:G9	3	I5:I9	J5:J9
4	F	G	4	I	J
5	现金流回正总月度编号	第26个月	5	被等额本息总余额.等额本息方式	214253.41
6	还款年限	6.00年	6	均除周期等额本息.等额本息方式	3756.56
7	还款月数	72个月	7	指数周期等额本息.等额本息方式	3727.42
8	还款开始总月度编号	第26个月			
9	还款结束总月度编号	第97个月			
12		7253.02元/m²		6629.00元/m²	2527.17元/m²
13		214253.41		195819.85	74652.23
K	C17:C616	D17:D616	E17:E616	F17:F616	G17:G616
B	C	D	E	F	G
616	总月度编号	租金收入期	期初借款余额	当期新增借款	应计利息
17	1	0	0	0	0
18	2	0	0	0	0
19	3	0	0	0	0

续表

20	4	0	0	0	0
21	5	0	0	0	0
22	6	0	0	0	0
23	7	0	0	16318.32	108.79
24	8	0	16427.11	16318.32	218.30
25	9	0	32963.73	16318.32	328.55
42	26	0	214253.41	0	1428.36
43	27	0	211925.21	0	1412.83
44	28	0	209581.49	0	1397.21
68	52	A	148396.10	0	989.31
69	53	A	145628.85	0	970.86
615	599	0	0	0	0
616	600	0	0	0	0

C14:C616 列区间

&. =CONCATENATE(C15,$B$17,":",C15,$B$16)

&. =SUBSTITUTE(ADDRESS(1,COLUMN(),4),1,)

&. =.等额本金利息算法智库.dbjlk!C15

&. =.等额本金利息算法智库.dbjlk!C16

　　…

&. =.等额本金利息算法智库.dbjlk!C615

D14:D616 列区间

&. =CONCATENATE(D15,$B$17,":",D15,$B$16)

&. =SUBSTITUTE(ADDRESS(1,COLUMN(),4),1,)

&. =.等额本金利息算法智库.dbjlk!D15

&. =.等额本金利息算法智库.dbjlk!D16

　　…

&. =.等额本金利息算法智库.dbjlk!D615

E12:E616 列区间

&. =E13/总建筑面积.规划设计数据智库.gssjk*10000

&. =MAX(E17:E616)

&. =CONCATENATE(E15,$B$17,":",E15,$B$16)

&. =SUBSTITUTE(ADDRESS(1,COLUMN(),4),1,)

&. 期初借款余额

&. 0(数值型变量,可按需录入)

&. =K17

&. =K18

　　…

&. =K615

F12:F616 列区间

&. =F13/总建筑面积.规划设计数据智库.gssjk*10000

& =SUM(F17:F616)

& =CONCATENATE(F15,$B$17,":",F15,$B$16)

& =SUBSTITUTE(ADDRESS(1,COLUMN(),4),1,)

& =.资金渠道数智库.zxdsk!H24

& =.资金渠道数智库.zxdsk!H25

       …

& =.资金渠道数智库.zxdsk!H624

G12:G616 列区间

& =G13/总建筑面积.规划设计数据智库.gssjk*10000

& =SUM(G17:G616)

& =CONCATENATE(G15,$B$17,":",G15,$B$16)

& =SUBSTITUTE(ADDRESS(1,COLUMN(),4),1,)

& 应计利息

& =SUM(E17:F17)*借款周期利率.融资方案基数智库.rfajk

& =SUM(E18:F18)*借款周期利率.融资方案基数智库.rfajk

       …

& =SUM(E616:F616)*借款周期利率.融资方案基数智库.rfajk

实例演示（二） 表 10-11

12	1903.14 元/m²	7253.02 元/m²	9156.16 元/m²	
13	56218.66	214253.41	270472.07	0
K	H17:H616	I17:I616	J17:J616	K17:K616
B	H	I	J	K
616	利息支出	借款余额支出	本息总支出	期末借款余额
17	0	0	0	0
18	0	0	0	0
19	0	0	0	0
20	0	0	0	0
21	0	0	0	0
22	0	0	0	0
23	0	0	0	16427.11
24	0	0	0	32963.73
25	0	0	0	49610.60
42	1428.36	2328.20	3756.56	211925.21
43	1412.83	2343.72	3756.56	209581.49
44	1397.21	2359.35	3756.56	207222.14
68	989.31	2767.25	3756.56	145628.85
69	970.86	2785.70	3756.56	142843.16
615	0	0	0	0
616	0	0	0	0

H12:H616 列区间

& =H13/总建筑面积.规划设计数据智库.gssjk*10000

& =SUM(H17:H616)

- &. =CONCATENATE(H15,$B$17,":",H15,$B$16)
- &. =SUBSTITUTE(ADDRESS(1,COLUMN(),4),1,)
- &. 利息支出
- &. =IF(AND(还款开始总月度编号.等额本息利息算法智库.dbxlk＜=C17,C17＜=还款结束总月度编号.等额本息利息算法智库.dbxlk),G17,0)
- &. =IF(AND(还款开始总月度编号.等额本息利息算法智库.dbxlk＜=C18,C18＜=还款结束总月度编号.等额本息利息算法智库.dbxlk),G18,0)
- ...
- &. =IF(AND(还款开始总月度编号.等额本息利息算法智库.dbxlk＜=C616,C616＜=还款结束总月度编号.等额本息利息算法智库.dbxlk),G616,0)

I12:I616 列区间
- &. =I13/总建筑面积.规划设计数据智库.gssjk*10000
- &. =SUM(I17:I616)
- &. =CONCATENATE(I15,$B$17,":",I15,$B$16)
- &. =SUBSTITUTE(ADDRESS(1,COLUMN(),4),1,)
- &. 借款余额支出
- &. =J17－H17
- &. =J18－H18
- ...
- &. =J616－H616

J12:J616 列区间
- &. =J13/总建筑面积.规划设计数据智库.gssjk*10000
- &. =SUM(J17:J616)
- &. =CONCATENATE(J15,$B$17,":",J15,$B$16)
- &. =SUBSTITUTE(ADDRESS(1,COLUMN(),4),1,)
- &. 本息总支出
- &. =IF(AND(还款开始总月度编号.等额本息利息算法智库.dbxlk＜=C17,C17＜=还款结束总月度编号.等额本息利息算法智库.dbxlk),$J$6,0)
- &. =IF(AND(还款开始总月度编号.等额本息利息算法智库.dbxlk＜=C18,C18＜=还款结束总月度编号.等额本息利息算法智库.dbxlk),$J$6,0)
- ...
- &. =IF(AND(还款开始总月度编号.等额本息利息算法智库.dbxlk＜=C616,C616＜=还款结束总月度编号.等额本息利息算法智库.dbxlk),$J$6,0)

K13:K616 列区间
- &. =J13/总建筑面积.规划设计数据智库.gssjk*10000
- &. =SUM(J17:J616)
- &. =CONCATENATE(J15,$B$17,":",J15,$B$16)
- &. =SUBSTITUTE(ADDRESS(1,COLUMN(),4),1,)
- &. 本息总支出
- &. =IF(AND(还款开始总月度编号.等额本息利息算法智库.dbxlk＜=C17,C17＜=还

& =IF(AND(还款开始总月度编号.等额本息利息算法智库.dbxlk<=C18,C18<=还款结束总月度编号.等额本息利息算法智库.dbxlk),$J$6,0)

& =IF(AND(还款开始总月度编号.等额本息利息算法智库.dbxlk<=C18,C18<=还款结束总月度编号.等额本息利息算法智库.dbxlk),$J$6,0)

…

& =IF(AND(还款开始总月度编号.等额本息利息算法智库.dbxlk<=C616,C616<=还款结束总月度编号.等额本息利息算法智库.dbxlk),$J$6,0)

2.4 等额本息还款的资金平衡分析

如表 10-12 所示。

实例演示　　　　　　　　　　表 10-12

F	J18:WK30	18 WK 30	I	M
	J12:WK12	12	总月度编号	4
	J13:WK13	13	土地总月度编号	0
	J14:WK14	14	开始日期	2025年4月1日
	J15:WK15	15	完成日期	2025年4月30日
账户累计余额	J16:WK16	16	年度坐标	2025
大于零	J17:WK17	17	年份序号	1
2240718.14	J18:WK18	18	资金来源	0
105441.46	J19:WK19	19	自有资金	0
195819.85	J20:WK20	20	当期借款流入	0
701725.94	J21:WK21	21	销售含税收入	0
1237730.89	J22:WK22	22	租赁含税收入	0
1650273.99	J23:WK23	23	资金运用	38.77
484437.53	J24:WK24	24	息税前总支出.建设销售期	38.77
608381.97	J25:WK25	25	息税前总支出.出租经营期	0
286982.41	J26:WK26	26	企业所得税	0
56218.66	J27:WK27	27	借款利息偿还	0
214253.41	J28:WK28	28	借款本金偿还	0
−132723.51	J29:WK29	29	账户当期余额	−38.77
40784.30	J30:WK30	30	账户累计余额	105270.86

F16:F30 列区间

&. 账户累计余额

&. =IF(F30>=0,"大于零","小于零")

&. =SUM(J18:WK18)

&. =SUM(J19:WK19)

&. =SUM(J20:WK20)

&. =SUM(J21:WK21)

&. =SUM(J22:WK22)

&. =SUM(J23:WK23)

&. =SUM(J24:WK24)

- =SUM(J25:WK25)
- =SUM(J26:WK26)
- =SUM(J27:WK27)
- =SUM(J28:WK28)
- =MIN(J29:WK29)
- =MIN(J30:WK30)

I11:I30 列区间
- =SUBSTITUTE(ADDRESS(1,COLUMN(),4),1,)
- =OFFSET(时间竖坐标算法智库.sszsk!﹩C﹩10,COLUMN(A2)－1,)
- =OFFSET(时间竖坐标算法智库.sszsk!﹩D﹩10,COLUMN(A2)－1,)
- =OFFSET(时间竖坐标算法智库.sszsk!﹩I﹩10,COLUMN(A2)－1,)
- =OFFSET(时间竖坐标算法智库.sszsk!﹩J﹩10,COLUMN(A2)－1,)
- =OFFSET(时间竖坐标算法智库.sszsk!﹩G﹩10,COLUMN(A2)－1,)
- =OFFSET(时间竖坐标算法智库.sszsk!﹩H﹩10,COLUMN(A2)－1,)
- 资金来源

M11:M30 列区间
- =SUBSTITUTE(ADDRESS(1,COLUMN(),4),1,)
- =OFFSET(时间竖坐标算法智库.sszsk!﹩C﹩10,COLUMN(B2)－1,)
- =OFFSET(时间竖坐标算法智库.sszsk!﹩D﹩10,COLUMN(B2)－1,)
- =OFFSET(时间竖坐标算法智库.sszsk!﹩I﹩10,COLUMN(B2)－1,)
- =OFFSET(时间竖坐标算法智库.sszsk!﹩J﹩10,COLUMN(B2)－1,)
- =OFFSET(时间竖坐标算法智库.sszsk!﹩G﹩10,COLUMN(B2)－1,)
- =OFFSET(时间竖坐标算法智库.sszsk!﹩H﹩10,COLUMN(B2)－1,)
- =SUM(J19:J22)
- =OFFSET(.资金渠道数智库.zxdsk!﹩G﹩25,COLUMN(A2)－1,)
- =OFFSET(.资金渠道数智库.zxdsk!﹩H﹩25,COLUMN(A2)－1,)
- =含税销售总收入.交易期销售收入算法智库.jysrk
- =含税租金总收入.交易期租金收入算法智库.jyzrk
- =SUM(J24:J28)
- =税前总现金流出.建设销售期.融资前流量.投资.项目lrzq.yb.x－利息支出.开发销售期.融资前流量.投资.项目lrzq.yb.x
- =税前现金总流出.出租经营期.融资前流量.投资.项目lrzq.yb.x－利息支出.出租经营期.融资前流量.投资.项目lrzq.yb.x
- =企业所得税.融资前流量.投资.项目lrzq.yb.x
- =OFFSET(.等额本金利息算法智库.dbjlk!﹩H﹩17,COLUMN(A2)－1,)
- =OFFSET(.等额本金利息算法智库.dbjlk!﹩I﹩17,COLUMN(A2)－1,)
- =J18－J23
- =SUM(﹩J﹩29:J29)

2.5 融资指标的归集显示的数智编程算法

如表 10-13 所示。

实例演示 表10-13

C	D	E	F
22	科目	等额本金法方式	等额本息方式
9	资金总需求	301261.31	301261.31
10	借款金额	195819.85	195819.85
11	本息总支出	266388.41	270472.07
12	利息支出	70568.56	74652.23
13	D	E	F
14	科目	元/总建筑面积(等额本金方式)	元/总建筑面积(等额本息方式)
15	借款金额	6629.00	6629.00
16	本息总支出	9017.92	9156.16
17	利息支出	2388.92	2527.17
18	D	E	F
19	科目	比例(等额本金方式)	比例(等额本金方式)
20	借款金额	65.00%	65.00%
21	月利率	0.50%	0.53%
22	年利率	6.01%	6.35%

D7:D22 列区间

&. =SUBSTITUTE(ADDRESS(1,COLUMN(),4),1,)

&. 科目

&. 资金总需求

&. 借款金额

&. 本息总支出

&. 利息支出

&. =SUBSTITUTE(ADDRESS(1,COLUMN(),4),1,)

&. 科目

&. 借款金额

&. 本息总支出

&. 利息支出

&. =SUBSTITUTE(ADDRESS(1,COLUMN(),4),1,)

&. 科目

&. 借款金额

&. 月利率

&. 年利率

E7:E22 列区间

&. =SUBSTITUTE(ADDRESS(1,COLUMN(),4),1,)

&. 等额本金法.等额本金方式

&. =资金需求额.资金渠道数智库.zxdsk

&. =SUM(当期新增借款.等额本金方式等额本金利息算法智库.dbjlk)

&. =SUM(本息总支出.等额本金方式等额本金利息算法智库.dbjlk)

- &. =E11－E10
- &. =SUBSTITUTE(ADDRESS(1,COLUMN(),4),1,)
- &. 元/总建筑面积.等额本金方式
- &. =E10/总建筑面积.规划设计数据智库.gssjk*10000
- &. =E11/总建筑面积.规划设计数据智库.gssjk*10000
- &. =E12/总建筑面积.规划设计数据智库.gssjk*10000
- &. =SUBSTITUTE(ADDRESS(1,COLUMN(),4),1,)
- &. 比例.等额本金方式
- &. =E10/E9
- &. =E12/E10/还款月数.等额本金方式等额本息利息算法智库.dbxlk
- &. =E21*12

F7:F22 列区间

- &. =SUBSTITUTE(ADDRESS(1,COLUMN(),4),1,)
- &. 等额本息法.等额本息
- &. =资金需求额.资金渠道数智库.zxdsk
- &. =SUM(当期新增借款.等额本息等额本金利息算法智库.dbjlk)
- &. =SUM(本息总支出.等额本息等额本金利息算法智库.dbjlk)
- &. =F11－F10
- &. =SUBSTITUTE(ADDRESS(1,COLUMN(),4),1,)
- &. 元/总建筑面积.等额本息
- &. =F10/总建筑面积.规划设计数据智库.gssjk*10000
- &. =F11/总建筑面积.规划设计数据智库.gssjk*10000
- &. =F12/总建筑面积.规划设计数据智库.gssjk*10000
- &. =SUBSTITUTE(ADDRESS(1,COLUMN(),4),1,)
- &. 比例.等额本金方式
- &. =F10/F9
- &. =F12/F10/还款月数.等额本息利息算法智库.dbxlk
- &. =F21*12

第 11 章 建设项目的现金流量数智编程算法

由于建设项目投资具有周期长、资金流量巨大的特点，编制建设项目现金流量表是建设项目投资决策分析最基本的内容。

第 1 节 融资前的现金流量表

1.1 融资前土地增值税清算数智编程算法

在建设项目投资分析中，土地增值税在不同的开发建设阶段有不同的算法，基于建设项目投资决策分析的需求，下面以实例的方式来演示构造"融资前土地增值税清算数智编程算法"的全过程（表 11-1）。

实例演示　　　　　　　　　　　　　　　　　　　表 11-1

5	利息可分摊且有金融证明的情形	1.25	
6	利息不可分摊且无金融证明的情形	1.30	
7	清算对象类别	新房	
J	E11:E47	F11:F47	G11:G47
D	E	F	G
47	应税科目	其他类型房地产	元/总建筑面积
11	转让房地产收入总额.除税	632185.54	21401.08
12	货币收入	632185.54	21401.08
13	实物收入及其他收入	0	0
14	视同销售收入	0	0
15	扣除项目金额合计	226828.97	7678.73
16	取得土地使用权所支付的金额	25718.13	870.62
17	房地产开发成本	151495.84	5128.52
18	土地征用及拆迁补偿费	34424.70	1165.36
19	前期工程费	7105.25	240.53
20	建筑安装工程费	69775.74	2362.09
21	基础设施费	2184.07	73.94
22	公共配套设施费	20662.78	699.49
23	建设单位直采购置费	13634.38	461.56
24	开发间接费用	3708.92	125.56
25	房地产开发费用	28994.76	981.55
26	利息支出	0	0

续表

27	其他房地产开发费用	28994.76	981.55
28	与转让房地产有关的税金等	5311.50	179.81
29	营业税	0	0
30	城市维护建设税	3098.38	104.89
31	教育费附加	2213.13	74.92
32	财政部规定的其他扣除项目	0	0
33	代收费用	0	0
34	增值额	405356.57	13722.35
35	增值率	178.71%	0.06
36	适用税率.%		0
37	速算扣除系数.%		0
38	应缴土地增值税税额	168653.94	5709.36
39	减免税额	0	0
40	减免性质代码(1)		0
41	减免税额(1)		0
42	减免性质代码(2)		0
43	减免税额(2)		0
44	减免性质代码(3)		0
45	减免税额(3)		0
46	已缴土地增值税税额	35086.30	1187.76
47	应补或退土地增值税税额	133567.64	4521.60

E5:E47 列区间

- & 利息可分摊且有金融证明的情形
- & 利息不可分摊且无金融证明的情形
- & 清算对象类别
- & CONCATENATE(E9,$D$11,":",E9,$D$10)
- & SUBSTITUTE(ADDRESS(1,COLUMN(),4),1,)
- & 应税科目

F5:F47 列区间

- & 1.25(数值型变量,可按实录入)
- & 1.30(数值型变量,可按实录入)
- & 新房
- & =CONCATENATE(F9,$D$11,":",F9,$D$10)
- & =SUBSTITUTE(ADDRESS(1,COLUMN(),4),1,)
- & 其他类型房地产
- & =SUM(F12:F14)
- & =SUM(销售含税收入.合计 xssr.yb.x)/(1+增值税税率.不动产租售 qjzb)
- & 0(数值型变量,可按实录入)
- & 0(数值型变量,可按实录入)
- & =SUM(取得土地使用权所支付的金额.融资前流量.投资.项目 tzsq,房地产开发成本.

融资前流量.投资.项目 tzsq)*1.25+SUM(利息支出.融资前流量.投资.项目 tzsq,与转让房地产有关的税金等.融资前流量.投资.项目 tzsq)+财政部规定的其他扣除项目.融资前流量.投资.项目 tzsq

&. =SUM(土地使用权取得费 tkff.y)*比例.可销售产权建面 jyhl
&. =SUM(F18:F24)
&. =SUM(生地变熟地一级开发费 tkff.y)*比例.可销售产权建面 jyhl
&. =SUM(前期工程费.含甲含税价.支出 qgfz.yb.x)*比例.可销售产权建面 jyhl
&. =SUM(建筑安装工程费.除甲含税价.支出 gsfz.yb.x)*比例.可销售产权建面 jyhl
&. =SUM(基础设施费.除甲除税价.支出 gsfz.yb.x)*比例.可销售产权建面 jyhl
&. =SUM(公共配套设施费.除甲除税价.支出 gsfz.yb.x)*比例.可销售产权建面 jyhl
&. =SUM(甲供购置费.支出 jgfz.yb.x)*比例.可销售产权建面 jyhl
&. =SUM(开发间接费分摊值.开发销售期 cbft.yb.x)
&. =SUM(F26:F27)
&. 0(数值型变量,可按实录入)
&. =SUM(其他房地产开发费用分摊值.开发销售期 cbft.yb.x)
&. =SUM(F29:F31)
&. 0(数值型变量,可按实录入)
&. =SUM(城市维护建设税.开发销售期 zsfj.yb.x)
&. =SUM(教育附加税.开发销售期 zsfj.yb.x,地方教育附加税.开发销售期 zsfj.yb.x)
&. 0(数值型变量,可按实录入)
&. 0(数值型变量,可按实录入)
&. =F11-F15
&. =IFERROR(F34/F15,0)
&. 空值
&. 空值
&. =IF(增值率.融资前流量.投资.项目 tzsq<'=0,0,IF(增值率.融资前流量.投资.项目 tzsq<'=50%,增值额.融资前流量.投资.项目 tzsq*30%-扣除项目金额合计.融资前流量.投资.项目 tzsq*0%,IF(增值率.融资前流量.投资.项目 tzsq<'=100%,增值额.融资前流量.投资.项目 tzsq*40%-扣除项目金额合计.融资前流量.投资.项目 tzsq*5%,IF(增值率.融资前流量.投资.项目 tzsq<'=200%,增值额.融资前流量.投资.项目 tzsq*50%-扣除项目金额合计.融资前流量.投资.项目 tzsq*15%,增值额.融资前流量.投资.项目 tzsq*60%-扣除项目金额合计.融资前流量.投资.项目 tzsq*35%))))
&. =SUM(F40:F45)
&. 空值
&. 空值
&. 空值
&. 空值
&. 空值
&. =SUM(土地增值税预征.开发销售期.融资前流量.投资.项目 lrzq.yb.x)

    & ＝F38－F46

G8:G47 列区间

    & CONCATENATE(G9,＄D＄11,":",G9,＄D＄10)

    & SUBSTITUTE(ADDRESS(1,COLUMN(),4),1,)

    & 元/总建筑面积

    & IFERROR(F11/总建筑面积.合计.规划设计数据智库.gssjk*10000,0)

                    ...

    & IFERROR(F47/总建筑面积.合计.规划设计数据智库.gssjk*10000,0)

注解：其他区间的相同逻辑关系的单元格内的公式可按上述演示进行相同指令的操作（后文仅列出部分区间的演示，其他区间的设置可参照此注解）。

1.2　融资前现金流量月度报表数智编程算法

根据现金流量的业务规则，基于 EXCEL 通用办公软件，下面以实例的方式来演示构建 "融资前现金流量月度报表数智编程算法" 的全过程（表 11-2）。

实例演示　　　　　　　　　　　　　　　表 11-2

F	J25:WK61	25 61	WK I	O
	J19:WK19	19	总月度序号	6
	J20:WK20	20	土地总月度序号	2
	J21:WK21	21	开始日期	2025年6月1日
	J22:WK22	22	完成日期	2025年6月30日
	J23:WK23	23	年度坐标	2025
	J24:WK24	24	年度序号	1
1939456.84	J25:WK25	25	现金总流入	0
1939456.84	J26:WK26	26	经营收入	0
701725.94	J27:WK27	27	含税销售总收入	0
1237730.89	J28:WK28	28	租赁含税收入	0
0	J29:WK29	29	不动产转售净收入	0
0	J30:WK30	30	其他收入	0
1092819.50	J31:WK31	31	税前现金总流出	34986.80
484437.53	J32:WK32	32	税前总现金流出.房开销售期	34986.80
266135.69	J33:WK33	33	经营费用.开发销售期	34986.80
49574.02	J34:WK34	34	增值税及附加.开发销售期	0
73.88	J35:WK35	35	土地使用税.开发销售期	0
35086.30	J36:WK36	36	土地增值税预征税率.开发销售期	0
133567.64	J37:WK37	37	土地增值税清算.开发销售期	0
0	J38:WK38	38	利息支出.开发销售期	0
608381.97	J39:WK39	39	税前现金总流出.出租运营期	0
457960.43	J40:WK40	40	经营费用.出租运营期	0
16530.32	J41:WK41	41	增值税及附加.出租运营期	0
82.47	J42:WK42	42	土地使用税.出租运营期	0

续表

133808.75	J43:WK43	43	房产税.出租运营期	0
0	J44:WK44	44	利息支出.出租运营期	0
846637.33	J45:WK45	45	当期税前净收益	-34986.80
846637.33	J46:WK46	46	累计税前净收益	-46027.45
286982.41	J47:WK47	47	企业所得税	0
846637.33	J48:WK48	48	纳税调整后所得	-34986.80
0	J49:WK49	49	所得亏损五年结转	0
846637.33	J50:WK50	50	应纳税的所得	-34986.80
559654.92	J51:WK51	51	当期税后净收益	-34986.80
559654.92	J52:WK52	52	累计税后净收益	-46027.45
165.61	J53:WK53	53	折现系数	0.93
294609.38	J54:WK54	54	税前折现净收益	-32697.94
294609.38	J55:WK55	55	税前累计折现净收益	-43016.31
166790.00	J56:WK56	56	税后折现净收益	-32697.94
166790.00	J57:WK57	57	税后累计折现净收益	-43016.31
372297.26	J58:WK58	58	可用于还本付息的资金.还款期限间	0
505721.54	J59:WK59	59	息税前利润.还款期限间	0
839440.20	J60:WK60	60	当期税前净收益.出租运营期	0
595418.76	J61:WK61	61	当期税后净收益.出租运营期	0

F25:F61 列区间

&. =SUM(J25:WK25)

&. =SUM(J26:WK26)

...

&. =SUM(J61:WK61)

I18:I61 列区间

&. =SUBSTITUTE(ADDRESS(1,COLUMN(),4),1,)

&. =OFFSET(时间竖坐标算法智库.sszsk!＄C＄10,COLUMN(A9)－1,)

&. =OFFSET(时间竖坐标算法智库.sszsk!＄D＄10,COLUMN(A9)－1,)

&. =OFFSET(时间竖坐标算法智库.sszsk!＄I＄10,COLUMN(A9)－1,)

&. =OFFSET(时间竖坐标算法智库.sszsk!＄J＄10,COLUMN(A9)－1,)

&. =OFFSET(时间竖坐标算法智库.sszsk!＄G＄10,COLUMN(A9)－1,)

&. =OFFSET(时间竖坐标算法智库.sszsk!＄H＄10,COLUMN(A9)－1,)

O18:O61 列区间

&. =SUBSTITUTE(ADDRESS(1,COLUMN(),4),1,)

&. =OFFSET(时间竖坐标算法智库.sszsk!＄C＄10,COLUMN(C9)－1,)

&. =OFFSET(时间竖坐标算法智库.sszsk!＄D＄10,COLUMN(C9)－1,)

&. =OFFSET(时间竖坐标算法智库.sszsk!＄I＄10,COLUMN(C9)－1,)

&. =OFFSET(时间竖坐标算法智库.sszsk!＄J＄10,COLUMN(C9)－1,)

&. =OFFSET(时间竖坐标算法智库.sszsk!＄G＄10,COLUMN(C9)－1,)

&. =OFFSET(时间竖坐标算法智库.sszsk!＄H＄10,COLUMN(C9)－1,)

&. =SUM(K26,K29:K30)

&. =SUM(K27:K28)

&. =含税销售总收入.交易期销售收入算法智库.车位.jysrk

&. =含税出租总收入.交易期租金收入算法智库.车位.jyzrk

&. 0(数值型变量,可按实录入)

&. 0(数值型变量,可按实录入)

&. =SUM(K32,K39)

&. =SUM(K33:K38)

&. =经营费用.开发销售期总成本算法智库.kfqck.

&. =增值税及附加.开发销售期税费算法智库.kfsfk

&. =IF(开发销售期.月度时间横坐标算法智库.yshzk="A",净用地面积.规划设计数据智库.gssjk*每月每平方米土地使用税.项目经营基本数据智库.xjjsk/10000,0)

&. =K27*预征率.项目经营基本数据智库.xjjsk

&. =IF(土地增值税清算期.月度时间横坐标算法智库.yshzk="A",应补或退土地增值税税额.基准期土地增值税算法智库.jtzsk,0)

&. 0(数值型变量,可按实录入)

&. =SUM(K40:K44)

&. =经营费用.出租运营期 yyzc.yb.x

&. =增值税及附加.出租运营期.开发销售期税费算法智库.kfsfk

&. =IF(商管经营期.月度时间横坐标算法智库.yshzk="A",净用地面积.规划设计数据智库.gssjk*比例.可租赁产权建面.经营产品供货量智库.jcgmk*每月每平方米土地使用税.项目经营基本数据智库.xjjsk/10000,0)

&. =K28/(1+增值税税率.房屋销售或出租.项目经营基本数据智库.xjjsk)*房产税的税率.项目经营基本数据智库.xjjsk

&. 0(数值型变量,可按实录入)

&. =K25－K31

&. =SUM(＄J＄45:K45)

&. =IF(K50＞0,K50*企业所得税率.项目经营基本数据智库.xjjsk,0)

&. =K45

&. 0(数值型变量,可按实录入)

&. =SUM(K48:K49)

&. =K45－K47

&. =SUM(＄J＄51:K51)

&. =1/(1+折现率.项目经营基本数据智库.xjjsk)^K24

&. =K53*K45

&. =SUM(＄J＄54:K54)

&. =K53*K51

&. =SUM(＄J＄56:K56)

&. =IF(还款期限.等额本金.融资时间数码算法智库.rzsjk="A",K51+K38,0)

& =IF(还款期限.等额本金.融资时间数码算法智库.rzsjk="A",K45+K38,0)
& =IF(收入租金期.月度时间横坐标算法智库.yshzk="A",K45,0)
& =IF(收入租金期.月度时间横坐标算法智库.yshzk="A",K51,0)

1.3 融资前现金流量年度报表数智编程算法

报表的计量周期可分为月度、年度、季度，利用ECXEL通用办公软件，实现了月度、年度报表之间的数据的自动换算功能。下面以实例的方式来演示构建"融资前现金流量年度报表数智编制算法"的全过程（表11-3）。

实例演示　　　　　　　　　　　　　　　　表11-3

H	L23:BI55	55	K	P
	L21:BI21	21	年度坐标	2029
	L22:BI22	22	年度序号	5
1939456.84	L23:BI23	23	现金总流入	254379.20
1939456.84	L24:BI24	24	经营收入	254379.20
701725.94	L25:BI25	25	含税销售总收入	241019.75
1237730.89	L26:BI26	26	租赁含税收入	13359.45
0	L27:BI27	27	不动产转售净收入	0
0	L28:BI28	28	其他收入	0
1092819.50	L29:BI29	29	税前现金总流出	44215.33
484437.53	L30:BI30	30	税前总现金流出.房开销售期	37684.93
266135.69	L31:BI31	31	经营费用.开发销售期	4492.78
49574.02	L32:BI32	32	增值税及附加.开发销售期	21131.73
73.88	L33:BI33	33	土地使用税.开发销售期	9.43
35086.30	L34:BI34	34	土地增值税预征税率.开发销售期	12050.99
133567.64	L35:BI35	35	土地增值税清算.开发销售期	0
0	L36:BI36	36	利息支出.开发销售期	0
608381.97	L37:BI37	37	税前现金总流出.出租运营期	6530.40
457960.43	L38:BI38	38	经营费用.出租运营期	4943.00
16530.32	L39:BI39	39	增值税及附加.出租运营期	140.92
133808.75	L40:BI40	40	房产税.出租运营期	1444.26
82.47	L41:BI41	41	土地使用税.出租运营期	2.22
0	L42:BI42	42	利息支出.出租运营期	0
846637.33	L43:BI43	43	当期税前净收益	210163.87
846637.33	L44:BI44	44	累计税前净收益	232728.08
238771.97	L45:BI45	45	企业所得税	52540.97
846637.33	L46:BI46	46	纳税调整后所得	210163.87
449691.90	L47:BI47	47	所得亏损五年结转	0
740297.26	L48:BI48	48	应纳税的所得	210163.87
607865.36	L49:BI49	49	当期税后净收益	157622.90
607865.36	L50:BI50	50	累计税后净收益	172892.44
0.93	L51:BI51	51	折现系数	0.71
294609.38	L52:BI52	52	税前折现净收益	149843.93
294609.38	L53:BI53	53	税前累计折现净收益	154513.57
203263.00	L54:BI54	54	税后折现净收益	112382.95
203263.00	L55:BI55	55	税后累计折现净收益	111399.21

H23:H55 列区间

    & =SUM(L23:BI23)

    & =SUM(L24:BI24)

        ...

    & =MAX(L55:BI55)

K20:K55 列区间

    & =SUBSTITUTE(ADDRESS(1,COLUMN(),4),1,)

P20:P55 列区间

    & =SUBSTITUTE(ADDRESS(1,COLUMN(),4),1,)

    & =起始年度.时间竖坐标算法智库.sszsk

    & 1(数值型变量,可按需录入)

    & =SUM(L27:L28,L24)

    & =SUM(L25:L26)

    & =SUMIF(年度序号.月度时间横坐标算法智库.yshzk,年度序号 sqh.nbx,含税销售总收入.融资前月度现金流量投资算法智库.qsjtk)

    & =SUMIF(年度序号.月度时间横坐标算法智库.yshzk,年度序号 sqh.nbx,租赁含税收入.融资前月度现金流量投资算法智库.qsjtk)

    & =SUMIF(年度序号.月度时间横坐标算法智库.yshzk,年度序号 sqh.nbx,不动产转售净收入.融资前月度现金流量投资算法智库.qsjtk)

    & =SUMIF(年度序号.月度时间横坐标算法智库.yshzk,年度序号 sqh.nbx,其他收入.融资前月度现金流量投资算法智库.qsjtk)

    & =SUM(L30,L37)

    & =SUM(L31:L36)

    & =SUMIF(年度序号.月度时间横坐标算法智库.yshzk,年度序号 sqh.nbx,经营费用.开发销售期.融资前月度现金流量投资算法智库.qsjtk)

    & =SUMIF(年度序号.月度时间横坐标算法智库.yshzk,年度序号 sqh.nbx,增值税及附加.开发销售期.融资前月度现金流量投资算法智库.qsjtk)

    & =SUMIF(年度序号.月度时间横坐标算法智库.yshzk,年度序号 sqh.nbx,土地使用税.开发销售期.融资前月度现金流量投资算法智库.qsjtk)

    & =SUMIF(年度序号.月度时间横坐标算法智库.yshzk,年度序号 sqh.nbx,土地增值税预征税率.开发销售期.融资前月度现金流量投资算法智库.qsjtk)

    & =SUMIF(年度序号.月度时间横坐标算法智库.yshzk,年度序号 sqh.nbx,土地增值税清算.开发销售期.融资前月度现金流量投资算法智库.qsjtk)

    & =SUMIF(年度序号.月度时间横坐标算法智库.yshzk,年度序号 sqh.nbx,利息支出.开发销售期.融资前月度现金流量投资算法智库.qsjtk)

    & =SUM(L38:L42)

    & =SUMIF(年度序号.月度时间横坐标算法智库.yshzk,年度序号 sqh.nbx,经营费用.出租运营期.融资前月度现金流量投资算法智库.qsjtk)

    & =SUMIF(年度序号.月度时间横坐标算法智库.yshzk,年度序号 sqh.nbx,增值税及附加.出租运营期.融资前月度现金流量投资算法智库.qsjtk)

- &.=SUMIF(年度序号.月度时间横坐标算法智库.yshzk,年度序号 sqh.nbx,房产税.出租运营期.融资前月度现金流量投资算法智库.qsjtk)
- &.=SUMIF(年度序号.月度时间横坐标算法智库.yshzk,年度序号 sqh.nbx,土地使用税.出租运营期.融资前月度现金流量投资算法智库.qsjtk)
- &.=SUMIF(年度序号.月度时间横坐标算法智库.yshzk,年度序号 sqh.nbx,利息支出.出租运营期.融资前月度现金流量投资算法智库.qsjtk)
- &.=L23-L29
- &.=SUM($L$43:L43)
- &.=IF(L48>0,L48*企业所得税率.项目经营基本数据智库.xjjsk,0)
- &.=L43
- &.=OFFSET(融资前所得税结转投资算法智库.qtzbk!$R$4,COLUMN(A2)-1,)
- &.=IF(L46>0,L46-K47,0)
- &.=L43-L45
- &.=SUM($L49:L$49)
- &.=1/(1+折现率.项目经营基本数据智库.xjjsk)^L22
- &.=L51*L43
- &.=SUM($L$52:L52)
- &.=L51*L49
- &.=SUM($L$54:L54)

1.4 现金流量指标数智编程算法

通过现金流量表可计算出建设项目投资分析所需要的内部收益率、投资回收期、财务净值等经济评价指标。下面以实例的方式来演示构建"现金流量指标数智编程算法"的全过程（表 11-4）。

实例演示　　　　　　　　　　　　　　　表 11-4

BI	K12:K18	L12:L18
J	K	L
0	科目内容	年度指标
12	税前内部收益率	51.745%
13	税后内部收益率	43.463%
14	税前静态回收年数	2.95 年
15	税后静态回收年数	2.97 年
16	税前动态回收年数	3.62 年
17	税后动态回收年数	4.01 年
18	财务净现值	607865.36

K9:K18 列区间

- &.=CONCATENATE(K10,$J$12,":",K10,$J$11)
- &.=SUBSTITUTE(ADDRESS(1,COLUMN(),4),1,)
- &.科目内容
- &.税前内部收益率

- 税后内部收益率
- 税前静态回收年数
- 税后静态回收年数
- 税前动态回收年数
- 税后动态回收年数
- 财务净现值

L9:L18 列区间

- =CONCATENATE(L10,$J$12,":",L10,$J$11)
- =SUBSTITUTE(ADDRESS(1,COLUMN(),4),1,)
- 年度指标
- =IRR(当期税前净收益.融资前年度现金流量投资算法智库.qyxtk,0.01)
- =IRR(当期税后净收益.融资前年度现金流量投资算法智库.qyxtk,0.01)
- =MATCH(0,累计税前净收益.融资前年度现金流量投资算法智库.qyxtk,1)+ABS(INDEX(累计税前净收益.融资前年度现金流量投资算法智库.qyxtk,1,MATCH(0,累计税前净收益.融资前年度现金流量投资算法智库.qyxtk,1)))/ABS(INDEX(当期税前净收益.融资前年度现金流量投资算法智库.qyxtk,1,MATCH(0,累计税前净收益.融资前年度现金流量投资算法智库.qyxtk,1)+1))

第 2 节　融资后的现金流量表

2.1　融资后土地增值税清算数智编程算法

基于上节构建的土地增值税清算数智编程算法，只要增加开发销售期的利息支出科目，便可自动创建出融资后土地增值税所需要的数据。下面以实例的方式来演示构建"融资后土地增值税清算数智编程算法"的全过程（表 11-5）。

实例演示　　　　　　　　　　　　　　　　　　　表 11-5

		实例演示	
5	利息可分摊且有金融证明的情形	1.25	
6	利息不可分摊且无金融证明的情形	1.30	
7	清算的对象类别	新房	
J	E11:E47	F11:F47	G11:G47
D	E	F	G
47	应税科目	其他类型房地产	元/总建筑面积
11	转让房地产收入总额.除税	632185.54	21401.08
12	货币收入	632185.54	21401.08
13	实物收入及其他收入	0	0
14	视同销售收入	0	0
15	扣除项目金额合计	278963.96	9443.64
16	取得土地使用权所支付的金额	25718.13	870.62
17	房地产开发成本	151495.84	5128.52

续表

18	土地征用及拆迁补偿费	34424.70	1165.36
19	前期工程费	7105.25	240.53
20	建筑安装工程费	69775.74	2362.09
21	基础设施费	2184.07	73.94
22	公共配套设施费	13634.38	461.56
23	建设单位直采购置费	20662.78	699.49
24	开发间接费用	3708.92	125.56
25	房地产开发费用	81129.76	2746.45
26	利息支出	52135.00	1764.90
27	其他房地产开发费用	28994.76	981.55
28	与转让房地产有关的税金等	5311.50	179.81
29	营业税	0	0
30	城市维护建设税	3098.38	104.89
31	教育费附加	2213.13	74.92
32	财政部规定的其他扣除项目	0	0
33	代收费用	0	0
34	增值额	353221.57	11957.44
35	增值率	1.27	0.04
36	适用税率		0
37	速算扣除系数		0
38	应缴土地增值税税额	134766.19	4562.18
39	减免税额	0	0
40	减免性质代码(1)		0
41	减免税额(1)		0
42	减免性质代码(2)		0
43	减免税额(2)		0
44	减免性质代码(3)		0
45	减免税额(3)		0
46	已缴土地增值税税额	35086.30	1187.76
47	应补或退土地增值税税额	99679.89	3374.42

E5:E47列区间

&.利息可分摊且有金融证明的情形

&.利息不可分摊且无金融证明的情形

&.清算对象类别

&.=CONCATENATE(E9,$D$11,":",E9,$D$10)

&.=SUBSTITUTE(ADDRESS(1,COLUMN(),4),1,)

F5:F47列区间

&.1.25(数值型变量,可实录入)

& 1.30(数值型变量,可实录入)
& 新房
& =CONCATENATE(F9,$D$11,":",F9,$D$10)
& =SUBSTITUTE(ADDRESS(1,COLUMN(),4),1,)
& 其他类型房地产
& =SUM(F12:F14)
& =SUM(含税销售总收入.交易期销售收入算法智库.车位.jysrk)/(1+增值税税率.房屋销售或出租.项目经营基本数据智库.xjjsk)
& 0(数值型变量,可实录入)
& 0(数值型变量,可实录入)
& =SUM(取得土地使用权所支付的金额.融资后流量.资本.基准期土地增值税算法智库.jtzsk,房地产开发成本.融资后流量.资本.基准期土地增值税算法智库.jtzsk)*1.25+SUM(利息支出.融资后流量.资本.基准期土地增值税算法智库.jtzsk,与转让房地产有关的税金等.融资后流量.资本.基准期土地增值税算法智库.jtzsk)+财政部规定的其他扣除项目.融资后流量.资本.基准期土地增值税算法智库.jtzsk
& =SUM(土地取得费.土地开发费数据智库.tkfsk)*比例.销售面积.经营产品供货量智库.jcgmk
& =SUM(F18:F24)
& =SUM(生地变熟地开发费.土地开发费数据智库.tkfsk)*比例.销售面积.经营产品供货量智库.jcgmk
& =SUM(前期工程费.含税含直采的造价.前期工程费算法智库.jsfwk)*比例.销售面积.经营产品供货量智库.jcgmk
& =SUM(建筑安装工程费.含税但不含直采的造价.建安工程费算法智库.jqgfk)*比例.销售面积.经营产品供货量智库.jcgmk
& =SUM(基础设施费.不含税且不含直采的造价.建安工程费算法智库.jqgfk)*比例.销售面积.经营产品供货量智库.jcgmk
& =SUM(建设单位直采购置费.支出 jgfz.yb.x)*比例.销售面积.经营产品供货量智库.jcgmk
& =SUM(公共配套设施费.不含税且不含直采的造价.建安工程费算法智库.jqgfk)*比例.销售面积.经营产品供货量智库.jcgmk
& =SUM(开发间接费分摊费.开发销售期 cbft.yb.x)
& =SUM(F26:F27)
& =SUM(借款利息偿还.等额本金 zjph.yb.x)
& =SUM(其他科目费用分摊费.开发销售期 cbft.yb.x)
& =SUM(F29:F31)
& 0(数值型变量,可实录入)
& =SUM(城市维护建设税.开发销售期税费算法智库.kfsfk)
& =SUM(教育附加税.开发销售期税费算法智库.kfsfk,地方教育附加税.开发销售期税费算法智库.kfsfk)
& 0(数值型变量,可实录入)

& 0(数值型变量,可实录入)
& =F11-F15
& =IFERROR(F34/F15,0)
& 空值
& 空值
& =IF(增值率.融资后流量.资本.基准期土地增值税算法智库.jtzsk<=0,0,IF(增值率.融资后流量.资本.基准期土地增值税算法智库.jtzsk<=50%,增值额.融资后流量.资本.基准期土地增值税算法智库.jtzsk*30%-扣除项目金额合计.融资后流量.资本.基准期土地增值税算法智库.jtzsk*0%,IF(增值率.融资后流量.资本.基准期土地增值税算法智库.jtzsk<=100%,增值额.融资后流量.资本.基准期土地增值税算法智库.jtzsk*40%-扣除项目金额合计.融资后流量.资本.基准期土地增值税算法智库.jtzsk*5%,IF(增值率.融资后流量.资本.基准期土地增值税算法智库.jtzsk<=200%,增值额.融资后流量.资本.基准期土地增值税算法智库.jtzsk*50%-扣除项目金额合计.融资后流量.资本.基准期土地增值税算法智库.jtzsk*15%,增值额.融资后流量.资本.基准期土地增值税算法智库.jtzsk*60%-扣除项目金额合计.融资后流量.资本.基准期土地增值税算法智库.jtzsk*35%))))
& =SUM(F40:F45)
& 空值
& 空值
& 空值
& 空值
& 空值
& 空值
& =SUM(土地增值税预征税率.开发销售期.融资后月度现金流量资本算法智库.hyxbk)
& =F38-F46

G8:G47 列区间

& =CONCATENATE(G9,$D$11,":",G9,$D$10)
& =SUBSTITUTE(ADDRESS(1,COLUMN(),4),1,)
& 元/总建筑面积
& =IFERROR(F11/总建筑面积.合计.规划设计数据智库.gssjk*10000,0)

2.2 融资后现金流量月度报表数智编程算法

融资前与融资后的投资决策分析是重要的节点内容,利用 EXCEL 通用办公软件,可实现融资前与融资后数据的自动生成功能。下面以实例的方式来演示构建"融资后现金流量月度报表数智编程算法"的全过程(表 11-6)。

实例演示　　表 11-6

		25	WK		
F		J25:WK59	59	I	Z
		J19:WK19	19	总月度序号	17

续表

	J20:WK20	20	土地总月度序号	13
	J21:WK21	21	开始日期	2026年5月1日
	J22:WK22	22	完成日期	2026年5月31日
	J23:WK23	23	年度坐标	2026
	J24:WK24	24	年度序号	2
1939456.84	J25:WK25	25	现金总流入	0
1939456.84	J26:WK26	26	经营收入	0
701725.94	J27:WK27	27	含税销售总收入	0
1237730.89	J28:WK28	28	租赁含税收入	0
0	J29:WK29	29	不动产转售净收入	0
0	J30:WK30	30	其他收入	0
1111066.75	J31:WK31	31	税前现金总流出	8152.13
502684.78	J32:WK32	32	税前现金流出.房开销期	8152.13
266135.69	J33:WK33	33	经营费用.开发销售期	8151.34
49574.02	J34:WK34	34	增值税及附加.开发销售期	0
73.88	J35:WK35	35	土地使用税.开发销售期	0.79
35086.30	J36:WK36	36	土地增值税预征税率.开发销售期	0
99679.89	J37:WK37	37	土地增值税清算.开发销售期	0
52135.00	J38:WK38	38	利息支出.开发销售期	0
608381.97	J39:WK39	39	税前现金总流出.出租运营期	0
457960.43	J40:WK40	40	经营费用.出租运营期	0
16530.32	J41:WK41	41	增值税及附加.出租运营期	0
133808.75	J42:WK42	42	房产税.出租运营期	0
82.47	J43:WK43	43	土地使用税.出租运营期	0
0	J44:WK44	44	利息支出.出租运营期	0
828390.08	J45:WK45	45	当期税前净收益	−8152.13
277334.96	J46:WK46	46	企业所得税	0
828390.08	J47:WK47	47	纳税调整后所得	−8152.13
0	J48:WK48	48	所得亏损五年结转	0
828390.08	J49:WK49	49	应纳税的所得	−8152.13
551055.13	J50:WK50	50	当期税后净收益	−8152.13
165.61	J51:WK51	51	折现系数	0.87
273500.62	J52:WK52	52	税前折现净收益	−7120.39
152731.07	J53:WK53	53	税后折现净收益	−7120.39
828390.08	J54:WK54	54	累计税前收益	−104019.36
273500.62	J55:WK55	55	税前累计折现净收益	−95924.19
551055.13	J56:WK56	56	累计税后收益	−104019.36
152731.07	J57:WK57	57	税后累计折现净收益	−95924.19
14557.92	J58:WK58	58	可用于还本付息的资金.还款期限间	0
19106.37	J59:WK59	59	息税前利润.还款期限间	0

F25:F59 列区间

&. =SUM(J25:WK25)

&. =SUM(J26:WK26)

    ...

&. =MAX(J58:WK58)

&. =MAX(J59:WK59)

I18:I59 列区间

&. =SUBSTITUTE(ADDRESS(1,COLUMN(),4),1,)

&. =OFFSET(时间竖坐标算法智库.sszsk!$C$10,COLUMN(A9)−1,)

&. =OFFSET(时间竖坐标算法智库.sszsk!$D$10,COLUMN(A9)−1,)

&. =OFFSET(时间竖坐标算法智库.sszsk!$I$10,COLUMN(A9)−1,)

&. =OFFSET(时间竖坐标算法智库.sszsk!$J$10,COLUMN(A9)−1,)

&. =OFFSET(时间竖坐标算法智库.sszsk!$G$10,COLUMN(A9)−1,)

&. =OFFSET(时间竖坐标算法智库.sszsk!$H$10,COLUMN(A9)−1,)

Z18:Z59 列区间

&. =SUBSTITUTE(ADDRESS(1,COLUMN(),4),1,)

&. =OFFSET(时间竖坐标算法智库.sszsk!$C$10,COLUMN(C9)−1,)

&. =OFFSET(时间竖坐标算法智库.sszsk!$D$10,COLUMN(C9)−1,)

&. =OFFSET(时间竖坐标算法智库.sszsk!$I$10,COLUMN(C9)−1,)

&. =OFFSET(时间竖坐标算法智库.sszsk!$J$10,COLUMN(C9)−1,)

&. =OFFSET(时间竖坐标算法智库.sszsk!$G$10,COLUMN(C9)−1,)

&. =OFFSET(时间竖坐标算法智库.sszsk!$H$10,COLUMN(C9)−1,)

&. =SUM(K26,K29:K30)

&. =SUM(K27:K28)

&. =含税销售总收入.交易期销售收入算法智库.车位.jysrk

&. =含税出租总收入.交易期租金收入算法智库.车位.jyzrk

&. 0(数值型变量,可按实录入)

&. 0(数值型变量,可按实录入)

&. =SUM(K32,K39)

&. =SUM(K33:K38)

&. =经营费用.开发销售期总成本算法智库.kfqck.

&. =增值税及附加.开发销售期税费算法智库.kfsfk

&. =IF(开发销售期.月度时间横坐标算法智库.yshzk="A",净用地面积.规划设计数据智库.gssjk*每月每平方米土地使用税.项目经营基本数据智库.xjjsk/10000,0)

&. =K27*预征率.项目经营基本数据智库.xjjsk

&. =IF(土地增值税清算期.月度时间横坐标算法智库.yshzk="A",应补或退土地增值税税额.融资后流量.资本.基准期土地增值税算法智库.jtzsk,0)

&. =借款利息偿还.等额本金 zjph.yb.x

&. =SUM(K40:K44)

&. =经营费用.出租运营期 yyzc.yb.x

- =增值税及附加.出租运营期.开发销售期税费算法智库.kfsfk
- =K28/(1+增值税税率.房屋销售或出租.项目经营基本数据智库.xjjsk)*房产税的税率.项目经营基本数据智库.xjjsk
- =IF(商管经营期.月度时间横坐标算法智库.yshzk="A",净用地面积.规划设计数据智库.gssjk*比例.可租赁产权建面.经营产品供货量智库.jcgmk*每月每平方米土地使用税.项目经营基本数据智库.xjjsk/10000,0)
- 0(数值型变量,可按实录入)
- =K25-K31
- =IF(K49>0,K49*企业所得税率.项目经营基本数据智库.xjjsk,0)
- =K45
- 0(数值型变量,可按实录入)
- =SUM(K47:K48)
- =K45-K46
- =1/(1+折现率.项目经营基本数据智库.xjjsk)^K24
- =K51*K45
- =K51*K50
- =SUM($J$45:K45)
- =SUM($J$52:K52)
- =SUM($J$50:K50)
- =SUM($J$53:K53)
- =IF(还款期限.等额本金.融资时间数码算法智库.rzsjk="A",K50+K38,0)
- =IF(还款期限.等额本金.融资时间数码算法智库.rzsjk="A",K45+K38,0)

2.3 融资前现金流量年度报表数智编程算法

报表的计量周期可分为月度、年度、季度,利用 ECXEL 通用办公软件,实现了月度、年度报表之间的数据的自动换算功能。下面以实例的方式来演示构建"融资前现金流量年度报表数智编程算法"的全过程(表 11-7)。

实例演示 表 11-7

H	L23:BI55	23 BI 55	K	L
	L21:BI21	21	年度坐标	2025
	L22:BI22	22	年度序号	1
1939456.84	L23:BI23	23	现金总流入	0
1939456.84	L24:BI24	24	经营收入	0
701725.94	L25:BI25	25	含税销售总收入	0
1237730.89	L26:BI26	26	租赁含税收入	0
0	L27:BI27	27	不动产转售净收入	0
0	L28:BI28	28	其他收入	0
1111066.75	L29:BI29	29	税前现金总流出	82917.87

续表

502684.78	L30:BI30	30	税前总现金流出.房开销售期	82917.87
266135.69	L31:BI31	31	经营费用.开发销售期	82917.87
49574.02	L32:BI32	32	增值税及附加.开发销售期	0
73.88	L33:BI33	33	土地使用税.开发销售期	0
35086.30	L34:BI34	34	土地增值税预征税率.开发销售期	0
99679.89	L35:BI35	35	土地增值税清算.开发销售期	0
52135.00	L36:BI36	36	利息支出.开发销售期	0
608381.97	L37:BI37	37	税前现金总流出.出租运营期	0
457960.43	L38:BI38	38	经营费用.出租运营期	0
16530.32	L39:BI39	39	增值税及附加.出租运营期	0
133808.75	L40:BI40	40	房产税.出租运营期	0
82.47	L41:BI41	41	土地使用税.出租运营期	0
0	L42:BI42	42	利息支出.出租运营期	0
828390.08	L43:BI43	43	当期税前净收益	−82917.87
225401.83	L44:BI44	44	企业所得税	0
828390.08	L45:BI45	45	纳税调整后所得	−82917.87
403169.66	L46:BI46	46	所得亏损五年结转	89550.31
741316.95	L47:BI47	47	应纳税的所得	0
602988.25	L48:BI48	48	当期税后净收益	−82917.87
13.80	L49:BI49	49	折现系数	0.93
273500.62	L50:BI50	50	税前折现净收益	−77493.34
191887.88	L51:BI51	51	税后折现净收益	−77493.34
828390.08	L52:BI52	52	累计税前净收益	−82917.87
273500.62	L53:BI53	53	税前累计折现净收益	−77493.34
602988.25	L54:BI54	54	累计税后净收益	−82917.87
191887.88	L55:BI55	55	税后累计折现净收益	−77493.34

H23:H55 列区间

&.＝SUM(L23:BI23)

&.＝SUM(L24:BI24)

...

&.＝MAX(L55:BI55)

K20:K55 列区间

&.＝SUBSTITUTE(ADDRESS(1,COLUMN(),4),1,)

L20:L55 列区间

&.＝SUBSTITUTE(ADDRESS(1,COLUMN(),4),1,)

&.＝起始年度.时间竖坐标算法智库.sszsk

&.1(数值型变量,可按需录入)

&.＝SUM(L27:L28,L24)

&.＝SUM(L25:L26)

- =SUMIF(年度序号.月度时间横坐标算法智库.yshzk,年度序号sqh.nbx,含税销售总收入.融资后月度现金流量资本算法智库.hyxbk)
- =SUMIF(年度序号.月度时间横坐标算法智库.yshzk,年度序号sqh.nbx,租赁含税收入.融资后月度现金流量资本算法智库.hyxbk)
- =SUMIF(年度序号.月度时间横坐标算法智库.yshzk,年度序号sqh.nbx,不动产转售净收入.融资后月度现金流量资本算法智库.hyxbk)
- =SUMIF(年度序号.月度时间横坐标算法智库.yshzk,年度序号sqh.nbx,其他收入.融资后月度现金流量资本算法智库.hyxbk)
- =SUM(L30,L37)
- =SUM(L31:L36)
- =SUMIF(年度序号.月度时间横坐标算法智库.yshzk,年度序号sqh.nbx,经营费用.开发销售期.融资后月度现金流量资本算法智库.hyxbk)
- =SUMIF(年度序号.月度时间横坐标算法智库.yshzk,年度序号sqh.nbx,增值税及附加.开发销售期.融资后月度现金流量资本算法智库.hyxbk)
- =SUMIF(年度序号.月度时间横坐标算法智库.yshzk,年度序号sqh.nbx,土地使用税.开发销售期.融资后月度现金流量资本算法智库.hyxbk)
- =SUMIF(年度序号.月度时间横坐标算法智库.yshzk,年度序号sqh.nbx,土地增值税预征税率.开发销售期.融资后月度现金流量资本算法智库.hyxbk)
- =SUMIF(年度序号.月度时间横坐标算法智库.yshzk,年度序号sqh.nbx,土地增值税清算.开发销售期.融资后月度现金流量资本算法智库.hyxbk)
- =SUMIF(年度序号.月度时间横坐标算法智库.yshzk,年度序号sqh.nbx,利息支出.开发销售期.融资后月度现金流量资本算法智库.hyxbk)
- =SUM(L38:L42)
- =SUMIF(年度序号.月度时间横坐标算法智库.yshzk,年度序号sqh.nbx,经营费用.出租运营期.融资后月度现金流量资本算法智库.hyxbk)
- =SUMIF(年度序号.月度时间横坐标算法智库.yshzk,年度序号sqh.nbx,增值税及附加.出租运营期.融资后月度现金流量资本算法智库.hyxbk)
- =SUMIF(年度序号.月度时间横坐标算法智库.yshzk,年度序号sqh.nbx,房产税.出租运营期.融资后月度现金流量资本算法智库.hyxbk)
- =SUMIF(年度序号.月度时间横坐标算法智库.yshzk,年度序号sqh.nbx,土地使用税.出租运营期.融资后月度现金流量资本算法智库.hyxbk)
- =SUMIF(年度序号.月度时间横坐标算法智库.yshzk,年度序号sqh.nbx,利息支出.出租运营期.融资后月度现金流量资本算法智库.hyxbk)
- =L23-L29
- =IF(L47>0,L47*企业所得税率.项目经营基本数据智库.xjjsk,0)
- =L43
- =OFFSET(融资后所得税结转资本算法智库.htzbk!＄R＄4,COLUMN(A2)-1,)
- =IF(L45>0,L45-K46,0)
- =L43-L44
- =1/(1+折现率.项目经营基本数据智库.xjjsk)^L22

&. =L49*L43
&. =L49*L48
&. =SUM($L$43:L43)
&. =SUM($L$50:L50)
&. =SUM($L$48:L48)
&. =SUM($L$51:L51)

2.4 现金流量指标数智编程算法

如表 11-8 所示。

实例演示　　　　　　　　　　　　　　表 11-8

BI	K12:K18	L12:L18
J	K	L
0	科目	年度指标
12	税前内部收益率	45.754%
13	税后内部收益率	38.533%
14	税前静态回收年数	4.03 年
15	税后静态回收年数	4.04 年
16	税前动态回收年数	4.12 年
17	税后动态回收年数	4.16 年
18	财务净现值	602988.25

K9:K18 列区间

&. =SUBSTITUTE(ADDRESS(1,COLUMN(),4),1,)
&. =起始年度.时间竖坐标算法智库.sszsk
&. 1(数值型变量,可按需录入)
&. =SUM(L27:L28,L24)
&. =SUM(L25:L26)
&. =SUMIF(年度序号.月度时间横坐标算法智库.yshzk,年度序号 sqh.nbx,含税销售总收入.融资后月度现金流量资本算法智库.hyxbk)
&. =SUMIF(年度序号.月度时间横坐标算法智库.yshzk,年度序号 sqh.nbx,租赁含税收入.融资后月度现金流量资本算法智库.hyxbk)
&. =SUMIF(年度序号.月度时间横坐标算法智库.yshzk,年度序号 sqh.nbx,不动产转售净收入.融资后月度现金流量资本算法智库.hyxbk)
&. =SUMIF(年度序号.月度时间横坐标算法智库.yshzk,年度序号 sqh.nbx,其他收入.融资后月度现金流量资本算法智库.hyxbk)
&. =SUM(L30,L37)
&. =SUM(L31:L36)
&. =SUMIF(年度序号.月度时间横坐标算法智库.yshzk,年度序号 sqh.nbx,经营费用.开发销售期.融资后月度现金流量资本算法智库.hyxbk)
&. =SUMIF(年度序号.月度时间横坐标算法智库.yshzk,年度序号 sqh.nbx,增值税及附加.开发销售期.融资后月度现金流量资本算法智库.hyxbk)

- =SUMIF(年度序号.月度时间横坐标算法智库.yshzk,年度序号 sqh.nbx,土地使用税.开发销售期.融资后月度现金流量资本算法智库.hyxbk)
- =SUMIF(年度序号.月度时间横坐标算法智库.yshzk,年度序号 sqh.nbx,土地增值税预征税率.开发销售期.融资后月度现金流量资本算法智库.hyxbk)
- =SUMIF(年度序号.月度时间横坐标算法智库.yshzk,年度序号 sqh.nbx,土地增值税清算.开发销售期.融资后月度现金流量资本算法智库.hyxbk)
- =SUMIF(年度序号.月度时间横坐标算法智库.yshzk,年度序号 sqh.nbx,利息支出.开发销售期.融资后月度现金流量资本算法智库.hyxbk)
- =SUM(L38:L42)
- =SUMIF(年度序号.月度时间横坐标算法智库.yshzk,年度序号 sqh.nbx,经营费用.出租运营期.融资后月度现金流量资本算法智库.hyxbk)
- =SUMIF(年度序号.月度时间横坐标算法智库.yshzk,年度序号 sqh.nbx,增值税及附加.出租运营期.融资后月度现金流量资本算法智库.hyxbk)
- =SUMIF(年度序号.月度时间横坐标算法智库.yshzk,年度序号 sqh.nbx,房产税.出租运营期.融资后月度现金流量资本算法智库.hyxbk)
- =SUMIF(年度序号.月度时间横坐标算法智库.yshzk,年度序号 sqh.nbx,土地使用税.出租运营期.融资后月度现金流量资本算法智库.hyxbk)
- =SUMIF(年度序号.月度时间横坐标算法智库.yshzk,年度序号 sqh.nbx,利息支出.出租运营期.融资后月度现金流量资本算法智库.hyxbk)
- =L23−L29
- =IF(L47>0,L47*企业所得税率.项目经营基本数据智库.xjjsk,0)
- =L43
- =OFFSET(融资后所得税结转资本算法智库.htzbk!$R$4,COLUMN(A2)−1,)
- =IF(L45>0,L45−K46,0)
- =L43−L44
- =1/(1+折现率.项目经营基本数据智库.xjjsk)^L22
- =L49*L43
- =L49*L48
- =SUM($L$43:L43)
- =SUM($L$50:L50)
- =SUM($L$48:L48)
- =SUM($L$51:L51)

L9:L18 列区间

- =CONCATENATE(L10,$J$12,":",L10,$J$11)
- =SUBSTITUTE(ADDRESS(1,COLUMN(),4),1,)
- 年度指标
- =IRR(当期税前净收益.融资后年度现金流量资本算法智库.hnxbk,0.01)
- =IRR(当期税后净收益.融资后年度现金流量资本算法智库.hnxbk,0.01)
- =MATCH(0,累计税前净收益.融资后年度现金流量资本算法智库.hnxbk,1)+ABS(INDEX(累计税前净收益.融资后年度现金流量资本算法智库.hnxbk,1,MATCH(0,累计税前净收益.融资后年度现金流量资本算法智库.hnxbk,1)))/ABS(INDEX(当期税前净收益.融资后年度现金流量资本算法智库.hnxbk,1,MATCH(0,累计税前净收益.融资后年度现金流量资本算法智库.hnxbk,1)+1))

&. =MATCH(0,累计税后净收益.融资后年度现金流量资本算法智库.hnxbk,1)+ABS(INDEX(累计税后净收益.融资后年度现金流量资本算法智库.hnxbk,1,MATCH(0,累计税后净收益.融资后年度现金流量资本算法智库.hnxbk,1)))/ABS(INDEX(当期税后净收益.融资后年度现金流量资本算法智库.hnxbk,1,MATCH(0,累计税后净收益.融资后年度现金流量资本算法智库.hnxbk,1)+1))

&. =MATCH(0,税前累计折现净收益.融资后年度现金流量资本算法智库.hnxbk,1)+ABS(INDEX(税前累计折现净收益.融资后年度现金流量资本算法智库.hnxbk,1,MATCH(0,税前累计折现净收益.融资后年度现金流量资本算沄智库.hnxbk,1)))/ABS(INDEX(税前折现净收益.融资后年度现金流量资本算法智库.hnxbk,1,MATCH(0,税前累计折现净收益.融资后年度现金流量资本算法智库.hnxbk,1)+1))

&. =MATCH(0,税后累计折现净收益.融资后年度现金流量资本算法智库.hnxbk,1)+ABS(INDEX(税后累计折现净收益.融资后年度现金流量资本算法智库.hnxbk,1,MATCH(0,税后累计折现净收益.融资后年度现金流量资本算沄智库.hnxbk,1)))/ABS(INDEX(税后折现净收益.融资后年度现金流量资本算法智库.hnxbk,1,MATCH(0,税后累计折现净收益.融资后年度现金流量资本算法智库.hnxbk,1)+1))

&. =SUM(当期税后净收益.融资后年度现金流量资本算法智库.hnxbk)

第 12 章 建设项目盈利能力数智敏感编程算法

针对经营性的建设项目的开发,编制盈利能力表(或利润表)是最基本的工作,在建设项目投资决策阶段,编制盈利能力表是判断建设项目盈利能力指标的前置条件。

第 1 节 融资前项目的盈利能力分析

1.1 融资前土地增值税清算

如表 12-1 所示。

实例演示 表 12-1

5	利息可分摊且有金融证明的情形	1.25	
6	利息不可分摊且无金融证明的情形	1.30	
7	清算对象类别	新房	
J	E11:E47	F11:F47	G11:G47
D	E	F	G
47	应税科目	其他类型房地产	元/总建筑面积
11	转让房地产收入总额.除税	632185.54 万元	21401.08 元/m²
12	货币收入	632185.54 万元	21401.08 元/m²
13	实物收入及其他收入	0	0
14	视同销售收入	0	0
15	扣除项目金额合计	278963.96 万元	9443.64 元/m²
16	取得土地使用权所支付的金额	25718.13 万元	870.62 元/m²
17	房地产开发成本	151495.84 万元	5128.52 元/m²
18	土地征用及拆迁补偿费	34424.70 万元	1165.36 元/m²
19	前期工程费	7105.25 万元	240.53 元/m²
20	建筑安装工程费	69775.74 万元	2362.09 元/m²
21	基础设施费	2184.07 万元	73.94 元/m²
22	公共配套设施费	20662.78 万元	699.49 元/m²
23	建设单位购置费	13634.38 万元	461.56 元/m²
24	开发间接费用	3708.92 万元	125.56 元/m²
25	房地产开发费用	81129.76 万元	2746.45 元/m²
26	利息支出	52135.00 万元	1764.90 元/m²
27	其他房地产开发费用	28994.76 万元	981.55 元/m²
28	与转让房地产有关的税金等	5311.50 万元	179.81 元/m²

续表

29	营业税	0	0
30	城市维护建设税	3098.38 万元	104.89 元/m²
31	教育费附加	2213.13 万元	74.92 元/m²
32	财政部规定的其他扣除项目	0	0
33	代收费用	0	0
34	增值额	353221.57 万元	11957.44 元/m²
35	增值率	1.27 万元	0.04 元/m²
36	适用税率.%	0	0
37	速算扣除系数.%	0	0
38	应缴土地增值税税额	134766.19 万元	4562.18 元/m²
39	减免税额	0	0
40	减免性质代码(1)	0	0
41	减免税额(1)	0	0
42	减免性质代码(2)	0	0
43	减免税额(2)	0	0
44	减免性质代码(3)	0	0
45	减免税额(3)	0	0
46	已缴土地增值税税额	31609.28 万元	1070.05 元/m²
47	应补或退土地增值税税额	103156.91 万元	3492.12 元/m²

E5:E47 列区间
- & 利息可分摊且有金融证明的情形
- & 利息不可分摊且无金融证明的情形
- & 清算对象类别
- & =CONCATENATE(E9,$D$11,":",E9,$D$10)
- & =SUBSTITUTE(ADDRESS(1,COLUMN(),4),1,)
- & 应税科目

F5:F47 列区间
- & 1.25(数值型变量,按需录入)
- & 1.3(数值型变量,按需录入)
- & 新房(文本型,根据新房、二手房等类别填入)
- & =CONCATENATE(F9,$D$11,":",F9,$D$10)
- & =SUBSTITUTE(ADDRESS(1,COLUMN(),4),1,)
- & 其他类型房地产(文本型,根据新房、二手房等类别填入)
- & =SUM(F12:F14)
- & =SUM(含税销售总收入.交易期销售收入算法智库.车位.jysrk)/(1+增值税税率.物业售或租.项目经营基本数据智库.xjjsk)
- & 0(数值型变量,按需录入)
- & 0(数值型变量,按需录入)
- & =SUM(取得土地使用权所支付的金额.融资前项目月度利润算法智库.qyjlk,房地产开发成本.融资前项目月度利润算法智库.qyjlk)*1.25+SUM(利息支出.融资前项目月度利润算法智库.qyjlk,与转让房地产有关的税金等.融资前项目月度利润算法智库.qyjlk)＋财政部规定的其他扣除项目.融资前项目月度利润算法智库.qyjlk

&. =SUM(土地使用权取得费.土地开发费数据智库.tkfsk)*比例.销售产权面积 xcmj

&. =SUM(F18:F24)

&. =SUM(生地变熟地费用.土地开发费数据智库.tkfsk)*比例.销售产权面积 xcmj

&. =SUM(前期工程费.含税含直采的造价.支出.前期工程费算法智库.jsfwk)*比例.销售产权面积 xcmj

&. =SUM(建筑安装工程费.含税但不含直采的造价.支出.建安工程费算法智库.jqgfk)*比例.销售产权面积 xcmj

&. =SUM(基础设施费.不含税且不含直采的造价.支出.建安工程费算法智库.jqgfk)*比例.销售产权面积 xcmj

&. =SUM(公共配套设施费.不含税且不含直采的造价.支出.建安工程费算法智库.jqgfk)*比例.销售产权面积 xcmj

&. =SUM(建设单位购置费.支出.建设单位购置费算法智库.jsgzk)*比例.销售产权面积 xcmj

&. =SUM(开发间接费分摊费.开发销售期成本分摊算法智库.kfcfk)

&. =SUM(F26:F27)

&. 0(数值型变量,按需录入)

&. =SUM(其他费用分摊费.开发销售期成本分摊算法智库.kfcfk)

&. =SUM(F29:F31)

&. 0(数值型变量,按需录入)

&. =SUM(城市维护建设税.开发销售期税费算法智库.kfsfk)

&. =SUM(教育附加税.开发销售期税费算法智库.kfsfk,地方教育附加税.开发销售期税费算法智库.kfsfk)

&. 0(数值型变量,按需录入)

&. 0(数值型变量,按需录入)

&. =F11－F15

&. =IFERROR(F34/F15,0)

&. =空值

&. =空值

&. =IF(增值率.融资前项目月度利润算法智库.qyjlk<=0,0,IF(增值率.融资前项目月度利润算法智库.qyjlk<=50％,增值额.融资前项目月度利润算法智库.qyjlk*30％－扣除项目金额合计.融资前项目月度利润算法智库.qyjlk*0％,IF(增值率.融资前项目月度利润算法智库.qyjlk<=100％,增值额.融资前项目月度利润算法智库.qyjlk*40％－扣除项目金额合计.融资前项目月度利润算法智库.qyjlk*5％,IF(增值率.融资前项目月度利润算法智库.qyjlk<=200％,增值额.融资前项目月度利润算法智库.qyjlk*50％－扣除项目金额合计.融资前项目月度利润算法智库.qyjlk*15％,增值额.融资前项目月度利润算法智库.qyjlk*60％－扣除项目金额合计.融资前项目月度利润算法智库.qyjlk*35％))))

&. =SUM(F40:F45)

&.＝空值

&.＝空值

&.＝空值

&.＝空值

&.＝空值

&.＝空值

&.＝SUM(土地增值税预征.开发销售期.融资前月度现金流量投资算法智库.qsjtk 融资前月度现金流量投资算法智库.qsjtk.qsjtk)

&.＝F38－F46

G8:G47 列区间

&.＝CONCATENATE(G9,＄D＄11,":",G9,＄D＄10)

&.＝SUBSTITUTE(ADDRESS(1,COLUMN(),4),1,)

&.元/总建筑面积

&.＝IFERROR(F11/总建筑面积.规划设计数据智库.gssjk*10000,0)

注解：其他区间的相同逻辑关系的单元格内的公式可按上述演示进行相同指令的操作（后文仅列出部分区间的演示，其他区间的设置可参照此注解）。

1.2　融资前盈利能力月度报表

建设项目的盈利能力表根据时间坐标的刻度可划分月度、季度、半年度、年度等，其中月度是常用的基本度量单位。实例演示如表 12-2 所示。

实例演示　　　　　　表 12-2

		25	WK	
F	J25:WK64	64	I	O
	J19:WK19	19	总月度序号	6
	J20:WK20	20	土地总月度序号	2
	J21:WK21	21	开始日期	2025 年 6 月 1 日
	J22:WK22	22	完成日期	2025 年 6 月 30 日
	J23:WK23	23	年度坐标	2025
	J24:WK24	24	年度序号	1
1942076.62 万元	J25:WK25	25	总收入	0
1939456.84 万元	J26:WK26	26	经营收入	0
701725.94 万元	J27:WK27	27	含税销售收入	0
1237730.89 万元	J28:WK28	28	租赁含税收入	0
2619.79 万元	J29:WK29	29	回收固定资产余值	0
0	J30:WK30	30	不动产转售净收入	0
0	J31:WK31	31	其他收入	0
1145522.60 万元	J32:WK32	32	税前总成本	26805.38 万元
474265.73 万元	J33:WK33	33	税前总成本.房开销售期	26805.38 万元
237716.64 万元	J34:WK34	34	经营费用.开发销售期	26805.38 万元
49574.02 万元	J35:WK35	35	增值税及附加.开发销售期	0

续表

73.88 万元	J36:WK36	36	土地使用税.开发销售期	0
31609.28 万元	J37:WK37	37	土地增值税预征.开发销售期	0
103156.91 万元	J38:WK38	38	土地增值税清算.开发销售期	0
52135.00 万元	J39:WK39	39	利息支出.开发销售期	0
671256.87 万元	J40:WK40	40	税前总成本.租赁运营期	0
457960.43 万元	J41:WK41	41	经营费用.租赁运营期	0
16530.32 万元	J42:WK42	42	增值税及附加.租赁运营期	0
133808.75 万元	J43:WK43	43	房产税.租赁运营期	0
82.47 万元	J44:WK44	44	土地使用税.租赁运营期	0
0	J45:WK45	45	利息支出.租赁运营期	0
62874.90 万元	J46:WK46	46	折旧.租赁运营期	0
0	J47:WK47	47	摊销.租赁运营期	0
796554.02 万元	J48:WK48	48	利润总额	−26805.38 万元
264165.87 万元	J49:WK49	49	企业所得税	0
18055.08 万元	J50:WK50	50	纳税调整后所得	−26805.38 万元
0	J51:WK51	51	所得亏损五年结转	0
796554.02 万元	J52:WK52	52	应纳税的所得	−26805.38 万元
532388.16 万元	J53:WK53	53	净利润	−26805.38 万元
796554.02 万元	J54:WK54	54	账户余额.利润总额	−35253.10 万元
532388.16 万元	J55:WK55	55	账户余额.净利润	−35253.10 万元
538722.31 万元	J56:WK56	56	折旧.还款期限间	0
0	J57:WK57	57	摊销.还款期限间	0
503714.20 万元	J58:WK58	58	息税前利润总额.还款期限间	0
124312.99 万元	J59:WK59	59	企业所得税.还款期限间	0
8035.58 万元	J60:WK60	60	折旧.还款期限内	0
0	J61:WK61	61	摊销.还款期限内	0
387436.78 万元	J62:WK62	62	可用于还本付息的资金.还款期限间	0
503714.20 万元	J63:WK63	63	息税前利润.还款期限间	0
81906.29 万元	J64:WK64	64	净利润.租赁运营期	0

F25:F64 列区间

&. =SUM(J25:WK25)

&. =SUM(J26:WK26)

...

&. =SUM(J58:WK58)

I18:I64 列区间

&. =SUBSTITUTE(ADDRESS(1,COLUMN(),4),1,)

&. =OFFSET(.时间竖坐标算法智库.sszsk!＄C＄10,COLUMN(A9)−1,)

&. =OFFSET(.时间竖坐标算法智库.sszsk!＄D＄10,COLUMN(A9)−1,)

&. =OFFSET(.时间竖坐标算法智库.sszsk!＄I＄10,COLUMN(A9)−1,)

&. =OFFSET(.时间竖坐标算法智库.sszsk!＄J＄10,COLUMN(A9)－1,)

&. =OFFSET(.时间竖坐标算法智库.sszsk!＄G＄10,COLUMN(A9)－1,)

&. =OFFSET(.时间竖坐标算法智库.sszsk!＄H＄10,COLUMN(A9)－1,)

O18:O64 列区间

&. =SUBSTITUTE(ADDRESS(1,COLUMN(),4),1,)

&. =OFFSET(.时间竖坐标算法智库.sszsk!＄C＄10,COLUMN(C9)－1,)

&. =OFFSET(.时间竖坐标算法智库.sszsk!＄D＄10,COLUMN(C9)－1,)

&. =OFFSET(.时间竖坐标算法智库.sszsk!＄I＄10,COLUMN(C9)－1,)

&. =OFFSET(.时间竖坐标算法智库.sszsk!＄J＄10,COLUMN(C9)－1,)

&. =OFFSET(.时间竖坐标算法智库.sszsk!＄G＄10,COLUMN(C9)－1,)

&. =OFFSET(.时间竖坐标算法智库.sszsk!＄H＄10,COLUMN(C9)－1,)

&. =SUM(K29:K31,K26)

&. =SUM(K27:K28)

&. =含税销售总收入.交易期销售收入算法智库.车位.jysrk

&. =租赁含税收入.合计.交易期租金收入算法智库.车位.jyzrk

&. =IF(残值回收期.月度时间横坐标算法智库.yshzk="A",残值.融资前固定资产.租赁期.基准期成本分摊算法智库.jcftk,0)

&. 0(数值型变量,可按需录入)

&. 0(数值型变量,可按需录入)

&. =SUM(K33,K40)

&. =SUM(K34:K39)

&. =经营费用.开发销售期成本分摊算法智库.kfcfk

&. =增值税及附加.开发销售期税费算法智库.kfsfk

&. =IF(开发销售期.月度时间横坐标算法智库.yshzk="A",规划净月地.平方米.规划设计数据智库.gssjk*土地使用税.元.月.平方米.项目经营基本数据智库.xjjsk/10000,0)

&. =K27/(1+增值税税率.物业售或租.项目经营基本数据智库.xjjsk)*预征率.土地增值税税率.项目经营基本数据智库.xjjsk

&. =IF(土地增值税清算期.月度时间横坐标算法智库.yshzk="A",应补或退土地增值税税额.融资前项目月度利润算法智库.qyjlk,0)

&. 0(数值型变量,可按需录入)

&. =SUM(K41:K47)

&. =经营费用.租赁运营期.开发销售期成本分摊算法智库.kfcfk

&. =增值税及附加.租赁运营期.开发销售期税费算法智库.kfsfk

&. =K28/(1+增值税税率.物业售或租.项目经营基本数据智库.xjjsk)*房产税率.项目经营基本数据智库.xjjsk

&. =IF(商管经营期.月度时间横坐标算法智库.yshzk="A",规划净用地.平方米.规划设计数据智库.gssjk*比例.可租赁产权建面 xcmj*土地使用税.元.月.平方米.项目经营基本数据智库.xjjsk/10000,0)

&. 0(数值型变量,可按需录入)

&. =IF(资产折旧期.月度时间横坐标算法智库.yshzk="A",月折旧额.融资前固定资产.

租赁期.基准期成本分摊算法智库.jcftk,0)
&. 0(数值型变量,可按需录入)
&. =K25-K32
&. =IF(K52>0,K52*企业所得税率.项目经营基本数据智库.xjjsk,0)
&. =K48
&. 0(数值型变量,可按需录入)
&. =SUM(K50:K51)
&. =K48-K49
&. =SUM($J$48:K48)
&. =SUM($J$53:K53)
&. =IF(还款期限.均摊法融资时间数码算法智库.rzsjk="A",K53+K46+K47+K39,0)
&. =IF(还款期限.均摊法融资时间数码算法智库.rzsjk="A",K48+K39,0)
&. =IF(收入租金期.月度时间横坐标算法智库.yshzk="A",K53,0)

1.3 融资前盈利能力年度报表

如表12-3所示。

实例演示　　　　　　　　　　　　　表12-3

H	23 L23:BI55	BI 55	K	Q
	L21:BI21	21	年度坐标	2030
	L22:BI22	22	年度序号	6
1942076.62 万元	L23:BI23	23	总收入	81452.94 万元
1939456.84 万元	L24:BI24	24	经营收入	81452.94 万元
701725.94 万元	L25:BI25	25	含税销售收入	65841.77 万元
1237730.89 万元	L26:BI26	26	租赁含税收入	15611.16 万元
2619.79 万元	L27:BI27	27	回收固定资产余值	0
0	L28:BI28	28	不动产转售净收入	0
0	L29:BI29	29	其他收入	0
1145522.60 万元	L30:BI30	30	税前总成本	32481.62 万元
474265.73 万元	L31:BI31	31	税前总成本.房开销售期	23148.65 万元
237716.64 万元	L32:BI32	32	经营费用.开发销售期	7658.18 万元
49574.02 万元	L33:BI33	33	增值税及附加.开发销售期	5016.32 万元
73.88 万元	L34:BI34	34	土地使用税.开发销售期	9.43 万元
31609.28 万元	L35:BI35	35	土地增值税预征.开发销售期	2965.85 万元
103156.91 万元	L36:BI36	36	土地增值税清算.开发销售期	0
52135.00 万元	L37:BI37	37	利息支出.开发销售期	7498.87 万元
671256.87 万元	L38:BI38	38	税前总成本.租赁运营期	9332.97 万元
457960.43 万元	L39:BI39	39	经营费用.租赁运营期	5776.13 万元
16530.32 万元	L40:BI40	40	增值税及附加.租赁运营期	175.22 万元

续表

133808.75 万元	L41:BI41	41	房产税.租赁运营期	1687.69 万元
82.47 万元	L42:BI42	42	土地使用税.租赁运营期	2.22 万元
0	L43:BI43	43	利息支出.租赁运营期	0
62874.90 万元	L44:BI44	44	折旧.租赁运营期	1691.70 万元
0	L45:BI45	45	摊销.租赁运营期	0
796554.02 万元	L46:BI46	46	利润总额	48971.32 万元
225800.34 万元	L47:BI47	47	企业所得税	12242.83 万元
796554.02 万元	L48:BI48	48	纳税调整后所得	48971.32 万元
293976.78 万元	L49:BI49	49	所得亏损五年结转	0
741046.96 万元	L50:BI50	50	应纳税的所得	48971.32 万元
570753.68 万元	L51:BI51	51	净利润	36728.49 万元
796554.02 万元	L52:BI52	52	账户余额.利润总额	284291.24 万元
570753.68 万元	L53:BI53	53	账户余额.净利润	205646.13 万元
462962.84 万元	L54:BI54	54	息税前利润总额.还款期限间	0
92592.57 万元	L55:BI55	55	企业所得税.还款期限间	0

H23:H55 列区间

&.=SUM(L23:BI23)

&.=SUM(L24:BI24)

...

&.=MAX(L52:BI52)

&.=MAX(L53:BI53)

K20:K55 列区间

&.=SUBSTITUTE(ADDRESS(1,COLUMN(),4),1,)

&.年度坐标

&.年度序号

Q20:Q55 列区间

&.=SUBSTITUTE(ADDRESS(1,COLUMN(),4),1,)

&.=原始年份.时间竖坐标算法智库.sszsk

&.1(数值型变量,按需录入)

&.=SUM(L27:L29,L24)

&.=SUM(L25:L26)

&.=SUMIF(年度序号.月度时间横坐标算法智库.yshzk,年度序号.ndxhf,含税销售收入.融资前月度现金流量投资算法智库.qsjtk 融资前月度现金流量投资算法智库.qsjtk.qsjtk)

&.=SUMIF(年度序号.月度时间横坐标算法智库.yshzk,年度序号.ndxhf,租赁含税收入.融资前月度现金流量投资算法智库.qsjtk 融资前月度现金流量投资算法智库.qsjtk.qsjtk)

&.=SUMIF(年度序号.月度时间横坐标算法智库.yshzk,年度序号.ndxhf,回收固定资产余值.融资前月度现金流量投资算法智库.qsjtk 融资前月度现金流量投资算法智库.

& =SUMIF(年度序号.月度时间横坐标算法智库.yshzk,年度序号.ndxhf,不动产转售净收入.融资前月度现金流量投资算法智库.qsjtk 融资前月度现金流量投资算法智库.qsjtk.qsjtk)

& =SUMIF(年度序号.月度时间横坐标算法智库.yshzk,年度序号.ndxhf,其他收入.融资前月度现金流量投资算法智库.qsjtk 融资前月度现金流量投资算法智库.qsjtk.qsjtk)

& =SUM(L31,L38)

& =SUM(L32:L37)

& =SUMIF(年度序号.月度时间横坐标算法智库.yshzk,年度序号.ndxhf,经营费用.开发销售期.融资前月度现金流量投资算法智库.qsjtk 融资前月度现金流量投资算法智库.qsjtk.qsjtk)

& =SUMIF(年度序号.月度时间横坐标算法智库.yshzk,年度序号.ndxhf,增值税及附加.开发销售期.融资前月度现金流量投资算法智库.qsjtk 融资前月度现金流量投资算法智库.qsjtk.qsjtk)

& =SUMIF(年度序号.月度时间横坐标算法智库.yshzk,年度序号.ndxhf,土地使用税.开发销售期.融资前月度现金流量投资算法智库.qsjtk 融资前月度现金流量投资算法智库.qsjtk.qsjtk)

& =SUMIF(年度序号.月度时间横坐标算法智库.yshzk,年度序号.ndxhf,土地增值税预征.开发销售期.融资前月度现金流量投资算法智库.qsjtk 融资前月度现金流量投资算法智库.qsjtk.qsjtk)

& =SUMIF(年度序号.月度时间横坐标算法智库.yshzk,年度序号.ndxhf,土地增值税清算.开发销售期.融资前月度现金流量投资算法智库.qsjtk 融资前月度现金流量投资算法智库.qsjtk.qsjtk)

& =SUMIF(年度序号.月度时间横坐标算法智库.yshzk,年度序号.ndxhf,利息支出.开发销售期.融资前月度现金流量投资算法智库.qsjtk 融资前月度现金流量投资算法智库.qsjtk.qsjtk)

& =SUM(L39:L45)

& =SUMIF(年度序号.月度时间横坐标算法智库.yshzk,年度序号.ndxhf,经营费用.租赁运营期.融资前月度现金流量投资算法智库.qsjtk 融资前月度现金流量投资算法智库.qsjtk.qsjtk)

& =SUMIF(年度序号.月度时间横坐标算法智库.yshzk,年度序号.ndxhf,增值税及附加.租赁运营期.融资前月度现金流量投资算法智库.qsjtk 融资前月度现金流量投资算法智库.qsjtk.qsjtk)

& =SUMIF(年度序号.月度时间横坐标算法智库.yshzk,年度序号.ndxhf,房产税.租赁运营期.融资前月度现金流量投资算法智库.qsjtk 融资前月度现金流量投资算法智库.qsjtk.qsjtk)

& =SUMIF(年度序号.月度时间横坐标算法智库.yshzk,年度序号.ndxhf,土地使用税.租赁运营期.融资前月度现金流量投资算法智库.qsjtk 融资前月度现金流量投资算法智库.qsjtk.qsjtk)

& =SUMIF(年度序号.月度时间横坐标算法智库.yshzk,年度序号.ndxhf,利息支出.租赁

运营期.融资前月度现金流量投资算法智库.qsjtk 融资前月度现金流量投资算法智库.qsjtk.qsjtk)

& =SUMIF(年度序号.月度时间横坐标算法智库.yshzk,年度序号.ndxhf,折旧.租赁运营期.融资前月度现金流量投资算法智库.qsjtk 融资前月度现金流量投资算法智库.qsjtk.qsjtk)

& =SUMIF(年度序号.月度时间横坐标算法智库.yshzk,年度序号.ncxhf,摊销.租赁运营期.融资前月度现金流量投资算法智库.qsjtk 融资前月度现金流量投资算法智库.qsjtk.qsjtk)

& =L23−L30

& =IF(L50>0,L50*企业所得税率.项目经营基本数据智库.xjjsk,0)

& =L46

& =OFFSET(所得税结转.融资前所得税结转利润算法智库.qdlrk!\$R\$4,COLUMN(A2)−1,)

& =IF(L48>0,L48−K49,0)

& =L46−L47

& =SUM(\$L46:L\$46)

& =SUM(\$L\$51:L51)

第2节 融资后项目的盈利能力分析

2.1 融资后土地增值税清算

建设项目在投资决策分析过程中,往往以所得税为节点对税前指标与税后指标进行分析,同样,土地增值税清算也可分为在所得税前与所得税后进行,如表12-4所示。

实例演示 表12-4

5	利息可分摊且有金融证明的情形	1.25	
6	利息不可分摊且无金融证明的情形	1.30	
7	清算对象类别	新房	
J	E11:E47	F11:F47	G11:G47
D	E	F	G
47	应税科目	其他类型房地产	元/总建筑面积
11	转让房地产收入总额.除税	632185.54 万元	21401.08 元/m²
12	货币收入	632185.54 万元	21401.08 元/m²
13	实物收入及其他收入	0	0
14	视同销售收入	0	0
15	扣除项目金额合计	278963.96 万元	9443.64 元/m²
16	取得土地使用权所支付的金额	25718.13 万元	870.62 元/m²
17	房地产开发成本	151495.84 万元	5128.52 元/m²
18	土地征用及拆迁补偿费	34424.70 万元	1165.36 元/m²

续表

19		前期工程费	7105.25 万元	240.53 元/m²
20		建筑安装工程费	69775.74 万元	2362.09 元/m²
21		基础设施费	2184.07 万元	73.94 元/m²
22		公共配套设施费	20662.78 万元	699.49 元/m²
23		建设单位购置费	13634.38 万元	461.56 元/m²
24		开发间接费用	3708.92 万元	125.56 元/m²
25		房地产开发费用	81129.76 万元	2746.45 元/m²
26		利息支出	52135.00 万元	1764.90 元/m²
27		其他房地产开发费用	28994.76 万元	981.55 元/m²
28		与转让房地产有关的税金等	5311.50 万元	179.81 元/m²
29		营业税	0	0
30		城市维护建设税	3098.38 万元	104.89 元/m²
31		教育费附加	2213.13 万元	74.92 元/m²
32		财政部规定的其他扣除项目	0	0
33		代收费用	0	0
34		增值额	353221.57 万元	11957.44 元/m²
35		增值率	1.27 万元	0.04 元/m²
36		适用税率.%	=空值	0
37		速算扣除系数.%	=空值	0
38		应缴土地增值税税额	134766.19 万元	4562.18 元/m²
39		减免税额	0	0
40		减免性质代码(1)	=空值	0
41		减免税额(1)	=空值	0
42		减免性质代码(2)	=空值	0
43		减免税额(2)	=空值	0
44		减免性质代码(3)	=空值	0
45		减免税额(3)	=空值	0
46		已缴土地增值税税额	31609.28 万元	1070.05 元/m²
47		应补或退土地增值税税额	103156.91 万元	3492.12 元/m²

E5:E47 列区间

&. 利息可分摊且有金融证明的情形

&. 利息不可分摊且无金融证明的情形

&. 清算对象类别

&. =CONCATENATE(E9,$D$11,":",E9,$D$10)

&. =SUBSTITUTE(ADDRESS(1,COLUMN(),4),1,)

&. 应税科目

F5:F47 列区间

&. 1.25(数值型变量,按需录入)

&. 1.30(数值型变量,按需录入)

&. 新房(由于税收政策不同,按新房、二手房类别填入)

& =CONCATENATE(F9,＄D＄11,":",F9,＄D＄10)
& =SUBSTITUTE(ADDRESS(1,COLUMN(),4),1,)
& 其他类型房地产
& =SUM(F12:F14)
& =SUM(含税销售总收入.交易期销售收入算法智库.车位.jysrk)/(1＋增值税税率.物业售或租.项目经营基本数据智库.xjjsk)
& 0(数值型变量,按需录入)
& 0(数值型变量,按需录入)
& =SUM(取得土地使用权所支付的金额.融资后土地增值税清算项目算法智库.hsjbk,房地产开发成本.融资后土地增值税清算项目算法智库.hsjbk)*1.25＋SUM(利息支出.融资后土地增值税清算项目算法智库.hsjbk,与转让房地产有关的税金等.融资后土地增值税清算项目算法智库.hsjbk)＋财政部规定的其他扣除项目.融资后土地增值税清算项目算法智库.hsjbk
& =SUM(土地使用权取得费.土地开发费数据智库.tkfsk)*比例.销售产权面积 xcmj
& =SUM(F18:F24)
& =SUM(生地变熟地一级开发费.土地开发费数据智库.tkfsk)*比例.销售产权面积 xcmj
& =SUM(前期工程费.含税含直采的造价.支出.前期工程费算法智库.jsfwk)*比例.销售产权面积 xcmj
& =SUM(建筑安装工程费.含税但不含直采的造价.支出.建安工程费算法智库.jqgfk)*比例.销售产权面积 xcmj
& =SUM(基础设施费.不含税且不含直采的造价.支出.建安工程费算法智库.jqgfk)*比例.销售产权面积 xcmj
& =SUM(公共配套设施费.不含税且不含直采的造价.支出.建安工程费算法智库.jqgfk)*比例.销售产权面积 xcmj
& =SUM(建设单位购置费.支出.建设单位购置费算法智库.jsgzk)*比例.销售产权面积 xcmj
& =SUM(开发间接费分摊费.开发销售期成本分摊算法智库.kfcfk)
& =SUM(F26:F27)
& =SUM(借款利息偿还.等额本金资金平衡算法智库.dbjpk)
& =SUM(其他费用分摊费.开发销售期成本分摊算法智库.kfcfk)
& =SUM(F29:F31)
& 0(数值型变量,按需录入)
& =SUM(城市维护建设税.开发销售期税费算法智库.kfsfk)
& =SUM(教育附加税.开发销售期税费算法智库.kfsfk,地方教育附加税.开发销售期税费算法智库.kfsfk)
& 0(数值型变量,按需录入)
& 0(数值型变量,按需录入)
& =F11－F15
& =IFERROR(F34/F15,0)
& =空值

- & =空值
- & =IF(增值率.融资后土地增值税清算项目算法智库.hsjbk≤0,0,IF(增值率.融资后土地增值税清算项目算法智库.hsjbk≤50%,增值额.融资后土地增值税清算项目算法智库.hsjbk*30%－扣除项目金额合计.融资后土地增值税清算项目算法智库.hsjbk*0%,IF(增值率.融资后土地增值税清算项目算法智库.hsjbk≤100%,增值额.融资后土地增值税清算项目算法智库.hsjbk*40%－扣除项目金额合计.融资后土地增值税清算项目算法智库.hsjbk*5%,IF(增值率.融资后土地增值税清算项目算法智库.hsjbk≤200%,增值额.融资后土地增值税清算项目算法智库.hsjbk*50%－扣除项目金额合计.融资后土地增值税清算项目算法智库.hsjbk*15%,增值额.融资后土地增值税清算项目算法智库.hsjbk*60%－扣除项目金额合计.融资后土地增值税清算项目算法智库.hsjbk*35%))))
- & =SUM(F40:F45)
- & =空值
- & =空值
- & =空值
- & =空值
- & =空值
- & =空值
- & =SUM(土地增值税预征.开发销售期.融资后.等额本金.资金平衡算法智库.dbjpk)
- & =F38－F46

G8:G47 列区间

- & =CONCATENATE(G9,$D$11,":",G9,$D$10)
- & =SUBSTITUTE(ADDRESS(1,COLUMN(),4),1,)
- & 元/总建筑面积
- & =IFERROR(F11/总建筑面积.规划设计数据智库.gssjk*10000,0)

  ...

- & =IFERROR(F47/总建筑面积.规划设计数据智库.gssjk*10000,0)

2.2 融资前盈利能力月度报表

如表 12-5 所示。

实例演示　　　　　　　　　　　　　表 12-5

		25	WK		
F	J25:WK64	64		I	AP
	J19:WK19	19		总月度序号	33
	J20:WK20	20		土地总月度序号	29
	J21:WK21	21		开始日期	2027年9月1日
	J22:WK22	22		完成日期	2027年9月30日
	J23:WK23	23		年度坐标	2027
	J24:WK24	24		年度序号	3
1942076.62 万元	J25:WK25	25		总收入	22503.20 万元
1939456.84 万元	J26:WK26	26		经营收入	22503.20 万元

续表

701725.94 万元	J27:WK27	27	含税销售收入	22503.20 万元
1237730.89 万元	J28:WK28	28	租赁含税收入	0
2619.79 万元	J29:WK29	29	回收固定资产余值	0
0	J30:WK30	30	不动产转售净收入	0
0	J31:WK31	31	其他收入	0
1145522.60 万元	J32:WK32	32	税前总成本	6663.89 万元
474265.73 万元	J33:WK33	33	税前总成本.房开销售期	6663.89 万元
237716.64 万元	J34:WK34	34	经营费用.开发销售期	2739.03 万元
49574.02 万元	J35:WK35	35	增值税及附加.开发销售期	1620.92 万元
73.88 万元	J36:WK36	36	土地使用税.开发销售期	0.79 万元
31609.28 万元	J37:WK37	37	土地增值税预征.开发销售期	1013.66 万元
103156.91 万元	J38:WK38	38	土地增值税清算.开发销售期	0
52135.00 万元	J39:WK39	39	利息支出.开发销售期	1289.49 万元
671256.87 万元	J40:WK40	40	税前总成本.租赁运营期	0
457960.43 万元	J41:WK41	41	经营费用.租赁运营期	0
16530.32 万元	J42:WK42	42	增值税及附加.租赁运营期	0
133808.75 万元	J43:WK43	43	房产税.租赁运营期	0
82.47 万元	J44:WK44	44	土地使用税.租赁运营期	0
0	J45:WK45	45	利息支出.租赁运营期	0
62874.90 万元	J46:WK46	46	折旧.租赁运营期	0
0	J47:WK47	47	摊销.租赁运营期	0
796554.02 万元	J48:WK48	48	利润总额	15839.31 万元
264165.87 万元	J49:WK49	49	企业所得税	3959.83 万元
18055.08 万元	J50:WK50	50	纳税调整后所得	15839.31 万元
0	J51:WK51	51	所得亏损五年结转	0
796554.02 万元	J52:WK52	52	应纳税的所得	15839.31 万元
532388.16 万元	J53:WK53	53	净利润	11879.48 万元
796554.02 万元	J54:WK54	54	账户余额.利润总额	−19250.54 万元
532388.16 万元	J55:WK55	55	账户余额.净利润	−43568.28 万元
538722.31 万元	J56:WK56	56	折旧.还款期限间	0
0	J57:WK57	57	摊销.还款期限间	0
503714.20 万元	J58:WK58	58	息税前利润总额.还款期限间	17128.80 万元
124312.99 万元	J59:WK59	59	企业所得税.还款期限间	3959.83 万元
8035.58 万元	J60:WK60	60	折旧.还款期限内	0
0	J61:WK61	61	摊销.还款期限内	0
387436.78 万元	J62:WK62	62	可用于还本付息的资金.还款期限间	13168.97 万元
503714.20 万元	J63:WK63	63	息税前利润.还款期限间	17128.80 万元
81906.29 万元	J64:WK64	64	净利润.租赁运营期	0

F25:F64 列区间
&.＝SUM(J25:WK25)
&.　　...
&.＝MAX(J50:WK50)

I18:I64 列区间
&.＝SUBSTITUTE(ADDRESS(1,COLUMN(),4),1,)
&.＝OFFSET(.时间竖坐标算法智库.sszsk!＄C＄10,COLUMN(A9)－1,)
&.＝OFFSET(.时间竖坐标算法智库.sszsk!＄D＄10,COLUMN(A9)－1,)
&.＝OFFSET(.时间竖坐标算法智库.sszsk!＄I＄10,COLUMN(A9)－1,)
&.＝OFFSET(.时间竖坐标算法智库.sszsk!＄J＄10,COLUMN(A9)－1,)
&.＝OFFSET(.时间竖坐标算法智库.sszsk!＄G＄10,COLUMN(A9)－1,)
&.＝OFFSET(.时间竖坐标算法智库.sszsk!＄H＄10,COLUMN(A9)－1,)

AP18:AP64 列区间
&.＝SUBSTITUTE(ADDRESS(1,COLUMN(),4),1,)
&.＝OFFSET(.时间竖坐标算法智库.sszsk!＄C＄10,COLUMN(C9)－1,)
&.＝OFFSET(.时间竖坐标算法智库.sszsk!＄D＄10,COLUMN(C9)－1,)
&.＝OFFSET(.时间竖坐标算法智库.sszsk!＄I＄10,COLUMN(C9)－1,)
&.＝OFFSET(.时间竖坐标算法智库.sszsk!＄J＄10,COLUMN(C9)－1,)
&.＝OFFSET(.时间竖坐标算法智库.sszsk!＄G＄10,COLUMN(C9)－1,)
&.＝OFFSET(.时间竖坐标算法智库.sszsk!＄H＄10,COLUMN(C9)－1,)
&.＝SUM(K29:K31,K26)
&.＝SUM(K27:K28)
&.＝含税销售总收入.交易期销售收入算法智库.车位.jysrk
&.＝租赁含税收入.合计.交易期租金收入算法智库.车位.jyzrk
&.＝IF(残值回收期.月度时间横坐标算法智库.yshzk＝"A",残值.融资后固定资产.均摊法.租赁期.基准期成本分摊算法智库.jcftk,0)
&.0(数值型变量,可按需录入)
&.0(数值型变量,可按需录入)
&.＝SUM(K33,K40)
&.＝SUM(K34:K39)
&.＝经营费用.开发销售期成本分摊算法智库.kfcfk
&.＝增值税及附加.开发销售期税费算法智库.kfsfk
&.＝IF(开发销售期.月度时间横坐标算法智库.yshzk＝"A",规划净用地.平方米.规划设计数据智库.gssjk*土地使用税.元.月.平方米.项目经营基本数据智库.xjjsk/10000,0)
&.＝K27/(1＋增值税税率.物业售或租.项目经营基本数据智库.xjjsk)*预征率.土地增值税税率.项目经营基本数据智库.xjjsk
&.＝IF(土地增值税清算期.月度时间横坐标算法智库.yshzk＝"A",应补或退土地增值税税额.融资后土地增值税清算项目算法智库.hsjbk,0)
&.＝借款利息偿还.等额本金资金平衡算法智库.dbjpk
&.＝SUM(K41:K47)

- &=经营费用.租赁运营期.开发销售期成本分摊算法智库.kfcfk
- &=增值税及附加.租赁运营期.开发销售期税费算法智库.kfsfk
- &=K28/(1+增值税税率.物业售或租.项目经营基本数据智库.xjjsk)*房产税率.项目经营基本数据智库.xjjsk
- &=IF(商管经营期.月度时间横坐标算法智库.yshzk="A",规划净用地.平方米.规划设计数据智库.gssjk*比例.可租赁产权建面xcmj*土地使用税.元.月.平方米.项目经营基本数据智库.xjjsk/10000,0)
- &0(数值型变量,可按需录入)
- &=IF(资产折旧期.月度时间横坐标算法智库.yshzk="A",月折旧额.融资后固定资产.租赁期.基准期成本分摊算法智库.jcftk.均摊法,0)
- &0(数值型变量,可按需录入)
- &=K25－K32
- &=IF(K52>0,K52*企业所得税率.项目经营基本数据智库.xjjsk,0)
- &=K48
- &0(数值型变量,可按需录入)
- &=SUM(K50:K51)
- &=K48－K49
- &=SUM($J$48:K48)
- &=SUM($J$53:K53)
- &=IF(收入租金期.月度时间横坐标算法智库.yshzk="A",K53,0)
- &=IF(还款期限.均摊法融资时间数码算法智库.rzsjk="A",K45+K38,0)
- &=IF(还款期限.均摊法融资时间数码算法智库.rzsjk="A",K53+K49+K39,0)
- &=IF(还款期限.均摊法融资时间数码算法智库.rzsjk="A",K49,0)
- &=IF(还款期限.均摊法融资时间数码算法智库.rzsjk="A",K46,0)
- &=IF(还款期限.均摊法融资时间数码算法智库.rzsjk="A",K47,0)
- &=IF(还款期限.均摊法融资时间数码算法智库.rzsjk="A",K53+K46+K47+K39,0)
- &=IF(还款期限.均摊法融资时间数码算法智库.rzsjk="A",K48+K39,0)
- &=IF(收入租金期.月度时间横坐标算法智库.yshzk="A",K59,0)

2.3 融资后盈利能力年度报表

如表 12-6 所示。

实例演示　　　　　　　　　　　　　表 12-6

H		23	BI		K		S
	L23:BI55		55				
	L21:BI21		21		年度坐标		2032
	L22:BI22		22		年度序号		8
1942076.62 万元	L23:BI23		23		总收入		19112.08 万元
1939456.84 万元	L24:BI24		24		经营收入		19112.08 万元
701725.94 万元	L25:BI25		25		含税销售收入		0
1237730.89 万元	L26:BI26		26		租赁含税收入		19112.08 万元

续表

2619.79 万元	L27:BI27	27	回收固定资产余值	0
0	L28:BI28	28	不动产转售净收入	0
0	L29:BI29	29	其他收入	0
1145522.60 万元	L30:BI30	30	税前总成本	20979.57 万元
474265.73 万元	L31:BI31	31	税前总成本.房开销售期	9919.44 万元
237716.64 万元	L32:BI32	32	经营费用.开发销售期	8124.57 万元
49574.02 万元	L33:BI33	33	增值税及附加.开发销售期	0
73.88 万元	L34:BI34	34	土地使用税.开发销售期	9.43 万元
31609.28 万元	L35:BI35	35	土地增值税预征.开发销售期	0
103156.91 万元	L36:BI36	36	土地增值税清算.开发销售期	0
52135.00 万元	L37:BI37	37	利息支出.开发销售期	1785.45 万元
671256.87 万元	L38:BI38	38	税前总成本.租赁运营期	11060.12 万元
457960.43 万元	L39:BI39	39	经营费用.租赁运营期	7071.47 万元
16530.32 万元	L40:BI40	40	增值税及附加.租赁运营期	228.56 万元
133808.75 万元	L41:BI41	41	房产税.租赁运营期	2066.17 万元
82.47 万元	L42:BI42	42	土地使用税.租赁运营期	2.22 万元
0	L43:BI43	43	利息支出.租赁运营期	0
62874.90 万元	L44:BI44	44	折旧.租赁运营期	1691.70 万元
0	L45:BI45	45	摊销.租赁运营期	0
796554.02 万元	L46:BI46	46	利润总额	−1867.49 万元
225800.34 万元	L47:BI47	47	企业所得税	0
796554.02 万元	L48:BI48	48	纳税调整后所得	−1867.49 万元
293976.78 万元	L49:BI49	49	所得亏损五年结转	1867.49 万元
741046.96 万元	L50:BI50	50	应纳税的所得	0
570753.68 万元	L51:BI51	51	净利润	−1867.49 万元
796554.02 万元	L52:BI52	52	账户余额.利润总额	336905.89 万元
570753.68 万元	L53:BI53	53	账户余额.净利润	244640.24 万元
462962.84 万元	L54:BI54	54	息税前利润总额.还款期限间	0
92592.57 万元	L55:BI55	55	企业所得税.还款期限间	0

H23:H55 列区间

    & =SUM(L23:BI23)

    & =SUM(L24:BI24)

    ...

    & =SUM(L55:BI55)

K20:K55 列区间

    & =SUBSTITUTE(ADDRESS(1,COLUMN(),4),1,)

    & =原始年份.时间竖坐标算法智库.sszsk

- 1(数值型变量,可按需录入)
- =SUM(L27:L29,L24)
- =SUM(L25:L26)
- =SUMIF(年度序号.月度时间横坐标算法智库.yshzk,年度序号.ndxhf,含税销售收入.融资后.等额本金.资金平衡算法智库.dbjpk)
- =SUMIF(年度序号.月度时间横坐标算法智库.yshzk,年度序号.ndxhf,租赁含税收入.融资后.等额本金.资金平衡算法智库.dbjpk)
- =SUMIF(年度序号.月度时间横坐标算法智库.yshzk,年度序号.ndxhf,回收固定资产余值.融资后.等额本金.资金平衡算法智库.dbjpk)
- =SUMIF(年度序号.月度时间横坐标算法智库.yshzk,年度序号.ndxhf,不动产转售净收入.融资后.等额本金.资金平衡算法智库.dbjpk)
- =SUMIF(年度序号.月度时间横坐标算法智库.yshzk,年度序号.ndxhf,其他收入.融资后.等额本金.资金平衡算法智库.dbjpk)
- =SUM(L31,L38)
- =SUM(L32:L37)
- =SUMIF(年度序号.月度时间横坐标算法智库.yshzk,年度序号.ndxhf,经营费用.开发销售期.融资后.等额本金.资金平衡算法智库.dbjpk)
- =SUMIF(年度序号.月度时间横坐标算法智库.yshzk,年度序号.ndxhf,增值税及附加.开发销售期.融资后.等额本金.资金平衡算法智库.dbjpk)
- =SUMIF(年度序号.月度时间横坐标算法智库.yshzk,年度序号.ndxhf,土地使用税.开发销售期.融资后.等额本金.资金平衡算法智库.dbjpk)
- =SUMIF(年度序号.月度时间横坐标算法智库.yshzk,年度序号.ndxhf,土地增值税预征.开发销售期.融资后.等额本金.资金平衡算法智库.dbjpk)
- =SUMIF(年度序号.月度时间横坐标算法智库.yshzk,年度序号.ndxhf,土地增值税清算.开发销售期.融资后.等额本金.资金平衡算法智库.dbjpk)
- =SUMIF(年度序号.月度时间横坐标算法智库.yshzk,年度序号.ndxhf,利息支出.开发销售期.融资后.等额本金.资金平衡算法智库.dbjpk)
- =SUM(L39:L45)
- =SUMIF(年度序号.月度时间横坐标算法智库.yshzk,年度序号.ndxhf,经营费用.租赁运营期.融资后.等额本金.资金平衡算法智库.dbjpk)
- =SUMIF(年度序号.月度时间横坐标算法智库.yshzk,年度序号.ndxhf,增值税及附加.租赁运营期.融资后.等额本金.资金平衡算法智库.dbjpk)
- =SUMIF(年度序号.月度时间横坐标算法智库.yshzk,年度序号.ndxhf,房产税.租赁运营期.融资后.等额本金.资金平衡算法智库.dbjpk)
- =SUMIF(年度序号.月度时间横坐标算法智库.yshzk,年度序号.ndxhf,土地使用税.租赁运营期.融资后.等额本金.资金平衡算法智库.dbjpk)
- =SUMIF(年度序号.月度时间横坐标算法智库.yshzk,年度序号.ndxhf,利息支出.租赁运营期.融资后.等额本金.资金平衡算法智库.dbjpk)
- =SUMIF(年度序号.月度时间横坐标算法智库.yshzk,年度序号.ndxhf,折旧.租赁运营期.融资后.等额本金.资金平衡算法智库.dbjpk)

& =SUMIF(年度序号.月度时间横坐标算法智库.yshzk,年度序号.ndxhf,摊销.租赁运营期.融资后.等额本金.资金平衡算法智库.dbjpk)

& =L23－L30

& =IF(L50＞0,L50*企业所得税率.项目经营基本数据智库.xjjsk,0)

& =L46

& =OFFSET(融资后所得税结转利润算法智库.hdlrk!＄R＄4,COLUMN(A2)－1,)

& =IF(L48＞0,L48－K49,0)

& =L46－L47

& =SUM(＄L＄46:L46)

& =SUM(＄L＄51:L51)

& =IF(还款期限.均摊法融资时间数码算法智库.rzsjk="A",L46+L37+L47,0)

& =IF(还款期限.均摊法融资时间数码算法智库.rzsjk="A",L47,0)

第13章 基于建设项目投资分析的场景应用

第1节 基于土地竞拍或拿地市场的应用

1.1 土地费用与盈利能力的试算

取得土地的方式有出让、转让、划拨等，尤其是用于经营性的地块，土地市场竞争激烈，土地费用占建设项目总投资的比例越来越高，尤其是在立项阶段，"去不去拿地"是建设项目投资决策首要考虑的"纠结点"。下面以实例的方式进行演示（表13-1）。

实例演示　　　　　　　　　　　表13-1

		土地费用敏感基数	1.00			
		楼面地价	2662.43			
7	D10:D26	E10:E26	F10:F26	G10:G26	H10:H26	I10:I26
8	D	E	F	G	H	I
26	楼面地价	敏感基数	税前内部收益率	税后内部收益率	净利润率	总投资收益率
10	2662.43	1.00	51.745%	43.463%	28.419%	11.548%
11	1344.53	0.51	77.07%	62.95%	28.52%	13.88%
12	2151.24	0.81	59.43%	49.36%	28.58%	12.38%
13	2957.96	1.11	48.07%	40.57%	28.32%	11.11%
14	3764.67	1.41	40.02%	33.26%	28.07%	10.07%
15	4571.39	1.72	33.99%	27.51%	27.81%	9.20%
16	5378.10	2.02	29.33%	20.49%	27.55%	8.46%
17	6184.82	2.32	25.60%	17.47%	27.19%	7.81%
18	6991.53	2.63	22.53%	15.07%	26.69%	7.23%
19	7798.25	2.93	20.02%	13.18%	26.20%	6.72%
20	8604.96	3.23	17.93%	11.67%	25.70%	6.26%
21	9411.68	3.54	16.19%	10.44%	25.20%	5.86%
22	10218.39	3.84	14.67%	9.33%	24.58%	5.49%
23	11025.11	4.14	13.34%	8.35%	23.91%	5.15%
24	11831.82	4.44	12.20%	7.55%	23.23%	4.83%
25	12638.54	4.75	11.22%	6.84%	22.56%	4.55%
26	13445.25	5.05	10.34%	6.21%	21.87%	4.30%

D7:I7 行区间

&. 选定 D7:I7 行区域

&. =CONCATENATE(D8,$C$10,":",D8,$C$9)

D10:P10 行区间

    &. =F6

    &. =敏感基数．土地费用 mtdf

    &. =税前内部收益率．融资前月度现金流量投资算法智库．qyxtk

    &. =税后内部收益率．融资前月度现金流量投资算法智库．qyxtk

    &. =净利润率．融资前损益．项目．利润能力指标归集智库．lnzgk

    &. =总投资收益率．融资前损益．项目．利润能力指标归集智库．lnzgk

    注解：输入上述内容的目的是形成基于建设项目"敏感基数＝1.00"时的盈利能力指标的基准值。

D7:D26 列区间

    &. ＝＄F＄6＊E11

    &. ＝＄F＄6＊E12

    ……

    &. ＝＄F＄6＊E26

    注解：通过上述公式的设置，实现自动算出基于不同敏感基数下的"楼面地价"的功能。其他区间的相同逻辑关系的单元格内的公式可按上述演示进行相同指令的操作（后文仅列出部分区间的演示，其他区间的设置可参照此注解）。

E11:E26 列区间

    注解：敏感基数的区间值将根据楼面地价与建设项目投资盈利能力指标之间的敏感程度，进行反复测试后选取有典型代表意义的数值填入相应的单元格。

F11:I26 行列区间

    &. 选定 F11:I26 区域

    &. ＝{TABLE(,F5)}

    注解：同时按下 Shift＋Ctrl＋Enter 组合快捷键。通过上述数组公式实现了融资前的税前、税后内部收益率，净利润率，总投资收益率与敏感基数之间的联动算法全路径逻辑关系。

1.2 土地费用与回收期关联试算

投资回收期是建设项目投资决策分析指标中基本的指标之一，根据不同的时间因素可分为静态回收期、动态回收期；从税收节点角度划分，可分为税前投资回收期、税后投资回收期等。

土地费用是建设项目投资决策分析中敏感程度比较高的因素，下面以实例的方式进行演示（表13-2）。

实例演示　　　　　　　　　　　　　　　　表 13-2

7	D10:D26	E10:E26	J10:J26	K10:K26	L10:L26	M10:M26
8	D	E	J	K	L	M
26	楼面地价	敏感基数	税前静态回收年限	税后静态回收年限	税前动态回收年限	税后动态回收年限
10	2662.43	1.00	2.954	2.965	3.616	4.009
11	1344.53	0.51	2.690	2.748	2.761	2.825

续表

12	2151.24	0.81	2.852	2.885	2.947	2.984
13	2957.96	1.11	3.111	3.143	4.021	4.052
14	3764.67	1.41	4.040	4.053	4.162	4.216
15	4571.39	1.72	4.146	4.195	4.302	4.403
16	5378.10	2.02	4.252	4.507	4.441	4.772
17	6184.82	2.32	4.357	4.648	4.579	4.957
18	6991.53	2.63	4.460	4.787	4.716	5.518
19	7798.25	2.93	4.563	4.926	4.852	6.195
20	8604.96	3.23	4.666	5.218	4.986	6.879
21	9411.68	3.54	4.767	5.689	5.442	12.032
22	10218.39	3.84	4.868	6.149	5.931	17.247
23	11025.11	4.14	4.968	6.596	6.430	23.954
24	11831.82	4.44	5.235	7.516	6.927	32.115
25	12638.54	4.75	5.575	8.704	8.698	#REF!
26	13445.25	5.05	5.917	10.392	11.423	#REF!

G11:M26 行列区间

&. 选定 G11:M26 区域

&. ={TABLE(,F5)}

注解：同时按下 Shift+Ctrl+Enter 组合快捷键。通过上述数组公式实现了税前静态回收年限、税后静态回收年限、税前动态回收年限、税后动态回收年限与敏感基数之间的联动算法全路径逻辑关系。

1.3 土地费用与偿债能力的试算

建设项目投资额度很大，筹集资金是重要的业务内容，偿债备付率、利息备付率、资金平衡分析是融资机构评价建设项目偿债能力的常用指标，下面以实例的方式进行演示（表13-3）。

实例演示　　　　　　　　　　　　　　　表13-3

7	D10:D26	E10:E26	N10:N26	O10:O26	P10:P26
8	D	E	N	O	P
26	楼面地价	敏感基数	偿债备付率	利息备付率	资金平衡分析
10	2662.43	1.00	1.454	9.662	大于零
11	1344.53	0.51	1.484	9.892	大于零
12	2151.24	0.81	1.478	9.829	大于零
13	2957.96	1.11	1.441	9.568	大于零
14	3764.67	1.41	1.407	9.322	大于零
15	4571.39	1.72	1.375	9.090	小于零
16	5378.10	2.02	1.345	8.871	小于零
17	6184.82	2.32	1.310	8.619	小于零
18	6991.53	2.63	1.267	8.318	小于零
19	7798.25	2.93	1.228	8.040	小于零

续表

20	8604.96	3.23	1.191	7.781	小于零
21	9411.68	3.54	1.157	7.539	小于零
22	10218.39	3.84	1.119	7.271	小于零
23	11025.11	4.14	1.081	7.006	小于零
24	11831.82	4.44	1.045	6.760	小于零
25	12638.54	4.75	1.013	6.535	小于零
26	13445.25	5.05	0.973	6.261	小于零

N11:P26 行列区间

    & 选定 N11:P26 区域

    & ={TABLE(,F5)}

注解：同时按下 Shift+Ctrl+Enter 组合快捷键。通过上述数组公式实现了偿债备付率、利息备付率、资金平衡分析与敏感基数之间的联动算法全路径逻辑关系。

第 2 节　工程成本临界值场景应用

2.1　工程造价与盈利能力的联动试算

工程造价在整个建设项目投资构成中所占的比例很大，对于建设项目投资决策分析有高度的联动。下面以实例的方式进行演示（表 13-4）。

实例演示　　　　　　　　　　　　　　　　表 13-4

	工程造价敏感基数	1.00				
	工程造价指标	4545.31				
6	D10:D25	E10:E25	F10:F25	G10:G25	H10:H25	I10:I25
7	D	E	F	G	H	I
25	工程造价	敏感基数	税前内部收益率	税后内部收益率	净利润率	总投资收益率
9	4545.31	1.00	51.745%	43.463%	28.419%	11.548%
10	2499.92	0.550	65.65%	53.17%	28.23%	16.21%
11	3099.90	0.682	61.36%	50.14%	28.36%	14.52%
12	3699.88	0.814	57.26%	47.29%	28.49%	13.15%
13	4299.86	0.946	53.32%	44.55%	28.48%	11.98%
14	4899.84	1.078	49.53%	41.89%	28.33%	10.97%
15	5499.82	1.210	45.93%	38.55%	28.18%	10.11%
16	6099.80	1.342	42.52%	34.99%	28.02%	9.36%
17	6699.78	1.474	39.31%	29.21%	27.86%	8.70%
18	7299.77	1.606	36.31%	27.04%	27.70%	8.13%
19	7899.75	1.738	33.44%	25.05%	27.43%	7.60%
20	8499.73	1.870	30.74%	23.22%	27.07%	7.12%

续表

21	9099.71	2.002	28.29%	21.64%	26.73%	6.69%
22	9699.69	2.134	25.96%	20.19%	26.33%	6.30%
23	10299.67	2.266	23.82%	18.90%	26.01%	5.94%
24	10899.65	2.398	21.87%	17.74%	25.65%	5.61%
25	11499.63	2.530	20.08%	16.64%	25.27%	5.31%

D6:I6 行区间

&. 选定 D6:P6 行区域

&. =CONCATENATE(D8,$C$10,":",D8,$C$9)

注解：Ctrl+Enter 快捷键组合。

D7:I7 行区间

&. 选定 D7:P7 行区域

&. =SUBSTITUTE(ADDRESS(1,COLUMN(),4),1,)

注解：Ctrl+Enter 快捷键组合。

D9:P9 行区间

&. =F6

&. =敏感基数．土地费用 mtdf

&. =税前内部收益率．融资前月度现金流量投资算法智库．qyxtk

&. =税后内部收益率．融资前月度现金流量投资算法智库．qyxtk

&. =净利润率．融资前损益．项目利润能力指标归集智库．lnzgk

&. =总投资收益率．融资前损益．项目利润能力指标归集智库．lnzgk

注解：输入上述内容的目的是形成基于建设项目"敏感基数=1.00"时的盈利能力指标的基准值。

D9:D25 列区间

&. =E5

&. =$E$5*E10

&. ......

&. =$E$5*E25

注解：通过上述公式的设置，实现了工程造价与建设项目盈利能力指标之间的自动算法的功能。

E10:E25 列区间

注解：敏感基数的区间值将根据工程造价与建设项目投资盈利能力指标之间的敏感程度，进行反复测试后选取有典型代表意义的数值填入相应的单元格。

F10:I25 行列区间

&. 选定 F10:I25 区域

&. ={TABLE(,F5)}

注解：同时按下 Shift+Ctrl+Enter 组合快捷键。通过上述数组公式实现了工程造价、税前内部收益率、税后内部收益率、净利润率、总投资收益率与敏感基数之间的联动算法全路径逻辑关系。

2.2 工程造价与回收期的联动试算

下面以实例的方式进行演示（表13-5）。

实例演示 表13-5

	工程造价敏感基数	1.00				
	工程造价指标	4545.31				
6	D10:D25	E10:E25	J10:J25	K10:K25	L10:L25	M10:M25
7	D	E	J	K	L	M
25	工程造价	敏感基数	税前静态回收年限	税后静态回收年限	税前动态回收年限	税后动态回收年限
9	4545.31	1.00	2.954	2.965	3.616	4.009
10	2499.92	0.550	2.700	2.757	2.787	2.851
11	3099.90	0.682	2.768	2.815	2.861	2.914
12	3699.88	0.814	2.841	2.876	2.941	2.980
13	4299.86	0.946	2.920	2.939	3.230	3.683
14	4899.84	1.078	3.059	3.077	4.027	4.056
15	5499.82	1.210	4.028	4.037	4.124	4.166
16	6099.80	1.342	4.113	4.150	4.222	4.296
17	6699.78	1.474	4.197	4.247	4.319	4.399
18	7299.77	1.606	4.282	4.343	4.416	4.508
19	7899.75	1.738	4.367	4.436	4.514	4.611
20	8499.73	1.870	4.453	4.524	4.613	4.710
21	9099.71	2.002	4.537	4.607	4.710	4.802
22	9699.69	2.134	4.623	4.688	4.809	4.893
23	10299.67	2.266	4.710	4.765	4.908	4.979
24	10899.65	2.398	4.796	4.839	5.027	5.374
25	11499.63	2.530	4.882	4.909	5.388	5.766

G10:M25 行列区间
&. 选定 G10：M25 区域
&. ={TABLE(,F5)}
注解：同时按下 Shift＋Ctrl＋Enter 组合快捷键。通过上述数组公式实现了税前静态回收年限、税后静态回收年限、税前动态回收年限、税后动态回收年限与敏感基数之间的联动算法全路径逻辑关系。

2.3 工程造价与偿债能力的联动试算

偿债能力是建设项目决策分析过程中的重要的指标之一，工程造价与建设项目偿债能力之间存在高度联动，下面以实例的方式进行演示（表13-6）。

实例演示				表 13-6	
	工程造价敏感基数	1.00			
	工程造价指标	4545.31			
6	D10:D25	E10:E25	N10:N25	O10:O25	P10:P25
7	D	E	N	O	P
25	工程造价	敏感基数	偿债备付率	利息备付率	资金平衡分析
9	4545.31	1.00	1.454	9.662	大于零
10	2499.92	0.550	1.453	9.633	大于零
11	3099.90	0.682	1.460	9.685	大于零
12	3699.88	0.814	1.467	9.739	大于零
13	4299.86	0.946	1.462	9.710	大于零
14	4899.84	1.078	1.444	9.592	大于零
15	5499.82	1.210	1.425	9.474	大于零
16	6099.80	1.342	1.407	9.355	大于零
17	6699.78	1.474	1.389	9.235	大于零
18	7299.77	1.606	1.370	9.114	大于零
19	7899.75	1.738	1.341	8.924	大于零
20	8499.73	1.870	1.306	8.690	大于零
21	9099.71	2.002	1.273	8.472	大于零
22	9699.69	2.134	1.239	8.242	大于零
23	10299.67	2.266	1.195	7.950	大于零
24	10899.65	2.398	1.152	7.664	大于零
25	11499.63	2.530	1.105	7.349	小于零

N10:P25 行列区间

&. 选定 N10:P25 区域

&. ={TABLE(,F5)}

注解：同时按下 Shift＋Ctrl＋Enter 组合快捷键。通过上述数组公式实现了工程造价、偿债备付率、利息备付率、资金平衡分析与敏感基数之间的联动算法全路径逻辑关系。

第3节 项目全程经营费用的临界值场景的应用

3.1 经营费用与盈利能力的联动试算

从建设项目全生命周期分析，针对经营性物业，必然要产生经营类费用；针对持有自用类的物业，也会产生物业管理费用，尤其是出租型经营方式，研究其经营费用与项目盈利能力之间的联动是必要的。下面以实例的方式进行演示（表13-7）。

实例演示 表13-7

	经营费用的敏感基数	1.00			
	经营费用占收入之比例	37.00%			
6	D10:D25	E10:E25	F10:F25	G10:G25	H10:H25	I10:I25
7	D	E	F	G	H	I
25	经营费用	敏感基数	税前内部收益率	税后内部收益率	净利润率	总投资收益率
9	37.00%	1.00	51.745%	43.463%	28.419%	11.548%
10	4.07%	0.11	53.45%	45.25%	42.96%	16.67%
11	10.18%	0.275	53.16%	44.94%	40.27%	15.73%
12	16.28%	0.44	52.86%	44.63%	37.57%	14.79%
13	22.39%	0.605	52.54%	44.30%	34.88%	13.84%
14	28.49%	0.77	52.22%	43.96%	32.19%	12.89%
15	34.60%	0.935	51.88%	43.61%	29.49%	11.93%
16	40.70%	1.1	51.53%	43.24%	26.76%	10.96%
17	46.81%	1.265	51.15%	42.84%	23.98%	9.98%
18	52.91%	1.43	50.76%	42.41%	21.18%	9.00%
19	59.02%	1.595	50.68%	42.23%	18.41%	8.03%
20	65.12%	1.76	50.33%	41.76%	15.23%	7.00%
21	71.23%	1.925	50.01%	41.26%	12.00%	5.98%
22	77.33%	2.09	49.70%	40.73%	8.71%	4.95%
23	83.44%	2.255	49.38%	40.17%	5.34%	3.92%
24	89.54%	2.42	49.05%	39.56%	1.27%	3.01%
25	95.65%	2.585	−2.86%	−0.08%	−3.21%	2.15%

D6:I6 行区间

&. 选定 D6:I6 行区域

&. =CONCATENATE(D8,$C$10,":",D8,$C$9)

注解：Ctrl+Enter 快捷键组合。通过上述公式实现了对表格行区间标识显示的功能。

D7:I7 行区间

&. 选定 D7:I7 行区域

&. =SUBSTITUTE(ADDRESS(1,COLUMN(),4),1,)

注解：Ctrl+Enter 快捷键组合。通过上述公式实现了对表格行区间标识显示的功能。

D10:P10 行区间

&. =F6

&. =敏感基数.土地费用 mtdf

&. =税前内部收益率.融资前月度现金流量投资算法智库.qyxtk

&. =税后内部收益率.融资前月度现金流量投资算法智库.qyxtk

&. =净利润率.融资前损益.项目利润能力指标归集智库.lnzgk

&. =总投资收益率.融资前损益.项目利润能力指标归集智库.lnzgk

注解：输入上述内容的目的是形成基于建设项目"敏感基数=1.00"时的盈利能力指标的基准值。

D10:D25 列区间

    & =＄E＄5*E10

    ...

    & =＄E＄5*E25

    注解：通过上述公式的设置，实现自动算出基于不同敏感基数下的楼面地价的功能。

E11:E26 列区间

    注解：敏感基数的区间值将根据楼面地价与建设项目投资盈利能力指标之间的敏感程度，进行反复测试后选取有典型代表意义的数值填入相应的单元格。

F11:I26 行列区间

    & 选定 F11:I26 区域

    & ={TABLE(,F5)}

    注解：同时按下 Shift＋Ctrl＋Enter 组合快捷键。通过上述数组公式实现了融资前的税前、税后内部收益率，净利润率，总投资收益率与敏感基数之间的联动算法全路径逻辑关系。

3.2 经营费用与回收期的联动试算

下面以实例的方式进行演示（表 13-8）。

实例演示　　　　　　　　　　　　　　　　　　　　　　　　　　表 13-8

	经营费用的敏感基数	1.00			
	经营费用占收入之比例	37.00%			
6	D10:D25	E10:E25	J10:J25	K10:K25	L10:L25	M10:M25
7	D	E	J	K	L	M
25	经营费用	敏感基数	税前静态回收年限	税后静态回收年限	税前动态回收年限	税后动态回收年限
9	37.00%	1.00	2.954	2.965	3.616	4.009
10	4.07%	0.11	2.955	2.966	3.547	3.970
11	10.18%	0.275	2.955	2.966	3.560	3.997
12	16.28%	0.44	2.955	2.966	3.573	4.002
13	22.39%	0.605	2.955	2.966	3.586	4.004
14	28.49%	0.77	2.954	2.965	3.598	4.006
15	34.60%	0.935	2.954	2.965	3.611	4.008
16	40.70%	1.1	2.954	2.965	3.624	4.010
17	46.81%	1.265	2.953	2.965	3.637	4.012
18	52.91%	1.43	2.953	2.964	3.649	4.014
19	59.02%	1.595	2.947	2.960	3.590	4.011
20	65.12%	1.76	2.945	2.958	3.581	4.012
21	71.23%	1.925	2.942	2.956	3.558	4.012
22	77.33%	2.09	2.938	2.953	3.530	4.011
23	83.44%	2.255	2.935	2.950	3.497	4.011
24	89.54%	2.42	2.931	2.947	3.459	4.010
25	95.65%	2.585	2.927	2.944	3.415	4.008

G10:M25 行列区间

    & 选定 G10:M25 区域

    & ={TABLE(,F5)}

    注解：同时按下 Shift+Ctrl+Enter 组合快捷键。通过上述数组公式实现了税前静态回收年限、税后静态回收年限、税前动态回收年限、税后动态回收年限与敏感基数之间的联动算法全路径逻辑关系。

3.3 经营费用与偿债能力的联动试算

下面以实例的方式进行演示（表 13-9）。

实例演示 表 13-9

	经营费用的敏感基数	1.00			
	经营费用占收入之比例	37.00%			
6	D10:D25	E10:E25	N10:N25	O10:O25	P10:P25
7	D	E	N	O	P
25	经营费用	敏感基数	偿债备付率	利息备付率	资金平衡分析
9	37.00%	1.00	1.454	9.662	大于零
10	4.07%	0.11	1.494	9.881	大于零
11	10.18%	0.275	1.483	9.811	大于零
12	16.28%	0.44	1.474	9.754	大于零
13	22.39%	0.605	1.466	9.711	大于零
14	28.49%	0.77	1.460	9.681	大于零
15	34.60%	0.935	1.456	9.665	大于零
16	40.70%	1.1	1.453	9.662	大于零
17	46.81%	1.265	1.453	9.673	大于零
18	52.91%	1.43	1.454	9.698	大于零
19	59.02%	1.595	1.463	9.775	大于零
20	65.12%	1.76	1.427	9.553	大于零
21	71.23%	1.925	1.366	9.153	大于零
22	77.33%	2.09	1.306	8.766	大于零
23	83.44%	2.255	1.249	8.391	大于零
24	89.54%	2.42	1.177	7.919	大于零
25	95.65%	2.585	0.947	6.338	大于零

N10:P25 行列区间

    & 选定 N10:P25 区域

    & ={TABLE(,F5)}

    注解：同时按下 Shift+Ctrl+Enter 组合快捷键。通过上述数组公式实现了偿债备付率、利息备付率、资金平衡分析与敏感基数之间的联动算法全路径逻辑关系。

第 4 节 基于销售价格市场行情场景的应用

4.1 销售价格与盈利能力的联动试算

销售价格与项目的盈利能力之间存在高度的联动。下面以实例的方式进行演示（表 13-10）。

实例演示　　　　　　　　　　　　　　　　　　　　　　　　　　　表 13-10

	销售价格的敏感基数	1.00			
5	D10:D9	E10:E9	F10:F9	G10:G9	H10:H9
6	D	E	F	G	H
25	敏感基数	税前内部收益率	税后内部收益率	净利润率	总投资收益率
8	1.00	51.745%	43.463%	28.419%	11.548%
9	0.440	17.25%	15.07%	29.75%	8.97%
10	0.550	23.04%	18.87%	29.96%	9.57%
11	0.660	29.67%	22.93%	29.80%	10.10%
12	0.770	36.75%	29.82%	29.44%	10.59%
13	0.880	43.95%	36.86%	28.94%	11.05%
14	0.990	51.10%	43.00%	28.46%	11.51%
15	1.100	58.07%	48.04%	27.95%	11.95%
16	1.210	64.80%	52.94%	27.20%	12.34%
17	1.320	71.33%	57.77%	26.51%	12.73%
18	1.430	77.65%	62.49%	25.87%	13.12%
19	1.540	83.77%	67.11%	25.27%	13.51%
20	1.650	89.70%	71.62%	24.71%	13.90%
21	1.760	95.46%	76.01%	24.19%	14.29%
22	1.870	101.06%	80.31%	23.69%	14.68%
23	1.980	106.50%	84.50%	23.23%	15.07%
24	2.090	111.81%	88.60%	22.79%	15.46%
25	2.200	116.98%	92.61%	22.38%	15.85%

D5:H5 行区间

&. D5=CONCATENATE(D6,$C$10,":",D6,$C$9)

&. E5=CONCATENATE(E6,$C$10,":",E6,$C$9)

&. F5=CONCATENATE(F6,$C$10,":",F6,$C$9)

&. G5=CONCATENATE(G6,$C$10,":",G6,$C$9)

&. H5=CONCATENATE(H6,$C$10,":",H6,$C$9)

D6:H6 行区间

&. =SUBSTITUTE(ADDRESS(1,COLUMN(),4),1,)

&. =SUBSTITUTE(ADDRESS(1,COLUMN(),4),1,)

&. =SUBSTITUTE(ADDRESS(1,COLUMN(),4),1,)

&　=SUBSTITUTE(ADDRESS(1,COLUMN(),4),1,)
&　=SUBSTITUTE(ADDRESS(1,COLUMN(),4),1,)

D8:P8 行区间

&　=销售价格的敏感基数 mgxj
&　=税前内部收益率.融资前月度现金流量投资算法智库.qyxtk
&　=税后内部收益率.融资前月度现金流量投资算法智库.qyxtk
&　=净利润率.融资前损益.项目利润能力指标归集智库.lnzgk
&　=总投资收益率.融资前损益.项目利润能力指标归集智库.lnzgk

注解：输入上述内容的目的是形成基于建设项目"敏感基数＝1.00"时的盈利能力指标的基准值。

D9:D25 列区间

注解：敏感基数的级差将在联动测试后选取有典型代表意义的数值填入相应的单元格。

E9:H26 行列区间

&　选定 E9:H26 区域
&　={TABLE(,F5)}

注解：同时按下 Shift＋Ctrl＋Enter 组合快捷键。通过上述数组公式实现了融资前的税前、税后内部收益率，净利润率，总投资收益率与敏感基数之间的联动算法全路径逻辑关系。

4.2　销售价格回收期的联动试算

针对经营销售型的建设项目，销售价格与投资回收期之间存在高度的联动。下面以实例的方式进行演示（表 13-11）。

实例演示　　　　　　　　　　　　　　　　　表 13-11

	销售价格的敏感基数				
5	D10:D25	I10:I25	J10:J25	K10:K25	L10:L25
6	D	I	J	K	L
25	敏感基数	税前静态回收年限	税后静态回收年限	税前动态回收年限	税后动态回收年限
8	1.00	2.954	2.965	3.616	4.009
9	0.440	5.387	5.457	6.518	6.898
10	0.550	4.698	4.755	4.943	5.123
11	0.660	4.406	4.476	4.590	4.693
12	0.770	4.193	4.258	4.333	4.444
13	0.880	4.031	4.041	4.136	4.182
14	0.990	2.966	2.974	3.764	4.018
15	1.100	2.846	2.880	2.944	2.982
16	1.210	2.753	2.803	2.840	2.895
17	1.320	2.679	2.738	2.757	2.823
18	1.430	2.618	2.684	2.689	2.762
19	1.540	2.568	2.637	2.633	2.710
20	1.650	2.525	2.596	2.585	2.664

续表

21	1.760	2.488	2.560	2.544	2.624
22	1.870	2.457	2.528	2.509	2.589
23	1.980	2.429	2.500	2.478	2.558
24	2.090	2.405	2.475	2.451	2.530
25	2.200	2.383	2.453	2.427	2.504

I5:L5 行区间

&. =CONCATENATE(I6,$C$10,":",I6,$C$9)

&. =CONCATENATE(J6,$C$10,":",J6,$C$9)

&. =CONCATENATE(K6,$C$10,":",K6,$C$9)

&. =CONCATENATE(L6,$C$10,":",L6,$C$9)

I6:L6 行区间

&. =SUBSTITUTE(ADDRESS(1,COLUMN(),4),1,)

&. =SUBSTITUTE(ADDRESS(1,COLUMN(),4),1,)

&. =SUBSTITUTE(ADDRESS(1,COLUMN(),4),1,)

&. =SUBSTITUTE(ADDRESS(1,COLUMN(),4),1,)

I8:L8 行区间

&. =税前静态回收年数.融资前月度现金流量投资算法智库.qyxtk

&. =税后静态回收年数.融资前月度现金流量投资算法智库.qyxtk

&. =税前动态回收年数.融资前月度现金流量投资算法智库.qyxtk

&. =税后动态回收年数.融资前月度现金流量投资算法智库.qyxtk

注解：通过"税前静态回收年数.融资前月度现金流量投资算法智库.qyxtk"数据库的相对引用，实现了对应数据的共享功能。

I9:L25 行列区间

&. 选定 I9:L25 区域

&. ={TABLE(,F5)}

注解：同时按下 Shift+Ctrl+Enter 组合快捷键。通过上述数组公式实现了税前静态回收年限、税后静态回收年限、税前动态回收年限、税后动态回收年限与敏感基数之间的联动算法全路径逻辑关系。

4.3 销售价格与偿债能力的联动试算

针对销售型的建设项目，在销售价格与偿债能力评价指标之间进行联动分析是必要的决策方法。下面以实例的方式进行演示（表 13-12）。

实例演示　　　　　　　　　　　　　　　　　　　　　　　　表 13-12

	销售价格的敏感基数			
5	D10:D25	M10:M25	N10:N25	O10:O25
6	D	M	N	O
25	敏感基数	偿债备付率	利息备付率	资金平衡分析
8	1.00	1.454	9.662	大于零

续表

9	0.440	1.113	7.239	小于零
10	0.550	1.279	8.389	小于零
11	0.660	1.368	9.017	大于零
12	0.770	1.416	9.362	大于零
13	0.880	1.437	9.523	大于零
14	0.990	1.453	9.651	大于零
15	1.100	1.461	9.719	大于零
16	1.210	1.446	9.629	大于零
17	1.320	1.434	9.556	大于零
18	1.430	1.424	9.495	大于零
19	1.540	1.415	9.441	大于零
20	1.650	1.407	9.394	大于零
21	1.760	1.400	9.352	大于零
22	1.870	1.394	9.315	大于零
23	1.980	1.388	9.281	大于零
24	2.090	1.383	9.251	大于零
25	2.200	1.379	9.223	大于零

M5:O5 行区间

&. ＝CONCATENATE(M6,＄C＄10,":",M6,＄C＄9)

&. ＝CONCATENATE(N6,＄C＄10,":",N6,＄C＄9)

&. ＝CONCATENATE(O6,＄C＄10,":",O6,＄C＄9)

M6:O6 行区间

&. ＝SUBSTITUTE(ADDRESS(1,COLUMN(),4),1,)

&. ＝SUBSTITUTE(ADDRESS(1,COLUMN(),4),1,)

&. ＝SUBSTITUTE(ADDRESS(1,COLUMN(),4),1,)

M8:O8 行区间

&. ＝偿债备付率.等额本金法.均摊法 cnzh

&. ＝利息备付率.等额本金法.均摊法 cnzh

&. ＝账户累计余额.均摊法 zjph.yb

注解：通过已建立的数据库的相对引用，实现了对应数据的共享功能。

M9:O25 行列区间

&. 选定 M9:O25 区域

&. ＝{TABLE(,F5)}

注解：同时按下 Shift＋Ctrl＋Enter 组合快捷键。通过上述数组公式实现了偿债备付率、利息备付率、资金平衡分析与敏感基数之间的联动算法全路径逻辑关系。

第5节　出租价格的市场行情的场景应用

5.1　出租价格与盈利能力的联动试算

针对出租型的建设项目，出租价格与建设项目投资决策评价指标的盈利能力之间应进行联动性分析。下面以实例的方式进行演示（表 13-13）。

实例演示   表 13-13

	出租价格的敏感基数	1.00			
O	D10:D27	E10:E27	F10:F27	G10:G27	H10:H27
C	D	E	F	G	H
27	敏感基数	税前内部收益率	税后内部收益率	净利润率	总投资收益率
8	1.00	51.745%	43.463%	28.419%	11.548%
9	0.220	49.52%	41.04%	18.47%	5.18%
10	0.330	49.85%	41.41%	20.92%	6.08%
11	0.440	50.17%	41.77%	22.84%	6.98%
12	0.550	50.49%	42.12%	24.38%	7.87%
13	0.660	50.80%	42.46%	25.64%	8.77%
14	0.770	51.11%	42.79%	26.70%	9.67%
15	0.880	51.42%	43.11%	27.59%	10.57%
16	0.990	51.72%	43.43%	28.36%	11.47%
17	1.100	52.01%	43.75%	29.00%	12.37%
18	1.210	52.31%	44.06%	29.57%	13.27%
19	1.320	52.60%	44.36%	30.07%	14.17%
20	1.430	52.88%	44.66%	30.51%	15.08%
21	1.540	53.17%	44.96%	30.90%	15.98%
22	1.650	53.45%	45.25%	31.26%	16.88%
23	1.760	53.72%	45.53%	31.58%	17.79%
24	1.870	53.99%	45.81%	31.87%	18.69%
25	1.980	54.26%	46.09%	32.13%	19.60%
26	2.090	54.53%	46.36%	32.38%	20.50%
27	2.200	54.80%	46.63%	32.60%	21.41%

D5:H5 行区间

&. D5=CONCATENATE(D6,$C$10,":",D6,$C$9)

&. E5=CONCATENATE(E6,$C$10,":",E6,$C$9)

&. F5=CONCATENATE(F6,$C$10,":",F6,$C$9)

&. G5=CONCATENATE(G6,$C$10,":",G6,$C$9)

&. H5=CONCATENATE(H6,$C$10,":",H6,$C$9)

D6:H6 行区间

&. =SUBSTITUTE(ADDRESS(1,COLUMN(),4),1,)

&. =SUBSTITUTE(ADDRESS(1,COLUMN(),4),1,)

&. =SUBSTITUTE(ADDRESS(1,COLUMN(),4),1,)

&. =SUBSTITUTE(ADDRESS(1,COLUMN(),4),1,)

&. =SUBSTITUTE(ADDRESS(1,COLUMN(),4),1,)

D8:P8 行区间

&. =税前内部收益率.融资前月度现金流量投资算法智库.qyxtk

&. =税后内部收益率.融资前月度现金流量投资算法智库.qyxtk
&. =净利润率.融资前损益.项目利润能力指标归集智库.lnzgk
&. =总投资收益率.融资前损益.项目利润能力指标归集智库.lnzgk

注解：输入上述内容的目的是形成基于建设项目"敏感基数＝1.00"时的盈利能力指标的基准值。

D9:D27 列区间

注解：敏感基数的级差将在联动测试后选取有典型代表意义的数值填入相应的单元格。

E9:H27 行列区间

&. 选定 E9:H27 区域
&. ={TABLE(,F5)}

注解：同时按下 Shift＋Ctrl＋Enter 组合快捷键。通过上述数组公式实现了融资前的税前、税后内部收益率，净利润率，总投资收益率与敏感基数之间的联动算法全路径逻辑关系。

5.2 出租与投资回收期的联动试算

下面以实例的方式进行演示（表 13-14）。

实例演示　　　　　　　　　　　　　　　　　表 13-14

	出租价格的敏感基数	1.00			
O	D10:D27	I10:I27	J10:J27	K10:K27	L10:L27
C	D	I	J	K	L
27	敏感基数	税前静态回收年限	税后静态回收年限	税前动态回收年限	税后动态回收年限
8	1.00	2.954	2.965	3.616	4.009
9	0.220	2.954	2.965	3.764	4.025
10	0.330	2.954	2.965	3.739	4.023
11	0.440	2.954	2.965	3.715	4.020
12	0.550	2.954	2.965	3.693	4.018
13	0.660	2.954	2.965	3.673	4.016
14	0.770	2.954	2.965	3.653	4.013
15	0.880	2.954	2.965	3.635	4.011
16	0.990	2.954	2.965	3.618	4.009
17	1.100	2.954	2.965	3.601	4.007
18	1.210	2.954	2.965	3.586	4.005
19	1.320	2.954	2.965	3.571	4.002
20	1.430	2.954	2.965	3.557	4.000
21	1.540	2.954	2.965	3.544	3.974
22	1.650	2.954	2.965	3.531	3.948
23	1.760	2.954	2.965	3.519	3.924
24	1.870	2.954	2.965	3.507	3.901

续表

25	1.980	2.954	2.965	3.496	3.878
26	2.090	2.954	2.965	3.486	3.857
27	2.200	2.954	2.965	3.475	3.837

I5:L5 行区间

&. =CONCATENATE(I6,$C$10,":",I6,$C$9)
&. =CONCATENATE(J6,$C$10,":",J6,$C$9)
&. =CONCATENATE(K6,$C$10,":",K6,$C$9)
&. =CONCATENATE(L6,$C$10,":",L6,$C$9)

I6:L6 行区间

&. =SUBSTITUTE(ADDRESS(1,COLUMN(),4),1,)
&. =SUBSTITUTE(ADDRESS(1,COLUMN(),4),1,)
&. =SUBSTITUTE(ADDRESS(1,COLUMN(),4),1,)
&. =SUBSTITUTE(ADDRESS(1,COLUMN(),4),1,)

I8:L8 行区间

&. =税前静态回收年数.融资前月度现金流量投资算法智库.qyxtk
&. =税后静态回收年数.融资前月度现金流量投资算法智库.qyxtk
&. =税前动态回收年数.融资前月度现金流量投资算法智库.qyxtk
&. =税后动态回收年数.融资前月度现金流量投资算法智库.qyxtk

注解：通过"税前静态回收年数.融资前月度现金流量投资算法智库.qyxtk"数据库的相对引用，实现了对应数据的共享功能。

I9:L25 行列区间

&. 选定 I9:L25 区域
&. ={TABLE(,F5)}

注解：同时按下 Shift+Ctrl+Enter 组合快捷键。通过上述数组公式实现了税前静态回收年限、税后静态回收年限、税前动态回收年限、税后动态回收年限与敏感基数之间的联动算法全路径逻辑关系。

5.3 出租价格与偿债能力之间的联动试算

偿债备付率、利息备付率、资金平衡分析是建设项目投资决策偿债能力的三大评价指标，针对有出租经营方式的建设项目，出租价格与偿债能力之间的联动试算演示如表 13-15 所示。

实例演示　　　　　　　　　　　　　　　表 13-15

	出租价格的敏感基数			
O	D10:D27	M10:M27	N10:N27	O10:O27
C	D	M	N	O
27	敏感基数	偿债备付率	利息备付率	资金平衡分析
8	1.00	1.454	9.662	大于零
9	0.220	1.318	8.843	大于零

续表

10	0.330	1.343	8.997	大于零
11	0.440	1.368	9.153	大于零
12	0.550	1.390	9.289	大于零
13	0.660	1.408	9.391	大于零
14	0.770	1.423	9.483	大于零
15	0.880	1.438	9.568	大于零
16	0.990	1.453	9.654	大于零
17	1.100	1.468	9.740	大于零
18	1.210	1.482	9.825	大于零
19	1.320	1.496	9.911	大于零
20	1.430	1.510	9.997	大于零
21	1.540	1.524	10.083	大于零
22	1.650	1.537	10.169	大于零
23	1.760	1.551	10.255	大于零
24	1.870	1.564	10.341	大于零
25	1.980	1.578	10.427	大于零
26	2.090	1.591	10.513	大于零
27	2.200	1.604	10.600	大于零

M5:O5 行区间

&. =CONCATENATE(M6,$C$10,":",M6,$C$9)

&. =CONCATENATE(N6,$C$10,":",N6,$C$9)

&. =CONCATENATE(O6,$C$10,":",O6,$C$9)

M6:O6 行区间

&. =SUBSTITUTE(ADDRESS(1,COLUMN(),4),1,)

&. =SUBSTITUTE(ADDRESS(1,COLUMN(),4),1,)

&. =SUBSTITUTE(ADDRESS(1,COLUMN(),4),1,)

M8:O8 行区间

&. =偿债备付率.等额本金法.均摊法 cnzh

&. =利息备付率.等额本金法.均摊法 cnzh

&. =账户累计余额.均摊法 zjph.yb

注解：通过已建立的数据库的相对引用，实现了对应数据的共享功能。

M9:O25 行列区间

&. 选定 M9:O25 区域

&. ={TABLE(,F5)}

注解：同时按下 Shift+Ctrl+Enter 组合快捷键。通过上述数组公式实现了偿债备付率、利息备付率、资金平衡分析与敏感基数之间的联动算法全路径逻辑关系。

第6节 销售量的临界值场景的应用

6.1 销售量与盈利能力的联动试算

当建设项目用于销售型经营活动时，销售量与外部楼市的状态是紧密相关的，短时间内销售而空还是长时间不容易销售形成存货，对建设项目的盈利能力评价指标有着重要的影响（表13-16）。

实例演示　　　　　　　　　　　　　表13-16

		销售量的敏感基数	1.00			
		平均销售量	100.00%			
6	D10:D28	E10:E28	F10:F28	G10:G28	H10:H28	I10:I28
7	D	E	F	G	H	I
28	销售量	敏感基数	税前内部收益率	税后内部收益率	净利润率	总投资收益率
9	100.00%	1.00	51.745%	43.463%	28.419%	11.548%
10	11.00%	0.11	6.61%	4.99%	24.98%	6.82%
11	16.50%	0.17	7.74%	5.88%	26.15%	7.21%
12	22.00%	0.22	9.11%	6.95%	27.24%	7.60%
13	27.50%	0.28	10.78%	8.23%	28.20%	7.99%
14	33.00%	0.33	12.76%	9.75%	28.98%	8.36%
15	38.50%	0.39	14.90%	11.42%	29.49%	8.68%
16	44.00%	0.44	17.25%	15.07%	29.75%	8.97%
17	49.50%	0.50	19.98%	17.02%	29.89%	9.27%
18	55.00%	0.55	23.04%	18.87%	29.96%	9.57%
19	60.50%	0.61	26.23%	20.83%	29.88%	9.83%
20	66.00%	0.66	29.67%	22.93%	29.80%	10.10%
21	71.50%	0.72	33.21%	26.49%	29.71%	10.36%
22	77.00%	0.77	36.75%	29.82%	29.44%	10.59%
23	82.50%	0.83	40.35%	33.29%	29.18%	10.82%
24	88.00%	0.88	43.95%	36.86%	28.94%	11.05%
25	93.50%	0.94	47.54%	40.17%	28.69%	11.28%
26	99.00%	0.99	51.10%	43.00%	28.46%	11.51%
27	104.50%	1.05	54.62%	45.54%	28.23%	11.74%
28	100.00%	1.00	51.75%	43.46%	28.42%	11.55%

D6:I6 行区间
&　=CONCATENATE(D7,＄C＄10,":",D7,＄C＄9)

&. ＝CONCATENATE(E7,＄C＄10,":",E7,＄C＄9)
&. ＝CONCATENATE(F7,＄C＄10,":",F7,＄C＄9)
&. ＝CONCATENATE(G7,＄C＄10,":",G7,＄C＄9)
&. ＝CONCATENATE(H7,＄C＄10,":",H7,＄C＄9)
&. ＝CONCATENATE(I7,＄C＄10,":",I7,＄C＄9)

D7:I7 行区间
&. ＝SUBSTITUTE(ADDRESS(1,COLUMN(),4),1,)
&. ＝SUBSTITUTE(ADDRESS(1,COLUMN(),4),1,)
&. ＝SUBSTITUTE(ADDRESS(1,COLUMN(),4),1,)
&. ＝SUBSTITUTE(ADDRESS(1,COLUMN(),4),1,)
&. ＝SUBSTITUTE(ADDRESS(1,COLUMN(),4),1,)
&. ＝SUBSTITUTE(ADDRESS(1,COLUMN(),4),1,)

D9:I9 行区间
&. ＝E5
&. ＝敏感基数.销售量的敏感基数 mxxl
&. ＝税前内部收益率.融资前月度现金流量投资算法智库.qyxtk
&. ＝税后内部收益率.融资前月度现金流量投资算法智库.qyxtk
&. ＝净利润率.融资前损益.项目利润能力指标归集智库.lnzgk
&. ＝总投资收益率.融资前损益.项目利润能力指标归集智库.lnzgk

注解：通过上述公式的输入，实现了基于建设项目"敏感基数＝1.00"时的盈利能力指标的基准值。

D10:D28 列区间
&. ＝＄F＄5＊E10
&. ＝＄F＄5＊E11
&. ＝＄F＄5＊E12
    ……
&. ＝＄F＄5＊E28

E10:E28 列区间
注解：敏感基数的级差将在联动测试后选取有典型代表意义的数值填入相应的单元格。

F10:I28 行列区间
&. 选定 F10:I28 区域
&. ＝{TABLE(,F4)}

注解：同时按下 Shift＋Ctrl＋Enter 组合快捷键。通过上述数组公式实现了融资前的税前内部收益率、税后内部收益率、净利润率、项目总投资收益率与敏感基数之间的联动算法全路径逻辑关系。

6.2 销售量与回收期的联动试算

投资回收期分为税前的、税后的，静态的、动态的，投资回收期与基于销售型经营活动模式下的销售量有着高度的联动（表 13-17）。

第13章 基于建设项目投资分析的场景应用

实例演示　　　　　　　　　　　　　　　　　　　表 13-17

	销售量的敏感基数					
	平均销售量					
6	D10:D28	E10:E28	J10:J28	K10:K28	L10:L28	M10:M28
7	D	E	J	K	L	M
28	销售量	敏感基数	税前静态回收年限	税后静态回收年限	税前动态回收年限	税后动态回收年限
9	100.00%	1.00	2.954	2.965	3.616	4.009
10	11.00%	0.11	18.021	21.580	#REF!	#REF!
11	16.50%	0.17	15.444	19.081	33.091	#REF!
12	22.00%	0.22	12.580	16.306	24.131	#REF!
13	27.50%	0.28	9.667	13.246	17.299	28.765
14	33.00%	0.33	7.916	9.931	11.859	20.240
15	38.50%	0.39	6.241	8.239	8.718	14.329
16	44.00%	0.44	5.387	5.457	6.518	6.898
17	49.50%	0.50	4.891	4.916	5.594	6.029
18	55.00%	0.55	4.698	4.755	4.943	5.123
19	60.50%	0.61	4.540	4.610	4.752	4.850
20	66.00%	0.66	4.406	4.476	4.590	4.693
21	71.50%	0.72	4.292	4.389	4.452	4.603
22	77.00%	0.77	4.193	4.258	4.333	4.444
23	82.50%	0.83	4.107	4.143	4.229	4.305
24	88.00%	0.88	4.031	4.041	4.136	4.182
25	93.50%	0.94	3.423	3.494	4.055	4.086
26	99.00%	0.99	2.966	2.974	3.764	4.018
27	104.50%	1.05	2.902	2.925	3.056	3.497
28	100.00%	1.00	2.954	2.965	3.616	4.009

J6:M6 行区间

&. =CONCATENATE(J7,$C$10,":",J7,$C$9)
&. =CONCATENATE(K7,$C$10,":",K7,$C$9)
&. =CONCATENATE(L7,$C$10,":",L7,$C$9)
&. =CONCATENATE(M7,$C$10,":",M7,$C$9)

J7:M7 行区间

&. =SUBSTITUTE(ADDRESS(1,COLUMN(),4),1,)
&. =SUBSTITUTE(ADDRESS(1,COLUMN(),4),1,)
&. =SUBSTITUTE(ADDRESS(1,COLUMN(),4),1,)
&. =SUBSTITUTE(ADDRESS(1,COLUMN(),4),1,)

J9:M9 行区间

&. =税前静态回收年数.融资前月度现金流量投资算法智库.qyxtk
&. =税后静态回收年数.融资前月度现金流量投资算法智库.qyxtk

&. =税前动态回收年数.融资前月度现金流量投资算法智库.qyxtk

&. =税后动态回收年数.融资前月度现金流量投资算法智库.qyxtk

注解：通过"税前静态回收年数.融资前月度现金流量投资算法智库.qyxtk"数据库的相对引用，实现了对应数据的共享功能。

J10:M28 行列区间

&. 选定 J10:M28 区域

&. ={TABLE(,F4)}

注解：同时按下 Shift+Ctrl+Enter 组合快捷键。通过上述数组公式实现了税前静态回收年限、税后静态回收年限、税前动态回收年限、税后动态回收年限与敏感基数之间的联动算法全路径逻辑关系。

6.3 销售量与偿债能力的联动试算

基于销售型经营方式的建设项目的投资，在其决策分析时，对偿债备付率、利息备付率、资金平衡分析三大偿债指标进行联动分析是必要的内容（表 13-18）。

实例演示　　　　　　　　　　　　　　　　　　表 13-18

	销售量的敏感基数				
	平均销售量				
6	D10:D28	E10:E28	N10:N28	O10:O28	P10:P28
7	D	E	N	O	P
28	销售量	敏感基数	偿债备付率	利息备付率	资金平衡分析
9	100.00%	1.00	1.454	9.662	大于零
10	11.00%	0.11	0.240	1.345	小于零
11	16.50%	0.17	0.270	1.709	小于零
12	22.00%	0.22	0.437	2.778	小于零
13	27.50%	0.28	0.615	3.918	小于零
14	33.00%	0.33	0.790	5.064	小于零
15	38.50%	0.39	0.956	6.176	小于零
16	44.00%	0.44	1.113	7.239	小于零
17	49.50%	0.50	1.208	7.899	小于零
18	55.00%	0.55	1.279	8.389	小于零
19	60.50%	0.61	1.326	8.718	小于零
20	66.00%	0.66	1.368	9.017	大于零
21	71.50%	0.72	1.403	9.265	大于零
22	77.00%	0.77	1.416	9.362	大于零
23	82.50%	0.83	1.427	9.448	大于零
24	88.00%	0.88	1.437	9.523	大于零
25	93.50%	0.94	1.445	9.591	大于零
26	99.00%	0.99	1.453	9.651	大于零
27	104.50%	1.05	1.460	9.706	大于零
28	100.00%	1.00	1.454	9.662	大于零

N6:P6 行区间

  & =CONCATENATE(N7,＄C＄10,":",N7,＄C＄9)

  & =CONCATENATE(O7,＄C＄10,":",O7,＄C＄9)

  & =CONCATENATE(P7,＄C＄10,":",P7,＄C＄9)

N7:P7 行区间

  & =SUBSTITUTE(ADDRESS(1,COLUMN(),4),1,)

  & =SUBSTITUTE(ADDRESS(1,COLUMN(),4),1,)

  & =SUBSTITUTE(ADDRESS(1,COLUMN(),4),1,)

N9:P9 行区间

  & =偿债备付率.等额本金法.均摊法 cnzh

  & =利息备付率.等额本金法.均摊法 cnzh

  & =账户累计余额.均摊法 zjph.yb

注解：通过已建立的数据库的相对引用，实现了对应数据的共享功能。

N9:P28 行列区间

  & 选定 N9:P28 区域

  & ={TABLE(,F4)}

注解：同时按下 Shift＋Ctrl＋Enter 组合快捷键。通过上述数组公式实现了偿债备付率、利息备付率、资金平衡分析与敏感基数之间的联动算法全路径逻辑关系。

第 7 节　出租量临界值的场景应用

7.1　出租量与盈利能力的联动试算

如表 13-19 所示。

实例演示　　　　　　　　　　　　　　表 13-19

		出租量的敏感基数	1.00			
		平均出租量	85.00%			
6	D10:D28	E10:E28	F10:F28	G10:G28	H10:H28	I10:I28
7	D	E	F	G	H	I
28	平均出租量	敏感基数	税前内部收益率	税后内部收益率	净利润率	总投资收益率
9	85.00%	1.00	51.745%	43.463%	28.419%	11.548%
10	9.35%	0.110	49.17%	40.66%	15.14%	4.28%
11	14.03%	0.165	49.35%	40.85%	16.36%	4.73%
12	18.70%	0.220	49.52%	41.04%	18.47%	5.18%
13	23.38%	0.275	49.68%	41.23%	19.77%	5.63%
14	28.05%	0.330	49.85%	41.41%	20.32%	6.08%
15	32.73%	0.385	50.01%	41.59%	21.93%	6.53%
16	37.40%	0.440	50.17%	41.77%	22.34%	6.98%
17	42.08%	0.495	50.33%	41.94%	23.65%	7.43%

续表

18	46.75%	0.550	50.49%	42.12%	24.38%	7.87%
19	51.43%	0.605	50.65%	42.29%	25.04%	8.32%
20	56.10%	0.660	50.80%	42.46%	25.64%	8.77%
21	60.78%	0.715	50.96%	42.62%	26.19%	9.22%
22	65.45%	0.770	51.11%	42.79%	26.70%	9.67%
23	70.13%	0.825	51.27%	42.95%	27.16%	10.12%
24	74.80%	0.880	51.42%	43.11%	27.59%	10.57%
25	79.48%	0.935	51.57%	43.27%	27.99%	11.02%
26	84.15%	0.990	51.72%	43.43%	28.36%	11.47%
27	88.83%	1.045	51.87%	43.59%	28.69%	11.92%
28	93.50%	1.100	52.01%	43.75%	29.00%	12.37%

D6:I6 行区间

&. =CONCATENATE(D7,＄C＄10,":",D7,＄C＄9)

&. =CONCATENATE(E7,＄C＄10,":",E7,＄C＄9)

&. =CONCATENATE(F7,＄C＄10,":",F7,＄C＄9)

&. =CONCATENATE(G7,＄C＄10,":",G7,＄C＄9)

&. =CONCATENATE(H7,＄C＄10,":",H7,＄C＄9)

&. =CONCATENATE(I7,＄C＄10,":",I7,＄C＄9)

D7:I7 行区间

&. =SUBSTITUTE(ADDRESS(1,COLUMN(),4),1,)

&. =SUBSTITUTE(ADDRESS(1,COLUMN(),4),1,)

&. =SUBSTITUTE(ADDRESS(1,COLUMN(),4),1,)

&. =SUBSTITUTE(ADDRESS(1,COLUMN(),4),1,)

&. =SUBSTITUTE(ADDRESS(1,COLUMN(),4),1,)

&. =SUBSTITUTE(ADDRESS(1,COLUMN(),4),1,)

D9:I9 行区间

&. =F5

&. =出租量的敏感基数 mczl

&. =税前内部收益率.融资前月度现金流量投资算法智库.qyxtk

&. =税后内部收益率.融资前月度现金流量投资算法智库.qyxtk

&. =净利润率.融资前损益.项目利润能力指标归集智库.lnzgk

&. =总投资收益率.融资前损益.项目利润能力指标归集智库.lnzgk

注解：通过上述公式的输入，实现了基于建设项目"敏感基数＝1.00"时的盈利能力指标的基准值。

D10:D28 列区间

&. =＄F＄5*E10

...

&. =＄F＄5*E28

E10:E28 列区间

注解：敏感基数的级差将在联动测试后选取有典型代表意义的数值填入相应的单元格。

F10:I28 行列区间

&. 选定 F10:I28 区域
&. ={TABLE(,F4)}

注解：同时按下 Shift+Ctrl+Enter 组合快捷键。通过上述数组公式实现了融资前的税前内部收益率、税后内部收益率、净利润率、项目总投资收益率与敏感基数之间的联动算法全路径逻辑关系。

7.2 出租量与回收期的联动试算

房屋租赁市场的行情变化对建设项目的投资回收期有较大影响，基于税前、税后、静态、动态四个投资回收期评价指标，以表 13-20 的实例进行演示。

实例演示　　　　　　　　　　　　　　　　　　表 13-20

			出租量的敏感基数			
			平均出租量			
6	D10:D28	E10:E28	J10:J28	K10:K28	L10:L28	M10:M28
7	D	E	J	K	L	M
28	平均出租量	敏感基数	税前静态回收年限	税后静态回收年限	税前动态回收年限	税后动态回收年限
9	85.00%	1.00	2.954	2.965	3.616	4.009
10	9.35%	0.110	2.954	2.965	3.792	4.028
11	14.03%	0.165	2.954	2.965	3.777	4.026
12	18.70%	0.220	2.954	2.965	3.764	4.025
13	23.38%	0.275	2.954	2.965	3.751	4.024
14	28.05%	0.330	2.954	2.965	3.739	4.023
15	32.73%	0.385	2.954	2.965	3.727	4.022
16	37.40%	0.440	2.954	2.965	3.715	4.020
17	42.08%	0.495	2.954	2.965	3.704	4.019
18	46.75%	0.550	2.954	2.965	3.693	4.018
19	51.43%	0.605	2.954	2.965	3.683	4.017
20	56.10%	0.660	2.954	2.965	3.673	4.016
21	60.78%	0.715	2.954	2.965	3.663	4.015
22	65.45%	0.770	2.954	2.965	3.653	4.013
23	70.13%	0.825	2.954	2.965	3.644	4.012
24	74.80%	0.880	2.954	2.965	3.635	4.011
25	79.48%	0.935	2.954	2.965	3.626	4.010
26	84.15%	0.990	2.954	2.965	3.618	4.009
27	88.83%	1.045	2.954	2.965	3.609	4.008
28	93.50%	1.100	2.954	2.965	3.602	4.007

J6:M6 行区间

&. =CONCATENATE(J7,$C$10,":",J7,$C$9)

& =CONCATENATE(K7,$C$10,":",K7,$C$9)
& =CONCATENATE(L7,$C$10,":",L7,$C$9)
& =CONCATENATE(M7,$C$10,":",M7,$C$9)

J7:M7 行区间

& =SUBSTITUTE(ADDRESS(1,COLUMN(),4),1,)
& =SUBSTITUTE(ADDRESS(1,COLUMN(),4),1,)
& =SUBSTITUTE(ADDRESS(1,COLUMN(),4),1,)
& =SUBSTITUTE(ADDRESS(1,COLUMN(),4),1,)

J9:M9 行区间

& ＝税前静态回收年数．融资前月度现金流量投资算法智库．qyxtk
& ＝税后静态回收年数．融资前月度现金流量投资算法智库．qyxtk
& ＝税前动态回收年数．融资前月度现金流量投资算法智库．qyxtk
& ＝税后动态回收年数．融资前月度现金流量投资算法智库．qyxtk

注解：通过"税前静态回收年数．融资前月度现金流量投资算法智库．qyxtk"数据库的相对引用，实现了对应数据的共享功能。

J10:M28 行列区间

& 选定 J10:M28 区域
& ={TABLE(,F4)}

注解：同时按下 Shift＋Ctrl＋Enter 组合快捷键。通过上述数组公式实现了税前静态回收年限、税后静态回收年限、税前动态回收年限、税后动态回收年限与敏感基数之间的联动算法全路径逻辑关系。

7.3 出租量与偿债能力的联动试算

如表 13-21 所示。

实例演示　　　　　　　　　　　　　　　　表 13-21

		出租量的敏感基数			
		平均出租量			
6	D10:D28	E10:E28	N10:N28	O10:O28	P10:P28
7	D	E	N	O	P
28	平均出租量	敏感基数	偿债备付率	利息备付率	资金平衡分析
9	85.00%	1.00	1.454	9.662	大于零
10	9.35%	0.110	1.294	8.689	大于零
11	14.03%	0.165	1.306	8.766	大于零
12	18.70%	0.220	1.318	8.843	大于零
13	23.38%	0.275	1.331	8.920	大于零
14	28.05%	0.330	1.343	8.997	大于零
15	32.73%	0.385	1.356	9.075	大于零
16	37.40%	0.440	1.368	9.153	大于零
17	42.08%	0.495	1.381	9.231	大于零

续表

18	46.75%	0.550	1.390	9.289	大于零
19	51.43%	0.605	1.399	9.342	大于零
20	56.10%	0.660	1.408	9.391	大于零
21	60.78%	0.715	1.416	9.439	大于零
22	65.45%	0.770	1.423	9.483	大于零
23	70.13%	0.825	1.431	9.526	大于零
24	74.80%	0.880	1.438	9.568	大于零
25	79.48%	0.935	1.446	9.611	大于零
26	84.15%	0.990	1.453	9.654	大于零
27	88.83%	1.045	1.460	9.697	大于零
28	93.50%	1.100	1.468	9.740	大于零

N6:P6 行区间

&. =CONCATENATE(N7,＄C＄10,":",N7,＄C＄9)

&. =CONCATENATE(O7,＄C＄10,":",O7,＄C＄9)

&. =CONCATENATE(P7,＄C＄10,":",P7,＄C＄9)

N7:P7 行区间

&. =SUBSTITUTE(ADDRESS(1,COLUMN(),4),1,)

&. =SUBSTITUTE(ADDRESS(1,COLUMN(),4),1,)

&. =SUBSTITUTE(ADDRESS(1,COLUMN(),4),1,)

N9:P9 行区间

&. =偿债备付率.等额本金法.均摊法 cnzh

&. =利息备付率.等额本金法.均摊法 cnzh

&. =账户累计余额.均摊法 zjph.yb

注解：通过已建立的数据库的相对引用，实现了对应数据的共享功能。

N9:P28 行列区间

&. 选定 N9:P28 区域

&. ={TABLE(,F4)}

注解：同时按下 Shift+Ctrl+Enter 组合快捷键。通过上述数组公式实现了偿债备付率、利息备付率、资金平衡分析与敏感基数之间的联动算法全路径逻辑关系。

第8节 成交时间的临界值的场景应用

8.1 成交时间与盈利能力的联动试算

当建设项目用于经营性活动时，一般采用预售制，其成交的时间对现金流量有较大的影响，在交易时间与盈利能力指标之间进行联动分析是必要的业务内容（表13-22）。

实例演示 表13-22

	成交时间的敏感基数	1.00				
	平均成交时间	12个月				
6	D10:D28	E10:E28	F10:F28	G10:G28	H10:H28	I10:I28
7	D	E	F	G	H	I
28	平均成交时间	敏感基数	税前内部收益率	税后内部收益率	净利润率	总投资收益率
9	12个月	1.000	51.745%	43.463%	28.419%	11.548%
10	3个月	0.275	61.63%	47.64%	27.99%	11.568%
11	7个月	0.550	65.03%	50.93%	28.03%	11.539%
12	10个月	0.825	57.08%	45.14%	28.15%	11.552%
13	13个月	1.100	49.23%	41.69%	28.51%	11.534%
14	17个月	1.375	44.75%	37.98%	28.62%	11.531%
15	20个月	1.650	42.13%	33.16%	28.58%	11.551%
16	23个月	1.925	37.95%	29.97%	28.50%	11.603%
17	26个月	2.200	35.19%	27.97%	28.44%	11.638%
18	30个月	2.475	33.29%	26.67%	28.38%	11.667%
19	33个月	2.750	30.93%	24.91%	28.29%	11.723%
20	36个月	3.025	29.40%	23.85%	28.15%	11.754%
21	40个月	3.300	27.94%	22.61%	28.02%	11.788%
22	43个月	3.575	26.82%	21.57%	27.90%	11.816%
23	46个月	3.850	25.46%	20.37%	27.72%	11.866%
24	50个月	4.125	24.43%	19.20%	27.58%	11.901%
25	53个月	4.400	23.59%	18.58%	27.44%	11.935%
26	56个月	4.675	22.62%	17.91%	27.25%	11.983%
27	59个月	4.950	21.94%	17.41%	27.12%	12.017%
28	63个月	5.225	21.28%	16.94%	26.98%	12.050%

D6:I6 行区间

&.=CONCATENATE(D7,$C$10,":",D7,$C$9)
&.=CONCATENATE(E7,$C$10,":",E7,$C$9)
&.=CONCATENATE(F7,$C$10,":",F7,$C$9)
&.=CONCATENATE(G7,$C$10,":",G7,$C$9)
&.=CONCATENATE(H7,$C$10,":",H7,$C$9)
&.=CONCATENATE(I7,$C$10,":",I7,$C$9)

D7:I7 行区间

&.=SUBSTITUTE(ADDRESS(1,COLUMN(),4),1,)
&.=SUBSTITUTE(ADDRESS(1,COLUMN(),4),1,)
&.=SUBSTITUTE(ADDRESS(1,COLUMN(),4),1,)
&.=SUBSTITUTE(ADDRESS(1,COLUMN(),4),1,)
&.=SUBSTITUTE(ADDRESS(1,COLUMN(),4),1,)

    & =SUBSTITUTE(ADDRESS(1,COLUMN( ),4),1,)

D9:I9 行区间

    & =E5

    & =成交时间的敏感基数 mxsd

    & =税前内部收益率.融资前月度现金流量投资算法智库.qyxtk

    & =税后内部收益率.融资前月度现金流量投资算法智库.qyxtk

    & =净利润率.融资前损益.项目利润能力指标归集智库.lnzgk

    & =总投资收益率.融资前损益.项目利润能力指标归集智库.lnzgk

注解：通过上述公式的输入，实现了基于建设项目"敏感基数＝1.00"时的盈利能力指标的基准值。

D10:D28 列区间

    & =＄E＄5＊E10

    ...

    & =＄E＄5＊E28

E10:E28 列区间

注解：敏感基数的级差将在联动测试后选取有典型代表意义的数值填入相应的单元格。

F10:I28 行列区间

    & 选定 F10:I28 区域

    & ={TABLE(,E4)}

注解：同时按下 Shift＋Ctrl＋Enter 组合快捷键。通过上述数组公式实现了融资前的税前内部收益率、税后内部收益率、净利润率、项目总投资收益率与敏感基数之间的联动算法全路径逻辑关系。

8.2 成交时间与投资回收期之间的联动试算

当建设项目用于经营活动时，其成交时间的快慢与投资回收期之间也存在着联动，针对投资回收期的四个维度，在成交时间与投资回收期之间进行联动试算的实例如表 13-23 所示。

实例演示　　　　　　　　　　　　　　　　表 13-23

	成交时间的敏感基数	1.00				
	平均成交时间	12 个月				
6	D10:D28	E10:E28	J10:J28	K10:K28	L10:L28	M10:M28
7	D	E	J	K	L	M
28	平均成交时间	敏感基数	税前静态回收年限	税后静态回收年限	税前动态回收年限	税后动态回收年限
9	12 个月	1.000	2.954	2.965	3.616	4.009
10	3 个月	0.275	2.794	2.837	2.885	2.933
11	7 个月	0.550	2.768	2.815	2.856	2.909
12	10 个月	0.825	2.756	2.805	2.843	2.898
13	13 个月	1.100	3.575	3.643	4.058	4.087
14	17 个月	1.375	3.810	3.851	4.083	4.137

续表

15	20 个月	1.650	3.848	4.217	4.141	4.638
16	23 个月	1.925	3.970	4.732	4.629	5.211
17	26 个月	2.200	4.553	5.085	5.082	5.473
18	30 个月	2.475	4.686	5.109	5.135	5.721
19	33 个月	2.750	4.755	5.188	5.309	6.201
20	36 个月	3.025	4.905	5.736	5.981	6.501
21	40 个月	3.300	5.237	6.009	6.112	6.798
22	43 个月	3.575	5.441	6.059	6.186	7.174
23	46 个月	3.850	5.564	6.225	6.437	7.633
24	50 个月	4.125	5.754	7.068	7.064	8.087
25	53 个月	4.400	5.942	7.069	7.111	8.398
26	56 个月	4.675	6.213	7.070	7.236	8.805
27	59 个月	4.950	6.356	7.267	7.610	9.111
28	63 个月	5.225	6.528	7.675	8.031	9.424

J6:M6 行区间

- &. =CONCATENATE(J7,$C$10,":",J7,$C$9)
- &. =CONCATENATE(K7,$C$10,":",K7,$C$9)
- &. =CONCATENATE(L7,$C$10,":",L7,$C$9)
- &. =CONCATENATE(M7,$C$10,":",M7,$C$9)

J7:M7 行区间

- &. =SUBSTITUTE(ADDRESS(1,COLUMN(),4),1,)
- &. =SUBSTITUTE(ADDRESS(1,COLUMN(),4),1,)
- &. =SUBSTITUTE(ADDRESS(1,COLUMN(),4),1,)
- &. =SUBSTITUTE(ADDRESS(1,COLUMN(),4),1,)

J9:M9 行区间

- &. =税前静态回收年数.融资前月度现金流量投资算法智库.qyxtk
- &. =税后静态回收年数.融资前月度现金流量投资算法智库.qyxtk
- &. =税前动态回收年数.融资前月度现金流量投资算法智库.qyxtk
- &. =税后动态回收年数.融资前月度现金流量投资算法智库.qyxtk

注解：通过"税前静态回收年数.融资前月度现金流量投资算法智库.qyxtk"数据库的相对引用，实现了对应数据的共享功能。

J10:M28 行列区间

- &. 选定 J10:M28 区域
- &. ={TABLE(,E4)}

注解：同时按下 Shift+Ctrl+Enter 组合快捷键。通过上述数组公式实现了税前静态回收年限、税后静态回收年限、税前动态回收年限、税后动态回收年限与敏感基数之间的联动算法全路径逻辑关系。

8.3 成交时间与偿债能力之间的联动试算

偿债备付率、利息备付率、资金平衡分析是建设项目投资决策中关于偿债能力的评价指标，在成交时间与偿债能力之间进行联动试算的实例如表 13-24 所示。

实例演示 表 13-24

	成交时间的敏感基数	1.00			
	平均成交时间	12 个月			
6	D10:D28	E10:E28	N10:N28	O10:O28	P10:P28
7	D	E	N	O	P
28	平均成交时间	敏感基数	偿债备付率	利息备付率	资金平衡分析
9	12 个月	1.000	1.454	9.662	大于零
10	3 个月	0.275	1.008	7.437	大于零
11	7 个月	0.550	1.010	7.419	大于零
12	10 个月	0.825	1.039	7.572	大于零
13	13 个月	1.100	1.517	10.017	大于零
14	17 个月	1.375	1.631	10.678	大于零
15	20 个月	1.650	1.609	10.514	大于零
16	23 个月	1.925	1.435	9.310	大于零
17	26 个月	2.200	1.340	8.650	大于零
18	30 个月	2.475	1.284	8.276	大于零
19	33 个月	2.750	1.177	7.571	大于零
20	36 个月	3.025	1.053	6.740	大于零
21	40 个月	3.300	0.946	6.032	大于零
22	43 个月	3.575	0.857	5.446	大于零
23	46 个月	3.850	0.756	4.779	大于零
24	50 个月	4.125	0.693	4.369	大于零
25	53 个月	4.400	0.638	4.009	大于零
26	56 个月	4.675	0.575	3.595	大于零
27	59 个月	4.950	0.535	3.331	大于零
28	63 个月	5.225	0.499	3.098	大于零

N6:P6 行区间

&. =CONCATENATE(N7,＄C＄10,":",N7,＄C＄9)

&. =CONCATENATE(O7,＄C＄10,":",O7,＄C＄9)

&. =CONCATENATE(P7,＄C＄10,":",P7,＄C＄9)

N7:P7 行区间

&. =SUBSTITUTE(ADDRESS(1,COLUMN(),4),1,)

&. =SUBSTITUTE(ADDRESS(1,COLUMN(),4),1,)

&. =SUBSTITUTE(ADDRESS(1,COLUMN(),4),1,)

N9:P9 行区间

&. =偿债备付率.等额本金法.均摊法 cnzh

&. =利息备付率.等额本金法.均摊法 cnzh

&. =账户累计余额.均摊法 zjph.yb

注解：通过已建立的数据库的相对引用，实现了对应数据的共享功能。

N9:P28 行列区间

&. 选定 N9:P28 区域

&. ={TABLE(,E4)}

注解：同时按下 Shift+Ctrl+Enter 组合快捷键。通过上述数组公式实现了偿债备付率、利息备付率、资金平衡分析与敏感基数之间的联动算法全路径逻辑关系。

第9节　建设单位直采比例管理模式场景应用

9.1　直采比例与盈利指标的联动试算

建设项目在施工过程中，材料设备的供应方式有多种，其中最主要的有施工单位采购、建设单位直接采购，在建设项目实施过程中，针对材料设备部分的供应方式，建设单位直采比例对建设项目的盈利能力也存在着一定的影响。下面以实例的方式进行演示（表13-25）。

实例演示　　　　　　　　　　　　　　　　　　　　　　　　　　表13-25

	直采比例的敏感基数	1.00				
	敏感前直采比例	30%				
6	D10:D28	E10:E28	F10:F28	G10:G28	H10:H28	I10:I28
7	D	E	F	G	H	I
28	直采比例	敏感基数	税前内部收益率	税后内部收益率	净利润率	总投资收益率
9	30.00%	1.000	51.745%	43.463%	28.419%	11.548%
10	6.60%	0.220	52.462%	43.821%	28.407%	11.518%
11	12.21%	0.407	52.288%	43.734%	28.410%	11.525%
12	17.82%	0.594	52.115%	43.648%	28.413%	11.532%
13	23.43%	0.781	51.944%	43.562%	28.416%	11.540%
14	29.04%	0.968	51.774%	43.478%	28.418%	11.547%
15	34.65%	1.155	51.605%	43.393%	28.421%	11.555%
16	40.26%	1.342	51.438%	43.310%	28.424%	11.562%
17	45.87%	1.529	51.272%	43.227%	28.427%	11.569%
18	51.48%	1.716	51.107%	43.145%	28.430%	11.577%
19	57.09%	1.903	50.943%	43.060%	28.432%	11.584%
20	62.70%	2.090	50.780%	42.903%	28.435%	11.591%
21	68.31%	2.277	50.619%	42.748%	28.438%	11.599%
22	73.92%	2.464	50.459%	42.595%	28.441%	11.606%
23	79.53%	2.651	50.300%	42.442%	28.444%	11.613%
24	85.14%	2.838	50.142%	42.291%	28.447%	11.621%
25	90.75%	3.025	49.986%	42.141%	28.449%	11.628%
26	96.36%	3.212	49.830%	41.992%	28.451%	11.635%
27	101.97%	3.399	49.675%	41.843%	28.453%	11.642%
28	107.58%	3.586	49.521%	41.696%	28.454%	11.649%

D6:I6 行区间

&. =CONCATENATE(D7,$C$10,":",D7,$C$9)
&. =CONCATENATE(E7,$C$10,":",E7,$C$9)
&. =CONCATENATE(F7,$C$10,":",F7,$C$9)
&. =CONCATENATE(G7,$C$10,":",G7,$C$9)
&. =CONCATENATE(H7,$C$10,":",H7,$C$9)
&. =CONCATENATE(I7,$C$10,":",I7,$C$9)

D7:I7 行区间

&. =SUBSTITUTE(ADDRESS(1,COLUMN(),4),1,)
&. =SUBSTITUTE(ADDRESS(1,COLUMN(),4),1,)
&. =SUBSTITUTE(ADDRESS(1,COLUMN(),4),1,)
&. =SUBSTITUTE(ADDRESS(1,COLUMN(),4),1,)
&. =SUBSTITUTE(ADDRESS(1,COLUMN(),4),1,)
&. =SUBSTITUTE(ADDRESS(1,COLUMN(),4),1,)

E9:I9 行区间

&. =直采比例的敏感基数 mjcb
&. =税前内部收益率.融资前月度现金流量投资算法智库.qyxtk
&. =税后内部收益率.融资前月度现金流量投资算法智库.qyxtk
&. =净利润率.融资前损益.项目利润能力指标归集智库.lnzgk
&. =总投资收益率.融资前损益.项目利润能力指标归集智库.lnzgk

注解：通过上述公式的输入，实现了基于建设项目"敏感基数＝1.00"时的盈利能力指标的基准值。

D9:D28 列区间

&. =$E$5*E9
&. =$E$5*E10
    …
&. =$E$5*E28

E10:E28 列区间

注解：敏感基数的级差将在联动测试后选取有典型代表意义的数值填入相应的单元格。

F10:I28 行列区间

&. 选定 F10:I28 区域
&. ={TABLE(,E4)}

注解：同时按下 Shift＋Ctrl＋Enter 组合快捷键。通过上述数组公式实现了融资前的税前内部收益率、税后内部收益率、净利润率、项目总投资收益率与敏感基数之间的联动算法全路径逻辑关系。

9.2 直采比例与投资回收期的联动试算

在建设项目投资决策阶段，测算出材料设备的采购方式与经济评价指标之间的联动，有利于建设单位项目组织构架的设置，下面以实例的方式进行演示（表 13-26）。

实例演示 表13-26

	直采比例的敏感基数	1.00				
	敏感前直采比例	30%				
6	D10:D28	E10:E28	J10:J28	K10:K28	L10:L28	M10:M28
7	D	E	J	K	L	M
28	直采比例	敏感基数	税前静态回收年限	税后静态回收年限	税前动态回收年限	税后动态回收年限
9	30.00%	1.000	2.954	2.965	3.616	4.009
10	6.60%	0.220	2.915	2.935	3.353	4.018
11	12.21%	0.407	2.924	2.942	3.444	4.016
12	17.82%	0.594	2.933	2.949	3.513	4.014
13	23.43%	0.781	2.943	2.957	3.567	4.011
14	29.04%	0.968	2.952	2.964	3.610	4.009
15	34.65%	1.155	2.962	2.971	3.645	4.007
16	40.26%	1.342	2.971	2.978	3.675	4.005
17	45.87%	1.529	2.981	2.986	3.700	4.003
18	51.48%	1.716	2.991	2.993	3.721	4.000
19	57.09%	1.903	3.003	3.004	3.740	3.986
20	62.70%	2.090	3.058	3.076	3.756	3.989
21	68.31%	2.277	3.107	3.138	3.771	3.992
22	73.92%	2.464	3.151	3.191	3.784	3.995
23	79.53%	2.651	3.189	3.238	3.795	3.997
24	85.14%	2.838	3.224	3.278	3.805	3.999
25	90.75%	3.025	3.256	3.315	3.815	4.000
26	96.36%	3.212	3.285	3.347	3.823	4.000
27	101.97%	3.399	3.311	3.376	3.831	4.001
28	107.58%	3.586	3.336	3.403	3.838	4.001

J6:M6 行区间

&. ＝CONCATENATE(J7,＄C＄10,":",J7,＄C＄9)

&. ＝CONCATENATE(K7,＄C＄10,":",K7,＄C＄9)

&. ＝CONCATENATE(L7,＄C＄10,":",L7,＄C＄9)

&. ＝CONCATENATE(M7,＄C＄10,":",M7,＄C＄9)

J7:M7 行区间

&. ＝SUBSTITUTE(ADDRESS(1,COLUMN(),4),1,)

&. ＝SUBSTITUTE(ADDRESS(1,COLUMN(),4),1,)

&. ＝SUBSTITUTE(ADDRESS(1,COLUMN(),4),1,)

&. ＝SUBSTITUTE(ADDRESS(1,COLUMN(),4),1,)

J9:M9 行区间

  &. =税前静态回收年数.融资前月度现金流量投资算法智库.qyxtk

  &. =税后静态回收年数.融资前月度现金流量投资算法智库.qyxtk

  &. =税前动态回收年数.融资前月度现金流量投资算法智库.qyxtk

  &. =税后动态回收年数.融资前月度现金流量投资算法智库.qyxtk

  注解：通过"税前静态回收年数．融资前月度现金流量投资算法智库．qyxtk"数据库的相对引用，实现了对应数据的共享功能。

J10:M28 行列区间

  &. 选定 J10:M28 区域

  &. ={TABLE(,E4)}

  注解：同时按下 Shift＋Ctrl＋Enter 组合快捷键。通过上述数组公式实现了税前静态回收年限、税后静态回收年限、税前动态回收年限、税后动态回收年限与敏感基数之间的联动算法全路径逻辑关系。

9.3 直采比例与偿债能力的联动试算

下面以实例的方式进行演示（表 13-27）。

实例演示　　　　　　　　　　　　　　　　表 13-27

	直采比例的敏感基数	1.00			
	敏感前直采比例	30%			
6	D10:D28	E10:E28	N10:N28	O10:O28	P10:P28
7	D	E	N	O	P
28	直采比例	敏感基数	偿债备付率	利息备付率	资金平衡分析
9	30.00%	1.000	1.454	9.662	大于零
10	6.60%	0.220	1.449	9.641	大于零
11	12.21%	0.407	1.451	9.646	大于零
12	17.82%	0.594	1.452	9.651	大于零
13	23.43%	0.781	1.453	9.656	大于零
14	29.04%	0.968	1.454	9.661	大于零
15	34.65%	1.155	1.455	9.666	大于零
16	40.26%	1.342	1.457	9.671	大于零
17	45.87%	1.529	1.458	9.676	大于零
18	51.48%	1.716	1.459	9.681	大于零
19	57.09%	1.903	1.460	9.685	大于零
20	62.70%	2.090	1.461	9.690	大于零
21	68.31%	2.277	1.463	9.695	大于零
22	73.92%	2.464	1.464	9.700	大于零
23	79.53%	2.651	1.465	9.705	大于零
24	85.14%	2.838	1.466	9.710	大于零
25	90.75%	3.025	1.467	9.714	大于零
26	96.36%	3.212	1.468	9.719	大于零
27	101.97%	3.399	1.470	9.724	大于零
28	107.58%	3.586	1.471	9.729	大于零

N6:P6 行区间
  &. ＝CONCATENATE(N7,＄C＄10,":",N7,＄C＄9)
  &. ＝CONCATENATE(O7,＄C＄10,":",O7,＄C＄9)
  &. ＝CONCATENATE(P7,＄C＄10,":",P7,＄C＄9)

N7:P7 行区间
  &. ＝SUBSTITUTE(ADDRESS(1,COLUMN(),4),1,)
  &. ＝SUBSTITUTE(ADDRESS(1,COLUMN(),4),1,)
  &. ＝SUBSTITUTE(ADDRESS(1,COLUMN(),4),1,)

N9:P9 行区间
  &. ＝偿债备付率.等额本金法.均摊法 cnzh
  &. ＝利息备付率.等额本金法.均摊法 cnzh
  &. ＝账户累计余额.均摊法 zjph.yb

注解：通过已建立的数据库的相对引用，实现了对应数据的共享功能。

N9:P28 行列区间
  &. 选定 N9:P28 区域
  &. ＝{TABLE(,E4)}

注解：同时按下 Shift＋Ctrl＋Enter 组合快捷键。通过上述数组公式实现了偿债备付率、利息备付率、资金平衡分析与敏感基数之间的联动算法全路径逻辑关系。